哈佛大学章程

张国有 主编

北京大学出版社
PEKING UNIVERSITY PRESS

图书在版编目（CIP）数据

哈佛大学章程/张国有主编. —北京：北京大学出版社，2022.6
ISBN 978-7-301-33084-5

Ⅰ. ①哈…　Ⅱ. ①张…　Ⅲ. ①哈佛大学 – 章程　Ⅳ. ①G649.712-65

中国版本图书馆CIP数据核字（2022）第098583号

书　　名	哈佛大学章程
	HAFO DAXUE ZHANGCHENG
著作责任者	张国有　主编
责任编辑	刘　军
标准书号	ISBN 978-7-301-33084-5
出版发行	北京大学出版社
地　　址	北京市海淀区成府路205号　100871
网　　址	http://www.pup.cn　新浪微博：@北京大学出版社
电子信箱	zyjy@pup.cn
电　　话	邮购部 010-62752015　发行部 010-62750672　编辑部 010-62765126
印刷者	涿州市星河印刷有限公司
经销者	新华书店
	720毫米×1020毫米　16开本　30印张　600千字
	2022年6月第1版　2022年6月第1次印刷
定　　价	200.00元（精装版）

未经许可，不得以任何方式复制或抄袭本书之部分或全部内容。
版权所有，侵权必究
举报电话：010-62752024　电子信箱：fd@pup.pku.edu.cn
图书如有印装质量问题，请与出版部联系，电话：010-62756370

《哈佛大学章程》编委会

主　　编　张国有
副主编　　冯支越
编　　委　张国有　　冯支越　　周曼丽　　赵海秀
　　　　　沈文钦　　邹　静
译　　者　周曼丽　　赵海秀　　丁兆明　　邹　静
　　　　　张　昊　　沈文钦　　王东芳　　秦　琳
　　　　　廖日坤　　郭　鹏　　夏　曼　　彭湘兰
　　　　　王纬超　　唐　琳

序　言

哈佛大学是世界一流大学。世界一流大学是如何造就的，不但要看其教师团队的卓越性、学生的优秀程度，更要看大学的治理架构、治理规则和整体的治理成效。大学领导人的主要作用之一在于创制、维护、修订大学的治理理念和治理规则，将其放入章程体系，并以规则为基础治理大学，推进大学发展。大学的章程体系确立了大学治理的理念、规则、治理要素间的相互关系，规范着大学领导人和师生员工的行为。要研究和借鉴哈佛大学的治理，首先应研究哈佛大学三百八十余年积累下来的章程体系及治理规则。

《哈佛大学章程》是《大学章程》（五卷本）编译工作的延续

2011年10月，北京大学出版社出版了《大学章程》（五卷本），《哈佛大学章程》是《大学章程》（五卷本）编译工作的延续。

当时出版的五卷本的第一卷，选辑的是中国大学的章程，主要收录了历史上京师大学堂、国立北京大学、国立清华大学、国立中央大学、国立东南大学、国立武汉大学等大学的章程，现在的台湾、香港、澳门等地区的大学章程，以及不同时期中国政府颁布的大学法规等。共辑选了46部章程、条例或法规。

第二卷，选辑的是外国大学的章程，主要收录了美国和欧洲、亚洲国家的大学章程，例如耶鲁大学、伯克利加州大学、密歇根大学、伦敦大学、巴黎高师、柏林洪堡大学、慕尼黑大学、莫斯科大学、东京大学、京都大学、早稻田大学、新加坡国立大学、希伯来大学等大学的章程。共选辑了17部章程、条规。

第三卷，选辑的是美国斯坦福大学的章程体系，即《斯坦福大学行政管理指南》，单部成卷，共有八章，涵盖其组织结构、人事、财务、馈赠、采购、计算机、服务设施等，从中可以看到一百余年中斯坦福大学的管理者依据什么规则进行治理,如何使斯坦福大学走在世界前列的。

第四卷,选辑的是英国牛津大学的章程体系,也是单部成卷。内容包括两部分:一部分是牛津大学章程,另一部分是牛津大学规章。章程及规章涉及牛津大学治理的方方面面,从中可以看到这所有八百余年历史的大学,是如何一步步成长起来的。

第五卷,选辑的是英国剑桥大学的章程,也是单部成卷,因篇幅宏大,分上、中、下三册出版。内容也包括两部分:一部分是剑桥大学章程,另一部分是剑桥大学条例,涵盖了15个领域的规则程序。其治理规则详尽周到,切实具体,从中可以领悟到剑桥大学八百余年沉淀下来的治理理念规则,经过不断修订,至今仍有生机和参考价值。

本书是美国哈佛大学章程,该校历史积淀也非常丰厚。哈佛大学章程本就在编译的选择范围之内。如果当时这个设想得以实现,那么五卷本就成了六卷本。当时因为哈佛大学章程的资料比较宽泛,各部分寻觅起来比较费劲,整理的难度也比较大,担心影响进度,所以就决定先将其他几卷编译出版,待哈佛大学章程资料成熟时再补编进去。本书的出版,实现了当时的愿望。

现在出版的中译本《哈佛大学章程》,虽然冠以"章程",实则是章程加管理规章。全书分为三编。第一编包括《哈佛学院章程》《哈佛大学监事会章程》《哈佛大学章程》三个章程,篇幅较小。第二编和第三编的内容,形成类似大学行政管理指南的各领域的管理理念与规则,涵盖教务工作、商务活动、出口管控、保密政策、知识产权、人事管理、教师权责、学生社团等领域的政策、规则、程序等。

《哈佛大学章程》是《大学章程》(五卷本)编译工作的延续,不过此次是单卷出版,以便于独立购阅。

1636—1657年间哈佛大学章程初期的内容架构及其法律基础

哈佛大学的建立,与英国剑桥大学有些渊源。17世纪初,英国移民来到北美。移民中有许多清教徒,曾在剑桥大学受过教育。为了让自己的后代在美国也能够受到这种教育,他们在马萨诸塞州的查尔斯河畔,动议创建"剑桥学院"。

1636年10月28日,马萨诸塞州海湾殖民地议会决议筹建一所高等学府,并拨款400英镑用于建设。其中200英镑于1637年拨出,余下200英镑于工程结束后拨付。这所学校初名为"新市民学院"。1638年5月2日,议会将学院改称为"剑桥学院",同年剑桥学院正式开学。1638年9月,牧师约翰·哈佛将720英镑和400余册图书捐赠给剑桥学院。为纪念哈佛牧师对学院的捐助,1639年3月13日,议会通过决议,将学校更名为"哈佛学院"(Harvard College)。

从上述背景看,马萨诸塞州海湾殖民地政府作为地方政府,其议会决议并出资建立学校,应该看作是政府行为。出资之初并没有给予学校法人资格,学校对外部的捐赠,虽然可以接受,但并未明确法律上独立接受、管理、处置的权力,亦未明确学校是私立还是公设。整体看来,哈佛学院建立之初,并没有在独立法人身份上获得法律文件的正式认可。它不是教育社团法人,却在招生并实施教育活动。可能由于地方政府的支持,当时,尚无人提出有效的法律质疑。学院管理有规则,但并未形成有法律基础的章程文件。

1642年9月27日,马萨诸塞州海湾殖民地议会决定由监事会来管理哈佛学院。这在学院管理架构和决策机制上是个明显的变化。监事会议案规定监事会由6位地方官员和附近6个小镇的牧师共12人组成。监事会拥有三项权力:有权指导和发展哈佛学院及其成员;有权制定规章制度;有权处理、决定、管理哈佛学院的资产和对学院捐赠、遗赠等。监事会议案明确了监事会的组成及其权力,但仍然没有确认学院的法人资格。看上去,监事会倒成了不是法人的法人。监事会议案丰富了学院章程的治理内容,但仍未形成有法律基础的章程文件。

1650年5月31日,哈佛学院获得马萨诸塞州海湾殖民地议会的特许状,确认位于新英格兰密德萨斯郡剑桥镇的哈佛学院,此后永续地是一个法人团体,凡以该团体的名义或发生与该团体相关的法律事实,该团体应独立承担其法律后果。法人地位的确认,对哈佛学院章程及其依章程进行后续发展具有决定性意义。在此基础上,特许状还确认了七项具体事项:一是法人团体由校长、5位评议员和1名财务主管共7名成员组成;二是此7人同时成为哈佛学院董事会成员;三是经过监事会同意,董事会可以选举产生新的校长、评议员或者财务主管;四是有权招聘或者解雇员工;五是遇到紧急情况、出现重大且困难的事务时需寻求监事会召开会议,遇到无法协商解决的争议案等情形时,可通过多数票决定;六是当赞成和反对票持平时,校长可投决定票;七是规定了法人和员工可以免税的若干条件等。这七项事项,充实了哈佛学院作为独立法人实体的基础。

1650年特许状的关键意义在于确认了哈佛学院的法人地位,奠定了哈佛学院及后来的哈佛大学章程的法律基础。至此,哈佛学院在治理架构上有两个构成：一个是作为决策机构的监事会，另一个是构成法人团体的 7 人团（董事会）。从学院治理来看，经常性的问题发生在监事会决策和董事会行政的职责分工及相互关系上。例如，开始时监事会的权力过大过宽，限制了行政管理的效率、效果，影响了学院自主有效的发展。

由于各方面积极争取，事情有了变化。1657 年 10 月 23 日，监事会提出了扩大董事会职能的补充条款。这些条款包括：董事会有权随时制定规则和章程，不需要经过监事会的同意，但是董事会应当对这些规则和章程负责，监事会可以依据其自由裁量权对上述规则和章程进行必要的修改；在征得学院员工同意的情况下，董事会可以举行会议并制定规则和章程，讨论和决定与土地和捐赠收益等有关的事宜；半数以上董事会成员通过，决议生效，校长具有最终决定权等。1657 年的补充条款，扩大了董事会的权力，改进了学院的治理结构，补充和完善了学院章程的规则体系。

分散于各个时期的政策规则积累成哈佛大学历史性的治理体系

哈佛大学的治理理念和治理规则，在相当长的时间里，并没有系统、完整的文件，而是分别出现于各个时期的议案、法案中。在 1636—1657 年奠定法人资格及治理的基本架构之后，哈佛大学的章程体系及治理规则仍在不断丰富及完善。下列各项就是 1657 年之后各时期补充修订的一部分。

1707 年 12 月 4 日，议会提案在公共财政之外专门划拨一笔款项，用于每年哈佛学院校长的工资支出，以便校长在任期内全心全意履行职务。12 月 6 日提案通过，哈佛学院校长年薪定为 150 英镑。

1780 年 6 月 15 日马萨诸塞州修订州宪法，确定哈佛学院为大学，哈佛学院改称为"哈佛大学"（Harvard University）。哈佛大学继承了以往的历史沉淀和法律基础，同时继续改革和完善大学治理架构和规则。1780 年该州宪法再次确认，由校长和评议员组成的董事会及其雇用的职员在一定范围内享有并行使相应的权力、自由、豁免权、特许权等。他们的继任者也相应拥有这些权力。

1789 年 6 月 25 日，马萨诸塞州确定校长、教授、讲师的职责："大学校长及学院的教授和讲师、学术机构和其他青年团体的教师，应尽其所能，为年轻人传道授业解惑，向他们灌输虔诚与正义、追求真理、热爱国家、仁慈、节制、勤劳、简朴、纯洁、温和等精神品质。这些品质是青年的立身之本。随着学生年岁的增长、知识的增加，教师们应尽力引导学生，保持上述优良的品质，以保护和完善国家体制，保卫自由精神，提高未来福祉。"

1851年5月22日，监事会改组并确定监事会主持人细则。监事会由30人组成；由州长、副州长、参议院议长、众议院议长、教育委员会秘书、哈佛大学的校长和财务主管等组成；超过半数人员出席任何法律会议，有权行使监事会的基本权利和特许权力。另外，对于监事会主持人，如果州长出席，则由他来主持监事会会议；若州长不在，则由副州长主持；若副州长也缺席，则由参议院议长主持；若仍缺席，则由众议院议长主持；若以上人员均缺席，会议将临时选举一个主席。类似于上述这样具体的细则，在哈佛大学章程体系中随处可见。哈佛大学章程不仅有原则，还有大量详尽的细则。这些细则体现了章程体系明确具体、便于执行的特征。

哈佛根据情况变化，曾不断地补充和修订某些政策和规则，例如，规定"不少于9人的监事会会议才具有法律效应"（1852年3月4日通过）；"监事会成员的选举在每年的毕业典礼日进行"（1865年9月21日通过）；关于非本地居民担任监事会成员的资格问题："符合监事会遴选条件的非本地居民，也有资格担任监事会成员"（1880年6月2日通过）等。还有关于取消哈佛职员获得公职的限制（1877）、关于组建燕京学社（1928）、关于批准哈佛学院比较动物学博物馆参观收费权（1976）等行政管理法案。

从1636年到1976年，三百四十年间，哈佛大学的治理政策及行政管理规则，约有二十余次重要的创制、修改和补充。从1636年10月开始，哈佛学院、哈佛大学创制的各种大学治理的政策、原则、细则等，散落在各个时期的各个议案法案中，串起来就组成了哈佛大学历史性的章程体系，也为后来的系统性章程文本积累了历史性的依据。

系统的《哈佛大学监事会章程》文本和系统的《哈佛大学章程》文本

在哈佛大学章程体系中，有两个系统性的章程文本：一个是《哈佛大学监事会章程》，一个是《哈佛大学章程》。《哈佛大学监事会章程》文本于1985年2月3日正式通过，并经过1993年、1996年、2008年三次修订，形成现在看到的监事会章程文本。其内容侧重于监事会组成、会议及会议通知、法定人数、投票、议事程序、常务委员会及其报告、章程修订等。其中，在法定人数上，规定任何事务的处理都必须达到9位法定人员；在投票选举上，所有的投票通过口头表决进行，除非某位监事要求通过举手表决或投票表决，并由出席会议的多数票裁定；在专门委员会设置上，监事会设立10个常务委员会。常务委员会的每一位主席由会长提名、监事会任命。

另外，与监事会规则相关的还有一个"通过邮寄投票对监事的提名和选举"文件，可以看作是监事会章程的补充。从1972年到2009年，该文件经历9次修订，计有13项内容，涉及监事候选人的提名、候选人资格、候选人的公布、选举投票、邮寄投票、选票清点、选票丢失以及选举规则及对规则的解释权归属等。

除监事会章程以外，还有一个系统的《哈佛大学章程》。该章程内容主要侧重于大学的行政架构、各部分的职责及主要的行政管理规则，涉及大学行政架构各类别的职责。

其中，对大学理事会，确定由校长、教授、副教授、大学助理教授和其他大学官员组成，由监事会同意后任命，但并未说明其职责。对大学董事会，在章程中也无单项列出，没有说明其地位作用，但在大学章程的后面列出了大学董事会成员名单及分工。从成员名单看，有12人，包括校长、财务长（总监）、教务长、副校长兼校秘书长、常务副校长、副校长（人力资源）、副校长（公共事务与交流）、副校长（校园服务）、副校长兼法律总顾问、副校长（资本规划与项目管理）、副校长兼首席信息官、副校长（校友事务与发展）。从构成来看，像是校务委员会的组成。但大学章程中没有单列校务委员会，其地位作用并不清晰。

除此而外，对某些类项的规定很具体。例如，在列举校长职责之后，为了更好地履行这些职责，要求校长必须居住在大学所在地剑桥市；大学的行政年度从每年7月1日开始，次年6月30日结束；秋季学期通常在9月初开始，12月下旬结束；春季学期通常在1月下旬开始，5月结束；学位的设置由学部推荐，学校投票，并取得监事会同意；非学位生的管理遵循学部的规定可以由学院自行决定，如发生权力滥用或不当使用的情况，学部可以剥夺其特权；开除是最高的学术惩罚，学生一经开除，则再无回大学的可能性，并与大学彻底切断联系。

《哈佛大学监事会章程》和《哈佛大学章程》是两个相辅相成的大学治理依据。一个侧重于行使决策的基本规则，一个侧重于履行行政总体职责，大致反映了哈佛大学治理原则的历史积累。至于在各领域如何治理，需要各领域制定细则去实现。

哈佛大学章程体系中的教务工作、商务活动与国际事务

　　教务工作、商务活动与国际事务是大学治理中必须面对的三个领域。现代环境中，大学的教务工作脱离不了市场联系和市场评价，又必须用全球的视野和规则培养人才、从事研究。哈佛大学章程体系对这三个方面给予了特别关注。

　　教务工作是任何一所大学的章程体系都会涉及的内容，因为这是大学培养人才的核心工作。各个大学因为宗旨和历史不同，对教务工作在大学章程体系中的表述有所不同。哈佛大学对教务工作的理解和表述体现在学科、学系、学院的功能，各中心、研究所、项目的作用及对大学学术核心的影响，学术委员会的组成及地位、作用，大学的核心使命及与其他方面的相互关联，教师及其他学术人员对大学的职责和校外专业活动的关系，教师的教学、研究、咨询活动及教师的权利与责任，以及大学的学术氛围，等等。

　　大学教务工作的核心力量是教师。哈佛大学对教师品质的期望是：表达自由、探究自由、知识诚信、尊重他人、兼容并包，并乐于接受进步。组织内部运行的权利和义务必须与这些品质相匹配。作为学术机构，大学应特别强调其本质中必不可少的价值观念，包括言论自由、学术自由、免遭他人的威胁和暴力、行为自由，对任何一种自由权的侵犯都应被认定为对组织基本人权的严重侵犯。行政管理人员的责任是关注大学团体的需求，对合理的不满，予以全面公正的倾听，快速真诚地回应这些不满，并且广泛地表达这些革新需求。

　　商务活动进入哈佛大学治理规则之中，是因为市场经济条件下，大学所创造的知识的社会价值和经济价值与日俱增，大学的学术活动不断地与商业活动发生多种多样的关联。所以，大学章程体系必须面对学术与商业间可能产生的问题，确立管理的基本原则。哈佛大学认为，大学的教育和科研活动都应出于对知识的追求而不是因物质奖励激发；与校外团体签署协议和组织商业活动都应该维护大学的基本价值；大学的教育活动及学生服务，应免于商业因素的侵入；与校外团体的合作等涉及大量商业因素的活动安排应提前获得教务处、校长或法人的批准。中国的大学同样面临这些关系和问题，也应该给予恰当的原则性的界定。

　　国际视野和国际交流是哈佛大学成为世界一流大学的关键领域。在国

际事务领域，哈佛大学章程体系着重关注的是国际事务管理、国际项目审批及其程序、国际站点及国际远程平台的管理等几个方面。哈佛大学要保持其在教学和研究领域的全球领先地位，就必须在学术创造力、开放的新思路、招聘最好的学者等领域形成相应的政策与规则。

哈佛大学从事国际活动的目的在于：在所有知识领域内，力求保持哈佛大学的全球领导地位；促进教师发展人文、社会科学、科学和跨专业的学术知识，并在国际范围内创造知识资本；促进各院系的学生从事广泛领域的学科研究；培育由学者及相关专业人员组成的全球性社区；以适当的方式吸引哈佛校友，无论他们在哪里居住。哈佛大学这种国际视野及国际化原则，已经切入到章程体系中，成为其指导思想。中国的大学应该重视大学教育中的国际事务管理，将其纳入章程体系并细则化，发挥规范指引作用。

哈佛大学章程体系中的出口管控与保密政策

出口管控和保密政策在中国大学的章程中很难见到，但在哈佛大学章程体系中却给予了高度重视。

出口管控关系到哈佛大学研究人员从事产品、硬件、软件、材料等项目的研发，某些技术会受到美国出口管理的法律、法规的限制。哈佛大学制定出口管理政策和程序规范，就是要使大学研究项目中涉及对外国输出的"出口"行为合乎美国法律法规。哈佛大学的出口管理政策体现五个基本原则：一是在符合美国法律法规的条件下，促进大学思想的自由交流；二是确保哈佛大学在美国或境外的活动，其商品、服务和技术的出口或再出口，均符合美国出口的法律法规；三是依靠政策程序，确保出口商品、服务或技术的转移没有超出美国出口管理法律法规的授权范围，或获得美国政府的出口许可或其他条款的批准；四是确保根据出口管控政策完成的所有文档是准确和完整的；五是设置联系点，给哈佛社区的所有成员提供法律援助。出口管控规则强调，遵守出口规则和程序是哈佛所有人员的职责。不遵循这些规则和程序可能会导致纪律处分或刑事、民事处罚。

哈佛大学的出口管理政策和程序规定非常具体明确，操作性很强。例如要考虑项目是否出现在美国军需品名单或《国际武器贸易条例》中，项目输出的最终目的地是否是被管制的国家，是否知道有关的资料或数据可能会用于被禁止的目的等。出口管控还通过附件来具体说明不同领域的出口规则、程序及方法，例如货物、技术和软件的分类，美国的出口合规性检查表、预警信号、禁用方和禁用活动评价表,《国际武器贸易条例》中与资助研究有关的部分,海外资产管理办公室制裁的国家等。这些可以切实地帮助大学各领域的人员应对相应的具体问题。

保密政策部分主要阐述大学在信息安全方面的合规性政策,使哈佛社区的所有成员能够区分机密性信息的类别,以妥善保护大学的技术资源;保持机密信息的完整性和保密性;保证信息资源在需要时可用,并让使用这些资源的用户知悉自身的责任。所有成员对大学机密性信息、学生信息、信用卡信息、个人活动记录、计算机及服务器信息、国家机密信息、与供应商合作过程中的信息等负有相应的保密职责。

对于计算机网络条件下的工作环境,保密政策给予了高度关注。例如,在网络上保护机密信息,所有的机密信息在任何网络传输时必须加密;系统管理者必须能够识别包含或访问机密信息的个人用户或系统;用于访问这些系统的密码的长度和复杂性,必须符合行业标准;必须有一种机制来限制用户超时访问机密信息应用程序的时间;如果哈佛大学机密信息储存在哈佛大学用户的电脑或便携式存储设备中,则此机密信息必须受到保护;电脑或便携式存储设备的失窃,不得引起保密信息的泄露风险;哈佛机密信息不得保存在任何一台可直接接入互联网或直接接入哈佛大学的内部网络的开放式计算机中;计算机操作者必须确保计算机运行环境通过过滤器得到妥善保护,确保服务器上的应用程序不出现恶意流量等。用章程体系的方式来规范相关领域的保密行为,是长期的战略举措。

哈佛大学章程体系中的人事管理政策、规则与程序

人事管理是所有大学章程体系中必要的组成部分。哈佛大学人事管理原则包括反歧视政策和审核程序、关于性骚扰的大学政策、在工作场所吸毒和饮酒的规定、工作关系及聘用亲属、利益冲突、信息安全与隐私政策、吸烟规定、应急政策、标准工作周、工作时间表、禁止报复行为等。在禁止报复行为这一项上,哈佛大学规定,禁止对潜在或实际不当行为的善意举报采取报复行动,并支持对这些行为的举报;当哈佛大学成员真诚地表达担忧、寻求建议、提起投诉或申诉、寻求人力资源部门的援助、在调查中提供证明或参与调查、投诉审查时,哈佛大学明确禁止任何人针对大学成员采取任何形式的报复行动。

教职员工聘用规则方面,涉及聘用类型(常规聘用、临时聘用、学生

聘用等）、公布和公开职位、人事档案和查询请求、资助外国公民、志愿者、解聘等规则。其中，在新员工与工作调动政策方面，涉及入职培训与考核期、大学或部门入职培训、身份证件、前期服务信用等规则。在薪酬制度方面，涉及薪酬管理、加班补偿与补偿时间、额外补偿、轮班津贴、待命补偿、误餐补贴等规则。在解聘和裁员方面，涉及解聘通知和部分解聘的规定、解聘程序和服务、遣散费等规则。在请假方面，涉及假期累积比例、假期、节日、事假、带薪病假、工伤与工伤赔偿、家庭休假与医疗休假、军事征召假、其他带薪假期、额外的无薪假期等规则。

在招聘使用教职员工时，大学章程体系要求遵守联邦和州法律与地方习俗，不能因为种族、肤色、性别、性别认同、性取向、宗教信仰、年龄、民族、血统、退伍身份、与工作要求无关的残疾、遗传信息等而歧视员工或歧视职位申请者。

章程体系尤为重视教职员工的行为对大学氛围的影响，列出若干方面进行规范。例如，对于具有恋爱关系的员工，当恋爱关系中的双方处于上下级职位时，处于上级职位的人不能监管或评价恋爱关系中的另一方；哈佛大学的任何工作场所均禁止吸烟。这些行为规定在中国大学章程体系中很难见到。

章程体系对教职员工的行为不当作出界定，并规定了解决问题的程序和行为纠正过程。哈佛大学期望所有人以诚信并尊重他人的权利、差异和尊严的方式，履行自己的职责；大学有权终止聘用任何员工，如果其整体工作习惯、态度、行为或工作表现不令人满意；被大学认为行为不当，可能会受到纪律处分，直至无薪停职或终止聘用。哈佛大学认为不当的行为包括但不限于以下情况：违反联邦、州和当地法律；违反哈佛大学或员工所在院系的政策、程序和做法；使用暴力或威胁使用暴力或口头辱骂；故意损坏大学或同事的财物，包括滥用资源或盗窃；未能维护大学信息的保密性；伪造记录；不服从命令；过度旷工或迟到；携带武器进入大学所属领地；在受控物质或酒精的影响下工作，在工作中携带或使用这类物质，或违反哈佛大学其他关于工作场所毒品和酗酒的政策等。

员工发生行为问题将受到处分，员工寻求解决与工作有关的问题，或申请审议与工作有关的决定，如纪律处分或终止聘用等，章程体系给出了可参考的工作程序，例如，院系一级的决议和审核程序、在大学层次人力资源副校长一级的正式审核并对起初的程序进行审查、形成事实的结果和建议的处理方案并向相关方提供报告方案、给予相关方14天的时间来回应和补充书面意见，直至做出最终裁决并公布最终报告。这些程序规则有助于各方面作为处理问题的参考，避免事事请示上级。

哈佛大学章程体系中的名誉使用及知识产权管理

大学将名称、名字、名誉的使用、保护和发明、专利及版权问题作为章程体系的重要组成部分，进行阐述和规范，这是哈佛大学章程体系的特别之处。制订规则来严格规范知识产权领域的行为，全面保护知识产权，这是世界一流大学的基本特征。

大学的名称、名字、徽章、名誉关乎大学的社会声誉和生存发展，哈佛大学对此极为重视。哈佛大学在章程体系中指出，哈佛大学是大学中最广为人知和尊重的品牌。这个美好的信誉带来的商业利益是许多代教员、学生或工作人员的贡献，效益应该分配给整个哈佛。当这个名称使用恰当的时候，对大学所有成员和机构都有益，如不当则有害。任何有可能损害哈佛长期价值的使用都应避免。

章程体系对域名、电子邮件名的申请与批准，大学名称、徽章的使用和用大学名称做广告等做了具体规定。例如，"哈佛"或"哈佛大学"的名称不能用于认证产品或服务，这类认证可能带来误解或滥用；一般不允许在商业宣传材料里使用真理盾徽或其他哈佛官方徽章；禁止使用哈佛名称命名含酒精的饮料，即使饮料是作为礼物或只在与哈佛相关的活动中使用也不行；禁止以哈佛大学著名的地标、建筑和雕塑图片用于暗示对产品或服务的认可。

哈佛大学采取有效手段，确保其校名和校徽得到合理使用，确保校名和校徽的使用能够准确、恰当地表明其与哈佛大学的关系，确保哈佛大学从其校名使用的商业利益中获得公平份额。中国大学也应当在自己的治理规则体系中加上这些规定，以便帮助相关的个人、部门、供应商、合作伙伴理解和处理大学的名称、名字、徽章的使用问题。

发明、专利及版权等知识产权管理在哈佛大学章程体系中得到高度重视。哈佛大学专门成立知识产权委员会来负责知识产权政策、规则的制定及解释工作，解决相关问题和纠纷。章程体系特别关注制定发明、专利、版权、计算机软件、非专利材料、版税分配、初创企业信息等方面的政策、规则和程序。

制定知识产权政策须遵循三个基本规则：一是倡导大学所产生的思想观点和创新成果应该用于富有意义的公共利益的价值取向；二是保护学者对于其脑力劳动成果的权利；三是对于由校方提供或管理知识产权所必需

的财政及设施、器材、人员等方面的需求，校方须给予支持，这些方面的投入，可以通过商业运用得到补偿。

另外，校方对发明人、著作人和贡献人——即创作人——的版税分配做出了相应的规定。校方有权对从知识产权和技术的许可使用或其他分配中所得的净版税进行分配，以便平衡相关的开支。

知识产权理念和知识产权保护规则是大学创新的基本理念和基本规则，将这些理念和规则用大学章程的形式确立起来，就奠定了大学创新的世界格局。

哈佛大学章程体系中对科学研究的管理理念与规则

章程体系确立大学科学研究的政策、规则、程序，使科学研究行进在法律及规范的轨道上。章程体系确立的科研政策与规范，包括以人为受试体的研究伦理、科研诚信、动物研究与动物的使用与管理、干细胞与胚胎干细胞研究的监督、实验室安全、国际合作研究问题、输出管制、隐私信息管理、利益及商业冲突、政府的作用与责任等。章程对相关领域的研究，明确了相关的理念、政策与审批程序。

例如，在哈佛大学，任何进行人类受试者研究的人员，包括教职员工及学生，在项目开始前，无论资金来源情况如何，都必须获得所需的批准。哈佛大学在涉及人类被试的研究中有14项政策、7项程序规定。例如，研究员必须得到被试者或者对他们负责的法定代表的自愿同意并且了解参与的后果，才能进行研究；研究人员应根据伦理委员会要求的格式、时间提交涉及人类被试的计划，确保有序操作。

学术诚信作为基本的原则，构成了哈佛大学探索、传播和应用新知识并造福社会这一核心任务的基础。通过为学科知识做出贡献，学者努力使自己脱颖而出，但是为个人或专业利益而放弃诚信，有损于学者、学科、学校以及整个社会。倡导"负责任的研究行为"，并预防科研中的不端行为，同样是大学学者的重要职责。章程体系列举的科研中的不端行为，包括在计划、完成或评审科研项目或者在报告科研成果时进行伪造、篡改或剽窃等。伪造是指伪造资料或结果并予以记录或报告；篡改是指在研究中作假、修改或遗漏资料或结果，致使研究记录无法精确地反映研究工作；剽窃是指窃取他人的想法、过程、结果或文字而未给予他人的贡献以足够的承认。科研不端行为不包括诚实的错误或者观点的分歧。在哈佛大学，各学院建立、实施并强制执行其科研诚信及预防和处理科研不端的政策，且必须符合联邦政府的要求。

大学经常有科学研究资助，有来自联邦政府或州政府的资助，也有来自企业或基金会的资助。对研究资助的管理也是哈佛大学章程体系关注的领域之一。章程对研究资助领域的问题、对策给予了合理的解释和规定，其细致具体的程度，令人钦佩。

哈佛大学章程体系中的教师工作与学生管理

大学人员的主体是教师和学生。哈佛大学章程体系中还有两个条例，一个是《文理学院教师规程条例》，一个是学生工作领域的规范。《文理学院教师规程条例》主要明确了教师参加教师会议的权利、义务及规则程序。学生工作领域的规范包括了《哈佛研究生理事会章程》和《学生社团手册》两部分，这类规范主要侧重于研究生管理和学生社团管理事务。

哈佛大学文理学院主要招收文科、理科、工科类的学生，集中文科、理科、工科类的教师从事教学与科研活动。其规模大，基础性强，在哈佛大学具有典型的代表性。《文理学院教师规程条例》于2010年12月8日至2010年12月21日期间，由全体教师电子投票批准。条例中的第四条，即"教师会议日程"，在2012年3月27日由教师投票修订。

《文理学院教师规程条例》的内容集中在学院教师参加各类会议的资格、权利、义务以及某些规则程序上。例如，学院设有理事会、提案委员会和教师会议。教师会议还有常规教师会议、特别教师会议、学位委员会会议等不同类型。条例对不同类型会议的参加人、资格、程序、提案审查、会议议程、质询、新问题新业务、修正案、投票方法及投票等都有具体的规定。

例如，学院院长经与提案委员会当选成员磋商后，可以邀请学院来宾作为观察员列席教师会议；经学院授权，某些委员会的学生会员可以参加教师会议，并应邀参与委员会利益相关的事务讨论。有些方面的规定还非常具体。例如，教师例会的时间规定在10月、11月、12月、2月、3月、4月和5月的第一个星期二召开；通常在下午4点召开；学位会议在毕业典礼之前的星期一下午4:30召开。在中国大学的章程中，很难见到对会议时间如此具体且长期稳定的规定条款。这是东西方习惯传统的差异。

学生工作这个领域，包括《哈佛研究生理事会章程》和《学生社团手册》两部分内容。《哈佛研究生理事会章程》涉及理事会的成员、使命、组成与结构、投票（表决）、批准与修订等规则。其服务对象是在各学院就读的所有的研究生，包括文理学院研究生院、工程与应用科学学院、商学院、法学院、医学院、肯尼迪政府学院、牙科医学院、神学院、设计学院研究生院、教育学院研究生院、公共卫生学院、继续教育学院等学院。研究生理事会内部分为内部运营委员会、外联委员会、活动委员会、财政委员会、学生维权委员会、通信交流委员会六个委员会，分别处理相关事务。理事会的所有工作都是为了实现其使命，即面向研究生共同关心的问题并力求找到解决问题的方式、方法；鼓励校内的交流与合作；组织学生参加服务、专业学术发展、社交等活动。

学生社团主要是面向本科生的学生自治组织，其管理规则呈现在其社团手册中。手册内容包括总则、社团类别及相应活动规则等。哈佛大学学生社团分为独立学生社团、有赞助的学生社团、未认可的学生社团三类。独立学生社团享有学院的拨款支持，但需要达到学生生活办公室所规定的条件要求，并且有义务对拨款进行合理使用。有赞助的学生社团是由学校某些部门、办公室组织或赞助，但没有达到独立学生社团指标，并不由学院直接支持的社团。而未认可的学生社团是未得到学院的认可、不为这些社团提供便利条件，也不是学校某些部门赞助的社团，如终极俱乐部、兄弟会、姐妹会、社交俱乐部等。但参与这些社团的学生仍然要遵守学院相关政策和规定。

正式的学生社团有多方面的责任和便利。例如，在校园内组织活动，可预约学院的教室、音乐厅和其他组织活动需要的空间；服从当地、州、联邦政府法律和规章，以及哈佛大学的政策和规定；社团应有一名指导教师，该教师必须是哈佛大学的正式员工；还涉及学生招募、活动策划、邀请嘉宾、筹资等各项事情，并且有严格的财务管理制度，在支票和账单、纳税报告条例、受赠账户、预算、收入、付款、发票与报销、财务报告等方面严格遵守相关的规则。

学生社团经常遇到的是对学术中言论自由的看法、把握及权衡的问题。社团尊重言论自由，但对言论自由也有边界限制。社团手册申明，思想的自由交流对于通过研究、教学和学习发现和传播思想这一首要任务至关重要。对于言论自由的侵害有损于对思想自由的追求。它有可能会剥夺少数人表达非主流观点的权利和其他人聆听该观点的权利。同时，社团手册还认为，学校的每个成员不可能拥有相同的政治、哲学观点，而且这方面的统一思想也是不可取的。但在划分演讲者、抗议者和听众之间的界限时,通常有许多模糊不清的地方。同时,理性对话的基础是礼貌和对他人保持尊重的义务,种族、涉性和其他人身侵犯的话题不仅严重损害了他人的尊严,也妨碍了理性对话的原则;根据种族、性别、民族、宗教信仰或性取向来侮辱他人的言论行为是与探究学问的追求背道而驰的。社团手册中的这些观点,比较清晰地表达了对学术中言论自由倡导和规避的观点。

大学人员的主体是教师和学生。大学章程应有更多的篇幅来阐述使教师、学生知道怎么做是正确的理念、规则和程序。教师或学生有问题时,去找章程和规则,章程和规则中没有的,或其中不清楚的,再去找领导人。对于重复出现的问题,规则中没有的,领导人要制定规则;有规则但条文不清、执行有困难的,领导人负责明确并改动规则,下次按新规则办事。教师和学生就可以在规则清楚的条件下安心工作与学习。这就是"以规则为基础的依法治校"。

《哈佛大学章程》和《大学章程》(五卷本)包含了非常丰富、系统的大学治理理念、经验和规则,值得阅读和分析,尤其是值得教育主管部门领导人和大学领导人反复阅读和认真琢磨。搞好大学章程及规则条例是依法治校的前提和依据。阅读和参考世界一流大学的章程和规则条例,能够开阔大学管理的眼界,丰富管理的理念,增加管理的方法。我多次遇到我们一些教育主管部门的领导人、大学的领导人访问欧美的一流大学,回来后谈见解,大多觉得收获很多。实际上,对方接待、座谈会或现场考察,那些所见所闻,所谈到的理念、规则、办法,在章程体系中大多都可以找到,甚至比其接待所谈更具体更准确。我也出访过世界各地多所著名大学,访问之后也有收获颇多的感觉。后来,研究和编译其中一些大学的章程、规则,与以往的访谈比较,深刻了很多,系统了很多,具体了很多。

研究和借鉴大学的治理体系和治理成效,需要系统地阅读和专门研究大学的章程和规章,钻研进去,得到的结果会更深刻、更全面、更准确。所以,我一直主张将卓越大学的章程体系文本作为教育主管部门领导人和大学领导人治理大学借鉴参考的经典。每一位履职大学管理层的领导者,或者即将履新大学管理层的人员,都应该好好看看大学章程,将受益匪浅。

《哈佛大学章程》是目前我们编译过的大学章程中最为繁复、最为耗时的一部。离当初的五卷本出版，至今已有十年之隔。为追求翻译质量，其中仅涉及的国际、校际、人际及部门之间的沟通协调，足有百余次。该章程如今面世，的确来之不易。我非常感谢参与编译和出版的各位同仁的辛劳，多年来不离不弃，敬始慎终，坚守不懈，终成正果。但愿我们的数卷大学章程编译本，能为我国的大学建设略尽心力。

张国有

北京大学前副校长

2022 年 6 月 10 日

目　录

第一编

引　言 ·· 3
第 1 章　哈佛学院章程 ··· 4
第 2 章　哈佛大学监事会章程 ·· 22
　　2.1　哈佛大学监事会章程 ·· 22
　　2.2　通过邮寄投票对监事的提名和选举 ························· 26
第 3 章　哈佛大学章程 ·· 30
　　3.1　哈佛大学章程 ·· 30
　　3.2　最新校董事会成员名单及分工 ······························· 34

第二编

第 1 章　教务 ··· 37
　　1.1　教务长关于成立中心的声明 ··································· 37
　　1.2　中心建立的原则和指导方针 ··································· 37
　　1.3　关于学术人员参与校外活动的声明 ························· 39
　　1.4　在校准则（适用于在校时间不到一年的学位） ········· 46
　　1.5　关于权利和责任的校内声明 ··································· 48
　　1.6　校长和院长关于大学权利和责任的声明 ·················· 49
第 2 章　商务活动 ··· 50
　　2.1　商业活动管理条例 ··· 50
　　2.2　原则声明 ·· 50

第 3 章 保密政策 ······ 55
- 3.1 高风险机密信息 ······ 55
- 3.2 机密信息 ······ 58
- 3.3 学生信息 ······ 67
- 3.4 信用卡信息 ······ 71
- 3.5 实体环境及个人活动记录 ······ 72
- 3.6 与供应商合作 ······ 74
- 3.7 计算机与服务器 ······ 75
- 3.8 其他 IT 策略 ······ 77
- 3.9 联邦与管控 ······ 78
- 3.10 基于网络的调查 ······ 81

第 4 章 出口管控 ······ 82
- 4.1 哈佛出口管理合规政策声明 ······ 82
- 4.2 哈佛大学出口管理政策和程序 ······ 85

第 5 章 哈佛名称使用章程 ······ 108
- 5.1 域名申请表（使用 harvard.edu 域名）······ 108
- 5.2 电子邮件别名申请表（用于@harvard.edu）······ 108
- 5.3 批准指南 ······ 109
- 5.4 哈佛名称和徽章的使用 ······ 110
- 5.5 电子文本 ······ 114
- 5.6 哈佛名称和含酒精饮料 ······ 115

第 6 章 研究中人类被试的使用 ······ 117
- 6.1 政策 ······ 117
- 6.2 程序 ······ 118

第 7 章 哈佛大学人事手册 ······ 120
- 7.1 序言 ······ 120
- 7.2 聘用规定总则 ······ 122
- 7.3 聘用要求与条件 ······ 141
- 7.4 新员工与工作调动政策 ······ 148
- 7.5 福利信息 ······ 151
- 7.6 薪酬制度 ······ 160
- 7.7 解聘/裁员 ······ 165
- 7.8 请假 ······ 167

7.9	员工行为	184
7.10	社交媒体使用指南	187

第 8 章　国际事务　193

8.1	哈佛大学有关国际项目和国际站点的政策	193
8.2	哈佛大学建立远程机构的指引	198

第 9 章　发明、专利及版权　203

9.1	知识产权	203
9.2	哈佛大学校名使用	225
9.3	利益冲突	226
9.4	咨询协议	233

第 10 章　教务长复审标准　236

10.1	教务长对新项目和拨款的复审标准	236
10.2	程序	237

第 11 章　相关研究政策　238

11.1	以人类为主体（受试体）的研究与伦理委员会	238
11.2	科研诚信	240
11.3	动物研究与动物管理与使用委员会	241
11.4	信息隐私	243
11.5	利益冲突	245
11.6	补助金管理	249
11.7	校外（外部）及商业活动	250
11.8	知识产权	251
11.9	干细胞与胚胎干细胞研究监督	252
11.10	实验室（研究室）安全	255
11.11	出口管控	257
11.12	国际研究	259
11.13	联邦（政府）机构保障与义务	261
11.14	作用与责任	261

第 12 章　资助研究政策　262

12.1	缺勤管理	262
12.2	关于管理和行政人员工资联邦奖金的说明	264
12.3	预付款账户：综述、申请、建立、分配	272
12.4	关于外部单位借用哈佛名称的协议说明	275

12.5	费用分担政策	281
12.6	成本转移政策	287
12.7	工作量报告和薪资确认	295
12.8	设备管理政策	300
12.9	财务报表：针对资助项目的财务报表的大学政策及程序	311
12.10	区分哈佛大学校外来源赠予与资助研究的政策	315
12.11	联邦资助研究项目政策指南	319
12.12	知识产权政策（略）	328
12.13	非联邦资助基金利息收入的政策	329
12.14	国际项目指南	334
12.15	法律协议工作流程、谈判权及签字权	334
12.16	受资助人的产假和育婴假的政策	336
12.17	美国国立卫生研究院（NIH）相关政策	338
12.18	校内和校外的间接费用比率	339
12.19	关于知识产权的参与协议	340
12.20	关于间接费用和非联邦资助奖项的政策声明	342
12.21	研究计划提交截止日期说明	343
12.22	教务长批准新项目或资助的标准和程序（略）	345
12.23	出版物政策	345
12.24	研究项目数据和资料的保留政策	347
12.25	财务政策	349
12.26	资助金中的遣散费（离职补偿金）	358
12.27	资助金的固定津贴	361
12.28	第二受助人监督和程序指南	365
12.29	哈佛研究政策概要（受资助项目）	369
12.30	差旅政策	371
12.31	学费政策	372
12.32	有出入的账户结算（对账）	372
12.33	供应商与第二受助人指南	374

第13章　其他政策 ··· 378

13.1	环境卫生与安全管理政策	378
13.2	对哈佛建筑物和设施拍照和录像的政策	383
13.3	资料转让协议	385

第三编

第 1 章　文理学院教师规程条例 …………………………………… 393
第 2 章　学生工作 …………………………………………………… 399
　　2.1　哈佛研究生理事会章程 ……………………………………… 399
　　2.2　学生社团手册 ………………………………………………… 402

后　　记 ………………………………………………………………… 445

第一编

引　言

　　哈佛章程起源于1650年的哈佛特许状，经历了300多年的发展，终于形成了如今的宪章性文件。然而奇怪的是它从未完整地出版过。本书在马萨诸塞州政府秘书处及马萨诸塞州档案馆的帮助下，首次将其完整地呈现出来。

　　本书以下的文字，将尽量尊重原文。17世纪和18世纪的资料来自马萨诸塞州档案馆的手写稿，之前没有任何影印文件。19世纪和20世纪的资料虽然有一些印刷文件，也统一从档案馆获取。

　　哈佛大学法律委员会认为，除了下文提到的1780年的马萨诸塞州宪法的影响之外，州政府秘书处修正案也对哈佛章程的发展起到了很大作用，同时在学校管理层的筹备中发挥作用。不太受重视的1672年特许状也将被提及，因为它很重要。也是在这份特许状中，首次规定董事会的人员组成、权力等，并在1780年州宪法中得以通过。章程的其他部分被后来的规章制度所取代，相关的条款被囊括其中，被取代的条款则以旁注的形式标注出来。除了特殊说明之外，所有的章程文件仍然具有效力。

第 1 章　哈佛学院章程

马萨诸塞州

秘书处

州政府,波士顿,02133

敬启者:

我是保罗·古兹,任职于马萨诸塞州政府秘书处,作为该州历史资料的保管者,特此证明:马萨诸塞州海湾殖民地议会于1636年10月28日拨出一笔专款,用于建设一座日后名为哈佛学院的学校。1650年5月23日,议会批准哈佛学院成为法人机构,并永久续存。也就是说,哈佛学院从此之后,都是能够授予学位的法人机构,并接受马萨诸塞州法律管辖。

第一部分

1. 1636年:向学院拨款 马萨诸塞州海湾殖民地议会通过决议,筹建一所高等学府,每年拨款400英镑。其中200英镑在第二年拨款,另外200英镑将在工程结束之后拨付。下一次议会决定建设地点与内容。	"新英格兰地区马萨诸塞州海湾政经会议记录"。编码为:309,I:183。记录于波士顿马萨诸塞州档案馆的5个文档中(1628-86),后文简写为:M. B. C. R
2. 1637年:学院将建于新城 该学院定于建立在一个名为新城的小镇。 　　　　　M. B. C. R. 410,I:204 　　　　　1637年11月15日	1638年5月2日,议会将学院的名称由"新市民学院"改为"剑桥学院",许多殖民地领导者都在剑桥学院接受了教育(M. B. C. R. 382,I:221)
3. 1638/39年:为学院命名 学院一致通过将名称由"剑桥学院"更改为"哈佛学院"。 　　　　　M. B. C. R. 410,I:204 　　　　　1638年/1639年3月13日	

(续表)

4. 1642年：确定学院内部组织、职责及监事会的权力 根据1636年7月的议会决议，组建了6位地方官员及6位评议员组成12人委员会，来管辖剑桥学院，但是其中一些人已经不再拥有管辖权。因此，议会决定由政府、辖区内所有法官、6个相邻小镇（剑桥、沃特、查尔斯、波士顿、福克斯博瑞、多切斯特）的授课牧师、学院的管理者们，大家暂时共同管理，并制定规章、法规、制度。他们认为这些对于建立、指导和发展当时的剑桥学院是非常有必要的。此外，这些规章制度能够很好地处理、决定、管理学院资产以及以任何形式(捐赠、遗赠、土地等)帮助过学院的人们。鉴于有可能存在指定的法官和牧师缺席或者重大事务缠身的情况，而学院又需要他们亲临帮助、咨询及管理，因此委员会决定，大多数成员的意见可以代表全部。假如在制定某项规章制度的时候，发现其对学院及其成员或者公众具有损害，可以通过委员会向监事会上诉，由监事会进行重新审议。 M. B. C. R. 531，Ⅱ：24-25 1642年9月27日	抄写员誊写错了1636年10月28日通过的法案(M. B. C. R. 309，Ⅰ：183)，正确的应该是指定"一个委员会来管理该学院"(M. B. C. R. 367，Ⅰ：213)
5. 1650年：1650年特许状 因恒常受到感动和激励，许多热心奉献之人，为促进位于密德萨斯郡剑桥镇的哈佛学院进行良好的文学、艺术和科学之事业，维持校长与评议员生计、房舍供给和其他必需之条件，已经奉献和捐赠各种礼物、遗产、土地和财产。该项善业有利于促进本殖民地英国青年和印第安青年的知识与宗教教育。因此，本大议会，依自身之权威，指示并立此法案规定：为促进如此崇高之事业以及上述之目的，位于新英格兰密德萨斯郡剑桥镇的哈佛学院，自此往后而永续地是一个法人。该法人团体由7名成员组成，分别是校长、5位评议员和1名财务主管。亨利·邓斯特为首任校长，文科硕士	依法所定。爱德华·罗森秘书处

(续表)

萨缪尔森·曼森，萨缪·丹佛，文科学士乔纳森·米歇尔、肯佛·斯戴尔、萨缪·伊顿这5位担任评议员，托马斯·丹佛担任财务主管。这7人均来自湾区，并成为董事会第一届成员。他们是该法人团体之第一任七名成员，在经过监事会同意的前提下，可以选举产生新的校长、评议员或者财务主管，有权招聘或者解雇员工，拥有永久继承权，继任者拥有和被继任者一样的各项权利。此后，上述现任之校长和评议员作为一个整体之团体，在法律上是一个法人团体，凡以该团体之名义或发生与该团体相关之法律事实，该团体对于其所有意图或目的之行为，应独立承受其法律后果。该团体永久存续，其名称为"哈佛学院的校长和评议员"，该名称不可随意更改。以此名义，他们和他们的继任人，有权购买和获取、持有和接收来自马萨诸塞州司法管辖权范围内且每年不得超过500英镑遗赠之无权利瑕疵的礼物和捐赠、土地、房舍或土地，以及为上述哈佛学院校长、评议员和学生之使用或好处之目的，获取不受限额之货物和金钱。校长和评议员，或者连同财务主管，经谨慎考虑，对于该法人拟将购买之土地和不自由保有地，有权作出最终决定。为学院和该法人自身之更好管理，据前述立法法案之授权，校长和三名以上评议员，其他成员经校长正当提醒和通知，有权随时举行会议，解决有关土地的收入和收益以及货物处理之争议和决定（以上各项处置措施应遵照捐赠人之意愿）。为确定下列情形之解决原则——紧急情况：命令和规程之执行；出现重大且困难事务时寻求监事会和其他相关社会组织共同召开之大会议；无法协商解决之争议案——兹规定，上述列举之所有情形，应采取多数票决，当赞成、反对票持平时，校长再投决定票，该决定经监事会同意始生效力。所有上述事务处置之目的，均系为学院校长、评议员、学者、官员之利益和好处；为房舍、书籍以及必要物品和家	

(续表)

具之供给,以利于文学、艺术和科学之良好促进和青年之教育。根据本大议会之自身权限,兹规定:在本司法管辖区域内,上述校长和评议员所有自由土地,不自由保有地,遗赠之不动产、房屋、收入等,每年不超过 500 英镑者,此后免于任何市政税、地方税、国税;属于该法人或任何学生所持有之任何财物,免除捐税、关税、印花税等。校长、评议员、学者等及其用人,校长和学院必要之官员和其他随员,只要不超过十人——其中校长三人、学院七人——将豁免公务劳役、军事操练和服役、警卫、巡逻之义务。这些人的财产,凡 100 英镑以下者,免除全部国税或诸如此类的地方税,但不免除其他税收。 M. B. C. R. Ⅲ:264-66 1650 年 5 月 23 日	
6.1657 年:1650 年特许状补充条款 为了解决提交议会的某些议案,监事会决定制定特许状补充条款。为了更好地管理学院和开展学院事务,学院董事会有权随时制定规则和章程,并且不需要经过学院监事会的同意。但是,学院董事会应当对这些规则和章程负责,学院监事会可以依据其自由裁量权对上述规则和章程进行必要的修改。在征得学院员工同意的情况下,学院董事会可以举行会议并制定规则和章程,讨论和决定与土地和捐赠收益等有关事宜,依据捐赠者的意愿处理土地或捐赠事务。半数以上董事会成员通过,决议生效,校长具有最终决定权。假如董事会想要召集监事会开会商议,或者监事会自认为有必要内部碰面,学院法案将提供有效的方式通知 1642 年法律规定的相邻 6 个小镇的监事会成员,以及因为地理距离无法方便获取信息的其他成员。 M. B. C. R. Ⅳ:265 1657 年 10 月 23 日	

（续表）

7. 1671年：捐赠的处置 议会规定，所有的捐赠和遗产都归学院所有，用于教学用途，其他各项公共支出处置措施应遵照捐赠人之意愿。接受捐赠和遗产的成员，必须遵从捐赠者的意愿，对使用过程负责，并向议会提供使用和管理的详细账目，例如他们的住所及财产存放地、捐赠受益者、需求缺口以及如何根据捐赠者意愿安排及管理捐赠。 M. B. C. R. IV：678 1671年5月31日	
8. 1672年：1672年特许状 自1650年5月31日哈佛特许状以来，因恒常受到感动和激励，密德萨斯郡剑桥镇上建起了哈佛学院。在议会的决议下，其校长和评议员共同构成法人。当地许多热心奉献之人，甚至是陌生人，为促进哈佛学院进行良好的文学、艺术和科学之事业，维持校长与评议员生计、房舍供给和其他必需之条件，曾经并一直在奉献和捐赠各种礼物、遗产、土地和财产，该项善业有利于促进本殖民地英国青年和印第安青年的知识与宗教教育。现在为了学院的永续发展和更长远进步，更好地激励学院相关成员，议会决定由物理学博士莱纳德·哈瑞先生担任哈佛学院的校长，哈佛学院的萨缪·丹佛先生、剑桥镇教会牧师尤瑞安·欧克先生、查尔斯镇教会老师托马斯·夏普德先生、文科硕士约瑟夫·布鲁斯先生和约翰·理查德森先生这5位担任评议员，并由约翰·理查德担任财务总管。此后，上述现任之校长和评议员作为一个整体之团体，在法律上是一个法人，凡以该团体之名义或发生与该团体相关之法律事实，该团体对于其所有意图或目的之行为，应独立承受其法律后果。他们在经过监事会同意的前提下，可以选举产生新的校长、评议员或者财务主管，有权招聘或者解雇员工，拥有永久继承权，继任者拥有和被继	M. B. C. R. IV：707-09 1672年10月8日

(续表)

任者一样的各项权利。现任董事会及其继承者有权购买和获取、持有和接收来自马萨诸塞州司法管辖权范围内的礼物和捐赠、土地、房舍或土地、年金、服务、动产、钱财等,以及为上述哈佛学院校长、评议员和学者之使用或好处之目的,获取不受限额之货物和金钱。校长对于有争议的上述事宜,有权召开全体大会加以讨论。 上述任何情况必须通过委员会半数以上同意,校长拥有最终裁定权。学校法人及直接财务主管可以在马萨诸塞州海湾殖民地的司法管辖区内因任何理由起诉或被起诉。作为独立法人,只有校产房屋而非学校成员私人所有房屋,受制于上述司法限制。同时,法人团体,或其中三名成员(校长是其中之一)在当地司法官员判定的任何案件中,如果学校规章没有对此的相应惩罚,也有权依据当地法律责罚或指正员工,给公众一个合理交代。因此,在公众的帮助下,校方就如巡警一样,如有需要可以进入任何向公众娱乐开放的房间,并监督任何社会成员所犯下的罪行,警官和基层政府官员将随时提供协助。 在本司法管辖区域内,上述校长和评议员所有自由土地,不自由保有地,遗赠之不动产、房屋、收入等,每年不超过500英镑者,此后免于任何市政税、地方税、国税;属于该法人或任何学生所持有之任何动产,免除任何捐税、关税、印花税等,但国家战争及其他特殊紧急情况应排除在外。 此外,校长、评议员、学者等及其用人,校长和学院必要之官员和其他随员,只要不超过十人,将豁免公务劳役、军事操练和服役、警卫、巡逻之义务。这些人的财产,凡100英镑以下者,免除全部国税或诸如此类的地方税,但不免除其他税收。上述条款完全依据法律制定,任何法律不得逾越。

(续表)

关于答复由哈瑞校长提出的关于学校的宿舍、食堂和花园进行必要修缮的提案,议会将有责任审定该项工程是否必要且谨慎。校长必须向学院提供维修预算,且不超过 300 英镑,在委员会的要求下,按比例提供各项原材料,直到工程结束。	
9.1707 年:声明 1650 年特许状并未废除 1707 年 12 月 4 日,议会 议会审议并通过了哈佛学院评议员的提案,任命约翰·勒夫瑞特先生为现任校长,以填补空缺。 提案建议,众议院在公共财政之外专门划拨一笔款项用于每年的哈佛学院校长工资支出,以便校长在任期内全心全意履行职务,起到激励和支持的作用。 哈佛学院管理机构是依据 1650 年殖民地议会通过的法案而建立的,这份法案并没有被废止或失去法律约束力。 哈佛学院的校长和评议员可以根据法律所规范的章程细则行使他们的特许权力。为了保证权力和权威,政府提供住房和支持。 [现场投票。阿丁顿秘书处 众议院一致通过。 1707 年 12 月 4 日,审议。 1707 年 12 月 5 日,审议并通过。 发言人:约翰·布瑞尔 投票结果是:哈佛学院校长年薪为 150 英镑。 1707 年 12 月 6 日,通过。] 　　　　　　　　　阿丁顿秘书处 　　　　　　[签名]J·杜德利同意 马萨诸塞州档案.58:263,波士顿。原始材料见诸 328 卷,具体期没有编码。 (艾利斯·阿姆斯和其他资料中也曾记载。马萨诸塞州海湾法案与决议、公众与私人。 　　　[波士顿,1869—1922],94 章) 　　　　　　　　　1707 年 12 月 6 日	通过审议后生效

(续表)

10.1780年：马萨诸塞州宪法第五章 (1) 大学 a. 我们智慧而虔诚的祖先，早在1636年就建立了哈佛学院，许多卓越之人受上帝的恩惠，在艺术与科学方面接受了启蒙教育，从而成为宗教界与政界的工作者。艺术、科学和伟大作品的发展是上帝的荣耀，有利于宗教信仰，并为美国发展做出重大贡献。兹规定：由校长和评议员们组成的董事会及其雇佣的职员在一定范围内享有并行使相应的权力、自由、豁免权、特许权等，他们的继任者相应也拥有这些权力。 b. 曾经，各种捐赠、房产、土地、动产、遗产和工具，在不同的特许状下，或赠予哈佛学院，或赠予哈佛校长及评议员。兹规定：学院获得的捐赠物品及赠予被永久地认定为法人团体及其继任者所有。 c. 根据1642年马萨诸塞州海湾殖民地议会通过的法案，马萨诸塞州州长、副州长、哈佛学院的校长、当时殖民地政府官员及当地牧师共同组成监事会。因而，有必要在本次宪法中确定谁是州长、副州长以及当地官员的继任者。兹规定：州长、副州长、州议会议长成为监事会成员的继任者，他们以及哈佛学院的校长、6个毗邻镇区（剑桥、沃特、查尔斯、波士顿、福克斯博瑞、多切斯特）的公理会教堂牧师拥有哈佛大学监事会获得的所有权力。没有任何理由会阻止州议会制定和颁布有利于哈佛学院发展的法律和规定。 (2) 文献作品的激励及其他 智慧、知识和优良品质，蕴藏于人们体内，并有助于维护权利与自由。由于这取决于各地区人们之间交流与教育的增进，联邦政府和官员有责任珍惜文学、自然科学和大学带来的影响力。尤其是剑桥镇的哈佛学院、公立学校和语法学校。为提高	[1810年法案，113章进行了修改]

(续表)

私人团体、公共机构的积极性,农业、艺术、自然科学、商业、贸易、工业、国家历史方面的成就将获得奖励或者免税等优惠政策,目的是嘉奖并彰显个人行为中的人道与仁慈美德,公众与私人的慈善之心,勤劳、简朴之作风,诚实、守信之品质,社会中的真诚、幽默、慈爱、慷慨等情操。 马萨诸塞州宪法 第二部分,第五章 1780年6月15日修订	
11.1789年:确定校长、教授、讲师的职责 剑桥镇的大学及学院的校长、教授和讲师,学术机构和其他青年团体的教师,应尽其所能,为年轻人传道授业解惑,向他们灌输虔诚与正义,对真理的追求,对国家的热爱,对全人类的仁慈、节制、勤劳、简朴、纯洁、温和等人类社会的宝贵精神品质,这些品质是国家的立身之本。随着学生年岁的增长,知识的增加,教师们应尽力引导学生,保持上述优良的品质将有益于保护与完善国家体制,保卫自由精神,提高未来福祉。相反,不良的品质则趋向相反方向。 1789年法案,19章,1789年6月25日。修正后见诸马萨诸塞州普通法,71章,第三十节	见:1789法案,19章,第四节;1826法案,143章,第三节;1836年修正案,23章,第七节;1860年法案,38章,第十节;1882年大众法案,44章,第十五节;1902年修正案,42章,第十八节。
12.1851年:监事会改组 (1)[现行法律框架下的哈佛学院监事会,将正常运行。直至下一次年度议会,正式结束其历史使命。] (2)[州长、副州长、参议长、众议长、教育委员会秘书处],哈佛学院的校长和财务主管,以及下文将详细介绍的其他30人,自下一次年度议会之后,将组成新一届哈佛学院监事会,他们[或者他们当中超过半数人员,出席于任何法律会议]有权行使监事会的权利和特许权力。	[1865年法案第173章,进行了修改] [1852年法案第27章,进行了修改] [1865年法案第173章,进行了修改]

(续表)

(3) 与上述提到的其他人员共同组建监事会的这30人,可以通过抽签或个人意愿划分为3组,每组10人:[第一组成员自下一次年度议会之日起,就离开各自现有岗位,履行监事会职责,该年度他们的办公地点将集中于一个房间,办公地点由参议院和众议院共同投票决定;同样,第二组成员自1853年年度议会之日起,履行监事会职责;同理,第三组成员将在1854年履行职责。如果他们的继任者没有被参议院和众议院选举产生,他们将在年度议会之后多工作两个月。]	[1865年法案第173章,进行了修改] [1865年法案第173章第六节,进行了修改]
(4) 当监事会完全改组之后,其成员将被分为6个平等的小组,也就是通过投票形式或者工作资历,将上述小组再细分为两个部分。上述6个小组将轮流按照预定的顺序,离开现任岗位,履行监事会职责。[每个小组连续工作于两个年度议会之间,办公地点由参议院和众议院共同决定。]	[1865年法案第173章,进行了修改]
(5) [如果因为死亡、离职或者其他原因导致监事会职位空缺,将由参议院和众议院共同投票决定继任人选。如果议会在年度会议结束后的三个月内,没有填补监事会空缺,则该空缺由现任监事会填补。不过任何填补空缺的人,不论是由参议院、众议院还是监事会决定,他都必须是与其前任同一位阶的。]	
(6) [如果州长出席,则由他来主持监事会的法律会议;若州长不在,则由副州长主持;若副州长也缺席,则由参议院议长主持;若仍缺席,则由众议院议长主持;若以上人员均缺席],会议将临时选举一个主席。当某个职能职位缺席,监事会还将根据多数投票结果指定一名秘书,记录投票结果和会议过程,执行该职位各项职责。如果现行规章与州宪法精神相抵触,监事会有权力修改这些违宪的制度。	

(续表)

(7)[州议会的成员不具备监事会成员的选举资格],无人有权利连续担任两届监事会成员。 (8)本法案自监事会成立之日起生效。在现任议会权力范围内,因此目的召开的会议上,若提案没有违反州宪法精神,哈佛学院的校长和评议员们应当投同意票。 (9)任何法案或其中的任何部分,若与上述条例冲突,则自行作废。 　　　　　1851年法案,224章 　　　　　1851年5月22日通过。 　　(1851年5月22日,董事会、监事会通过)	
13. 1852年:确立监事会法定人数 (1)关于哈佛监事会的几项法案的目的是在法律的框架下授予监事会一定的权利。兹规定,不少于9人的监事会会议才具有法律效应。 (2)本法案自通过之日起生效。 　　　　　1852年法案,27章 　　　　　1852年3月3日通过 　　(1852年3月4日,监事会通过)	
14. 1865年:关于监事会法案 (1)自1866年开始,监事会空缺席位每年投票选举产生,候选人必须是从哈佛学院获得过文学学士、文学硕士以及名誉学位的人选,选举将在剑桥市的毕业典礼日进行;董事会成员、政府官员或学院管理机构官员没有资格被选举为监事会成员或在监事会成员选举中投票;另外,哈佛学院艺术学士毕业5年后才有权利参加监事会选举的投票。 (2)监事会成员的选举在每年的毕业典礼日进行。监事会任命一名投票主管和两到多名助理监察员,他们将在毕业典礼日当天,从上午10点到下午4点在剑桥市政府确定的会议地点接受监事会的投票,并在投票结束后公布结果。监察员应获得有资格参与选举的所	

(续表)

有人员名单,并一一核查他们的选举资格,任何人在监察员核查结束之前都不能进行投票。监察员详细记录当选的人名、票数以及监事会的空缺席位,妥善保管所有的选票,备案记录后封存交给监事会的秘书长,同时提交给选举委员会以备查。得到最高票数的人当选,秘书长应立即告知获选人员。	
(3)监事会主席和秘书长应当提前两周通过波士顿当地报纸,公布选举地点、竞选时间、候选人数量。	
(4)现任监事会的任期将于毕业典礼结束之日起到期。继任监事会将于下一个毕业典礼之日结束任期。召开选举活动的监事会将要提供派出监事会成员的工作地点及现有监事会空缺信息。	
(5)如果在毕业典礼当天出现失误,不能填补监事会空缺,将由现有监事会投票决定。不过任何填补空缺的人,不论是由参议院、众议院还是监事会决定,他都必须是与其前任同一位阶的。	
(6)州长、副州长、参议院议长、众议院议长、教育委员会秘书长自本法案生效后将不再是监事会的当然成员。	
(7)这项法案在哈佛学院董事会和监事会召开与选举相关的会议之时生效。	
(8)这项法案并不是一个特许状,可以在司法程序下废除。	
1865年法案,173章,1865年4月25日通过。(经哈佛学院监事会同意,1865年9月21日。经哈佛董事会通过,1865年12月15日。)	

(续表)

15. 1876年：关于比较动物学陈列馆理事 (1) 动物学博物馆理事被授权将他们原先拥有的权利移交给哈佛董事会，哈佛董事会也被授权接受这些权利，并依照法人法案和修正法案相应承担所有责任。 (2) 本法案自通过之日起生效。 　　　　　　　1876年法案，44章 　　　　　　　1876年3月13日通过	
16. 1880年：非本地居民担任监事会成员的资格 (1) 符合监事会遴选条件的非本地居民，也有资格担任监事会成员。 (2) 本法案自哈佛董事会和监事会通过之后，在相关会议上生效。 　　　　　　　1880年法案，65章 　　　　　　　1880年3月5日通过 　　　　　（1880年5月31日，董事会通过； 　　　　　　1880年6月2日，监事会通过）	
17. 1889年：扩大哈佛学院持有应税房产的权利 (1) 在不违背捐赠人的意愿条件下，哈佛学院董事会可以占有或者销售房地产。他们在任何时候都可以将部分房产用来投资或销售，但是没有权利增加房产现有的免税幅度。 (2) 本法案自通过之日起生效。 　　　　　　　1889年法案，104章 　　　　　　　1889年3月13日通过 　　　　　（1889年3月25日，董事会通过； 　　　　　　1889年4月10日，监事会通过）	

(续表)

18. 1894年：改变女子课程社团的名称并扩大其权利 (1) 将女子课程社团的名称改变为拉德克利夫女子学院。 (2) 本法案不会损害学院之前或者之后获得的任何捐赠。 (3) 除了本学院建立目的本身，它更有丰富的课程体系，增加大学中女性机会，以提高女性教育水平为目的。 (4) 学院的院长、管理人员、教学团队的人数，他们的头衔、权利、办公条件、晋升空间，以及学院的组织形式、管理方式等，保持他们能接受的形式。并将赋予哈佛学院以监督、指导和管理的权力。 (5) 出于建校之目的，拉德克利夫女子学院可以接受不超过[两百万英镑]的房产及个人房产的捐赠。 (6) 拉德克利夫女子学院可以授予女性如同当地其他任何大学或学院所赋予男性或女性的全部荣誉和学位。但是，只有当学生符合哈佛大学毕业的条件之后，经哈佛董事会同意，才能被授予学位。 (7) 本法案自通过之日起生效。 　　　　　　　　1894年法案，166章 　　　　　　　1894年3月23日通过 　　　　（1894年11月13日，董事会通过； 　　　　　1894年11月15日，监事会通过）	1894年特殊法案，修正了拉德克利夫学院的原始文件，赋予董事会权力，并因此被并入哈佛。 [见1907年法案第462章；1930年法案第28章；1957年法案第101章；普通法第180章第六节]
19. 1896年：皮博迪美国考古学和民族学博物馆向哈佛学院转移产权 (1) 皮博迪美国考古学和民族学博物馆理事被授权将他们原先拥有的权利移交给哈佛董事会，哈佛董事会也被授权接受这些权利，并依照法人法案和修正法案相应承担所有责任。 (2) 本法案自通过之日起生效。 　　　　　　　　1896年法案，191章 　　　　　　　1896年3月25日通过	

(续表)

20.1921年：关于监事会选举办法 (1)在与监事会选举相关的会议上，哈佛董事会和监事会在同一时间为制定修正监事会选举办法的规章制度分别投票，确定选举监事会成员办法、拟定选举时间和地点、制定的规章制度生效期、何时可以取代与之背离的其他制度。但是修正办法不能影响个人选举和被选举为监事会成员的权利。 (2)本法案自哈佛董事会和监事会通过之后，在相关会议上生效。 1921年法案，204章 1921年3月31日通过 (1921年9月19日，董事会通过； 1921年9月26日，监事会通过)	
21.1945年：哈佛大学部分房产免税权 哈佛大学位于波士顿市南街因福里斯特希尔山而闻名的伯西地产、罗克斯伯里镇的哈佛药学院房产，其产权现在以及将来都归属于联邦政府，且受到公共卫生部的指导和控制，它们应免征当地房产税。但是，如果首席检察官、税务局局长和哈佛董事会与波士顿税务专员沟通发现来年并不符合免税条件，则该年度免税政策也不能实施。联邦对于哈佛大学房产的补贴不能超过房产维护成本补偿和资本投资回报。 1945年法案，608章 1945年7月13日通过	
22.1967年：监事会选举相关 (1)在与监事会选举相关的会议上，哈佛董事会和监事会在同一时间为制定修正监事会选举办法的规章制度分别投票。在监事会的同意下，董事会应决定获得何种学位的人有资格享有监事会空缺职位的投票权。因此，每一个获得以上学位的人，在学位授予当年及以后，都有资格在董事会和监事会通过的法律的框架下进行投票（依据1921年法案第204章）。但是，董事会成员、学院管理层成员不是监事会的当然成员。	

	(续表)
(2)本法案如(3)所言通过之后,(1)中所列规定将取代任何与之违背的其他法规。 (3)本法案自哈佛董事会和监事会通过之后,在相关会议上生效。 　　　　　　　　1967年法案,349章 　　　　　　　　1967年6月12日通过 　　　　　　　(1967年9月18日,董事会通过; 　　　　　　　　1967年10月9日,监事会通过)	

第二部分

再次声明,以下关于哈佛学院的资料也见诸这些记录。

23. 1780年:关于不匹配的公职的宪法条文 　　　　　　　　马萨诸塞州宪法 　　　　　　第二部分,第五章,第2条 　　　　　　　　1780年6月15日修正	第二部分所列举的马萨诸塞州法案和规定在作为证明文件的时候是有效的,但是与哈佛学院的组织、形成及运行无关。
24. 1827年:组建爱德华·霍普金斯慈善机构理事会 　　　　　　　　1827年法案,139章 　　　　　　　　1827年3月10日通过	
25. 1839年:批准爱德华·霍普金斯慈善机构理事会在剑桥镇建立一座古典学校。 　　　　　　　　1839年法案,159章 　　　　　　　　1839年4月10日通过	
26. 1870年:组建休斯敦美术馆理事会 　　　　　　　　1870年法案,4章 　　　　　　　　1870年2月4日通过	
27. 1877年:宪法修正案取消对于哈佛职员获得公职的限制 　　　　　　　　马萨诸塞州宪法 　　　　　　　　修正案第27条 　　　　　　　1877年11月6日修正	
28. 1969年:增加会员资格,确立美术馆理事会选举办法,授权美术馆拥有额外的房产与私人房产。 　　　　　　　　1969年法案,105章 　　　　　　　　1969年3月25日通过	

(续表)

29.1880 年：批准阿诺德植物园纳入波士顿公园体系 　　　　　1880 年法案，144 章 　　　　　1880 年 3 月 29 日通过	
30.1895 年：批准阿诺德植物园扩建 　　　　　1895 年法案，45 章 　　　　　1895 年 2 月 12 日通过	
31.1928 年：燕京学社 　　　　　1928 年法案，243 章 　　　　　1928 年 4 月 17 日通过	
32.1901 年：批准波士顿沃尔特大街拓宽提议 　　　　　1901 年法案，488 章 　　　　　1901 年 6 月 13 日通过	
33.1910 年：组建马萨诸塞学院理事会 　　　　　1910 年法案，113 章 　　　　　1910 年 2 月 28 日通过	
34.1920 年：批准阿诺德植物园扩建 　　　　　1920 年法案，126 章 　　　　　1920 年 3 月 12 日通过	
35. 1930 年：关于贝弗利第一教堂部长基金会理事权力 　　　　　1930 年法案，20 章 　　　　　1930 年 2 月 5 日通过	
36. 1941 年：组建新英格兰图书馆，确立其运行机制，授权参与机构充分利用其资源 　　　　　1941 年法案，240 章 　　　　　1941 年 5 月 5 日通过	
37. 1959 年：批准并指导大都会地区委员会获取波士顿地区土地用于娱乐目的 　　　　　1959 年法案，564 章 　　　　　1959 年 9 月 8 日通过	
38. 1976 年：批准心理健康部给予哈佛学院一定的通行权，并同时获得哈佛给予的通行权 　　　　　1976 年法案，70 章 　　　　　1976 年 4 月 14 日通过	

(续表)

39. 1976年：批准心理健康部和波士顿州立医院理事一定的哈佛学院通行权 　　　　1976年法案,99章 　　　　1976年5月7日通过	
40. 1976年：批准哈佛学院比较动物学博物馆参观收费权 　　　　1976年法案,173章 　　　　1976年6月11日通过	

第三部分

我证明哈佛学院至今享有法人地位。

在此,我盖下州政府的印章,于1976年6月17日,哈佛学院三百四十年。

保罗·古兹
州政府秘书处
马萨诸塞州政府秘书处
州政府,波士顿,02133

敬启者：

马萨诸塞州政府秘书处特此证明,对于上述资料的核查表明,自1976年6月17日州政府秘书处保罗·古兹的上述证书签发以来,关于哈佛学院的组建、形成及运行的资料,没有任何人工添加。

在此,盖下州政府的印章
州政府秘书处

第 2 章　哈佛大学监事会章程

2.1　哈佛大学监事会章程

1985 年 2 月 3 日正式通过,1993 年 12 月 5 日修订,1996 年 2 月 4 日修订,2008 年 2 月 3 日修订。

2.1.1　官员

监事会官员为一位会长,一位监事会秘书(监秘),以及根据机构需要,再加上一位或多位副监秘或助理监秘。

2.1.2　会长

会长为监事会首席执行官,主持监事会所有的会议。会长每年由监事会选出,任职期限从毕业典礼日开始至下一个毕业典礼日结束,直到选出继任者,如果该会长依然是监事会监事的话。余下时间职位空缺将由监事会选举出任该职。会长的空缺将由监事会任命一位临时会长来填补。

2.1.3　监秘

监秘,无论是否是监事会监事,都是监事会的首席行政官。监秘由监事会选出并任职三年,直到选出一位合格的继任者。职位空缺时将由监事会选举一位充任。

2.1.4　副监秘和助理监秘

监事会在其能确定的期限里,可以在任何一次会议上选举一位或多位副监秘或助理监秘,他们不一定是监事会监事。副监秘和助理监秘行使的职责是执行监事会、执行委员会或监秘经常下达的指示。

2.1.5 会议

监事会年会在毕业典礼前一天召开。每年由监事会决定下一年定期会议的参会人数和日期。如要召开特别会议,需由监事会会长、七名以上监事或校长及其同僚向监秘提交书面申请,并在申请中阐明大会主题、时间与召开地点。会议应依照监事会所指定的时间和场地休会。

2.1.6 会议通知

监事会会议通知由监秘发出,一旦监秘缺席、丧失行为能力、拒绝履行义务或监秘席位空缺,则由会长或副监秘或助理监秘发出通知。每次通知将详细说明会议时间和地点,如果要召开特别会议,应说明会议主题。通知至少在会议七天前邮寄给每位会员,假如要就重大紧急情况申请召开特别会议,通知可以在四天前寄出;另外,假如会议延期,将由监秘邮寄通知或发送电报通知,如果监秘无法履行职能,此任务将由会长或副监秘或助理监秘完成。无须再向会议之前或会议之后执行书面豁免通知的任何成员发出会议通知。豁免书面记录会随会议记录一起归档。会议开始前或开始时没有收到会议通知也参加了会议而且没有提出异议的人,这些人也可以不用发送通知。

2.1.7 替代会议的书面同意书

如果监事会或相关委员会所有的成员,依据具体情况,同意采取书面行动,并且在监事会或相关委员会会议上备案,在监事会或相关委员会的会议上需要或允许采取的行动可以不召开会议,此类同意书适用于所有会议选举。

2.1.8 通信会议(电话会议)

监事会或任何相关委员会的委员可以通过电话或类似通信设备出席监事会或相关委员会的会议,这样所有与会者能够同时听到彼此说话,以此类方式出席会议等同于本人出席。

2.1.9 会议记录

监事会投票和会议记录应附有出席每次会议的会员名单,由监秘记录,并将每次记录尽快地发放至监事会每位监事手中。除非监事会另有决策,否则会议记录统一在下次会议之前要经监事会反复修改确认后再发放。

2.1.10　议程表

监秘在会前为每位监事准备和提供希望在会上讨论的议事日程。

2.1.11　法定人数

除休会或要求全体出席,任何事务的处理都必须达到 9 位法定人数。

2.1.12　与董事会的通信联络

遵照监事会关于与董事会联络通信的指示,董秘应为大学校长提交监事会的投票选举结果或会议记录。

2.1.13　投票选举

所有的投票通过口头表决进行,除非某位监事要求通过举手表决或投票表决。将由出席会议获得多数票的监事裁决一切行动,除非本章程另有规定。

2.1.14　有关董事会选举的商议与同意

要求监事会至少在会议 10 天前同意选举董事会董事,书面通知将送至各位监事手中,其中会告知会议时间和地点、会议目的,以及候选人名单。发出此类通知的时间可以缩短,通知的内容在极端情况下(包括选举大学校长)可由执行委员会酌情决定更改。

2.1.15　事务介绍

大学校长可以介绍事务给监事会审议。监事会所有其他事务应该首先提交到执委会,由执委会来决定是否提交到监事会来进一步审议,或者指派某个合适的委员会来审议,但是只要监事会任何监事得到与会四分之三会员的赞成票,可建议监事会立即进行审议。

2.1.16　投票监票员

监票员有权但不被强制就所有问题进行投票,除非监事会赞成和反对票数相等。

2.1.17　投票复议

当投票通过时,任何会员可以在会议上发起复议。当决定重新审议时,该决定在该次会议上不再被复议。

2.1.18　议事程序问题

如果任何监事对议事程序提出问题,监票员的裁决在所有情况下生效,但如有两位参会会员得到与会三分之二会员同意后可以提出上诉。

2.1.19　委员会

设立下列常务委员会：
  执行委员会
  校友事务与发展委员会
  财务、行政与管理委员会
  人文与艺术委员会
  制度政策委员会
  自然与应用科学委员会
  学校、学院与继续教育委员会
  提名委员会
  社会科学委员会
  大学资源委员会

执行委员会依据章程或者监事会的规定行使职责。执行委员会由下列人员组成：监事会会长依据职务出任主席并兼任自然与应用科学委员会主席,社会科学委员会主席,人文与艺术委员会主席,财务、行政与管理委员会主席,制度政策委员会主席,校友事务与发展委员会主席,学校、学院与继续教育委员会主席,其他成员则由会长任命,他们都是监事会的当选监事。

提名委员会将由执行委员会任命,成员包括每一届监事会的一名会员。提名委员会主席同样由执行委员会任命。

除非另有约定,常务委员会的每一位主席由会长提名,监事会任命。

经由执行委员会建议,监事会在其认为需要或合适时,可再随时创设额外的常务委员会或其他委员会。

经由监事会建议,监事会可随时解散各委员会。

执行委员会可在年度大会或此类会议上任命每一个常务委员会会员。如果监事会没有对其可能设置的特别委员会的规模、会员资格和任期做出规定,没有对常务委员会的规模做出规定,执委会可以做出具体规范。

2.1.20　常务委员会报告

大学资源委员会和提名委员会除外的每个常务委员会,要提交年度报告给监事会,时间表由执行委员会决定。

2.1.21　巡视委员会报告

执行委员会将决定常务委员会的一般程序并审议巡视委员会的报告以及随后的分发。

2.1.22　提名委员会报告

提名委员会将及时呈交下一年的会长提名给监事会秘书以便其在监事会散发，同时附上将在某次大会进行选举的通知。

2.1.23　修改章程

该章程在得到某次会议与会者三分之二投票同意后可以更改、修订或废止，该表决至少需要在第一次提出更改、修订或废止的会议7天后召开的会议上进行，而且除非是按照章程规定已经被搁置放弃，第二次此类会议通知将陈述其修改章程的建议。章程可由与会的四分之三会员投票同意废除。

2.2　通过邮寄投票对监事的提名和选举

（包括修正案 1972.2.28，1972.3.6，1972.3.13，1979.3.12，1980.6.4，1987.2.8，1989.9.11，1990.4.23，2009.10.5）

2.2.1

监事候选人的提名应在每年由哈佛校友会的提名委员会以校友会规定的方式进行，提名人数为预计空缺数的1.5倍。在计算这里规定的1.5倍空缺名额时，任何小数都应向上取整。提名委员会应包括三位监事或在进入委员会之前三年内担任过监事的成员，由哈佛校友会执行委员会与监事会执行委员会共同磋商选出。上述候选者的提名应在1月5日或之前提交给监事会秘书处办公室。秘书处应在1月5日之后尽快将提名清单发布在监事委员会决定的《哈佛杂志》《哈佛公报》、哈佛官网网页等处，作为哈佛校友会的提名提供给监事会秘书处，并声明提名是由符合规定的学位拥有者提出，学位规定如下所述。

2.2.2

一个或多个候选人的提名也可在每年由拥有哈佛学位的非行政官员和不在学校工作的人员提出。这种提名必须通过监事会秘书处提供的官方提名表进行,并包含不少于以往三次选举的平均有效表决数的0.75%的人员签名。为便于统计,签名必须使用官方提名表并备案至监事会秘书处,必须包含所有表格要求的信息,并在填写表格前90日进行签字。符合要求的提名应提交至监事会秘书处,且必须在规定的填写表格日当天下午5点前当面提交或邮寄至办公室。表格应由秘书处提供且包含提名相关规定的概要,所提供的信息对应每位签字人。

2.2.3

被提名者如果被选中,必须在2月15日之前向监事会秘书处书面表达其服务的意愿。

2.2.4

假设未达到根据2.2.1和2.2.2要求的至少等于1.5倍预计空缺数进行提名,监事会执行委员会在与哈佛校友会主席进行磋商后,认为应适当增加被提名者的数额时,应在不晚于2月15日提交名单至监事会秘书处。

2.2.5

秘书处应在2月15日之后尽快将所有提名的清单正式刊载在监事会执行委员会决定的《哈佛杂志》《哈佛公报》、哈佛官网网页上。

2.2.6

官方投票应由秘书处准备,并符合以下要求:

A. 在每位候选人的名字后应加上其住址以及在哈佛大学获得的所有学位及获得年份。如果该候选人就读于哈佛大学本科或研究生院,但没有在那里获得学位,也应阐明就读学院和就读年份。

B. 如果候选人之前服务于监事会,在候选人的名字后应加上其服务的年份;如果候选人是按照2.2.2方式被提名,应陈述该事实。

C. 按照2.2.1或2.2.4方式提名的候选人名字应列在投票的优先组,按照2.2.2方式提名的候选人名字应列在其后。列表每组的顺序应抽签决定。

D. 在候选人名单的下面应为预期的空缺预留足够多的空间,选举人可插入任何他希望投给的不在选票上的人名。

E. 在选票或选票随附的材料中应有一份说明,说明预计的选举空缺数量以及任期期限,并进一步声明5个得票最多的人应宣布当选为具有6年任期的一组,若其他组出现空缺(包括在生效日期前发生的空缺)。被选举人应填补空缺,依此类推。

F. 应使用合适的选举箱放置标记候选人名字,根据规定的投票规则进行投票。选举人的签字不应出现在选票上。

G. 选票在所有其他方面均应采用董事会执行委员会批准的形式,并应包含其他信息或指示(包括"不超过 5 票"或"不超过 6 票"的指示)。

2.2.7

哈佛大学本部或其他分校、分院及拉德克利夫学院的学生,他们的普通学位授予必须经由哈佛大学校长和董事会及监事会的同意。接受荣誉学位的被授予者,有权在他们的学位授予日期后的第一次选举及随后的监事会选举中作为监督员投票,并在联邦法院 1921 年法案第 204 章框架下,受到哈佛大学校长、董事会和监事会通过及修改的规章和制度的制约。然而,前提是,根据 1967 年《马萨诸塞州法案》第 349 章的规定,大学的行政官员或教职人员均无资格担任监督员或有权选举监督员。行政官员或指定的大学成员是教学和专业技术管理委员会成员,由校长或校长授权的大学其他官员来任命,该委员会为大学的第三权威组织。

2.2.8

监事会秘书处应当在每年 4 月 1 日或之前,根据哈佛大学校友办公室记录的地址,或有可能成为投票者的其他地址,发邮件给当年每个有投票权的选举者,以告知将举行的正式监事会投票。投票中,投票人应准备好以下材料:由哈佛校友会提供或由董事会秘书提供的提名信息,可能由董事会执行委员会提供的任何其他信息。

2.2.9

每个有投票权的监事会选举者按照规则,通过邮寄方式将选票寄至董事会秘书处指定的地址投票。秘书收到选票后,在当周周五中午 12 点毕业典礼结束前不得计票。

2.2.10

只有哈佛官方有权力接受并清点选票。只有在最终确定的投票候选人范围内的反对票及赞成票才有效。如果某张投票中有三个以上的空缺,则该投票无效,不得计算。

2.2.11

若之前选举者的选票丢失、未收到或者损坏,董事会秘书处应当应选举者的要求,在选举结束之前,通过邮寄或当面交付的方式,再次提供正式的选票。

2.2.12

董事会执行委员会应在法律规定的框架下,依照规章制度对董事会选举活动进行整体监督。监事会有权对规章制度进行解释,并解决可能出现的问题,任何由监事会做出的此类决定都是最终的。

2.2.13

这些规章制度应当在董事会和监事会投票同意之日后生效,并取代原有规章制度。在合乎法律的框架下,董事会和监事会可以在任何时候共同对其进行修改。

第 3 章　哈佛大学章程

3.1　哈佛大学章程

3.1.1　校长

校长有召开并主持校级会议的职责；校长作为组织与监事会之间、院系之间的沟通媒介，每年向监事会做大学工作情况的报告；同时主持公共学术日活动，主持学院的活动，指导大学官方沟通，熟悉大学的总体状况、利益和需要，并处理其他相关事宜。为了更好地履行这些职责，校长需居住在剑桥市。

3.1.2　财务主管

在服从大学的领导下，财务主管应监督投资。财务主管应提交账目信息，由董事会和监事会委任的机构进行检查，并且每年向监事会进行汇报。

财务主管在任期间可以不定时地指定一名副主管。副主管由学校任命，并由监事会确认后，应有权力履行学校认可的职责。但是副主管在任期间不拥有财务主管作为监事会成员的权力和职责。

3.1.3　大学的办公人员和员工

校长以及其他学校人员，可以指定人员完成学校的工作。这些人员可分为以下两类：

1. 大学的教学、专业人才和行政员工；
2. 办公室的工作支持人员，技术和服务人员。

在某些情况下，按照规定这样的任命应由学校随时任命，并取得大学及监事会的同意。

教授和副教授的任命，没有明确的任期限制，除非另有说明。其他官员都有特定任期，对于未限定任期的职务，大学有权利修改任命的期限。

学校可以在监事会的同意下修改规则和程序以奉行本规约的宗旨。

3.1.4　大学理事会

大学理事会（University Council）由校长、教授、副教授、助理教授和其他大学官员组成，由监事会同意后任命。

3.1.5　教职员工

哈佛学院和哈佛文理研究生院都接受文理学部的直接管理。医学院和牙科医学院由医学部直接负责。其他学院也受相应学部直接管理，每个学部都包含在其下学院中授课的教授、副教授和助理教授。另外，独立学部可以根据常设表决由校长和官员批准。其他教学或管理人员可以以个人名义在学部下任教。校长是每个学部的成员。

根据相关规定，教师可以自行决定，将普通的行政与课程事务等委托给他人。教师可将此请求提交至行政或其他委员会，该人选将由校长提名，并在监事会同意后由学校任命。这样的委员会均由学部领导。任何教学单位担任行政任命的人员都可以到其他委员会任职。学部可以自行决定向学生提供参与委员会事务的机会。若涉及学生违规，或违反全校范围内的权利与责任规定，在监事会的同意下，教员职责可以被调整。学部对学生加入委员会的选拔需经过学校和监事会的同意。

学部可以每年将其全部权利或部分权利进行授权，由代表机构的主席主持，并按规则选举，最后由董事会批准。

3.1.6　院长

每个学部都应有一个院长，院长应为该教学单位的前成员。院长是学部、学院的首要负责人，负责妥善准备和开展事务，向校长提交年度报告。

3.1.7　学年

秋季学期通常在9月初开始，12月下旬结束，在冬季假期之前。冬季休假通常在圣诞节前不久开始，并持续到1月初。有些冬季休假也可以定在1月份，但是需要各个教学单位自行决定。春季学期通常在1月下旬开始，5月结束，阵亡将士纪念日后的星期四将举办毕业典礼。春季学期内包含一个春假，通常为3月的某个星期。除了冬假和春假，还有一些节假日，通常包括1月的第三个星期一，2月的第三个星期一，5月的最后一个星期一，独立日，9月的第一个星期一，10月的第二个星期一，退伍军人节，感恩节，和感恩节的次日。教务长负责确定这些假期并确保提前发放通知。若出现教务长需要决定的特殊情况，需学校批准许可。

行政年度从每年7月1日开始,次年6月30日结束。

3.1.8 学位

普通学位包括:文学学士,理学学士,文学硕士,文学教学硕士,理学硕士,工学硕士,建筑硕士,公共政策和城市规划硕士,城市设计建筑硕士,城市规划硕士,建筑学硕士,城市设计中的建筑学硕士,城市规划城市设计硕士,设计硕士,设计博士,城市规划硕士,森林科学硕士,工商管理硕士,管理研究硕士,工商管理博士,哲学博士,神学博士,神学研究硕士,神学博士,法学博士,法学硕士,司法学博士,医学硕士,医学科学硕士,医学博士,公共卫生博士,职业健康硕士,牙科博士,教育硕士,教育博士,教育领导力博士,拓展研究文学副学士,艺术拓展研究学士,艺术拓展研究硕士,行政管理硕士,公共政策硕士,公共行政博士。这些学位均由学部推荐,由学校投票,并取得监事会同意。普通学位候选人原则上无须推荐,除非经历过彻底的公开检查(即受监事会监督的检查)。通常,全日制学生,在学校学习至少一年并缴纳全额学费才能获得学位。文理学士学位有四个等级,医学博士学位分四个等级,牙科医学学位分三个等级,商业硕士学位分三个等级,神学硕士学位分三个等级,理论研究硕士分两个等级,建筑硕士学位、景观设计硕士、城市与区域规划硕士、城市设计中的建筑学硕士、城市规划城市设计硕士和艺术拓展学士学位均有两个等级。荣誉学位的授予需由学校表决同意,并接受监事会监督。

3.1.9 非学位生

非学位生的管理遵循学部的规定可以由学院自行决定。如发生权利滥用或不当使用的情况,学部可以剥夺其特权。

3.1.10 注册和安全

新生入学注册时,需要和学院院长或指定的教职员工一起输入姓名或其他要求的信息。入学前后每个学生都可能被要求给予账务主管或大学的总会计师用于支付大学学费的担保,此担保由学校决定。

3.1.11 纪律

有些学部可以有权进行罚款或对造成财产损害的行为进行评估,以及颁布其认为合适的纪律;若开除学生,需要该学部三分之二的成员投票通过。学生一经开除,则再无回大学的可能。开除是最高的学术惩罚,并且该决定导致其与大学关系彻底切断。

3.1.12　宗教和院系服务委员会

该服务委员会的成员服务期为三年。委员会将建议院系和大学在哈佛社区更好地使用纪念教会和满足广泛的宗教需求。

3.1.13　神学院

对于神学院的教授和学生，学校对其教义和教派的选择和宗教行为不做要求。

3.1.14　学校图书馆

哈佛大学图书馆收藏学校名下拥有的书籍。大学图书馆馆长应为大学图书馆委员会的前成员，并为各院系图书馆的管理会成员。馆长应访问和检查哈佛图书馆的各个系统，并成为其图书馆委员会前成员。图书馆馆员应每年向馆长汇报工作。

哈佛大学各学院图书馆的管理和监督由各自院系负责。

3.1.15　学院图书馆

哈佛学院图书馆服务于整个大学。其下设其他图书馆，为文科与理科相关的学习和研究所用。经大学图书馆馆长和文理学院图书馆委员会的同意，大学图书馆馆员应为哈佛大学图书馆主要负责人。

3.1.16　保障体系

对于本校法人机构和监事会的在职和离职人员，学校会在法律允许的最大范围内偿付其负债和开销金额，其中包括执行判决书中的赔偿与罚金，包括相关的合理的律师诉讼费。无论该人员所涉或被危及的诉讼事件其性质是民事的、刑事的、行政管理的或者法律调查的，无论该人员当时在职或者已经离职，只要他是或者曾经是这样的成员，或者经校法人机构表决倡议认可，或者他因供职或者曾经供职于下文所述任何岗位而为学校服务，他都会得到这样的保障。

对于学校办公室人员、学校雇员和其他代理职能人员，或者经学校要求安排在与学校利益相关联的法人机构、信托机构和其他组织机构就职的职员、主管、受托人或其他代理职能人员，一经学校法人机构和学校监事会没有利益关系的成员多数票同意授权，学校都会提供保障。

此保障涵盖所有裁决前的诉讼开销，一经知悉诉讼进程展开并且符合学校利益所在，校方立即支付。但是如果根据本条令最终裁决当事人没有受保资格，所有校方偿付必须退还。以下两种情况当事人不在保障体系内：

(一)当事人在法律诉讼进程中没有真诚地以校方利益最大化为其行为出发点,或者(二)当事人所涉事件最终根据裁决同意书协商赔偿结案,除非学校法人机构没有利益关系的所有成员多数票裁决认定,或者学校监督委员会没有利益关系的成员多数票裁决认定该协商赔偿是出于学校利益最大化的考虑。

对于学校办公室人员、学校雇员和其他代理职能人员,或者在与学校利益相关联的法人机构、信托机构和其他组织机构就职的职员、主管、受托人或其他代理职能人员,无论学校是否有能力偿付其负债,学校法人机构都可以为其购买或者续买这种保险。

本条令不排除或者限制条令以外的任何保障权利。

3.2　最新校董事会成员名单及分工

(具体名单从略。)

第二编

第1章 教务

1.1 教务长关于成立中心的声明

大学的学科通常以系为其表征。学科和系的变迁或分化极其缓慢。大学演变出了多种多样的组织结构形式,以方便解决工作中存在的问题或者那些以学科为基础的系所不能关注的领域,在哈佛,我们往往称之为中心或项目,有时称为研究所。

大学既需要系和学院提供稳定的基础,又需要灵活的组织形式。这种灵活的组织形式可发起、可成长、可缩减、可消除、可合并,或成为更加固定的组织形式,当然,这取决于知识机会和变化的消长。

当我们对中心进行合适的设计、巧妙的领导、定期的检查,并且与学院的核心使命一致时,它们将对哈佛的学术生活做出重要的贡献。目前已有很多中心做出了重要贡献。另一方面,正如各学院院长们最近讨论的,中心也会对院系和学校造成严重的行政、财政和学术方面的挑战。

例如,一些中心与学院核心功能的联系甚微。这些中心有的是为了满足捐赠者的利益而建立,有的由具有企业家精神的教师或机构建立,但没有获得学院领导和重要教师群体的支持。而且,一些中心已经成为那些没有学术审查的非教师成员的长期家园。

此外,中心的工具价值在于,即使某些领域的智识基础已经消亡,但作为探索新兴领域的中心仍旧可以存在。在某些情况下,它们和各系科竞争资助、空间和其他资源,分散了各院系在核心活动中的注意力。尽管学科是通过固定或半固定的项目或中心得到强化的,但是中心可以看作是灵活的、有时间限制的组织形式。

1.2 中心建立的原则和指导方针

学术委员会考虑这项原则和纲要有数月之久,且在2002年11月5日批准了最后的版本。该学术委员会由校长、教务长和院长组成,要求为中心的建立和评审提供一个框架,把中心的负面影响和风险降到最小,以达到预期的价值。

各个学院或系对于中心(或相应的其他名称)的建立应该发布一定的标准和一套正式批准程序,并定期对中心的相关活动进行全面评审。

学院或系对中心、机构、项目的建立和评审应包括以下要点。

1.2.1 原则

A. 每个中心应该有一个明确的任务,支持主要的战略目标和学院关于学术方面的核心任务,并提升学院和大学的价值。

B. 中心应该致力于教学、科研以及为学院或系做培训。

C. 中心的活动和任务不应该重复学院内现存的系或中心的活动和任务,应该以大学内部正在进行的其他活动为前提对新的中心进行审查,从而确保在一定范围内成立新中心能够对大学的总体建设有所帮助。

D. 中心虽然不总是但经常有跨部系或跨院的特性,为学院、大学或更广泛的智识共同体和其他共同体之间的合作创造新机会。

E. 每个中心应该由一位资深教授领导,除非在特别的情况下,中心的大部分工作应该在教师的指导下进行。

F. 中心主任通常有一定的任期,一般不超过五年,可以由院长续约,如果是院系间的中心,要由教务长续约。

G. 中心的学术关注要广泛,以吸引足够数量的专家参与,学生应该重视并有体系地参与中心的工作和活动。

H. 成立中心的前提是:至少有几名资深教师计划认真参与中心的工作,中心的生存不能只依靠某一个教师。

I. 中心应该能维持自身所需资金,或在成立伊始被认为值得重点资助或部分资助。

J. 中心的建设资金应有充分的灵活性,以适应智识优先或组织安排的变迁。

K. 所有中心应定期接受评审,由外部专家参与。

1.2.2 评审指导方针

中心的建立至少包括以下内容:

A. 战略规划。该战略规划应该涵盖学术、财政和运营等方面,初期运作期间有明确的目标;或者说,对于获资助的中心,需列出长期目标,并且随着时间的推移可以有适当的灵活性。

- B. 财政计划。该财政计划与中心预期运作期间的战略目标相一致。
- C. 领导委员会。该领导委员会由有关专家组成。
- D. 从学院或学校相关领域的角度考虑新建中心的任务和工作。
- E. 年度评审规定。应该由中心所在学院或系对非教师学术任命进行年度评审,未经院长及其指定人的批准,不允许擅自延长超过两年的任命。
- F. 书面报告中心每年进展的条款,以评测中心是否成功完成年度目标和宗旨。

1.2.3 定期审查指南

除了年审之外,每个中心都应该由校外专家客观地进行全面的审查,至少每五年审查一次。审查应包括以下内容:

- A. 对中心的全面评估,其中包括对中心主任的业绩评估、对学术的评价,以及中心对所在院系之贡献。
- B. 对资深教师参与中心活动的深度和广度的评估,以确保中心的生存并非仅靠一位教师的财力或智力支持。
- C. 对中心财政和管理合理性的评估。
- D. 对中心所进行的工作是否符合学院对中心要求的评估。
- E. 提供一份包括评审结果及下一步改进措施的书面报告。

旨在评估上述既定目标的审查应该在学院院长或校长、教务长的指导下定期进行。

1.2.4 终止指南

当中心、机构、项目或规划已经明显不能再继续时,学院院长与教务长(或在跨学科的中心或项目的情况下,教务长)应该密切协商并有系统地中止其实体的运行。应当关注人才、资金配置、活动的重新分配等问题。对于任何有关财政、法律或公开曝光的风险问题都应该尽早提出来并和校长、教务长等相关人员进行协调。

1.3 关于学术人员参与校外活动的声明

哈佛大学的教师和其他学术人员均参加与其学术利益相关的各种校外活动。此类活动可以促进对知识的探求,为哈佛课堂带来全新的观点,并进一步扩大大学为社会服务的兴趣。同时,大学及其成员早就意识到,在哈佛任职的人员应该在忠于哈佛大学职责的同时引领社会。哈佛全职学术人员首要的专门职责是对哈佛负责;其次,学术人员在校外的专业活动不应与其对学生、同事以及大学应尽的职责相冲突。

在过去几十年里,大量的政策文本体现了上述观点,部分政策文本是针对整个大学的,部分是针对教师的。与此观点最相关的大学层面的政策文本是委员会1948年颁布的"条款",直接强调学术人员对校外活动应该承担的责任。① 该"条款"最重要的规定是:未得到相应部门负责人推荐的委员会的允许,哈佛大学全职学术人员不得在其他任何教育机构从事教学、科研和有偿咨询顾问等活动。

近几十年情况有所变化:大学教师等学术成员有更多的机会从事更广泛的校外活动;新信息技术崭露头角;大学与校外机构的联系在数量和类型上逐渐增多。上述环境变迁引发的问题是:在不断变迁的环境下如何解释该条款。显然,我们需要重新澄清关于学术人员参与校外活动的政策。

本声明旨在解决上述问题。本声明的草案已经过学院院长的审核及由各个院系的教师代表组成的咨询委员会的讨论和修订;此外,也针对全体教职员工的建议对该条文进行了多次修改。本声明将代替先前的"条款"。②

本声明对原先的学术人员参与校外专业活动的规定提出了最新的解释,尤其强调那些在校外由教育性或研究性企业组织的活动。该声明的应用范围较广,在与总体方针一致的情况下,既适用于教师个体,也适用于每个学院,以保持和发展制定具体政策的自由裁量权。尽管声明中的规定仅提到全职学术人员,但是也希望兼职学术人员对本条款强调的潜在问题保持警惕,并且当他们的校外活动涉及相关规定时,应征求院长的建议。

本声明不是界定哈佛教学和研究成果的所有权,而是旨在阐明学术人员在参与校外教学、科研等活动时对学生、同事和学校所承担的职责。因此本声明关注的不是所有权,而是使用教学科研成果的问题。关于知识产权和收入分配的标准,学校有关发明、专利证书和版权的政策中已有所描述。③

在接下来的几个小节中,声明阐述了这些基本规定:全职学术人员应专注于面向哈佛学生的教学工作;他们应以符合学校准则的方式从事研究;他

---

① 《关于学术人员的额外工资和教学、科研、行政义务的条款》,1948年4月20日由哈佛大学校长提出,随后在1962年、1973年、1976年、1989年、1997年进行修改。

② 两个条款的规定有一定的关联,但不直接与法人所重申过的涉及额外补偿和夏季工资的课外活动有关(日期为2000年6月7日)。

③ 《关于发明、专利和版权的政策声明》,于1975年11月3日被哈佛大学采用,并在1986年3月17日、1998年2月9日和1998年8月10日进行修订。

们应保证校外专业活动的性质、投入的时间,及这些活动与哈佛的关系,不与对学生、同事和学校的职责相冲突。

1.3.1 教学

哈佛全职学术人员应首先致力于对哈佛学生的教学。除了与哈佛赞助联合项目有关或经过院系认可的类似项目,大学教师不能在其他机构担任固定的教学职务。如果没有院长和委员会的事先允许,学术人员不应为其他机构或组织传授课程。无论活动是由个人亲自或通过电子通信的方式进行,该原则均应遵守。

这些标准反映了对哈佛全职教师和其他学术人员参与校外教学的传统理解。教师应专注于对哈佛校内学生的教学。上述理解表达了合理的期望,即哈佛学生将拥有特别的渠道接受优先的大学教育,并且哈佛教师的教学努力将直接指向学校及其成员的利益。这也证实了大学的利益在于确保哈佛教师不应因承担其他机构的教学活动而影响其教育哈佛学生的首要责任,并且大学的利益在于阻止其他组织对哈佛大学声誉及集体贡献不恰当的利用。

哈佛的教授、副教授或讲师(或某院系授予的其他头衔)不能在其他机构担任固定学术职务(由哈佛主办的与其他机构的联合项目例外,例如由哈佛医学院和麻省理工学院举办的健康科技项目,或其他由院系认可的类似项目)。如果教师暂时在校外其他机构从事短期教学,那么应说明与机构之间关系的有限性,通常在哈佛教师的头衔上注明"客座"(如"客座教授"或"访问教师")。

尽管教师应该专注于对哈佛学生的教学,但是许多教师也可以利用机会在高等教育领域广泛分享他们的教育和学术成果。本声明并不旨在阻止该类活动。偶尔举办讲座,参与他校学生的高等学位论文委员会或其他机构的类似活动,是学术共同体成员的使命,无须任何官方批准。将课程材料发布到网络或其他电子渠道也是对校外机构提供有价值的服务,并且在合理的条件下,这些都不需要经过正式批准。例如在非独家占有的基础上,如果课程材料不构成哈佛课程内容的绝大部分,教师不需要经过批准就可以发布这些课程材料。

哈佛教师参与校外教学活动与校内教学的区别在于他们投入时间和精力的不同。相比上述提到的活动,教师在其他大学教课往往会导致对哈佛教学责任和精力的偏失。但是更多的考虑不仅是时间和精力的投入。避免时间投入的冲突,重要的是避免校外活动与教师对大学、院系及学生的首要教学责任不一致。

当新技术使教师不用走出校园，就能在恰当的时间对全国各地的学生进行教学，那么时间以外的因素则是应该强调的。现代技术能够使教师在较短的时间内录制下整个教学过程，授权给其他组织来实现其独家用途或使其他组织在课堂、网络及其他媒体上进行展示。虽然课程材料可以在假期或课后制作，但仍不能减轻这种安排可能与教师对哈佛及其学生的职业责任相冲突的担忧，因此哈佛学术人员不应在未经院系及院长批准的情况下，以各种直接或间接的方式，参与其他大学的教学。

事实上，该政策的实施很可能遇到困难，尤其是新信息技术的发展加剧了这种可能性。应该完善新情况之间的区别（例如，在校外教学和课程材料的有限性上）。本声明不是旨在制定一系列严格的规定，而是试图营造一种环境，在这种环境中，大学教师和其他学术人员能够在为其他大学进行教学时保持警惕。在这些情况下，学术人员应该提前咨询院长，如果活动属于声明范围内，应向法人进行咨询。

为确保活动的合理性，大学成员应遵循以下基本原则：大学教师为另一个机构或组织越多地进行教学或开课，或传授一门课程的绝大部分，这种活动则越可能超出正当范围。课程的概念是基于哈佛全体教职员工有关学校课程设置的理解。应用本声明需要注意的最重要因素是：材料分发、推荐或提供给学生及潜在使用者的期限；材料在校外机构课程或教育项目中的角色；哈佛教师与校外组织的关系的性质及其特征；校外活动的其他相关因素。

学校某些学院的政策可以用来指导学术休假、教师在其他教育机构传统课堂的教学，及在短期研讨班或指导性会议上的教学。此声明不想干涉这些传统实践或限制其必须经过法人批准。但是，当任何此类教学产生电子资料，且被哈佛以外的机构用于课程或课程的主要部分时，都需要法人的批准。如果这种教学产生此类用途的课程材料，则必须提前请求批准。

1.3.2 研究

全职学术人员应以适合大学教师的方式来从事研究，他们应遵守所在院系有关利益冲突及相关方面的政策。只有得到所在学院的事先认可，他们在其他大学或学术机构得到的学术职务才可能被承认。除非所在院系已特许，哈佛学术人员作为项目负责人或类似角色的项目都应该通过大学或其附属医疗机构来实施。

大学支持学者以广阔的视角来自行决定研究主题，提出假设，形成结论，表达研究的启示，和享受学术自由权的保护。学者探究和表达的自由是大学价值的核心。

同时，教师和其他学术人员应以符合哈佛成员的方式从事研究。针对研究行为的政策已经发展了多年，包括利益和责任的冲突，数据和研究结果的公开、机密和专利工作，及研究对象的参与等方面。本声明以这些政策为前提，试图强调研究行为的两个具体方面。

1. 除非提前获得学院的批准，全职学术人员不应接受另一所大学或学术机构的固定学术职务。该职位合理与否取决于那些与教学职务及校外活动相关的政策。以暑期学校教学为例，如果学院允许该活动，那么全职教师在暑期教学时则不需要得到批准就可以接受学术职务。经过批准的校外学术职务，应注意在工作范围、时间和职位上有所限制，阐明与其他组织的关系。

2. 当哈佛全职教师或其他学术人员在一个研究项目担任项目负责人或类似职位时，该项目通常由大学（或附属医疗机构）来进行管理。无论赞助（例如赠款、合同或合作协议）或资金来源（政府或私人支持）的类型如何，该政策都适用。按政策实施科研有助于确保教师活动与相应的大学及学院的政策相一致；同事和学生能有机会直接参与哈佛学者的研究活动，并从中得到学习；大学教师的研究能够了解全面和最新的信息；增加大学的正当经费补贴（例如间接成本）。

在某些情况下，大学教师的研究必须经过哈佛批准。主要合作项目，如在欧洲粒子物理实验室的研究，则需要一些专门的协议。同样，当哈佛学者与其他大学的同事进行合作时，联合机构的管理可能是不明智的，其他大学或许更适合管理该项目。此外，一些和其他研究者签署的长期协议可能会需要特殊安排。在此类或其他特殊情况下，教师参与哈佛以外的项目应提前获得所属学院的批准（教师个人可能希望明确特殊情况的分类来避免出现不必要的个别情况）。

1.3.3 咨询和相关活动

在进行咨询和相关校外专业活动时，教师和其他学术人员应注意对投入这些活动的时间进行限制，以避免这些活动与其作为大学教师的职责相冲突。在没有相关学院和院长提前批准的情况下，学术人员不应从事有偿咨询或为另一个大学工作。

大学教师通过为哈佛以外的个人和组织提供咨询，可以拓展经验，有助于教学和研究，同时能够为广大公众带来学术知识，造福于社会。因此，对于这些活动的时间要求，大学已允许教师和其他学术人员投入一定的努力到与其研究专长相关的活动中。

关于花费在哈佛以外专业活动上的时间，最基本的原则是不超过专业精力的20%。该标准是允许任何大学教师的最大限度。个别学院可能设置更加严格的限制，且拥有自己对该标准的解释（例如每周一天或一年40天），经过审阅，法人可能认为是合适的。然而，每个学院都应清晰地阐明该规定，并说明处理教师接近或超过限制的程序。总体规定和与之相关的说明应提交给教务长，并将提交给学校的所有学院。

对于教学，时间不是决定咨询和相关校外活动是否合理的唯一考虑因素。更基本的考虑是这样的活动不应与其对学生、同事及大学的职责相冲突。教师和其他学术人员应保证他们从事的任何校外专业活动都符合大学及其学院的基本政策。这考虑的不仅是时间的投入，而且是具体活动的性质和个人所承担的角色。

在没有学院和院长同意的情况下，全职学术人员不应为另一个教育性机构或教育组织从事有偿咨询。常规性的专业活动，例如参加客座委员会、其他大学或学院的理事会，或加入专业协会，一般不会造成严重的冲突，则不需要得到提前批准（惯例上的荣誉性职务不会转为有偿咨询服务）。诸如教育学院，或其他学院同事参与研究的一部分，或公共健康和医药学院为小学、中学或其他教育性机构的咨询，作为哈佛教学和研究的一部分，只需要得到所在学院院长的批准即可。

一些校外活动，无论有偿与否，从严格意义上考虑，可以推测是不正当的、不应该从事的，或须经过严格审查和明确批准。例如：学术人员不应为校外组织担任的职务包括分散他们大部分精力，或与对本校应尽职责相冲突的职务。其他活动，如在一个公司中拥有会受个人研究影响的经济利益，这在一定条件下是可以允许的，但条件是在赞助条款和大学规定范围内。学术人员应对学院有关利益冲突和责任义务的所有规定保持警惕。

1.3.4 大学身份的使用

大学成员应为他们参加的校外活动承担个人责任，且应尽最大努力来避免对他人形成误导，使他人认为该活动是由哈佛或其某个部门承办的。一般来说，所有成员都应遵守有关哈佛名称使用的政策，并谨慎使用哈佛的正式职位。

大学及其成员在哈佛名称、徽章及形象的使用上拥有共同的利益。多年来，哈佛名称的价值是通过无数人的努力获得的。这是一种经济兼知识财富，并且这份财富是大学成员的共同利益。为了保护其价值，个人在从事校外活动时应遵守有关名称、徽章和形象使用的规定。

一般来说,当从事校外活动时,大学成员应谨慎使用哈佛的正式职位,并且应说明他们是以个人名义而并非代表大学来进行活动的。他们应采取合理的预防措施来防止组织和个人使用哈佛名称或代表哈佛,不得暗示哈佛赞助了他们的活动。在活动上附加哈佛名称或象征,能够显示出机构的责任形式是整个大学,而不是个体成员参与的校外活动。

1.3.5 程序

学术人员应了解大学及学院有关校外活动的具体政策,并遵守政策的具体要求。如果活动的合理性受到质疑,他们应向所在学院院长寻求意见。所有大学成员在保护那些管理校外活动的规定的价值上享有共同利益,且应承担个人职责,遵守上述规定。因此,阐明大学的具体实施程序既不是必需的也不是所期待的。校外活动的性质和范围千差万别,以至于不能被任何简明和一般的政策完全涵盖。

如果本声明或其他大学及学院的政策有相关规定,那么教师和其他学术人员都有责任为从事校外活动来请求批准。学术人员应在进行容易引起争议的活动之前咨询所在学院院长及大学相关行政人员。在多个学院任职的学术人员应遵守所有学院的规定。同样,学院院长作为大学教师,对他们自己的校外活动也要承担相应责任,除此之外,应请示校长或教务长。

各学院为学术人员汇报校外活动采取了多种办法。学校不规定汇报的统一程序,但每个学院都应制定能够保证其成员的行为与本声明的规定相一致的程序。

在涉及具体情况时,大学官员应努力制定符合本声明及其他规定的决议。因为不断变化的环境会带来新的问题,尤其是随着信息技术的发展,没有通用的政策能够预测到所有特殊的情况。因此,教务长应组成一个委员会(可能包括各院系)进行定期会面,以讨论各学院出现的复杂情况。当本声明陈述的学校政策需进行改变时,该委员会可以根据其发展来形成和制定相应的"案例规则"。

院长、委员会和法人决定是否批准一项校外活动,会率先考虑活动的程度,包括:这项活动是否有损于哈佛学术人员校内的本职工作,与学校的项目冲突或阻碍学校项目的进展,或占用大学或其职员和学生的特殊支持;是否能够避免哈佛名称的滥用及对哈佛与活动的关系进行误导性陈述;是否符合大学的学术使命。

1.4 在校准则(适用于在校时间不到一年的学位)

1.4.1 正式批准

所有新学位以及现有学位的实质性变化必须经由法人批准。学生在校一直是哈佛教育的一个重要组成部分,希望大多数学位项目能保留这一传统。哈佛大学章程规定,通常情况下,除了文学副学士学位或学士学位的候选人,其他学位获得者至少要在学校一年,进行全日制学习并交纳全额学费。

一些提请在校时间不满一年的学位项目在征求法人同意前,应先接受教务长办公室的审核。通常,将由临时委员会审查提议和建议,委员会成员从几个院系中抽取。

1.4.2 原则

A. 在衡量学生就读经历时,在校项目是高等教育的"金本位"。尽管所有学术项目都有重要的学术目标,这些目标要求并评价可见的进步(如阐述本领域知识的能力、分析能力、推理、各种形式的表达和批判性思维),但许多人认为,个人成长、专业转型和智识社会化等方面能更好地体现其所就读项目的影响力。为达到学分要求,仅仅通过课程并不能获得学位的重要目标。这些软目标通常是在校住宿经验的副产品——学生许多最有价值的体验是无法计划的,这也是在知识共同体里选择同伴群体的一个功能。

B. 在校的益处并不适用于所有类型的学位项目或学生教育经历的各个阶段。例如,项目所有人认为,对于想在哈佛念书的人来说在校必不可少,但是,事实上,对于那些其大部分学生都是医学中心的青年教师的在职项目来说,是否在校也许就不重要,事实上,他们也许并不想在校。因此,我们可以在某些学术项目里极力提出在校的要求,而在某些项目中要视情况而定。

1.4.3 定义

不同类型的学位课程定义如下:

A. 传统的在校学位项目是指要满足一年在校要求的项目。

B. 业余在校学位课程100%要求住校,但是也要看业余在校生的经历

（如晚班，周末班，夏季或冬季班）。

C. 混合学位课程包括住校、不住校和在线学习。在线学习课程在官方批准的学位规定中注明无须在校（如在其他机构从事应用研究课题、田野调查研究、在线学生群、需要视频的课程以及有关问题组，基于视频会议的视频课等）。

D. 在线学位课程完全在网上进行，不需要为满足学位要求而在校。

1.4.4 审查和批准程序指南

每个学院对于新的学位项目或现存学位项目标准的改变的审查应该和传统的学术项目一样（即没有区别的审查和批准程序）。这些项目最后需要校长和哈佛学院成员的批准。

对于那些不能实行一年在校要求的业余项目和混合项目，应该由教务长主持定期评审，最终需获得法人批准。如果将来出现在线项目，评审和申请程序同上。

新的学位项目需经过每三年和每五年的评审才能决定是否继续。应用领域项目（以及类似项目）要在哈佛教职工的直接监督之下进行。

1.4.5 学位项目的纲领性指导方针

本科或高级研究学位（如：哲学博士、工商管理学博士、教育学博士、理学博士等）的在校规定不变。

此次完全不考虑在线学位。

新的业余硕士学位项目规定：在校经历包括结构化的学习活动（例如：课堂、图书馆、学习小组）和相应的师生互动，这可以等同于全日制学生的在校项目（实质上，这将打开那些要求必须100%在校住宿项目的大门，但是却包括非传统学习，比如两个暑假和一个秋季学期，两个寒假和一个春季学期，一学期在校而一学期不在校，等等）。

可以考虑那些不要求100%在校的学位项目，但应该经由每个学院内部的定期学术评审。学位项目的非在校时间不应该超过学位总年限的25%，从概念上，这一创新应该首先在全日制项目中认可。

应当有相应的全职教师来指导所有的学位项目，同时目前的学位项目也应该有一个类似的教师联合体（即对新项目没有单独的教师群体）。

业余学位项目和混合学位项目应该为在职或第二专业学位的学生专门设计。

申请的项目必须提交一份有关资金稳定性的规划，其中包括将如何通过行政程序满足流动教师和学生的时间表。

1.5 关于权利和责任的校内声明

1970年

学术机构的核心功能是学习、教学和学术研究。成为大学的一员,他(她)便加入了这样一个组织,这个组织在理想状态下的特征是:表达自由、探究自由、知识诚信、尊重他人、兼容并包,乐于接受有建设性的改变。该团体内部运行的权利和义务必须与这些品质相匹配。

大学成员的权利与其他社会成员的权利没有根本上的不同,然而,大学有自治权,并且那些合乎常理的异议是其存在至关重要的一部分。大学里的每个成员,都有权利通过任何恰当手段关注自己关心的事情。大学必须对其成员以下权利予以肯定、保证和保护:组建和加入政治协会、集会,组织公共会议,有序进行公众示威和纠察,通过出版、标语、言论等提倡和宣传自己的主张。

此外,作为学术机构,大学应特别强调其本质中必不可少的价值观念,包括言论自由,学术自由,免遭他人的威胁和暴力的自由,对任何一种自由权的侵犯都应被认定为对组织基本人权的严重侵犯。除此之外,尽管大学的内部管理过程和活动是无止境的,但这样的功能对于保证全体大学成员能够有序地追求其事业是至关重要的。因此,对于大学成员在正常行使职责和活动过程中的干涉行为,应认定为不被组织接受,它们是对大学基本程序正常运行的阻碍。总的来说,盗窃和故意破坏大学或其成员财产的行为,也应被认定为不被组织接受的、对个人或团体权利的侵犯。

此外,学术机构的所有成员均有责任来维持一种氛围,这种氛围不容许侵权行为的发生,能健全权利保障的机制。尤其是行政管理人员,其责任是关注大学团体的需求,对合理的不满予以全面公正的倾听,快速真诚地回应这些不满,并且广泛地表达革新需求。在进行关乎整体或部分团体利益的决策时,行政人员应该咨询那些受决定影响的利益相关者。对此类责任的失职可能会对大学的命运造成深远的毁灭性的影响。因此,大学团体有权建立与学术自由的原则相匹配的规范程序,以此来评估政策的合理性,确保那些其决策影响大学命运之人的责任。

无论是对大学成员权利的侵犯还是失职,都不能被视为对大学成员进行侵权行为的合法化。如果大学是基于互敬互信而建立的,那么所有成员——包括学生和教职员工,都应该赞同声明中所表达的权利和责任。

说明：在关于权利和责任的声明中，我们从字里行间得到这样的暗示，对大学特质的严重破坏和对他人的严重不敬应该被认定为不被团体接受的、对个人的侵权行为，而人权是大学生存的基础。

从本声明中，我们还可以看出，任何非法占用大学建筑或建筑的一部分，且影响其他人正常活动的行为构成了对本声明的侵犯，从而不被组织接受，并且这些行为应受限于相应的规训。

董事会临时工作小组于1970年9月20日采纳了这份全校范围的声明及其第一次说明，并在1977年5月经投票决定，该声明继续生效。2002年1、2月份董事会采纳了第二次说明。

1.6 校长和院长关于大学权利和责任的声明

鉴于去年春天及之后所发生的事件，有关哈佛抗议和示威政策的质疑已涌现。我们借此机会申明我们对学术共同体共同的承诺：在这个共同体中，大学的所有成员都能充分自由地表达自己的意见。我们也肯定我们的承诺：大学所有成员能不受干扰或限制，从事正常的工作和活动以履行大学使命。这些承诺体现在《大学权利和责任的声明》这一长期章程中。

我们认为此时提醒大学共同体注意这一长期章程及其应用于未经授权就占领大学建筑是非常及时的。为了强调现存政策的这一点，我们提出而且董事会也采纳了关于该声明的解释，与先前关于个人侵害的声明相似。最新采纳的解释已附到《大学权利和责任的声明》中，也就是该声明的最后。

尽管我们承认学生违反此项政策的具体惩罚的决定主要由几个部门负责，但我们认为整个大学对此有共同的理解是很重要的，即：强调占领建筑的严重性在于干扰了大学成员从事正常职责和活动，以及由此而导致严重后果。因此，我们告知相关领导和委员会我们达成的这一观点：凡具有此类行为的学生应该被勒令停课，其他类似行为也应受到相应的制裁。当然，相应的法规也可能针对此类行为，但《大学权利和责任的声明》有其潜在的应用价值。

我们认为，当有来自不同学院的学生联合参与占领建筑物或类似行为时，联合采取行动进行制裁也很重要，包括参考借鉴本声明。

第 2 章　商务活动

2.1　商业活动管理条例

《哈佛大学商业活动管理条例》,适用于参与商业活动的校内和校外组织之间的合作。

2001 年 9 月 17 日由法人批准。

摘要

做如下声明是鉴于大学有越来越多的机会参与与外部组织合作的各种活动项目。此最终版本也澄清了大学团体在从事商业活动时应秉承的一致原则,这些原则即使在没有校外伙伴参与的情况下,同样需要遵循,包括:

哈佛的教育和科研活动在理念和实践层面上都应出于对知识的追求而不是因物质奖励激发;

与校外团体签署协议和组织商业活动应该维护大学的基本价值,例如探究的自由性和开放性;

大学里的教育活动,包括学生服务,应免于商业因素的侵入(例如禁止在哈佛官网上登广告);

排外协议和涉及持校外团体股票的合同应引起特殊重视;

与校外团体的合作和其他类似的涉及大量商业元素的活动安排应提前获得教务处或校长——有些情况下,还要获得法人——的批准;

教务处可以进行早期的咨询和援助。

2.2　原则声明

统管哈佛商业活动的原则,适用于哈佛大学与校外团体的合作。

2001 年 9 月 17 日由法人通过。

随着大学所创造知识的社会价值和经济价值与日俱增,大学和商业企业之间的合作也越来越多。与此类企业合作,能使大学里的知识得到有价值的应用，丰富教学和研究的实务经验，并且得到经济报偿以支持教育任务。与此同时，商业活动会造成对大学核心价值的威胁，不能保障对知识的追求和宣传不受经济等外在压力的影响。作为致力于追求真理、增进知识的教育机构，大学的公信力至关重要。因此，大学应力求确保任何涉及大量商业元素的合作和承办的商业活动与大学自身的核心价值相一致。

为了这个目的，哈佛大学已经颁布了各种各样的政策来管理商业活动。其中不少政策适用于学校中的个人。例如，一条校外活动政策是用来控制教师为其他组织做研究和教学的；有些关于利益冲突原则，比如限制教师在支持其研究项目的公司中的股权。还有一些政策，例如，涉及联合赞助或技术许可方面研究的政策，是针对机构和个人的特定行为的。随着大学与校外团体合作的机会越来越多样化和多元化，制定涵盖商业维度的有关制度化安排的原则，就越发显得重要了。

这份文件提供了这些原则的概要。文件主要是针对涉及大量商业元素的营利和非营利团体间的合作而设。当大学里的团体打算自己承办含有商业元素的活动时，比如，为学术会议拉赞助，在大学的刊物中插入广告，应记住这些指导性原则。然而，这份文件不是用来处理其他组织的商品和服务的基本交易的，也不涉及大学常规财政经营过程中的投资问题。此外，它的作用是补充而非替代已有的相关政策，如对哈佛名称的使用、技术许可和科研资助。

大学中制定制度的原则强烈倾向于坚持大学的教育性和非营利的本质，鉴于此，所有含商业成分的提议都应提交并做事先审查，且需得到校长或院长的批准，当一些重要的新政问题出现时，还要额外通过法人的批准方可执行。由于此类协议可能呈现出多种多样的形式并引起广泛的问题，因此，以下声明的原则不能替代对微观个案的分析。为了促进优秀提案，让提案得到及时考虑，大学中的团体在追求商业合作时，相关的院长、校长和教务处的代表应事先参与到其中。

2.2.1 学术的首要任务

大学无论从本身属性还是法律规定层面，都应是非营利性的教育机构。大学的教育和科研活动，应该被对知识更新的关注和对真理的追求所激发，而不是出于对经济报偿的追求。

    A. 哈佛在教学科研中持有教育、科研的营利性股权的提议，只有在活动恰能达成所建议活动的学术目的并且学术预期的收益明显大于风险的情况下，才能被采纳（涉及持有公开上市公司股权的行为要引起特殊重视且需要进行额外评估）。

B. 在大学的赞助下,通过创建一个营利性的机构,来承担教育、研究等活动时,也要达到上述条件才能进行。

2.2.2 探究自由

知识的进步根本上有赖于个体学者所形成的思想以及对真理的追求,并且这一过程要免于受商业限制的影响。所有的商业活动,无论是同校外组织合作还是大学本身开展的,都必须捍卫探究自由这一核心价值观。这些活动,应最大限度地使探究活动的内核不受经济报偿的影响。

A. 协议既不可以用经济或其他奖励,来扭曲教学、研究的内容,也不能干扰教职员工和学生根据其专业的判断力来进行探究的能力。

B. 协议的累积效应,应定期检查,以确保大学教学和科研的优先权仍然是以学术为重。

C. 对于与其合作的商业公司所生产或传播的任何形式的学术内容,大学或其教职员工应持有最终解释权。

D. 大体上说,某个个人或团体真正负责某个知识成果,就应该负起对该成果的责任。

2.2.3 探究的开放性

同校外公司达成的协议和大学其他的商业活动应保障开放的环境,以便教学和科研的进行以及这些活动成果公开的传播。总体上说,学生和教师应得以分享能促进学术进步的思想,学生和教师应有途径获得学术研究所需要的数据和资料。

A. 与校外组织的协议应允许研究和数据统计的结果等是公开可获得的,包括学术期刊的出版物,协议应与大学已有的文件机密性政策和标准相一致。

B. 教师和学生应有获得校内课程材料的恰当途径。例如,关于学院层面的课程许可协议,一般允许本院师生,甚至最大限度地扩大到全校师生,来恰当地使用这些材料。

C. 为了促进大学教学科研成果以一种尊重其完整性的形式传播,任何商业合约中都应清楚注明相关部门的知识产权。

2.2.4 学生的教育福利

师生关系处于学术事业的核心地位,使师生关系与不恰当的商业压力隔绝,对于保障学生的教育福利和确保大学提供的教学质量是至关重要的。在制定涉及大量商业元素的协议时,应注意,不得牺牲学生的教育福利。

A. 学校不应侵占在校生或校友在商业企业中的经济利益。
B. 学生从大学实施或参与的投资中得到合理回报和相应收益。
C. 学生本应得到的由学校负责的服务和课外活动,不应受到(商业团体)不良教唆、通过做广告以及参与其他一些商业促销活动而获得。例如,学生应不用通过登广告,就能通过学校赞助的网站进行职业咨询。

2.2.5 公信力

大学应通过与校外企业合作、组织一些商业活动来维持学校作为承担真理追求和知识更新的机构的公信力。大学的生存离不开其口碑和校友的支持,社区和政府领导的支持。因此,大学应仔细调查任何看上去有悖公信的协议,即使大学行政人员不觉得这样的条款会危及教学或研究的诚信。大学要么拒绝这样的协议,要么应采取有效措施来解决这些问题。

A. 在任何含有大量商业元素的协议达成之前,充分评估该协议对大学学术诚信和学术独立方面声誉的潜在影响,是至关重要的。
B. 任何用来做商业安排的协议,其中的基本条款必须是公开的,某些需要保护的隐私或其他维护大学利益的地方除外。协议应该是透明的,应该反映企业运作的真正目的和参与手段。
C. 在合伙企业中担当代理或参与人员的大学成员,不应支持或表现出支持任何企业生产的产品。例如,大学的核心活动(包括哈佛的官网)应该不受广告的影响。此外,合作伙伴的网站应将哈佛提供的内容与广告区分开,并且应提出明确的免责声明,表示哈佛没有授权网站上的任何商品。
D. 任何商业企业的协议应与哈佛名称的使用政策一致,并且要制定其他保护措施来尊重大学的商标权等知识产权。
E. 如果不涉及技术许可或特殊的赞助项目,通常情况下不鼓励签署独家协议。
F. 协议应有有效期,应定期接受学校审查。总的来说,首期协议的期限不应超过五年,在期限结束或即将结束的时候要对项目做审查。
G. 协议应就相关终止事宜做出明确而充分的规定,以免无作为或严重背离首期协议的事件出现。

2.2.6 审查过程

涉及大量商业元素的准合作和其他类似协议,应予审查并事先得到校长或教务长的批准,当出现重大的新问题时,还要经过法人批准。教务长办公室可以为这类商业相关的协议提供建议,目的是促进签署这类与大学学术使命相一致的协议。

  A. 在审阅被建议的协议时,院长和其他行政人员应对以下几个方面予以特殊重视:该建议对整个机构全部方面的影响,对公信力的影响,以及可能造成不可逆风险的可能性。当建议书与文件中声明的原则大体一致时,院系主管及其同事有充分的自由裁量权从事计划安排,该安排服务于各院系的学术目的。

  在审查过程中,学院代表应尽早讨论协议和学术合作备忘录的草案。学院也应紧密联系总法律顾问办公室,学校其他办事处也可能对其工作有所帮助。

  B. 院长办公室应保留在这些指导方针下通过的概要和协议记录。

第 3 章　保密政策

哈佛大学已制定信息安全政策，以确保妥善保护哈佛的技术资源，保持机密信息的完整性和保密性，信息资源在需要时可用，以及使用这些资源的用户知悉自身责任。

以下政策均提供了详细的信息，包括对政策的讨论及遵守政策的最佳实践。请查看学校和管理中心的合规性指南。

3.1　高风险机密信息

某些类别的信息被列为高风险，因为这些信息的泄露可能造成损害，或由于信息受法律或合同的特别保护。必须对电子和纸质两种形式的高风险机密信息额外照顾和保护。高风险机密信息的不当存取或泄露可能要求提交法定报告（参见 3.9.2 节）。此类信息在销毁处理时需遵守法律规定（参见 3.9.1 节）。

高风险机密信息包括个人的名字连同其社会保险号码、信用卡或借记卡、个人金融账户、驾照、州身份证号码或与指定个人的生物识别信息相关的名称。高风险机密信息还包括人类主体信息（参见 3.1.2 节）及个人身份识别医疗信息（参见 3.1.3 节）。

3.1.1　储存高风险机密信息

哈佛社区成员或哈佛供应商不允许以任何方式在任何个人用户计算机或便携式存储设备上存储与哈佛或哈佛赞助商活动相关的高风险信息（自身信息除外）。存储高风险机密信息的服务器必须作为目标计算机受到保护。

载有高风险机密信息的非电子记录必须保存在安全锁定的容器内，在使用时除外。

希望收集或接触高风险机密信息或拟与供应商签订合同收集或使用这

些信息的哈佛大学个人或团体必须事先取得学院和/或学校首席信息官的批准。

3.1.1.1　讨论

这些信息单元被指定为高风险，是因为它们可被用于身份盗窃的目的。信息如果被恶意取得和滥用，对其所有者造成个人、财务和声誉损害的风险极高。根据马萨诸塞州法律，不当存取和泄露任何此类信息可能会有法定报告的要求（参见3.9.2节）。根据马萨诸塞州法律，此类信息需要保留一定期限并正确销毁（参见3.9.1节）。

无论计算机是否由哈佛大学拥有，无论数据是否加密，以及无论是便携式或桌面计算机，以电子形式存储的高风险机密信息均适用于此政策。此项政策也适用于哈佛的供应商和承包商。服务性合同如涉及承包商代表哈佛储存或处理此类信息时，也应有一个包含此类限制的附加条款（见第3.6.1节）。系统中存储的信用卡或借记卡信息必须符合第3.4.1节的相关规定。

载有高风险机密的纸质文件或其他非电子记录必须存放于上锁的文件柜中或其他上锁的容器内（例如保险箱），使用时除外。除非锁定的容器处于访问受限的物理安全环境中，否则它们应处于锁定状态，但在移除或更换特定物品时除外。希望接触高风险机密信息或向供应商提供此类信息的哈佛大学个人或组织在执行此类操作前，必须得到学院或学校首席信息官的许可。此类案例包括数据获取来源于大学内资源、来自非大学资源或者来源于个人。

高风险机密信息存储的系统也必须符合针对目标计算机列出的最佳做法（参见第7.3节）。

3.1.1.2　最佳做法

高风险机密信息的检测。

3.1.2　人类主体信息

3.1.2.1　政策

根据联邦法律，所有哈佛大学的研究，包括人类主体（受试体）信息必须由哈佛大学的机构审查委员会（IRB）批准。用于研究所收集、使用或产生的涉及人类主体信息的个人识别数据必须防止疏忽或不当披露。为保护此类数据，在项目获批之前或 IRB 持续审批之前，涉及这些数据的所有研究项目的建议书中均应包含一份可接受的有效的有据可查的数据保护程序。

3.1.2.2　讨论

联邦法律规定，由高校和科研机构成立机构审查委员会审查所有人类主体相关的研究。法律和哈佛政策还要求所有与人类主体相关的研究人员在研究开始之前必须取得机构审查委员会的许可。机构审查委员会负责审阅研究计划以确保其符合哈佛人类主体相关政策,并确保此类研究中收集的任何数据得到妥善的保护。

哈佛大学有三个机构审查委员会。其中一个负责公共卫生学院的科研,一个负责医学院及牙科医学院的科研,第三个负责其他学院的科研。

哈佛大学的调查或哈佛大学已持有的信息分析可能会或可能不会受到联邦 IRB 规则的保护。非哈佛人员的研究往往会被涵盖其中。任何希望进行此类研究的人应向 IRB 查询,以确认其建议的工作是否会被视为人类主体研究。

3.1.2.3 最佳做法

高风险机密信息的检测。

3.1.2.4 附加参考

与外部各方签署的涉及使用数据集的协议,应由哈佛大学赞助项目办公室而非项目负责人、研究者或实验室主任审阅并签署。即使不产生任何使用的数据集的费用,情况也应如此。

3.1.3 身份识别医疗信息

3.1.3.1 政策

哈佛大学身份识别医疗信息被哈佛大学各单位使用或保存时,如该单位被认为是《健康保险便利和责任法案》(HIPAA)涵盖的实体,则信息的使用应遵守 HIPAA 的要求。在哈佛大学使用的或保存在别处的个人可识别医疗信息仍是高度敏感和保密的,必须遵照保护高风险机密信息的政策加以保护。

3.1.3.2 讨论

哈佛大学涵盖的实体包括哈佛大学医疗服务中心、哈佛大学牙科医学院的牙科诊所以及人力资源办公室的福利服务集团。

HIPAA 要求涵盖的每一实体机构满足 HIPPA 规定中所列出的相关规定。

与员工休假请求、学生违纪记录及残疾人援助请求相关的医疗记录有时被哈佛大学其他团体保存。此类记录必须被视为高风险机密信息并加以保护。

3.1.3.3 参考

《健康保险便利和责任法案》(HIPAA)。

3.2 机密信息

下列政策是为了保护哈佛大学计算机或网络上电子形式的机密信息以及非电子形式的机密信息。

3.2.1 获取哈佛机密信息

3.2.1.1 政策

任何含有个人机密信息的目录服务资源（如 ID 管理系统）的获取，必须与大学服务平台联系。

访问哈佛核心金融或报告应用程序（如甲骨文财务和人力资源软件 Peoplesoft）应通过本地的应用程序授权的申请。

此外，任何从事或收集高风险个人机密信息的人员，即使没有从大学核心数据库中获得此信息，也必须在应用程序开发之前联系 security@harvard.edu 或学院安全人员或首席信息官员讨论数据政策和操作要求。

只有旨在完成合法商业目的的合理必要的保密信息才能被获取，并且此类信息的保存时间应被限制在合理、必要的时间范围之内。

3.2.1.2 讨论

希望从哈佛大学校内或个人获取高风险保密信息或向供应商提供此类信息的哈佛大学人员或组织在从事任何此类活动之前，必须从学院或大学首席信息官员处获得许可。更多信息参见高风险信息请求流程。

州和联邦法规规定，只有为达到合法的商业目的，团体才能获取并保存高风险机密信息或学生信息记录。该条例也规定，此类信息的保存时长仅依据于此目的的需要。

3.2.1.3 最佳做法：

获得批准接触高风险机密信息的最佳做法是浏览过程表述并使用申请表格。

3.2.2 在网络上保护机密信息

3.2.2.1 政策

所有的机密信息在任何网络传输时必须加密。

用户应该清楚地认识到，许多常见的系统如普通电子邮件不能被视为安全的传送机密信息的方式。

安全的文件传输方法必须是可用的，并为所有用户在需要传输机密信息时所用。

3.2.2.2 讨论

一直以来，通过网络传输的信息被认为存在误导或监控的风险。最近，由于无线网络的日益普及、公共互联网接入服务（如网吧），以及基于互联网的新服务（如云计算），这种风险已显著增加。

由于无线电波并不局限于安全区域，无线网络非常容易被监控。

即使不涉及无线网络，信息也存在着巨大的被监控风险。用户可以通过网吧或酒店网络访问互联网。在此类环境中，专业的网络管理人员不太可能具备风险意识并利用工具来检查网络上的非法网络监控设备。

由于互联网技术的底层设计，服务供应商或网络服务器不可能知道用户使用何种类型的网络来获取服务。在大多数情况下，确保通信被限制在一个特定的环境中（如数据中心）的做法是不可行的。因此，服务的设计必须通过加密所有流量来保护通信不被监控。流量可以通过加密的通信通道传输。这方面的例子包括安全网络（SSL 或 TSL，也被称为 https）、安全外壳（SSH、SCP 或者 SFTP）或虚拟专用网络（VPN）。信息在通过网络发送之前也可以加密（例如加密文件或其他安全的文件传输应用），但不推荐使用微软办公软件内置的密码文件的密码保护功能。

电子邮件也存在所有上述安全问题，额外的风险是电子邮件被发送到错误的收件人或机密信息被转发给无正当理由接收者。电子邮件地址自动完成功能作为一个特定的区域，在过去引起了很多问题。用户很容易接受所提供的地址而不去验证其是否正确。

当电子邮件是唯一可行的传递机密信息的方式时，带有加密信息和附件的邮件经学院和/或大学首席信息官同意后方能获取和使用。

如果通信没有加密或服务器不受哈佛控制，其他通信或协作解决方案（短信/文本消息，或公共即时通信解决方案，如美国在线即时通信软件AIM、雅虎通、微软聊天软件等）也存在被窃听的风险。大部分此类服务都为流量提供可供选择的加密方式，除非服务器受哈佛大学的控制，否则仍然存在泄密风险。

3.2.2.3 最佳做法

机密信息的安全文件传输。

3.2.3 通过计算机路径发布信息

3.2.3.1 政策

提供由哈佛大学收集的个人目录信息的公共访问的任何应用程序，以及任何由于公开展示或分发而产生打印名单的程序，必须遵守个人建立的隐私偏好。

3.2.3.2 讨论

哈佛保有大量教师、员工和学生的信息。大部分信息都被哈佛大学政策或政府规章视为保密信息。部分信息将被认为是目录信息且须公开披露。此类信息包括姓名、电子邮件地址、办公地点、电话号码等信息。根据联邦《家庭教育权利和隐私法案》（FERPA），只有与学生相关的特定信息才能被视为目录信息。

院系、部门及大学可以印刷人员目录及某些与他们相关的目录信息。目录可以涵盖许多不同的范围，从哈佛大学每一个人到某一特定课程的学生名单。院系、部门和大学还提供电子目录。

在某些情况下，人们要求其不被列入目录或与其相关的特定类型的信息不包括在公共目录中。FERPA赋予学生或毕业生不在目录信息中显示的权利。此外，根据学校或部门的政策，哈佛大学的教职员工可以要求他们不被列入目录或与其相关特定的信息不被列入其中。创建印刷版或电子版目录的人必须考虑此类要求。

哈佛目录服务维护核心ID管理数据库，该数据库包含活跃的哈佛大学ID持有人的信息。此数据库包括隐私标志，此标志显示了个人部分或全部目录信息不公开显示的要求。ID管理数据库还包括一个标志用来表明个人已提出申请，根据FERPA赋予的权利，不显示任何有关他们的信息。

创建印刷版目录的人可以查阅哈佛在线目录或公共的轻型目录访问客户端（LDAP）服务，实时查阅以确认何种个人信息可被显示，以确定何种信息能包含在目录中。直接提供服务的应用程序可以使用大学非公开LDAP服务来直接访问隐私和FERPA标志。

请注意，这一政策仅涉及公共目录。公共目录是一个可以被公众及一般哈佛社区人员（已经认证或未经认证）访问的目录。此政策不包含非公众访问或面向校外发布的仅限于特定人员的私有目录。如仅面向班级老师及助教公布的班级学生名单，只要老师和助教明确此名单只作私人用途且不能以任何方式发布，则不被视为公共目录。但是含有特定关注意义的学生名单或部门员工名单，如发放给名单上的人员或张贴在部门的公告板上，则被视为公共目录。

3.2.4 识别访问机密信息的用户

3.2.4.1 政策

系统管理者必须能够识别包含或访问机密信息的个人用户或系统。用于访问这些系统的密码的长度和复杂性，必须符合当前行业标准。用户密码必须不得共享且必须不能被任何人获取,包括系统操作员。

哈佛大学密码(PIN)系统或 LDAP 服务器用于大学访问机密信息的应用程序,由大学首席信息官特批的情况除外。

3.2.4.2 讨论

系统管理者须建立一个精确的核查跟踪机制,以确定哪些人在任何系统中存储或访问机密信息时执行了哪些操作。执行此操作的常规方法是通过登录个人唯一且无法共享的 ID。唯一的 ID 对于用户账户来说一般是可行的,但当其涉及管理用户时可能会产生问题——在很多系统里面可通过要求管理员先登录自己唯一的 ID 随后行使管理员角色来实现,虽然这一机制会记录此行为。

共享密码则会破坏精确核查跟踪机制的要求,如出现错误,共享密码会导致相关人员枉受指责。这进一步使得管理员能够检索用户密码并可能作为该用户登录,所以密码必须以安全的方式保存,使任何人(包括管理员)都无法获取。

使用不容易被猜到的密码是很重要的,所以对于新的密码,哈佛大学的密码系统应该强制执行最低水平的复杂性。系统也应该限制错误密码的输入次数,限制攻击者猜测密码的机会。

如果用户忘记了密码,管理员可为其设置新的临时密码,用户可以用它来登录并为自己创建一个新的密码。系统应强制用户更改首次登录的临时密码。

将密码记录在纸上并非一个好主意,除非密码纸锁在一个安全的地方。即,不要将密码写在即时贴上并贴在显示器上,或保存在笔记本或钱包里,以防笔记本或钱包失窃,使得哈佛大学及机密信息处于危险之中。

不同用途使用不同的密码是个好主意,如此一个密码泄露不会危及其他密码的使用。

任何时候,均不得以任何理由向任何人透露自己的密码,包括陌生人、室友、配偶、同事、老板或技术支持人员。举报向你询问密码的任何人。唯一的例外是当你离开哈佛的时候,可能会被要求提供使用哈佛资源的密码。

哈佛大学没有密码过期这一政策要求。安全专家就强迫密码更改的意义存在分歧,但一些政府法规,例如 HIPAA 和非政府的协议、信用卡和借记卡的管理工作需要定期更改密码。此外,在某些情况下,哈佛大学风险管理部门需要定期更改管理密码。

如果怀疑密码以某种方式被泄露,则应经常更换密码。

3.2.4.3 最佳做法

保密信息的安全文件传输。

3.2.5 阻止猜测密码

3.2.5.1 政策

对于尝试登录一个含有机密信息的应用程序或服务器的行为，必须有一个机制来限制登录失败次数。

3.2.5.2 讨论

自动密码猜测是攻击者试图访问计算机的常用方式。在某些地方对单个账户的单日猜测尝试登录记录已多达 40 万次。阻止密码猜测攻击最简单的方法是在账户被锁定之前，对尝试登录一个应用程序的失败次数加以限制。锁定账户意味着攻击者需要等到重新启用账户，才可以继续攻击。10 次尝试失败则锁定账户这一设置和 30 分钟锁定时间将每天可能的猜测次数减少到 480 次。如果密码符合复杂性标准要求，按照这个速度，自动猜测攻击可能需要几年时间来破译此密码。

密码锁定的数值太小的话，会阻碍人们使用复杂的很难键入的密码，或者会阻碍人们在不同的应用程序中使用不同的密码，因为他们可能尝试了错误的密码几次后就会被锁定。在阻止猜测攻击和将用户的事情简单化之间，10 次似乎是一个合理的权衡。

在所有情况下，用户已被锁定的事实应当被记录下来，应将这一信息提供给系统或应用程序管理员。管理员将与用户讨论决定是否出现了攻击。

账户在被锁定一段时间以后可以重新启用，或者系统也可以被设定为需要管理员的参与才能启用。如果账户锁定发生在非办公时间，会令人非常沮丧。只要锁定被记录，且 30 至 60 分钟以后该账户自动重启，则不会对系统的安全造成影响。

自动锁定确实存在一个潜在的主要缺点——它们可能会带来简单的拒绝服务（DoS）攻击。想要干扰破坏用户的人可以通过故意尝试一堆错误密码使该用户的账号被锁定。一般来讲，平衡额外的保护锁定比 DoS 攻击的风险更为重要。对登录尝试的 IP 地址的记录可以帮助追踪攻击的源头。

实际锁定的另一种可行办法是在每次尝试失败后逐步减缓登录过程。

3.2.6 限制有效使用时间

3.2.6.1 政策

必须有一种机制来限制用户超时访问机密信息应用程序的时间。

3.2.6.2 讨论

用户在登录到一个应用程序并离开计算机后，就为攻击者提供了一个通过改变用户密码来访问应用程序或执行拒绝服务攻击的机会。其风险和锁定期限取决于接近用户计算机的难易程度。开放式办公室中的计算机比自动锁门的办公室中的计算机风险更大。在第一种情况下锁定应设为几分钟，而在第二种情况下，锁定的时间可以更长。但即使在第二种情况下，如果在大家都离开后保洁人员进入房间打扫，也存在风险。

依靠用户每次登录后注销，或鼓励用户在离开时锁定屏幕保护程序的做法是不可取的，因为用户很容易由于分心而忘记执行此操作。

如果所有用户的应用程序是在相同类型的物理环境下，此应用内超时限制可能是最好的实施方案，从而不依赖于本地计算机适当设置。某些应用程序可以根据不同的用户或不同的终端被配置不同的超时限制。在其他情况下，可能有必要使用本地锁定（例如，锁定屏幕保护程序），因为有些用户的物理环境存在特殊的风险。即使在这种情况下，应用程序应该有一个默认的超时限制来处理本地计算机配置错误的情况。

3.2.7 限制用户访问机密信息

3.2.7.1 政策

应用程序管理者必须确保，只有持特定业务理由使用应用程序的用户才可以访问该应用程序，且仅限于此应用程序。机密信息的访问权限必须反映用户当前的在校状态。

载有机密信息的服务器的使用管理权限必须仅限于有特定业务使用理由的系统管理员，且此类访问必须被记录；如果他们的在校状态发生变化，使用权限也应相应变化。

载有机密信息的非电子记录的访问必须仅限于有特定业务需求的人员。

必须为员工制定书面的政策，此政策必须考虑到，除员工自身外对涉及校外人员的高风险机密信息的记录，是否及如何允许员工保存、访问及传输这些记录。

3.2.7.2 讨论

哈佛大学要求，机密信息的访问仅限于有业务需要使用此信息的人，以将信息的披露或使用不当造成的威胁降到最低。如果此人离开大学或转移到大学内另一个工作岗位，则需要重新评估其访问权限，当不再有任何访问此信息的业务需求时，其访问信息的权限也应被撤销。

哈佛大学开发了核对清单模板，用于员工雇佣、调动和离职之时。遵循模板可以帮助确保步骤是正确的，以符合此政策要求。

政府规定要求必须制定与高风险机密信息相关的远程访问或远程存储政策。哈佛大学要求制定此类政策，以解决与哈佛相关的机密信息的远程访问或远程存储问题。针对所有大学雇员，都必须有一份书面有效的政策，详细说明在何种情况下以及由谁可以在哈佛以外的场所访问高风险机密信息。远程访问高风险机密信息的权限必须严格限制在具有强烈业务访问需要的特定员工身上。任何用于高风险机密信息远程访问的设备以及该设备的配置必须充分保障信息安全。这些政策和程序适用于校内及本地小组。

哈佛大学外部审计师根据审计准则（SAS）第112号声明《沟通内部控制及审计中确定的相关事宜》执行工作。该声明由美国会计师学会制定，在处理财务信息系统及报告异常时，声明规定了一些可行的做法。哈佛大学认为，系统包含非金融保密信息也应该遵循该声明中概述的做法处理。企业经常会发现，改变该声明的做法之一，是要求开发商不能无限制地访问生产系统，鉴于该声明认为开发人员没有业务需要访问系统，且不应有机会在生产系统上修改数据。

3.2.7.3　最佳做法

远程访问计算机资源。

3.2.8　哈佛计算机设备上的机密信息

3.2.8.1　政策

如果哈佛大学机密信息储存在哈佛大学用户的电脑或便携式存储设备中，则此机密信息必须受到保护。电脑或便携式存储设备的失窃，不得引起保密信息的泄露风险。禁止在此类电脑或设备中存储高风险机密信息。应对大学拥有的所有笔记本电脑进行加密。

必须每年对大学拥有的所有用户计算机和服务器进行扫描，以确定高风险机密信息（HRCI）。

3.2.8.2　讨论

不允许任何用户计算机或用户存储设备存储高风险机密信息，即使该信息是加密的（参见第3.1.1节）。

如有适当的保护，其他哈佛机密信息可以存储在用户的电脑（笔记本或台式机）或用户的存储设备中（包括便携式磁盘、闪存驱动器、光盘和DVD）。

一个适当保护的例子是使用标准化的加密算法，采用128位或更长的密钥给文件或磁盘加密。用于访问加密信息的密码绝不能作为加密信息保存在同一台电脑中。

用户不应该依赖于微软内置的文件锁定程序，因为众多应用程序可被用来规避此保护措施。

载有机密信息而非高风险机密信息的电脑或便携式设备丢失，仍然可能需按照马萨诸塞州的法律要求进行申报（参见第3.9.2节）。

大学的政策是，大学拥有的最终用户的计算机应该对主要数据存储加密。此项措施是为了在电脑丢失、被盗或不当退役时保护机密信息。如果主计算机用户认为这种控制是不必要的，想要负责保护他们的计算机上的数据，可以通过填写"加密选择退出请求"选择放弃该请求。选择放弃请求，需接受学校或中心IT部门的审查。核准选择放弃请求应每年审核，如有任何问题可与请求者联系。

每年大学所拥有的用户计算机和服务器必须接受高风险机密信息的扫描定位。如果在用户电脑上发现高风险机密信息，除非高风险机密信息仅与此电脑用户有关，否则应删除。如果在服务器上发现高风险机密信息，则信息必须被删除或满足第3.1.1节的要求。

最佳做法

磁盘和便携式设备加密。

3.2.9 互联网接入机密信息

3.2.9.1 政策

哈佛机密信息不得保存在任何一台可直接接入互联网或直接接入哈佛大学内部网络的开放式计算机中。

3.2.9.2 讨论

众所周知，万维网和其他互联网服务器容易受到危害。如果服务器受到攻击，会给信息带来风险，哈佛的机密信息不得存储在此类服务器上。机密信息可以保存在一个单独的后端计算机（如数据库服务器）中，通过防火墙与互联网服务器相隔离。后端计算机应该使用私有IP地址，且不能直接从互联网或从哈佛网络的开放式计算机接入。访问后端计算机应限于支持计算机的需要，且应通过防火墙来接入。在互联网服务器和互联网用户或哈佛网络之间，也应该有防火墙。所有的防火墙应配置为阻止所有对服务运行不必要的入站和出站流量。

请注意，互联网服务器不得从后端计算机远程安装磁盘，因为这将直接暴露磁盘上的信息。

另外存在的风险是，攻击者攻陷互联网服务器就有可能知晓如何发出正确的命令来访问后端计算机上的信息，但这一风险要远远小于将数据存储在互联网服务器上的风险。

3.2.10 保密协议

3.2.10.1 政策

大学有权访问机密信息的员工必须每年签署保密协议。

3.2.10.2 讨论

一些从事高风险机密信息的员工必须签署法规或合同约定的保密协议。此类例子包括接触受 HIPAA 保护的信息的员工,以及从事信用卡和借记卡收费的员工。

为了确保所有接触机密信息的员工的责任能定期得到提醒,大学决定所有此类员工必须每年签署保密协议。

哈佛人力资源软件系统已被更新,以便员工能同意学校的保密协议并跟踪此类协议。

3.2.10.3 最佳做法

参见 http://www.security.harvard.edu/resources/statements。

3.2.11 哈佛大学标志符号码

3.2.11.1 政策

访问哈佛大学标志符号码(HUID)的列表和数据库应仅限于那些为执行工作而有特殊访问需要的人。

3.2.11.2 讨论

应合理谨慎地管理所有的 ID 号码访问。

大量 HUID 列表的访问应仅限于有业务需要的人,以将列表泄露的概率降至最低。

3.2.12 培训与通信

3.2.12.1 政策

每个学院和中心管理机构必须确认哪些人员可以使用或处理机密及高风险机密信息,并对从事此工作的人员进行培训。

每个学院必须确保正确地将安全要求和相关规定传达给教职员工。

3.2.12.2 讨论

培训应该提供给所有接触机密信息的大学员工。

一般的安全意识和数据管理培训对不接触高风险机密信息的员工来说是足够的。从事高风险机密信息的员工应接受更详细全面的与其接触的具体信息相关的培训。

研究人员应与机构审查委员会(IRB)合作,确认其适合何种类型的培训。

培训应每年进行。培训过程应能跟踪参与情况并确保所有接触高风险机密信息的人员都参加。

需要注意的是,马萨诸塞州的法律要求从事使用或处理高风险机密信息的员工必须接受培训。

3.3 学生信息

哈佛大学维护在校生和毕业生的教育记录。这一记录的访问受联邦法律《家庭教育权利和隐私法案》(FERPA)的管辖。哈佛大学任何人访问在校生和/或毕业生的教育记录必须知晓并遵守 FERPA。

3.3.1 学生信息与《家庭教育权利和隐私法案》概述

3.3.1.1 《家庭教育权利和隐私法案》

1974 年颁布的《家庭教育权利和隐私法案》(FERPA)是一项联邦法律，在教育记录方面赋予学生一定的权利。

3.3.1.2 教育记录

哈佛大学各学院为学生定期维护描述和记录他们的学业和进展的记录。这些教育记录一般包括永久和本地地址、录取记录、学籍、课程成绩、报告及其评估、完成要求和学业进展程度、纪律和处分记录、推荐信以及其他与学生相关的文件。

3.3.1.3 使用权限

学生的记录必须准确完整才有价值。维护它们的官员负责保存记录，并对存放记录的办公室负责。这些通常包括哈佛学生注册处处长，并有可能包括其他机构的官员。所有学生都有权利访问自己的教育记录，在其认为有必要澄清的情况下，可以增加记录。希望访问其教育记录的学生应联系哈佛各学院相关官员。通常情况下，学生被要求提交一份书面请求，指明特定的记录或他/她希望查看的记录。在收到请求以后的 45 天之内可以访问。当一个记录包含多个学生信息，学生仅能查看、审阅记录中他或她相关的部分。学生不允许查看其已经放弃访问权利的信件和推荐报表，或者 1975 年 1 月 1 日前存放在其记录里面的文件。

如对记录的正确性存在疑问，学生应将问题反映给存放记录的办公室负责人。在必要情况下，如非正式的讨论无法圆满解决提出的问题时，可以举行听证会，以解决记录的准确性带来的挑战。

3.3.1.4 目录信息

虽然 FERPA 包括一些例外情况，但通常情况下，学生必须同意他或她的教育记录的信息披露。其中一个例外涉及"目录信息"，其为构成学生记录的元素信息，根据 FERPA 规定可以提供给公众。

哈佛大学、哈佛大学研究生院及各专业学院的注册主任共同采用一套通用的FERPA目录信息元素（共同清单）。当哈佛大学各个学院创建其具体定义的"目录信息"时，可从共同清单中选择任意数量的元素。但是，学院不得公开不包括在共同清单里面的目录信息。

由于哈佛大学的"目录信息"定义包括共同清单上所有的元素，目录信息由大学层面而非各个学院层面收录，这可能会导致额外元素的披露。

学生可通过要求"FERPA屏蔽"选择不公开透露目录信息。

希望落实"FERPA屏蔽"这一决策的学生必须以书面形式通知适当的学院官员，一般为学院的注册主任。学生应该知晓落实"FERPA屏蔽"可能产生的后果，如错过邮件、信息、通知、非验证招生或学位状态，或不被列入哈佛大学毕业典礼的小册子。之前选择"FERPA屏蔽"的学生在改变这一决定时也需提交书面申请。

3.3.1.5　FERPA允许的其他披露

如上文所述，除了允许披露目录信息之外，FERPA允许在某些情况下，不经学生知情或同意而披露教育记录。例如，允许哈佛大学具有合法教育权益的官员披露信息，这意味着此人需要此信息以完成他/她的职业责任，包括指导、监督、咨询、管理、学术科研、员工支持等责任。"哈佛官员"包括：教师、管理员、文职雇员、专业雇员、哈佛大学卫生服务专业人员、哈佛大学警务人员、大学代理人，如代表哈佛大学或学院履行职责的独立的承包商或供应商、哈佛大学董事会成员、正式的大学委员会或学院的学生服务人员或帮助哈佛官员履行其任务的助手。在一定条件下，学生的教育记录可能与大学以外的人士分享。此外，只要披露是关系到学生的入学申请或转学的目的，应其要求哈佛学院将学生的教育记录转到学生寻求报名或打算报名或已报名的其他部门或机构。

如果某一哈佛学院发现学生涉嫌暴力犯罪等违纪行为，在法律允许及哈佛学院认为适当的情况下，该学院也有可能公开违纪案例的某些信息。披露可能包括学生的姓名、违纪行为及处罚措施。

3.3.1.6　FERPA项下学生的权利

如上文所述，根据哈佛政策和FERPA规定，在校生及毕业生可以查阅和审查若干由哈佛大学保存的教育记录。他们也享有如下权利：行使有限的控制其他人访问其教育记录的权利；如认为记录不准确、误导等，可寻求纠正他们的教育记录；如其认为哈佛没有遵守FERPA的要求，可向美国教育部提起申诉；充分告知FERPA赋予他们的权利。就涉嫌违反FERPA项下的学生权利的投诉将在 180 天之内以书面形式递交至美国教育部家庭政策合规办公室。

3.3.2　FERPA 目录信息

3.3.2.1　政策

哈佛注册主任已制定了一套通用的 FERPA 目录信息元素。哈佛大学各个学院可以指定某些而非全部信息元素作为学生的"目录信息"。

3.3.2.2　讨论

FERPA 作为联邦法律，赋予学生在教育记录方面一定的权利，这些记录是指学校日常保存的描述和记录学生的学业和进展的记录。

虽然 FERPA 包括了一些例外情况，但通常情况下，学生必须同意他或她的教育记录的信息披露。其中一个例外涉及"目录信息"，其为学生记录中的一组元素信息，根据 FERPA 规定可能会将其提供给公众。

哈佛大学、哈佛大学研究生院及各专业学院的注册主任共同采用一套通用的 FERPA 目录信息元素（"共同清单"）。当哈佛大学各个学院创建其具体定义的"目录信息"时，可从共同清单中选择任意数量的元素。但是，学院不得公开不包括在共同清单里面的目录信息数据元素。

由于哈佛大学的"目录信息"定义包括共同清单上的所有的元素，目录信息由大学层面而非各个学院层面收录，这可能会导致额外元素的披露。

学生可通过要求"FERPA 屏蔽"选择不公开透露目录信息。

哈佛大学通用 FERPA 目录信息元素

FERPA 目录条款	定义
学生姓名	学生入学申请中显示的目前的法律名称或全名。
地址	学生在校就读期间的住址（由学生或大学提供）。
电话清单	学生在校就读期间能找到学生的电话号码（由学生提供）。
电子邮箱地址	学生在校就读期间能找到学生的邮箱地址（可能由学院分配，某些情况下由学生提供）。
照片	哈佛大学学生的身份证照片。
出生日期	学生的出生日期。
研究领域	学生在校时的院系、学位课程或专业。
在校日期	学生在一个或多个哈佛学院在读的第一个和最后一个日期。

(续表)

FERPA 目录条款	定义
预计或实际毕业日期	学生毕业或预计毕业的日期。
学籍	哈佛学院学生的学籍(即,全日制正规学生或只有部分时间用于学习的非正规学生,由学院确定)。
学位	学生获得或有望从哈佛大学获得的鉴定学位,或与学生非学位相关的通知(如有)。
所获荣誉及奖项	学生从哈佛获得的荣誉及奖项。
先前学历;最近就读的院校	先前被授予的学位列表;就读的院校列表,包括学生之前就读过的高中及预科学校名称以及就读日期(信息由学生提供)。
学年	毕业所需学年数。
原定学年	入学时原定学年数。
所属宿舍	学生所住的哈佛本科生宿舍。
运动队成员身高及体重	运动队成员身高及体重。
所参与的官方认可的活动或运动	学生已经参与的或者正在参与的官方认可的活动或运动。
家长或监护人的家庭住址和电话号码	学生的父母或监护人的家庭住址和电话号码。
国家公民身份	学生所属的国家公民身份。
出生地	学生的出生地点和国家。
永久地址及电话号码	学生的永久地址和电话号码。
社团	社团隶属关系(仅限于哈佛医学院和哈佛牙科医学院)。
网络 ID	初级用户 ID 相关的网络桌面登录、网络硬盘、共享文件夹、打印服务器、电子邮件和其他大学的资源。注意:为此目的的学生哈佛大学 ID 信息、PIN 码或密码凭证不是"网络 ID",不会作为目录信息被披露。

3.3.3 FERPA 信息屏蔽

3.3.3.1 FERPA

FERPA 作为联邦法律,赋予学生在教育记录方面一定的权利,这些记录是指学校日常保存的描述和记录学生的学业和进展的记录。

虽然 FERPA 包括了一些例外情况，但通常情况下，学生必须同意其教育记录的信息披露。其中一个例外涉及"目录信息"，为构成学生记录的元素信息，根据 FERPA 规定可以提供给公众。

3.3.3.2 目录信息

哈佛大学各个学院建立了自己定义的"目录信息"，可能会包含某些或全部大学层面注册主任联合采用的哈佛大学通用 FERPA 目录信息元素。

由各个学院指定的类别列表可从各个学院的注册主任处获得。

由于哈佛大学的"目录信息"定义包括共同清单上所有的元素，目录信息由大学层面而非各个学院层面收录，这可能会导致额外元素的披露。

3.3.3.3 FERPA 屏蔽及其效果

对 FERPA 屏蔽感兴趣的学生应知晓屏蔽带来的严重后果。

首先，除非 FERPA 项下另外一项例外规定允许信息披露，现行的 FERPA 屏蔽将阻止哈佛大学披露任何该学生曾经就读或目前就读的情况。

其次，现行的 FERPA 屏蔽将使得与该学生相关的目录信息不出现在任何哈佛大学的出版物中，包括哈佛大学电话目录及哈佛大学毕业典礼名册。

电话簿有关的注意事项：希望将其目录信息从哈佛大学印制电话簿中剔除的学生需在 9 月 30 日前向所属学院注册官员提交完整的 FERPA 屏蔽申请；在学生提交完整的 FERPA 屏蔽申请后三个工作日内，该学生的目录信息将从哈佛大学中央在线电话簿中移除；各学院移除目录信息所需的时间可能会有所不同。

FERPA 屏蔽一旦获批将一直有效，包括毕业后，直至学生授权解除。

3.3.3.4 申请/移除 FERPA 屏蔽

学生可通过下载相应的表格，传真或手写提交完整的表格至注册主任办公室来申请或移除 FERPA 屏蔽。在学院付诸执行之前，选择传真形式的学生必须语音确认其请求以申请或移除 FERPA 屏蔽。

在一个或多个学院交叉注册的学生必须向各个学院提交单独的 FERPA 屏蔽表格。

3.4 信用卡信息

在处理或存储任何信用卡或借记卡信息时，哈佛致力于符合支付卡行业数据安全标准（PCI）以确保通过使用信用卡获得的所有资金妥为入账。哈佛大学也积极鼓励哈佛大学在可能情况下外包支付卡的处理业务。

3.4.1 接受支付卡

3.4.1.1 政策

按照哈佛大学信用卡商户手册中列出的程序,哈佛大学允许只接受信用卡付款的货物、服务或礼品。

3.4.1.2 讨论

接受信用卡有助于改善客户服务并提高收取现金过程的效率,哈佛大学对此表示认可。此外,通过互联网以电子方式进行的销售业务中,信用卡的使用是必不可少的。个人的信用卡信息是保密的。未能严格保持信息保密可能会导致信用卡未经授权而被使用,为客户和商家带来严重的问题。

此外,为防止欺诈和身份盗窃,信用卡协会有强制性的商业计划,称为支付卡行业数据安全标准(PCI)。该计划要求每个商家接受信用卡付款之前进行符合 PCI 要求的认证。不遵守上述规定的风险包括巨额罚款和信用卡协会对大学的处罚,以及声誉风险、由于安全故障而产生的损失和责任。

此项政策的目的是通过强制规定符合相关标准和法规以减少内在风险。

已知的或可疑的涉及信用卡或借记卡信息的可能存在的安全漏洞必须立刻向哈佛大学现金管理中心举报。在特殊情况下,知悉信用卡漏洞或可能漏洞的人可以匿名举报。在此情况下可以使用大学的匿名举报热线。

所有处理、传输或存储持卡人数据的哈佛大学学院、附属机构、联合机构和大学层面的计划项目都必须遵守这一政策。

3.4.1.3 最佳做法

信用卡商户 PCI 合规的规定。

3.5 实体环境及个人活动记录

实体访问载有机密信息的环境和系统必须加以控制,以确保信息得到保护。

访问物理设备或电子系统的日志需要得到妥善的保护。

3.5.1 实体环境(物理环境)

3.5.1.1 政策

在哈佛的办公室或其他地点,必须对所有纸质或磁性媒体形式的机密信息加以妥善保护。必须确保包含机密信息的计算机完全安全。

3.5.1.2 讨论

机密文件记录应存放在上锁的文件柜中,实际使用时除外。用于接收机密信息的传真机应放置于锁定保护区内。如果上锁的房间在夜间有保洁人员打扫,该房间不得视为安全场所。

载有机密信息的计算机应放置在访问受控和监视的计算机设施内,在极少数情况下,计算机应放置在上锁的机箱内。

物理访问任何敏感设施或包含敏感信息的设施,应有适当的控制手段加以保护。此类访问控制的例子包括智能卡刷卡、密码键盘、门禁、RFID令牌和警卫核查身份证上的照片。

在这些情况下,其目的是为了防止机密信息或包含机密信息的系统被盗。

创建安全访问人员的日志是一个好主意,只要人们知道此日志正在创建中就能够遏制不良行为。

3.5.2 个人活动的记录信息

3.5.2.1 政策

任何维护日志或自动生成个人行为记录的单位必须制定书面政策,规定此类日志和记录的目的、保存和访问政策。

3.5.2.2 讨论

记录个人的活动日志的原因是多方面的。例如有些使用万维网服务器的日志可用于确定网站访客对该网站的兴趣所在,可以帮助改进网站,以更好地为访客提供服务。在一些安全事故的调查过程中也会生成日志,旨在帮助揭示攻击者的身份并为潜在的法律诉讼提供证据。创建日志最常见的原因是对不良行为起到威慑作用,当不良行为没有被阻止时,日志可以作为调查的辅助手段。

正如日志作为有效的遏制手段一样,在每次信息收集时都应制定个人正在收集何种信息、收集此类信息的原因、信息将被保存多久以及谁将有机会获取信息的声明。这包括楼宇门禁系统、万维网服务器或其他计算机应用程序和监控摄像头记录的日志。

此类声明可通过张贴、分发或应要求公开提供给信息收集活动的对象。

在多数情况下应有明显标志提示监控摄像机的存在。

该声明的一个例子是所有哈佛网站上的隐私声明（注意，隐私声明的网页链接应该出现在每个单独管理的网页的第一页，但不需要出现在每个网页上）。

如果访问请求不符合声明中定义的标准，收集信息的权限被授予之前应咨询总法律顾问办公室。

这一政策也不包括哈佛正常业务过程中产生的记录，只包括个人的活动自动创建的日志，如楼宇门禁系统、万维网服务器和监视摄像机。其他记录参见哈佛文件保管期限表中定义的规则。

3.5.2.3 最佳做法

如果收集的信息与用户访问有关，访问无论是物理的（如建筑物）或电子的（如万维网服务器），都必须通知用户。该声明应包含哪些信息被收集，为什么这些信息是必要的，日志的保存时间以及谁将有机会获得此信息。

3.6 与供应商合作

根据马萨诸塞州法律，收集、处理或维护哈佛信息的任何供应商对高风险机密信息的任何不当处理，哈佛大学都负有责任。因此，所有与这些供应商的关系必须是正式的，在此意义上必须有合同。合同中必须包括：对供应商保护信息的要求，限制必须访问的人员要求以根据合同执行任务，如果存在潜在的安全漏洞需通知哈佛。

3.6.1 合同

3.6.1.1 政策

无论哈佛大学供应商是否直接从哈佛大学获取数据，处理哈佛大学机密信息的供应商必须有书面合同，在适当的合同附加条款中涵盖其服务内容，并要求其保护哈佛的信息。接收、收集、储存或处理高风险机密信息的供应商的安全设计、政策和程序必须经哈佛信息安全官和/或哈佛大学风险管理和审计服务相关人员的审阅。

希望与供应商签订协议以收集或处理高风险机密信息的哈佛大学个人或团体也必须事先取得院系和/或校方首席信息官的批准。

3.6.1.2 讨论

即将或可能获得高风险机密信息的供应商，签订的任何合同中必须包含责成供应商保护这些信息的规定。具体规定参见总法律顾问办公室与供应商的合同附加条款。

哈佛大学高风险信息存储、处理或托管相关的每一份与供应商签订的合同中应包含合同附加条款中所载的条款。

在大多数情况下,哈佛的信息安全管理人员或学院信息安全官必须审核此类从事高风险机密信息的供应商的安全性。

从事非高风险机密信息的供应商以及同意遵守相应的合同条款的供应商,无须对其进行额外审核。

从事机密信息的供应商也必须签订合同,以满足保护信息的要求。总法律顾问办公室的文件模板包括这些规定,并可被用作此类合同的依据。

3.6.1.3 最佳做法

涉及使用或管理高风险机密信息时,在与供应商的协议中使用大学的标准合同附加条款。

涉及保护机密信息的适当合同,可使用总法律顾问办公室的文件模板作为基础。

3.7 计算机与服务器

哈佛大学的计算机必须得到正确配置和维护,以确保这些计算机上的信息得到保护。

3.7.1 计算机操作

3.7.1.1 政策

计算机操作者必须确保计算机环境是安全的,补丁是最新版本且机器以尽量降低安全漏洞的方式运行。计算机操作者也必须确保计算机上启用的应用程序都是必要的。

所有教学、科研、学生管理系统的机密信息每年必须确保遵守大学的IT安全政策。

3.7.1.2 讨论

哈佛大学的数据网络连接的所有计算机必须养成良好的操作习惯,以尽量减少计算机受到危害的概率,或者如果计算机受到危害,以尽量降低此计算机被用来攻击网络上哈佛大学其他计算机的概率。

良好的计算机操作的例子包括操作系统和应用程序的安全修复补丁公布后尽快下载,以确保只有正当理由的人拥有系统账户,确保系统运行病毒检查并定期更新病毒列表。

良好的计算机操作还包括用户使用计算机时考虑安全性，而不从事冒险行为，如开启来历不明的电子邮件附件，回复网络钓鱼垃圾邮件，登录可能尝试下载恶意软件的网站（如色情网站）。

哈佛大学有许多存储机密信息的系统，但不是由学校或中央管理IT团队管理。为确保这些系统上的机密信息不被泄露，这类系统的操作者每年必须保证遵守哈佛大学信息安全政策中的IT相关政策。

3.7.2 计算机设置

3.7.2.1 政策

计算机操作者必须确保计算机运行环境通过过滤器得到妥善保护，确保服务器上的应用程序不出现恶意流量。

3.7.2.2 讨论

计算机操作者必须确保计算机运行环境通过过滤器得到妥善保护，确保服务器上的应用程序不出现恶意流量。

例如，计算机应该被连接到各交换机端口，将监视任何通信的机会降至最低，应禁用所有不必要的服务应并尽可能使用基于主机的防火墙。基于主机的防火墙应被配置为只启用所需的服务，并默认阻止所有其他服务。

3.7.3 目标系统（外接系统）和控制部件

3.7.3.1 政策

由于系统所包含的信息或控制的资源需要特殊保护，系统可能会成为对其有特别兴趣的黑客的目标。此类别包括载有高风险机密信息和楼宇管理系统、控制和接入系统以及包含有价值的研究数据的系统。

所有此类高风险系统和那些载有高风险机密信息的系统必须存储在私人地址空间和本地防火墙内。对所有包含高风险信息及储存高风险机密信息的服务器必须进行年度漏洞测试。

3.7.3.2 讨论

哈佛大学许多计算机包含非常敏感或有价值的信息，可能不符合高风险机密信息的定义，例如潜在的有价值的研究成果。其他计算机用于控制设施的访问或控制重要资源，如配电或建筑环境系统。此类系统以及用于存储高风险机密信息的系统，如果要连接到网络，则需要得到妥善的保护。

如果仅用于某个特定的目的，而不是由多个应用程序共享的业务要求和物理或虚拟系统，则此系统应该仅有网络连接。

在网络连接处于业务需求的情况下,目标系统应该是物理安全的,并连接到仅用于此系统的专用网络段。用户计算机不应被连接到此专用的网络段。网络应该使用私人地址和本地防火墙。防火墙应阻止所有不需要的入站和出站流量,只启用系统管理员所使用的计算机的管理访问。系统所有管理访问应有记录。所有的高风险系统和那些载有高风险机密信息的系统必须至少每年进行漏洞测试。漏洞可能被利用来制造安全漏洞,通过测试可以发现此安全漏洞,或在漏洞修复前断开系统的网络连接。

3.7.3.3 最佳做法

物理访问控制系统和基于 IP 的设备系统。

3.7.4 网络中断和漏洞扫描

3.7.4.1 政策

网络管理者经哈佛大学授权可运行漏洞扫描,以确定安全隐患并保护计算和网络资源。网络运营商应监控网络活动攻击的迹象,在计算机被攻击而操作者没有采取行动时采取应对措施。

3.7.4.2 讨论

学院或大学网络运营商应运行入侵检测及其他安全漏洞评估系统,来扫描连接到网络的计算机上基于网络的攻击迹象。

学院或大学的网络运营商也应该对连接到其网络的计算机进行漏洞扫描,以确保安全漏洞得以检测、报告和修复。

在紧急情况下,网络运营商可能会采取行动来断开某些或所有网络流量,或将运营商有理由相信的某台特别容易受到攻击的计算机断开,受到攻击或已经受到威胁而从网络中断开计算机均需得到学院或大学高级管理人员的批准。

安全事件的响应要坚持按照预定清单执行,包括结束事件的步骤,保存取证数据,修复损伤,防止重复攻击,以及新的漏洞扫描。请注意,系统中任何潜在的包含或处理高风险机密信息的破坏行为需尽快报告。

在学校的网络不由学校操作的情况下,所有的检测、扫描和拦截应与学校的首席信息官员或网络管理员协商完成。

3.8 其他 IT 策略

业务领域相关人员负责制定计划,以确保机密信息存储环境的稳定性。

3.8.1 恢复 IT 服务

3.8.1.1 政策

如果一组机密数据丢失而带来重大业务风险,那么机密信息的安全性和可用性必须得到保证。每一使用此类机密信息的业务领域必须制定业务连续性计划和记录,包含数据备份、事故恢复时间表、方法、文档、程序和行动步骤。

3.8.1.2 讨论

如果因意外事故(例如火灾)或黑客攻击导致关键系统被禁用,哈佛大学的运行会受到极大干扰。业务连续性计划有助于最大限度地减少此类禁用带来的影响和持续时间。

3.8.2 事故响应程序

3.8.2.1 政策

每个学院和中央管理单位必须制定、宣传并使用事故响应程序。

3.8.2.2 讨论

大学规则要求每个学院和中央管理单位必须制定、宣传并使用事故响应程序。此程序必须包括及时通知有关当局任何涉及违反安全的事件,及其所采取的相应措施的记录,事后审查情况及针对此违反行为在未来实践中做出调整的建议记录。

如有涉及违反高风险机密信息相关规定的情况,必须及时通知总法律顾问办公室和大学首席信息官或大学信息安全官。如有涉及违反信用卡或借记卡信息安全规定的情况,还必须及时通知现金管理部门。

3.9 联邦与管控

所有机密信息的用户必须遵守州政府和联邦政府监管法规,以及哈佛大学有关机密信息的政策。

2007 年,马萨诸塞州通过了一项法律,强制保护哈佛高风险的机密信息。该法律对正确销毁含有高风险机密信息的电子或纸质档案及报告不当存取或使用含有这些信息的档案提出了特定的要求。其他大多数州也有类似的法律规定。

3.9.1 档案(记录)的处置与销毁

3.9.1.1 政策

包含机密信息的电子或物理档案(记录)必须妥善处置,以便机密信息不被窃取。

3.9.1.2 讨论

哈佛的大多数档案不会永久保存。哈佛大学一般记录附表(GRS)经哈佛大学(法人机构)权威投票通过后公布,规定了不同类型的档案的正常保存期限。哈佛大学也会就大学档案的定义、所有权和保存及访问规则进行投票。

一般记录附表(GRS)中规定的保存期限是最低的档案保存期限,保存期满后,将敦促保存者转为档案保管或尽快销毁。

根据马萨诸塞州法律,载有某类机密信息的档案到期时必须妥善处置。法律没有规定何时或是否必须销毁档案(参见哈佛大学关于 GRS 的规定),但是对销毁档案的行为也没有成文要求。个人信息类别的法律规定包含在"高风险机密信息"中。

政府正在完善具体的法规以增进公众对法律要求的理解。在法规发布之前,可使用下面的指导方针。

马萨诸塞州法律规定:

A. 包含个人信息的纸质文件应被编辑、焚毁、粉碎或切碎,使个人资料不具读取或修复的可行性;

B. 包含个人信息的电子媒体等非纸质媒体应被销毁或删除,使个人资料不具读取或修复的可行性。

哈佛大学已与碎纸公司签订协议,提供带锁的处理箱以及取件并销毁服务,以此方式满足规则 A 节中的要求(参见哈佛采购网站上的数据粉碎机信息)。一些个人的碎纸机也可能会满足 A 节的要求,例如新式横切碎纸机也可以将文件粉碎成非常小的碎片。

仅仅删除计算机中的文件不符合上述规则 B 节的要求,因为文件本身的数据实际上并未从磁盘中删除。提供安全删除并符合要求的应用程序可用于 Windows 计算机,安全的文件删除功能可以内置到 Mac OS 系统中。

计算机退役时,应使用安全的磁盘删除程序完全清除所有的磁盘或进行物理破坏。

一般而言,执行书面的文件销毁过程较为理想,在可能的情况下也可使这一过程自动化。但是,如果哈佛总法律顾问办公室出于某些法律程序要求数据被保留,则任何此类销毁过程(自动或手动)应停止。

附加参考：

《大学记录政策》。

《马萨诸塞州数据销毁法》（包括记录处置和销毁规则）。

3.9.2 安全漏洞报告

3.9.2.1 政策

如已知或怀疑哈佛机密信息已被窃取，或被未经授权的人使用，或用于未经授权之目的，应立即向哈佛大学总法律顾问办公室报告。

3.9.2.2 讨论

根据马萨诸塞州法律规定，如果居民的"个人资料"已被窃取，或被未经授权的人使用，或用于未经授权之目的，哈佛必须尽快通知受影响的居民和政府官员。此类可报告的安全漏洞包括未经授权而访问存储机密信息的系统，或包含机密信息的系统或物理记录丢失或被盗，或电脑被入侵、丢失或被盗以及密码泄露等情况。

"个人信息"包括在哈佛大学定义的"高风险机密信息"中。其他类型的高风险机密信息的安全性如遭到破坏，可能也需要下达通知。

哈佛大学建立了一套流程，用于评估和应对可能存在的安全漏洞。如果发现了可能的安全漏洞涉及高风险机密信息或其他个人信息，请立即联系总法律顾问办公室。总法律顾问办公室将协调应对措施。

在知悉有违反嫌疑的行为后请尽快报告。为收集更多信息以确定违反行为是否已实际发生，或确定实际涉及的具体个人信息，报告应及时而不得延误。

在知悉或怀疑违反嫌疑的行为涉及信用卡或借记卡信息时，应遵循信用卡或借记卡所规定的步骤进行报告。

如果知晓某一违反行为或违反嫌疑的行为并希望匿名举报，请使用大学匿名举报热线。

附加参考：

《马萨诸塞州数据侵害法》。

3.9.3 与立法机构互动

3.9.3.1 政策

如果有自称是执法人员的人接触你，并要求你向其透露哈佛的学生、教职员工的信息时，请让其联系总法律顾问办公室。

总法律顾问办公室是哈佛大学唯一授权回应此类要求的组织。如果你得出结论认为需要快速响应以保护某人的健康或安全，此为例外情况。在这种情况下，请记下请求者的姓名、证件号码及所要求的信息。尽快联系总法律顾问办公室以使其知晓所发生的情况。

3.10 基于网络的调查

通过调查而获取的机密信息，或机密信息作为数据收集项目的一部分，在使用时应受到保护，以防止未经授权的访问及不当共享。

3.10.1 基于网络的调查

3.10.1.1 政策

要求提供保密信息的数据收集工具，如基于网络的调查，必须确保其调查结果不能被未经授权的人访问且个人身份信息不会被不当泄露或共享。如果有供应商参与进行调查或分析结果，此结果包括可以联系到个人的机密信息，必须与其签订合同以保护机密信息。

3.10.1.2 讨论

根据定义，网络调查涉及个人信息，因此任何与研究相结合的网络调查计划在开展之前，需经机构审查委员会（IRB）审查。此要求并不适用于哈佛管理者为获取哈佛大学教职员工和学生的意见而开展的旨在评估哈佛大学或其开展的相关项目的网络调查。

此类调查应包括关于调查目的的明确说明，以及访问调查结果符合第3.5.2节中的相关要求。

此类调查不得要求提供或显示高风险机密信息，包括使用任何此类信息作为登录过程的一部分（例如网络调查不得询问社会保险号码或其中的一部分，以识别接受调查的个人）。

要求提供机密信息的网络调查（包括令人尴尬的信息）应进行加密传输。

任何网络调查中，如接受调查的个人不愿透露其姓名，研究人员不得访问网络服务器日志。此举是为了防止研究人员将接受调查的人的源IP地址与所提供的结果相关联。

对不要求提供任何机密信息、不要求提供用户姓名或其他身份识别信息的网络调查没有具体要求。

第4章 出口管控

4.1 哈佛出口管理合规政策声明

无论是在美国还是海外,哈佛大学的研究人员都从事着一系列创新的、重要的研究。这些研究包括对产品、商品、硬件、软件、材料(统称为"项目")的共享和开发,以及可能会受限于美国的出口管理法律和法规所涉及的技术。本文件的目的是重申哈佛社区有关美国出口法律法规的重要性、政策的合规性,以及解释如何向哈佛的研究人员提供帮助,因为他们可能需要关于这些复杂法律的援助。

4.1.1 出口管理概述

美国商务部、国务院、财政部负责主要货物或商品的出口。美国商务部负责民用项目和信息的出口,美国国务院负责军用及相关项目的出口,美国财政部负责特殊物品的禁运。某些情况下,当项目或信息出口或共享到另一个国家,这些机构会要求大学有许可证。

4.1.1.1 商务部管理权

美国商务部的工业和安全局(BIS)负责执行、实施美国的出口管理法规,包括"双重用途"的商品和技术以及专门民用的出口。受工业和安全局司法管制的项目列举于《出口管理条例》(EAR)中的"商品管制目录"(CCL[①])。CCL 涵盖的项目是否需要出口或再出口的许可证,取决于项目的精确分类、目的地和最终用户。工业和安全局持有拒签人员名单和单位名单,从而确定未经批准禁止出口的具体人员和单位。

4.1.1.2 国务院管理权

美国国务院国防贸易管制局(DDTC)规定国防产品、技术数据和国防服务的出口。DDTC 负责执行实施《国际武器贸易条例》(ITAR)。

[①] 商品管制目录(CCL)包括:材料、化学、微生物和毒素;材料加工;电子;计算机;通信和信息安全;激光器和传感器;导航和航空电子材料;海洋相关材料;推进器、航天器以及相关设备。

一般来说，国防物资是军事应用的项目开发，而不是民事应用。① 除免税物品外，国防物资出口到外国或外国公民之前必须需要许可证。以下情况需要得到 DDTC 授权才能进行：美国公民向外国公民提供开发、设计、生产和使用国防物资的援助，或者美国公民授权外国公民在国外参与生产国防物资。DDTC 持有"被取消资格"的人员和单位的名单，这些人员和单位因违反《国际武器贸易条例》而被撤销出口权限。

4.1.1.3 财政部管理权

美国财政部海外资产管理办公室（OFAC）管理、执行对特定国家的出口，并对这些国家采取经济封锁的形式，目前包括缅甸、古巴、伊朗、伊拉克、利比亚、朝鲜、利比里亚、苏丹、叙利亚和津巴布韦。经济和贸易的禁运范围因国家而异。OFAC 详细规定对每一个国家的禁运范围。最近对叙利亚实施新的制裁，对伊拉克、利比亚的贸易限制已显著减少。

OFAC 持有特别指定的恐怖分子名单以及特别指定的国家和被冻结者名单，考虑到美国的外交政策和国家安全，美国公民不得与名单中的人员进行任何交易。未经 OFAC 批准，禁止对这些名单上的个人或单位出口项目和信息。

4.1.1.4 视同出口

除实际的货物出口或商品出口外，美国出口管理还包括"技术数据"或技术（信息、印刷、媒体，或口头传达）的出口或发布。这些信息的发布被称为"视同出口"。根据"视同出口"规定，技术数据或信息的转移或发布，不管它发生在美国境内还是境外，都"视为"从美国到外国的出口。在大学里，涉及国际研究人员或合作者参与项目时，这一问题出现最频繁。

在哈佛校园，根据"基础研究"或"教育信息"相关法规的例外规定，国际学生和学者使用大部分技术可以不需要许可证。如果"基础研究和应用研究"的校园教学不受出版限制、不受任何访问或传播控制，那么一般来说它具有"基础研究"的豁免资格。信息视同用于公共场合，外国公民不需要获得授权才能访问这些信息。

同样，教育信息化也是一个例外，它通过教学目录指南并联合了美国学术机构的教学实验室进行发布。因此，如果信息通过美国校园的课堂或实验室提供，并不需要从政府获得授权来共享这些信息。一些远程学习课程也属于此例外范畴。

---

① 《国际武器贸易条例》（ITAR）涉及：枪支、弹药、运载火箭和导弹、炸药和其他战争燃烧剂、坦克和军用车辆、飞机、军事训练设备、个人防护设备、消防联动控制设备、辅助军事装备（包括摄像头和加密设备、软件和组件）、毒剂、航天器系统、核武器、保密物资以及相关的技术数据和服务。

虽然基础研究豁免(加上教育信息豁免)可能是广泛的,但一般情况下,它们在美国境外的实物转移并不具备豁免权。此外,基础研究豁免一般不适用于哈佛研究人员开展的国外工作,即使是在隶属于哈佛大学的机构进行的研究和信息交流。符合条件的基础研究豁免,其研究必须是在美国境内机构开展的。

A. 违反行为的罚款

如违反美国出口管理法规,可能涉及的大学和个人都需承担责任。涉及的出口方、员工个人会受到严厉的行政和民事制裁以及刑事罚款。例如,《出口管理条例》"知悉"的违反行为,将处以高达所涉及的出口物品5倍价值或50,000美元的罚款(以较高者为准)。一次"故意"的违反行为可能会导致高达100万美元的罚款。由于出口的严格责任标准,因此即使是疏忽,每次违反行为将罚款10,000美元至120,000美元。除了罚金,个人如故意违反可能被监禁。处罚还可能包括拒绝接受出口特权、阻止与联邦政府签合同等。几乎所有的执法行动都是公开的。

B. 哈佛政策

哈佛政策要求所有人员(包括员工、访问科学家、博士后、留学生、其他在哈佛的雇佣或工作人员)需遵守美国的法律和法规(包括适用的美国出口管理法律和法规)。管理出口的法律和法规既详细又复杂。负责哈佛大学出口管理合规条例的职员,或者与国外进行大量重要合作工作的员工,都将接受正式的培训课程,课程是关于美国出口管理的法律法规以及工作的适用性。日常管理和监督国外人员或涉及材料、技术出口管理的哈佛员工,需经常查看出口管理政策法规,并且将此作为他们日常职责很重要的一部分。尤其是,像哈佛大学这样的机构,随着国外的研究人员和合作者越来越多,需尽早确定任何国际合作过程中潜在的出口管理授权。

为了确保遵守这些规定,哈佛制定了一本手册《哈佛大学出口管理政策和程序》,在哈佛大学内网有手册的副本。所有哈佛人员在转移任何项目或技术的时候,都不能违反美国出口管理法律法规或哈佛大学出口管理政策和程序。政策和程序包括出口前所需的一系列步骤。此外,政策和程序中有相关人员的联系方式,他们能回答现实中具体的问题。未能遵守这些法律法规,或未能遵守哈佛大学出口管理政策和程序,可能会导致纪律处分。

C. 联系信息

哈佛正建立"出口委员会",以确保出口管理行为合规。如果您计划向国外出口材料,参与涉及材料或设备转移的国际合作,或有关出口管理的任何问题,请联系主管科研的副校长或出口委员会的成员。

4.2 哈佛大学出口管理政策和程序

4.2.1 简介

哈佛大学无论是在美国境内或是境外都从事研究工作。哈佛大学的研究活动包括：产品、商品、硬件、软件、材料（统称为"项目"）的开发，以及可能受限于美国出口管理法律法规的技术研究。

美国出口管理法律法规通常在各个大学申请项目出口时给予限制，因此，如果将产品运送到另一个国家，必须确保符合货物出口管理法律。同样的道理，如果你在国外旅行，并想携带某一物品（与工作有关的材料、加密产品、电脑）等，则需要咨询相关政策。

另外，根据美国出口管理法律法规，如果对外发布或披露技术，则视为是向美国境外的出口，并需要授权许可。如果外国公民在哈佛大学工作或者合作，因为活动可能涉及技术披露，本文件所述的政策和程序也将适用于"视同出口"问题。

根据"基础研究"或者"教育信息"豁免等相关法规，外国公民在哈佛校园不需要授权就可以使用大部分的技术。如果是"基础研究和应用研究"方面的校园教学，它们不受出版限制，信息也不受任何访问或传播限制，一般情况下享有"基础研究"豁免。外国公民访问公共领域的信息，也不需要许可授权。同样，教育信息也是一个例外，它通过课程目录和学术机构的相关教学实验室发布。

虽然基础研究豁免（加上教育信息豁免）可能是广泛的，但一般情况下，它们在美国境外的实物转移并不具备豁免权。此外，基础研究豁免一般不适用于哈佛研究人员开展的国外工作，即使是在隶属于哈佛大学的机构进行。[1]

本政策文件（以下简称"政策"）目的是为遵守美国出口管理法律法规而提出哈佛大学的政策和程序。本政策是一个便于遵循美国出口管理法律法规的指南，但对给定的事务和问题，本政策不能代替相关的法律法规

---

[1] 几年前，商务部监察长建议商务部修订规例，要求大学获得许可后才允许外国人在校园使用某些设备相关的某些技术。换句话说，即使基础研究豁免允许校园内的信息交换，只要信息没有访问或传播权，监察长认为没有允许使用非常敏感的设备技术。商务部就修订规例寻求意见，随后撤回了该提议。

咨询。当您不确定提出的出口是否遵从适用的法律,本政策会为您提出建议。

在技术数据的讨论或移交前,如果需要一个授权许可,通常需要花数周或数月的时间才能获得同意函。哈佛大学人员(包括教师、职员、研究员、博士后和学生)应清楚出口可能需要许可,以便留出足够时间申请。

大多数许可一般需要三十至六十日。敏感技术或敏感目标的许可,可能需要更长时间。

4.2.2 适用的美国法律及法规

三个主要的监管部门负责项目和技术的出口。

商业的或"双重用途"性质(即有民用和军事应用)的项目和技术的出口受限于 1979 年的《出口管理法》(EAA)(目前已失效,但其通过行政命令的代替条款是有效的)及其实施条例《出口管理条例》(EAR)。《出口管理法》和《出口管理条例》由美国商务部工业和安全局(BIS)管理。BIS 管辖的项目列于《出口管理条例》的"商品管制目录"(CCL)。

国防商品的出口(即本质上是"固有军事"的项目或技术,或专为情报、太空而设计的)受限于 1976 年的《武器出口管控法案》和《国际武器贸易条例》(ITAR)。《武器出口管控法案》和《国际武器贸易条例》由美国国务院国防贸易管制局(DDTC)管理和执行。DDTC 限制的项目列在 ITAR 的美国军需品名单中(USML)。[1]

美国财政部海外资产管理办公室(OFAC)管理所有与国外禁止方的交易,如受美国禁运的恐怖分子和国家(以下简称"禁止终端用户")。OFAC 还实施《敌对国贸易条例》和各种行政命令。目前,美国对古巴和伊朗施加了严格封锁。

哈佛大学大多数项目和技术的活动受限于《出口管理条例》(EAR)。此外,在与外国学者、机构或与校园里的外国公民共享项目之前,我们必须确保接受方的项目许可。因此,哈佛政策指出哈佛大学需要符合以上法律法规。

4.2.3 重要定义

除另行规定外,本政策中所使用的术语应具有以下定义。EAR 的术语定

---

[1] 军需品名单包括:枪支、弹药、运载火箭和导弹、炸药和其他燃烧剂、战争船舶、坦克和军用车辆、飞机、军事训练设备、个人防护设备、消防设备、辅助军事装备(包括摄像头和加密设备、软件和组件)、毒剂、航天器系统、核武器、机要物品,以及涉及这些类别的技术数据和服务。

义可在其 15 C. F. R. Pt. 772 找到。ITAR 的术语定义可在其 22 C. F. R. Pt. 120 找到。

A. "开发"指开发与批量生产前的所有阶段相关联,如:设计、设计研究、设计分析、设计理念、组装和测试样机、试产计划、设计数据、设计数据转化成产品的过程、结构设计、一体化设计和布局。

B. "视同出口"指在美国的"外国公民"发布技术或软件源代码。此类发布被认为是出口到该公民的所在国家。

C. "国防物资"指在美国军需品名单中指定的相关项目或技术数据。

D. "国防服务"指向外籍人士提供援助(包括培训),无论在美国或是国外,无论是设计、开发、工程、维修、保养、改装、经营、解除武装、销毁、处理还是使用防御物品,或向外籍人士提供 ITAR 限制的任何技术数据。

E. "出口"指在美国境外受出口管制的货物运输或项目输送;或者向美国或境外的外国公民"发布"技术或软件(包括源代码)(向在美国的外国公民发布技术或源代码被认为是"视同出口"。)

F. "外国公民"指除美国公民、合法的美国永久居民(即"绿卡"持有人),或"受保护的个人"(即难民或寻求庇护的人)外的任何人。

G. "知识"指知识及其延伸(如"有理由知道"或"有理由相信"),不仅包括环境产生的或者按规律发生的知识,而且包括未来高概率发生的认知。

H. "生产"包括生产各阶段,如:产品设计、制造、集成、组装(安装)、检验、测试、质量保证。

I. "再出口"指事先未经 DDTC 批准,向最终用途、最终用户或目的地转移防御物资和防御服务。

J. "发布"指出口的技术或软件的"发布":(1)外国公民对美国原产设备、设施或文档的目测检查;(2)在美国或境外的口头或书面的信息交流;(3)美国获得的个人知识或技术经验在境外的应用。

K. "技术"指产品"开发""生产"或"使用"所需的具体信息。信息表现为"技术资料"或"技术援助"的形式。通常公众可获得、可访问的信息,不属于受 EAR 管制的"技术"。

L. "技术援助"可能采取多种形式,如指导、技能培训、工作知识、咨询服务等。技术援助可能涉及"技术资料"的转移。

M. "技术数据"包括"所需"的信息如设计、开发、生产、制造、装配、操作、维修、检测、修理或国防物资的改良。它可能采取多种形式,如蓝图、计划、图表、模型、公式、表格、工程设计和规格、读写或记录在其他媒体或设备（如磁盘、磁带、只读存储器）的手册和说明。

N. "美国人"是指所有的美国公民，合法的美国永久居民，或身处国外的美国公民；包括国外分支机构的所有法人（公司、协会等），所有在美国法律或美国司法管辖权范围内的组织。

O. "使用"指操作、安装（包括现场安装）、维护（包括检查）、修理、彻底检修和/或翻新。

4.2.4 政策概要

对于代表哈佛大学的物品、服务和技术的出口，哈佛大学承诺遵守相应的美国法律法规。本政策适用于出口到美国境外以及美国境内的外国公民。

本政策有以下几个目标。第一，宗旨是在符合美国法律法规的条件下，促进大学的思想自由交流。第二，确保哈佛在美国或境外的活动，无论是货物、服务和技术的出口或再出口，均符合适用美国出口的法律法规。第三，旨在依靠政策里的程序，确保出口管制商品、服务或技术的转移没有超出美国出口管理法律法规的授权范围，或获得美国政府的出口许可或其他条款的批准。第四，确保根据本政策完成的所有文档是准确和完整的。第五，设置联系点，为哈佛社区的所有成员提供法律援助。

本政策规定的合规性规则和程序是所有哈佛人员的职责，不论他/她位于何处。不遵循这些规则和程序可能会导致纪律处分。违反规定以及造成哈佛大学的出口损失、政府合同特权的损失，会使涉及的学校、个人受到严重的刑事和/或民事处罚。

4.2.5 内部遵循体系

所有哈佛的员工和哈佛大学的代表都有责任，确保在哈佛大学开展的活动遵守美国出口管理法律法规和本政策规定的规则和程序要求。对于哈佛大学而言，经常要与国际研究人员交流合作，尽早确定活动过程中潜在的出口管制授权，尤其重要。它需要完整、及时地披露相关细节，以清晰、简单、易于理解的方式进行交易。

分管研究政策的副教务长监督哈佛大学遵循美国出口管理法律法规，并负责确保哈佛政策得以正确执行和遵守。副教务长成立一个出口委员会，由来自各学院的教员、OSP代表和OTTL代表组成。委员会与总法律顾问办公室适当协商。每个学院委派委员会的代表成员。委员会定期召开会议,以协助政策的实施。关于出口管理法律法规的遵守或本政策的任何疑问,可直接咨询副教务长或出口委员会或出口委员会中的教师代表。副教务长负责更新哈佛大学内网站点的哈佛政策。

所有与美国许可机关的对话应通过副教务长或副教务长指派的"官方"代表进行。所有提交到国务院、商务部或海外资产管理办公室的许可,应通过总法律顾问办公室协调。哈佛大学出口项目的雇员应对潜在的出口进行许可分析。附加在本政策附件 C 的出口许可目录册可以协助雇员决定潜在的出口是否需要出口许可。

如果拟出口事宜涉及上述办公室的协议问题,哈佛员工应向 OTTL 寻求协助。

如果一个资助的研究项目有出口问题,哈佛员工应该向 OSP 寻求协助。OSP 将与个人一起,确保在附件 D 的指导方针下,OSP 有资格处理相关的协议。

对不属于上述办公室监督的其他出口事宜,哈佛员工应与出口委员会的代表协商。

4.2.6 确保遵循程序纲要

确定出口是否受限于许可要求是一个复杂的过程,这个过程必然涉及对项目的全面了解。在向国外发送材料或数据,或在校园与外国公民分享这些材料或数据前,哈佛人员必须回答一系列问题。

A. 项目是否出现在美国军需品名单中或以其他方式受限于《国际武器贸易条例》?

任何物品、技术资料或服务(尤其是为军事设计、开发、配置、调整或修改),或情报应用,或太空中使用,一般都受限于《国际武器贸易条例》。如果是受限于该条例的,极有可能要求国务院的出口许可,并在项目出口之前,应及时联系副教务长或出口委员会的其他成员。美国军需品名单的索引可在以下网页查找:http://www.access.gpo.gov/nara/cfr/waisidx_99/22cfr121_99.html。

B. 项目是否出现于"商品管制目录"或受限于其他方式的出口管理条例?

"商品管制目录"的项目索引可在网站 http://www.gpo.gov/bis/ear/ear_data.html 查找,它还提供其他类别的链接以及商务部的其他规定。如果该项目没有在该目录里,它就会被归类为"EAR99"。EAR99 项目不需要向最终用户提供出口许可。

C. 如果该项目受限于《出口管理条例》,其分类原因是什么?

CCL 不仅包含项目的描述,而且包含管制原因的符号。例如,一个项目标记为"AT"说明是反恐怖主义。又如,项目标记为"NP"表明是不扩散。

D. 出口项目的最终目的地是否是管制国家?

一旦您已经进行项目分类,并确定管制的原因,必须检查《出口管理条例》的国别表,以确定是否可以没有许可运输到目的地。国别表可在以下链接查找:http://www.gpo.gov/bis/ear/pdf/738spir.pdf。

E. 是禁止出口清单的最终用户(包括禁止的国家)吗?

附件 C 中的清单是禁止出口的各类最终用户的链接。如果向其中的个人或机构出口项目,没有事先咨询出口委员会成员,则不可以出口。

F. 是否知道有关的"预警信号",资料或数据可能会被预期之外的收件人用于禁止的目的?

G. 无论是否需要许可,您都需要提交托运人出口申报单吗?

在一般情况下,如果货物的价值超过 2500 美元,您就需要提交托运人出口报关单。

H. 货物需要目的地管制声明吗?

如果您正在出口"商品管制目录"或"美国军需品名单"中的项目,您的包裹就需要目的地管制声明。目的地管制声明显示一个图标,表明您已经遵守出口法律。

附件 C 中的清单的目的是协助哈佛人员回答这些问题。如果您不确定过程中的任一阶段如何进行,或明确需要许可要求,请联系副教务长或出口委员会的成员。

4.2.7 《国际武器贸易条例》管制范围

受限于《国际武器贸易条例》(ITAR)的项目及相关技术数据列举于第 121.1 节"美国军需品名单"。一般情况下,美国军需品名单包括所有军事情报或国防相关的硬件、软件和技术数据,一些"太空级"的硬件、软件、技术资料,以及适合在太空中使用的服务。

根据《国际武器贸易条例》,如果是专门为军事应用设计、开发、配置、调整或修改,并符合以下标准,就可能是 DDTC 指定的国防物资。

1. 它没有主要的民用也没有等同的民用物品或服务的性能(形式、配件和功能来界定);

2. 它专门为军事应用设计、开发、配置、调整或修改,并具有明显的军事或情报的适用性,以致 ITAR 管制是必要的。确定一个项目是否满足这些条件，是以项目的发展历史和项目出现的环境（即民用、两用或军事）为基础，而不是它的最终用途。出口后的使用目的（即军事或民用目的）与物品或服务是否受ITAR管制不相关。

除少数外，几乎所有从事国防物资生产、国防物资出口或提供国防服务业务的美国机构，都必须在DDTC注册。如果哈佛决定出口ITAR物品、技术资料或服务，则需要注册登记。

考虑ITAR规定的复杂性，如果您正在处理涉及国防的项目，您应该立即联络副教务长。DDTC协议和/或美国政府有关机构批准以及内部审查的提交一般需要数月，因此应提前纳入相关计划。

4.2.8 《出口管理条例》管理范围

由于哈佛大学进行的研究和工作，出口更多牵涉的是《出口管理条例》，而不是《国际武器贸易条例》。向国外或外国公民的出口是否需要《出口管理条例》许可，涉及两个决定因素：1. 商品管制目录中的项目或技术分类；2. 最终目的地国家（见 No. 1 to 15 C. F. R. Pt. 774 的"补充条款"，与"国别表"的 15 C. F. R. Pts. 738 & 742）。

4.2.8.1 受EAR管制的项目

在一般情况下，下列项目受到《出口管理条例》不同程度的管制：CCL确定的具体项目和技术（见 15 C. F. R. Part 774）；不受美国其他政府机构专属管辖的美国原产项目和技术，不在CCL专门列出。但这些项目和技术依然受限于EAR，被归类为"EAR99"。

出口商品管制目录分为十大类：

（1）核材料、设施、设备和杂项；

（2）材料、化学品、微生物和毒素；

（3）材料加工；

（4）电子产品；

（5）计算机；

（6）通信及信息安全；

（7）激光和传感器；

（8）导航和航空电子设备；

（9）海洋设备；

（10）推进系统、空间车辆和相关设备。

每个类别包含五组：

a. 设备、组成和组件；

b. 测试、检验和生产设备；

c. 材质；

d. 软件；

e. 技术。

在每组里，每个项目通过出口管制分类号（ECCN）的一组数字和一个字母来鉴别，例如，3A001。第一位数标志一般类别；字母标志组别；最后三个数字标志单个条目。

4.2.8.2　EAR 分类

确定是否需要 EAR 许可的第一步，是每个项目的正确分类。哈佛可以与制造商共同检查或向国际清算银行提交分类申请，来对项目和技术进行分类。

对于所有的出口或再出口，为确定是否需要 CCL 许可，第一步是了解项目或技术特征和功能，定位 CCL 的 ECCN（或是 ECCN 子部分），ECCN 对项目或技术做了具体界定。最简单的方法就是与制造商联系来完成。如果不可能的话，可以寻求出口委员会代表或副教务长的帮助，对项目进行分类，是很必要的。

为了对自己的项目进行分类，您应首先在 CCL 索引中查询详情：http://www.gpo.gov/bis/ear/ear_data.html。举个例子，您要出口一个生物处理发酵罐。根据 CCL 索引，"发酵罐，生物处理"对于容量大于 20 升的发酵罐有一个 ECCN 编号：2B352b。如果容量低于 20 升，2B235b 就不适用。

接下来，您通过 EAR 描述发酵罐的部分，确定分类编号。因此，在 EAR 第 2 部分"材料加工"中可以确定是否有发酵罐更详细的说明。

一旦确认 EAR 准确地描述了出口的项目，您必须确定管制的原因。原因列在 EAR 以"许可要求"为标题的相关章节。因此，2B235b 标志发酵罐的管制原因：第 3 列"CB"（化学和生物武器），和第 1 列"AT"（反恐）。

最后一步是查阅 EAR 第 738 部分（http://www.gpo.gov/bis/ear/pdf/738spir.pdf）"国别表"补充条款一，以确定管制原因是否适用于目的地国家。举个例子，假设您打算运送发酵罐到比利时，寄给您以前的一位博士后。查阅国别表并确定第三列"CB"没有"x"，第一列"AT"没有"x"。这意味着，向比利时运送发酵罐是不需要出口许可的。相反，如果您打算向中国运送发酵罐。查阅国别表，虽然在第一列"AT"没有"x"，但第三列"CB"有一个"x"。除非有其他例外，很大可能是需要许可才能向中国出口发酵罐。

4.2.8.3 EAR 例外

EAR 有几类明确豁免。不受限于 EAR 的信息类型包括：

1. 以某一形式向公众公开的技术和软件；
2. "基础研究"过程中出现的信息或结果；
3. 教育信息；
4. 某些专利申请中所包含的信息。

此外，规定中有许可例外。许可例外可参考 EAR 第 740 部分（15 C.F.R. §740）。

4.2.9 基础研究例外

EAR 有一个例外，在不需要许可的情况下，允许大学在校园与外国公民进行某一研究和信息共享。例外应具备：

（1）科学和工程领域的基础研究和应用研究必须在一个认可的美国大学里进行；

（2）研究必须免除出版限制，并且涉及的信息不受任何访问或传播管制。

信息如属于公共领域，外国公民访问这些信息没有授权的必要。在校园内进行的大量教学和研究符合这项豁免。

根据 EAR，规定的访问和传播管制不包括出版前的评述，以防止不慎泄露专有信息，或为了保留专利权。但是，其他形式的出版前评述可抵消豁免。例如，由企业赞助的出版前评述可抵消豁免。

对于研究人员和机构，无效的豁免可能对在校园进行的研究产生严重的后果。例如，外国公民在做项目之前，根据技术的分类和国籍，可能需要取得许可。因此，在企业赞助商承诺商业化出版之前，您应该联系出口委员会的成员。

基于有限的免责条款，基础研究豁免不包括美国以外货物（而不是信息）转移的授权。美国大学的出口受限于相同的规定。此外，基础研究豁免一般不适用于在国外的研究，即使研究是在隶属于哈佛大学的机构中进行的。

4.2.9.1 教育信息

如果通过课程目录指南和学术机构的相关教学实验室发布，那么教育信息不受限于 EAR。即使涉及敏感技术，实验室教学很可能会被此项豁免所涵盖。

4.2.9.2 专利

任何专利局有效的专利信息和开放的（已出版的）专利申请是公开的，

因此不受限于 EAR。专利条例第 5 部分 37 C.F.R. 的专利申请、修订、修改、补充、划分申请、备案授权中的信息，也不需要商务部的单独出口许可。

重要的是，要注意只有专利或专利申请包含了准确的信息，才能免受 EAR 的管制。这些信息的变化或者应用，都取决于技术范围来管制。

受 OFAC 管制国家（地区）的专利申请，需要特定的或一般的许可。如果任一数据的出口依赖该豁免，或者如果专利保护的国家受 OFAC 管制，那么您需要先联系副教务长。

4.2.9.3 其他例外许可

除一般例外，出口项目还有更具体的例外。结合 ECCN 出口管制分类号和最终目的地，虽然能表明出口某些硬件、软件或技术到某一特定目的地是需要许可的，但是根据决定出口交易的细节、项目的问题和最终目的地，会有几个"许可例外"。ECCN 显示某些例外许可是否有效，例外许可的详细信息在 EAR 第 740 部分提供。如果例外许可有效并满足例外许可的所有要求，假设没有最终用途/最终用户的限制，则项目/技术在例外许可的授权下，不需要许可就可以出口。出口委员会的成员通过 OGC 的意见，帮助您确定其他豁免是否有效。但是请注意，该法规规定出口商需要至少保留例外出口文件五年。

4.2.10 禁止的最终用途或禁止的最终用户

根据 EAR，一旦您已经确定项目的出口不需要许可，则必须确保出口不被发送到禁止的最终用户，或用于禁止的最终用途。最终用户管制主要是鉴别最终用户的身份。最终用途管制主要是项目或技术的最终用途。

特别地，EAR 包含最终用户管制和最终用途管制。对于 ECCN 和国别表不受限出口许可，这些管制都是适用的。此外，其他政府机构还持有不能出口交易的个人和机构名单。例如，OFAC 持有特别指定国家（SDNS）和特别指定恐怖分子（SDTS）的名单，DDTC 持有"被除名"当事人（即个人和机构已经失去了出口特权）名单，美国公民不得与名单中的人从事交易。OFAC 还持有一份受制裁或禁运国家的名单。附件 E 列表是目前应该遵循的方向，但 OFAC 受制裁名单经常发生变化，所以附件 E 会经常更新。

4.2.10.1 禁止的最终用户和禁止的目的地

在材料或数据向一个机构出口之前，您应该检查附件 C 中的清单名单。如果预期的收件人出现在这些名单里，在没有许可的情况下，你极有可能无法发送项目给指定的收件人。

目前，根据 OFAC 的管理规定，一些国家会受到某种程度的处分。这些国家名单如附件 F 所示。目前，古巴和伊朗是受禁运最严格的国家。因为 OFAC 的禁运国家名单经常发生变化，您可查看以下链接查询当前的国家名单：http://www.ustreas.gov/offices/enforcement/ofac/。

4.2.10.2 禁止的最终用途

EAR 禁止美国公民出口货物、软件和"知识"技术，如果这些项目可能有助于大规模杀伤性武器的扩散。有关核技术的最终用途管理、导弹技术的最终用途管理、化学武器和生物武器的最终用途管理的其他细节可见 EAR 第 744 部分。在这些限制最终用途的指导下，可以在 EAR 第 732 部分补充三找到"了解您的客户"的指导和预警信号。预警信号也列在附件 C 中。如果一个项目提出任何预警信号，须先联系哈佛大学出口委员会的代表，然后再继续操作。

4.2.10.3 托运人出口申报和目的地管制声明

除了出口管理法律法规，还须遵守哈佛政策其他相关的项目或技术出口要求，包括托运人出口报关单（SEDs），必要时还包括目的地管制声明。

A. 托运人出口报关单

如果托运一个价值超过 2500 美元的项目，您需要提交托运人出口报关单。这个信息经常用于商业货主的国际空运提单，如联邦快递、DHL 公司、UPS 公司，这些常见运营商会提示填写相应的表格。在填写托运人出口报关单时如需协助的话，请登录 http://www.census.gov/foreign-trade/regulations/forms/index.html，引导您完成整个填写过程。

为了确定商品的价值，如果不是出售，则计算销售价格或成本，这包括了美国口岸出口的运费、保险费等费用，但不包括无条件折扣和佣金。对于外国当事人来说，托运人出口报关单的价钱是不出售时的价格或成本。

如果出口项目所附相关知识产权协议，费用取决于该项目的费用是否为协议的全部费用，或协议的成本是否为项目所附相关服务和知识产权，还是实际项目的成本为协议总价格的一部分。确切的估值取决于个人转让的实际情况。托运人出口报关单一般不要求发送电子邮件，或是由哈佛大学开发的软件发送。如果上面提到的网站不能为估值提供足够的指导，则可以联系出口委员会的成员。

B. 目的地管制声明

如果出口受限于 EAR，出口记录在 CCL 上（不列入 EAR99），从美国运到最终收货人或最终用户国家，发票、提单、空运提单或其他出口管制文件，根据 15 C.F.R. §758.6 规定，至少要包含以下要求声明："从美国出口的商品、技术或软件，要按照《出口管理条例》执行，禁止违反美国法律。"

如果出口受限于 ITAR，根据 22 C.F.R. §123.9(b)规定，提单、发票、许可必须包含以下语句："这些商品都是由美国政府授权出口到最终目的地的国家用于最终用户。在没有美国国务院事先书面批准情况下，无论是保持原来的形式或者被纳入另一项目，它们都不能以非连续航行的方式被转移、转运，或在其他国家以其他方式处置。"

C. 反抵制条款

美国法律鼓励、要求（指明的情况下）美国公民和在美国的外国公民拒绝参加美国反对的海外抵制。该法律适用于美国未经批准的所有抵制（例如，包括禁止基于种族、宗教、性别、民族或国籍的歧视），但实际上，法律主要适用于阿拉伯联盟抵制以色列。

美国法律禁止参与未经授权的抵制案例包括：

（1）拒绝协议：与以色列、在以色列或与黑名单公司做生意的实际拒绝。

（2）歧视协议：基于种族、宗教、性别、民族或国籍而对其他人的实际歧视。

（3）提供协议：与以色列、在以色列或与黑名单公司的业务信息的实际提供。

在某些情况下，企业必须报送参与抵制的请求。如果您发现任何潜在的抵制活动，请参考附件 F 并与出口委员会的成员联系。

D. 访问机密技术

关于机密材料有着非常严格的政府法规和制度。目前，哈佛不从事涉及机密材料分类的工作。

E. 培训

哈佛政策针对管制的有关项目和技术对员工进行培训，以符合美国出口管理法律法规的基本要求，以及告诫不遵守的后果。

F. 内部审查

基于哈佛政策中规定的规则和程序，RMAS 负责对各部门内的合规性审计。鼓励哈佛监管机构人员审查其监督下的合规性出口活动。

G. 档案保管

哈佛政策的一个重要组成部分是确保哈佛大学的出口管理文件保持准确和一致，并提供给出口许可管辖的美国政府机构查阅。

一般情况下，哈佛要求有关出口交易文件从交易结束之日起或许可活动结束后保留五年时间。此外，哈佛要求提供这些文件给美国政府出口管理机构。

H. 违法行为、报告和审计

违反出口管理法律法规的罚款是严重的。对于涉及违反的个人或机构，违规行为可能会导致刑事处罚和民事罚款（例如，罚金最高可达 25 万美元或监禁 10 年）。违规行为也可能导致哈佛或个人的出口权损失。不遵守美国出口管理法律法规或哈佛政策要求，有理由受到纪律处分，包括终止雇佣关系。

如果有哈佛员工意识到违反或可能违反美国出口管理法律法规或哈佛政策，他或她应该直接向副教务长、出口委员会成员或合规热线对涉嫌违规行为进行报告。

出口委员会有权阻止哈佛所有可能违反美国出口管理法律法规或哈佛政策的出口。出口委员会要求涉及的哈佛员工积极配合停止交易，提供交易信息，以及不采取进一步的交易行动，直到开展内部调查，得到继续交易的书面授权。

出口委员会调查任何涉嫌违规的行为。如果出口委员会确定出口管理违规现象已发生，它会告知哈佛行政机构违反的事实，并建议哈佛大学应采取什么样的行动回应。RMAS 负责哈佛大学出口管理政策和程序的定期审查，并向教务长提交审查报告。

附件 A

包含出口管理附加信息的网站列表

出口管理局	www.bis.doc.gov
拒绝入境人员名单	http://www.bis.doc.gov/dpl/Default.shtm
机构名单	http://www.bis.doc.gov/Entities/Default.htm
未经证实名单	http://www.bis.doc.gov/Enforcement/UnverifiedList/unverified_parties.html
《出口管理条例》	http://www.gpo.gov/bis/index.html
海外资产管理办公室	http://www.ustreas.gov/offices/enforcement/ofac/
特别指定公民和被冻结者名单	http://www.treas.gov/offices/enforcement/ofac/sdn/
国防贸易管制局	http://pmddtc.state.gov/
被拒贸易方名单	http://www.cbp.gov/xp/cgov/export/persons_list/
国防部	www.defenselink.mil/
技术安全管理	http://www.defenselink.mil/policy/sections/policy_offices/dtsa/index.html
美国海关及边境保护局	http://www.cbp.gov/
能源部	http://www.energy.gov/
核管理委员会	www.nrc.gov
美国食品药品监督管理局	www.fda.gov
美国政府印制局	http://www.gpo.gov/

2007 年 6 月

附件 B

哈佛大学出口管制合规政策声明（略）

附件 C

出口合规性检查表

出口合规性检查表	
目的地/收件人国家：	

货物、技术和软件的分类

结果	说明
□是 □否	货物、技术资料或所提供服务是否受限于《国际武器贸易条例》(ITAR)(22 C.F.R.§120 et.seq.)？所有专门为军事或情报应用而设计、开发、配置、调整或修改的，或在太空中使用的货物、技术数据或服务，一般都受限于ITAR。如果是受限于ITAR，最有可能需要国务院的出口许可授权。如果你需要帮助来确定出口是否受限于ITAR，或者如果它是受限于ITAR的，请与副教务长联系。
ECCN 出口管制分类编号：_____ 管制原因：_____	如果不受限于ITAR，货物、技术或软件是否受限于《出口管理条例》(EAR)(见15 C.F.R.§734.2)？
	出口管制分类号(ECCN)是什么？出口管制分类号可以从制造商获得，你不妨自己将其分类，或者你可以寻求商务部的协助。 如果你需要自己把它分类，它是否属于美国商务部工业和安全局(BIS)负责的"商品管制目录"(CCL)上的项目(可在EAR第744部分查询)？CCL的项目索引，所有种类和国别表都记录在以下网站链接，它提供商务部规定的各分类目录的链接：http://www.gpo.gov/bis/ear/ear_data.html。 CCL分为十大类：(1)核材料、设施、设备和杂项；(2)材料、化学品、微生物和毒素；(3)材料加工；(4)电子产品；(5)计算机；(6)通信及信息安全；(7)激光和传感器；(8)导航和航空电子设备；(9)海洋；(10)推进系统、空间车辆和相关设备。每个类

(续表)

结果	说明
	别有五组：（A）设备、组成和组件；（B）测试、检验和生产设备；（C）材质；（D）软件；（E）技术。 在每个组里，项目通过出口管制分类号（ECCN）的一组数字和一个字母来识别，例如，3A001。第一位数标志类别；字母标志组别；最后三个数字标志不同的条目。 如果项目没有在 CCL，它将会被归类为"EAR99"。EAR99 项目不需要向最终用户提供出口许可。 管制原因是什么？出口管制分类号被确定后，应审查项目以确定管制原因。部分"许可要求"的 ECCN 必须进行协商，看 ECCN 特定子部分是否可识别，或者许可要求是否适用于"整个条目"。例如，其中一个管制原因可能是"AT"（"反恐"）。

基于 EAR 受限的货物、技术和软件分类的许可

结果	说明
□是□否	确定管制原因后，下一步就是查阅 EAR 第 738 部分补充条款 1 中的"国别表"，以确定项目或技术的许可要求是否适用于最终目的地国家。例如，对于管制列为"AT"的项目，要看目的地国家框是否有一个复选标记。如果 ECCN 是出口管制目的地，除非有许可例外，则需要授权许可。 出口许可是否基于 ECCN 材料/技术和其目标地的要求？（见 15 C. F. R. §774 补充条款 1，或 15 C. F. R. §738 补充条款 1 中的"国别表"）
□是□否	有许可例外？如果有，使用的所有要求是否满足？（见 15 C. F. R. §740）

预警信号、禁用方和禁用活动评价表

结果	说明
□是□否	是否包含禁止的核用途的内容？（见 15 C. F. R. §744.2）
□是□否	是否包含禁止的导弹技术用途的内容？（见 15 C. F. R. §744.3）
□是□否	是否包含禁止的化学武器或生物武器用途的内容？（见 15 C. F. R. §744.4）

(续表)

结果	说明
□是 □否	是否包含禁止的海上核动力用途的内容？（见 15 C. F. R. §744.5）
□是 □否	是否包含额外的扩散活动的内容？（见 15 C. F. R. §744.6）
□是 □否	是否有理由怀疑参与恐怖主义和资助或支持恐怖主义？
□是 □否	出口是否包含"预警信号"？（见 15 C. F. R. §732 的补充条款 3，及该表中的"预警信号"附件）
□是 □否	是否有美国政府机构指示你不要与指定的个人/机构业务往来？
□是 □否	收件人是否在被拒人员名单中？（见 15 C. F. R. §764 补充条款 1，http://www.bis.doc.gov/dpl/Default.shtm）
□是 □否	收件人是否在机构名单中？（见 15 C. F. R. §744 补充条款 4，http://www.bis.doc.gov/Entities/Default.htm）
□是 □否	收件人是否为海外资产管理办公室的管制国家？（http://www.ustreas.gov/offices/enforcement/ofac/programs/index.shtml）
□是 □否	收件人是否在海外资产管理办公室特别指定公民和被阻止公民名单中？（http://www.treas.gov/offices/enforcement/ofac/sdn/）
□是 □否	收件人是否在"被取消资格"公民名单中？（http://www.cbp.gov/xp/cgov/export/persons_list/）
□是 □否	是否有交易当事人要求你参加国际抵制活动（如基于种族、宗教、性别、国籍或民族拒绝与其他人工作的协议）？或者收件人所在的国家是否为美国财政部抵制？如果是，完成反抵制调查。

如果前面选项有框选"是"，请解释：

□是 □否	是否填写托运人出口报关单（SED）或在运输单据主张、确定豁免？（请注意，这个信息常用于商业用户的国际空运提单，如联邦快递、DHL、UPS 等。）
□是 □否 □不适用	如果出口受限于 EAR，出口记录在 CCL 上（不列入 EAR99），从美国运到最终收货人或最终用户国家，发票、提单、空运提单或其他出口管制文件会是否随着装载的货物？根据 15 C. F. R. §758.6 规定，至少要包含以下要求声明：

(续表)

	"从美国出口的商品、技术或软件需按照《出口管理条例》执行。违反美国法律是禁止的。"
□是 □否 □不适用	如果出口受限于 ITAR,根据 22 C.F.R. §123.9(b)规定,提单、发票、许可是否包含以下声明: "这些商品都是由美国政府授权出口到[最终目的地的国家]用于[最终用户]的。在没有美国国务院事先书面批准情况下,无论是保持原来的形式或者被纳入另一端项目,它们都不能以非连续航行的方式被转移、转运或在其他任何国家以其他方式处置。"
□是 □否	如果转移到美国公民,那么大学没有出口记录,文件中是否清楚声明美国公民对获得出口授权的责任?

如果上面表格中有框选"否"的话,请解释:

注意:出口相关的所有文档都必须在最后一批货物之日起保留五年,同时必须符合美国政府官员的审查要求。

可能出现的"预警信号"指标

注:某些指标与技术(出口)可能不相关。

收件人或其地址与商务部工业和安全局拒绝名单中的其中一位当事人相似。

收件人或代理人不愿提供有关该项目的最终使用信息。

产品功能不适合收件人业务,例如一个小面包店的复杂电脑订单。

货物、软件或技术与出口国家的技术水平不兼容,如运输半导体制造设备到一个有没有电子行业的国家。

收件人以现金支付非常昂贵的项目时,按销售条款,通常要求延时支付。

收件人对出口的相关领域有较少或没有背景。

收件人对产品的性能特点不熟悉,但仍想进口该产品。

收件人拒绝常规安装、培训、维修服务。

运输日期模糊,或者交付计划偏离目的地。

关于中肯的回应/采取的行动的解释(例如,许可申请):

一级货运代理公司被列为出口最终目的地。

产品和目的地的运输路线不正常。

包装不符合装运地或目的地规定。

有疑义时，收件人有意回避，并且不清楚所购买的产品用于家用、出口或再出口。

附件 D

资助项目办公室核对表

A. 协议

1. 协议受出口管理限制吗？协议一般会受到出口管理的限制，除非：

（1）交付是单独发布的信息和软件，并且公共的获取和传播没有管制或限制（EAR 第 734.7 部分；ITAR 第 120.11 部分）；

（2）具有基础研究的信息豁免资格（EAR 第 734.8 部分；ITAR 第 120.11 部分）；

（3）如果是受限于 EAR 或国家安全管理的技术，与美国政府签署协议并获得同意（EAR 第 734.11 部分）。

2. 决定的关键要素：协议工作是否不符合基本研究豁免、是否有访问和传播管制。

3. 根据 EAR，资助方或大学研究出版前的评述，仅是确保出版不会意外泄露资助方提供给研究人员的专有信息，而且不改变基础研究的状态。然而，企业资助方给大学研究人员发布的信息（研究成果出版前的评述）则受限于 EAR。

4. 根据 ITAR，所有出版前的评阅都不适用于基础研究豁免。

B. 访问和传播管制协议

如果有访问和传播管制措施（包括发布的限制），那么主要研究者需要完成评阅以确定货物、技术或软件是否受限于 ITAR 或 EAR，如果是的话，则会有适当的分类编号。

所有协议以及所有的对外转移应按商务部、国务院和海外资产管理办公室各种列表上的名称进行筛选。

C. 子合同

子合同（分包合同）应包括出口管制其他各方的协议条款。

出口管制子合同条款的建议（基于合同的修改稿）

分包商同意遵守所有适用的美国法律和法规，包括美国法律法规管制的货物、技术、软件和服务的出口。适用的法规包括但不限于《国际武器贸易条例》《出口管理条例》和美国财政部海外资产管理办公室的管理规定。

向外国公民出口货物、技术、软件或服务（包括技术数据），无论在美国境内或境外，都可能需要美国政府的相关机构许可，和/或分包商的书面保证，没有相关机构的事先批准，分包商不得转移货物、技术、软件或服务。如果要获得必要的出口许可，分包商需承诺采取一切必要措施遵守出口法规。

哈佛大学既不代表也不担保许可要求，如有要求，将予以签发。

《出口管理条例》与资助研究有关的部分

15. C.F.R. §734.7 发布信息和软件

A. "发布"的信息一般以某些形式面向感兴趣的公众，包括：

1. 分发给感兴趣的公众或共同体人员（比如科学或工程研究人员）的期刊、书籍、印刷、电子、媒体或任何其他出版物，无论免费或收费，都不能超过复制和分发的成本；

2. 随时可向公众开放的图书馆或大学图书馆；

3. 专利局已授权的专利和申请中的专利（公开的）；

4. 在一个公开的会议、集会、研讨会、贸易展览或其他公开聚会上的发布。

（1）一个会议或聚会是"公开"的，即所有符合专业技术资格的公共人士可以参加，同时允许参加者做笔记、记录会议议程（不一定是记录）、做报告。

（2）所有符合专业技术资格的公共人士缴纳合理的注册费后，可以参加会议；如有实际出席人员的限制，所有感兴趣的、符合专业技术资格的公众人士可以出席。

（3）"出版"包括向国内和国外期刊的编辑或审稿人提交论文，或向会议或其他研讨会的组织者提交论文，论文接收后公开。

B. 在软件和信息发布时，通常是免费的，或付费不超过复制和分发的成本。

C. 请注意本节不适用于 CCL 的"加密软件管制"（ECCN 为 5D002，"EI"），和受限于 EAR 的"大众市场加密软件"（ECCN 为 5D992，对称密钥长度超过 64 位）。

15. C.F.R. §734.8　基础研究的信息结果

A. 基础研究

本节 B 至 D 和 §734.11 提供特定的规则,用于确定在特定制度背景下的研究是否有资格作为"基础研究"。这些规则背后的意图是在科学与工程中鉴别"基础研究"的基础和应用研究,得到的结果信息通常在科学界的广泛发布和共享。这些研究可以区分为专有研究、产业发展、产业设计、产业生产和产品利用,其结果通常由于特定原因或特定国家安全原因被限制,此部分可参考§734.11(b)。请注意本节的规定并不适用于 CCL 的"加密软件管制"(ECCN 为 5D002,"EI"),和受限于 EAR 的"大众市场加密软件"(ECCN 为 5D992,对称密钥长度超过 64 位)。

B. 大学研究

1. 通常科学家、工程师或大学学生进行的研究被认为是基础研究("大学"是指位于美国认可的高等教育机构)。

2. 资助大学研究的出版前审查只是确保,出版不会无意泄露专有信息,资助方提供这些信息给研究人员不改变其基础研究的方向。然而,企业资助方向大学研究人员发布的信息(出版前审查的研究成果)受限于 EAR。

3. 资助大学研究的出版前审查只是确保,不完整专利权的出版不改变基础研究的状态,只要审查不导致研究成果出版的临时延迟。

4. 从企业资助方转移到大学研究人员的初始信息受限于 EAR,当事人同意资助方保留出版的部分或全部信息。

5. 大学研究不视为"基础研究",如果大学或其研究人员(例如,有企业资助)在项目或活动中接收有出版限制的科技信息。一旦限制到期或删除,该研究则有资格视为基础研究。

本章节 §734.11 的规定适用于受美国政府资助特定国家安全的研究项目或活动(定义请参考§734.11)。

C. 基于联邦机构或联邦政府资助研究发展中心的研究

在联邦机构或联邦政府资助研究发展中心(FFRDC)工作的科学家或工程师,通过联邦机构或 FFRDC 控制信息的发布,其研究可视为"基础研究"。

D. 企业研究

1. 为一个公司工作的科学家或工程师,在一定时间及范围内所进行的研究可视为"基础研究",根据《特有或特定国家安全管制条例》(本章节§734.11(b)定义),研究人员可以自由研究、产生科技信息,而不受任何限制或延迟。

2. 公司的出版前审查仅仅是为了确保公司没有向研究人员提供专有信息，不视为专有限制。然而，如果研究成果属于出版前审查，本节(d)(1)不授权向大学研究人员发布信息。

3. 公司的出版前审查仅仅是确保出版不包含专利权利，这些专利权不因此而被视为专有限制，只要审查不导致研究成果出版的临时延迟。

4. 然而，根据"基础研究"条款，从企业资助方转移到大学研究人员的初始信息不受条款的授权，当事人可同意企业方暂缓出版部分或全部信息。

E. 其他方面的研究

不在本节 B 至 D 所述机构工作的科学家或工程师，其研究被视为企业研究，请参考本节 D 所述。

《国际武器贸易条例》与资助研究有关的部分

22 C.F.R. §120.11 公共领域

A. 公共领域是指已发布的可访问及可向公众提供的信息：

1. 通过报摊和书店销售；

2. 对于有意愿获得或购买的个人，通过无限制的订阅；

3. 通过美国政府授予的第二类邮件特权；

4. 通过图书馆向公众开放、可获取的公众文件；

5. 通过专利局提供的专利；

6. 通过在美国举办的讨论、会议、研讨会、贸易展览或展会，向公众不限量发行；

7. 美国政府部门或机构批准后，通过任一方式（例如，不一定是出版形式）公开发行（即不限量发行）；

8. 通过认可的美国高等院校机构的科学和工程基础研究，广泛在科学界发行和共享。基础研究的定义是指科学和工程领域的基础研究和应用研究，以及由此产生的信息，通常在科学界广泛发行和共享，它与以下两种研究成果不同：特有原因限制的研究，或美国政府特定访问和传播管制的研究。以下情况的大学研究不视为基础研究：

（1）大学和其研究人员在项目或活动中接收有出版限制的科学和技术信息。

（2）由美国政府资助的研究，研究有特定的访问和传播管制以保护研究信息。

附件 E

海外资产管理办公室制裁的国家

根据美国财政部海外资产管理办公室(OFAC)规定,目前受到制裁的国家名单可参考 31 C. F. R. Ch. V。OFAC 制裁法规的最新类型、信息可在 OFAC 网站查找:http://www.ustreas.gov/offices/enforcement/ofac/programs/index.shtml。制裁的范围因国家而定。

附件 F

遵守反抵制问卷

公司/收货人名称:＿＿＿＿＿＿＿＿＿＿
目的地地址:＿＿＿＿＿＿＿＿＿＿
填表人:＿＿＿＿＿＿＿＿＿＿
日期:＿＿＿＿＿＿＿＿＿＿

1. 因遵守反抵制的原因,是否有人在交易中拒绝在以色列,或拒绝与以色列,或与列入黑名单的公司做生意?
    □是 □否
2. 因遵守反抵制的原因,是否有人在交易中有协议歧视或基于种族、宗教、性别、民族血统或国籍歧视他人?
    □是 □否
3. 是否有外国公民要求或请求哈佛提交有关哈佛与以色列,或与列入黑名单的公司的业务关系信息?
    □是 □否
4. 是否要求或请求哈佛提供有关他人的种族、宗教、性别或国籍的信息?
    □是 □否
5. 是否有第三方文件要求哈佛依反抵制法禁止的有关抵制采取行动?
    □是 □否

如果上述问题有回答"是"的话,请立即联系副教务长,不要继续出口。即使哈佛拒绝该请求,也要依法报送参与抵制的情况。

第 5 章　哈佛名称使用章程

5.1　域名申请表（使用 harvard.edu 域名）

哈佛大学商标项目要求使用域名"harvard.edu"时需事先征得同意（比如使用 help.harvard.edu，poetryforum.harvard.edu，hsci.harvard.edu 等）。获得批准必须符合下列标准。

1. 域名代表的项目、活动或部门是全校性质的：组织与治理必须至少有三个不同的学院参与，必须正式向校级官员如校长和教务长报告，或来自几所学院的院长团体。

2. 域名不能与目前或未来的项目、活动或大学的其他部门产生混乱，提出域名范围不能过于宽泛（例如，policy.harvard.edu，email.harvard.edu 等）；当较大的域名被允许时，伴随的条件是域名适用的范围内所有大学人员都可使用。例子请参阅 www.help.harvard.edu 或 www.science.harvard.edu。

3. 与哈佛相关域名的网站链接到其他地址（即非哈佛服务器）必须得到首席信息官（CIO）或高级副教务长的批准。

请注意：如果域名主要与学院或以单位为基础的活动而不是全校性的活动有关，那么域名应该使用该特定的领域（例如，fas.harvard.edu，hms.harvard.edu 等）。

哈佛大学商标项目接受许可、名称使用和与商标相关的日常查询，按照接收到请求的顺序进行评审，通常在首次提交查询的 7~10 个工作日内答复或提供深入的信息。

5.2　电子邮件别名申请表（用于 @harvard.edu）

哈佛大学商标项目要求使用域名"@harvard.edu"时需事先征得同意。

请注意：此表格不能用于更改你的个人电子邮件地址，仅用于一般的哈佛的学院/部门/单位的电子邮件（例如，help@harvard.edu，trademark_program@harvard.edu 等）。此外，如果所需的电子邮件别名与院级项目或活动有关，电子邮件别名必须反映主持项目或活动的部门（例如，thepoetryforum@fas.harvard.edu，healthinfo@hms.harvard.edu 等），其使用需要得到相关的院长办公室而不是商标项目的批准。

哈佛大学商标项目接受许可、名称使用和与商标相关的日常查询，按照接收到请求的顺序进行评审，通常在首次提交查询的 7～10 个工作日内答复或提供进一步的信息。

5.3 批准指南

5.3.1 回应第三方批准的指南

由教务长办公室 1998 年 8 月发布。

《哈佛名称和徽章使用政策》规定，任何资助、广告和推广不是哈佛大学或其学院实体的活动使用时，必须事先得到教务长的书面许可。

来自和哈佛有业务关系的外部供应商的推广材料或批准请求越来越多。许多商业关系可以是互利的。但批准也可能导致哈佛名称的误用或名声的败坏。在大多数情况下，业务关系是和大学某个独立的部门之间进行的，该业务可能希望代表哈佛。在一些情况下，商业可能并不代表哈佛的部门或单位的角度。在其他情况下，批准可能在没有披露的情况下，被作为预期的优惠或免费产品的回报。

基于这些考虑，为回应外界的批准请求，制定下列准则。一般来说，这种类型的批准是不允许的，我们希望这只是和与外部供应商的业务关系的例外而不是规则。下面的指南通常适用于以大学的部门为客户，但并不包含产品质量评价的推广材料是允许的。在这种情况下，可以使用特定的学院或部门名称，而不是更广泛的"哈佛"或"哈佛大学"。

含有产品或服务质量意见的宣传材料只有以个人名义才允许，而不是以学院、院系或大学其他单位的名义。对于个人，只有在其评论并不代表大学或任何单位和官员的情形下，才可以提到个人在哈佛的头衔和职位。

5.3.2 指南

1. "哈佛"或"哈佛大学"不能用于认证产品或服务。
2. 由于这类认证可能带来误解或滥用，这种认证通常不允许。
3. 然而，个体教员或工作人员可以仅在他们的个人名义下给出意见或认证。

4．如果个体给出的个人意见让人联想到哈佛，应该特别表明个人的意见不代表大学意见。

5．一般不允许在商业宣传材料里使用"真理"盾徽或其他哈佛官方徽章。

6．促销宣传（例如把哈佛当作客户）必须准确，尽可能具体（例如，购买软件的不是"哈佛"，而是"哈佛旅行办公室"。）

7．如果认证或其他推广言论得到了回报（如金钱、特殊折扣、免费产品），这一事实必须在文本中公开。

8．准确的事实陈述而不代表认可是允许的（例如"哈佛大学人力资源办公室是一个 ABC 咨询公司的客户"），但应事先得到与负责该业务大学官员的批准。

9．用于暗示对产品或服务认可的哈佛大学著名地标、建筑和雕塑图片的使用是不允许的（例如，停在约翰·哈佛雕像前的汽车图片广告）。

10．在个别情况下，对于哈佛采购办公室管理的"首选供应商"计划涉及的特定的正式选定的供应商：

（1）在事先征得同意下，如果推广材料只用于哈佛社区并且和"哈佛大学首选供应商"的标志同时出现时，才可以使用"真理"盾牌。没有此标志，则在任何情况下都不能使用。

（2）本要求对印刷或电子宣传材料均适用。

（3）供应商所有的这种宣传材料必须包括哈佛采购办公室的联系信息。

（4）所有这类宣传材料必须得到商标项目的事先批准。

11．用于推广目的描述供应商和哈佛大学或其部门业务的"案例研究"通常是不允许的。

任何涉及哈佛或其部门的促销材料必须征得哈佛商标项目或其委派人员的事先同意。

5.4 哈佛名称和徽章的使用

哈佛的名称也许并不影响哈佛的发展，但是"哈佛"这个名称的使用并不总对哈佛大学有益。当这个名称使用恰当的时候，对大学所有成员和机构都有益，如不当则有害。对"哈佛"名称和哈佛徽章的使用，哈佛大学至少有以下合理的利益。

大学和其成员有义务保证所有对哈佛大学的联想应用都是准确的。

将哈佛的名称应用于一个活动、项目或推广意味着其和哈佛的联系，通常是哈佛的认可或赞助。比如,"关于……的哈佛项目"或"关于……的哈佛指南"这样的表述只能用于当哈佛或其某个代表机构负有责任时。哈佛的个体教员、学生或工作人员的参与本身并不能成为给活动冠名为哈佛的足够理由。以哈佛命名的活动必须是哈佛大学负有机构责任。

哈佛的部门、中心或项目监管或控制的学术活动必须遵守常规的审查标准。在这些活动中,应该建立或保持相应的质量标准或规范。即使一些符合质量标准的项目对名称的使用也可能不当(比如个体教员、学生或工作人员的党派政治活动或者外部商业活动)。

大学和其成员有义务合理使用哈佛名称来产生经济利益,保护哈佛的资产。

"哈佛"是大学中最广为人知和尊重的品牌。这个美好的信誉带来的商业利益是许多代教员、学生或工作人员的贡献,因此效益应该分配给整个哈佛。任何有可能损害哈佛长期价值的使用都应避免。和这些义务相呼应,下文的标准管理校内的学院、单位和个体对校名的使用,包括被授权的校外个人和机构的使用。

本政策管理可能使人联想到哈佛或其部门的认可、许可或赞助的对哈佛名称的认定、言论或展示。本政策不妨碍哈佛或其部门合理地运用哈佛的名称。

5.4.1 学院和其他大学部门的标准

本节包括哈佛和其学院或部门对哈佛名称的使用标准,以及哈佛社区的个体成员对哈佛名称的使用。

A. 只有得到代表哈佛全校的官员的同意才可以整体上使用哈佛大学的名称来命名相应的活动。

1. 学院和部门只能在事先得到教务长的书面同意后才能自己使用、授权外部个人或机构使用整体的哈佛名称,比如,哈佛大学,哈佛学院的主席和教员,真理徽章或类似的其他事项,除非下文另有说明。

2. 上述要求的许可在下列活动中不需要:

(1) 文具、商业名片和学院或其他部门日常使用的材料;

(2) 大学的官方出版物(例如,目录、大学和其学院或部门的相关材料,互联网主页,类似的学院和部门出版的电子出版物,以及哈佛校友目录);

(3) 大学或其学院、部门参与发行的印刷或电子形式发表的期刊,学校或参与的单位保留唯一的编辑控制权(例如《哈佛商业评论》和《哈佛教育评论》);

(4) 专门用于在该大学进行的课程(例如,哈佛商学院的案例)。

B. 只有得到学院或主管机关的批准，涉及学院或单位的名称才可用于命名一项活动，在某些情况下需要教务长的批准。

更具体的情况下，学院和部门只能在事先得到相关官员（学院内部的话是院长，其他部门的话是教务长）的同意才能自己使用、授权外部个人或机构使用整体的哈佛名称（比如，"哈佛"，"哈佛大学"），除非另有说明。个人和实体被授权使用学院或部门名称的所有活动都应披露给哈佛商标项目。除了所要求的批准以外，任何外部个人或实体使用哈佛学院或部门的名称进行下列活动必须事先征得教务长的书面批准：

（1）为营利目的销售或分销产品或服务；

（2）支付大学或其学院、部门的付款；

（3）为任何非哈佛大学或其学院、部门的筹款、广告或促销活动。

C. 大学官员在根据上述规则授权任何哈佛大学名称的使用时，应该考虑准确性、得体性和公允价值的一般准则。具体来说，应该考虑以下因素：

1. 大学和活动、产品之间的联系描述是否准确；

2. 不管是活动、产品或出版，其和哈佛名称的联系是否适合于哈佛的教育使命；

3. 哈佛大学在活动中的知识产权（如果有的话）和其中的收益处理是否令人满意。

5.4.2 教员、职工和学生的标准

本节包含由哈佛社区成员以个人行为使用哈佛大学名称的标准。哈佛大学及其学院、部门使用哈佛名称的标准在第一部分。

A. 教员、工作人员和学生只有在得到教务长批准的情况下才可使用或授权他人使用哈佛大学的名称（单独使用或与某个学院、部门名称一起）来命名任何活动、个人、实体或出版物。

B. 教员和工作人员可以使用哈佛名称表示自己的身份（例如，哈佛大学经济学教授）。在个人和实体组织的校外活动中使用或授权他人使用哈佛的名称来表明自己身份时（例如，作为书的编辑），教员和工作人员应确保哈佛名称的使用不会让人误解为是校级的认可或对相关活动、产品或出版物负责。

C. 学生只有得到相关院系、部门负责官员允许时才可以使用哈佛名称，如果是用于商品则需哈佛商标项目同意。

5.4.3　附加条款

A. 补充规则。学校和部门可以制定和本政策一致的补充规则来管理自身的活动。制定任何这样的规则应及时向校长报告。

B. 总许可。根据本政策,在适当的情况下正在进行的活动的批准权限可以按类别给出。

C. 版权声明。在属于哈佛的作品的版权声明上标示"哈佛学院主席和教员"或"哈佛大学"无须征得同意。版权声明可以包括这些标志,但不应该包括各学院或部门名称,因为拥有作品版权的法人是作为整体的哈佛。

D. 商标注册。没有得到哈佛商标项目事先书面许可,任何人不可在美国或其他国家注册或授权注册任何哈佛大学的交易和服务标记。这个要求同时适用于作为整体的大学(例如,"哈佛"和盾形真理校徽)和各个学院和部门的标记(例如,"哈佛法学院"和哈佛法学院校徽),无论标记是否包括"哈佛"(例如,"真理","冠军之夜")。

E. 商品许可证。任何个人、学校或单位希望授权或获得许可将哈佛名称使用在商品上(如 T 恤衫、杯子、日历和珠宝),必须获得哈佛商标项目的批准。

F. 在电视和电影里使用哈佛名称。外部实体在电影、电视节目等节目中使用哈佛名称的请求由哈佛大学新闻办公室负责。

G. 在第三方未经授权使用哈佛名称时,哈佛大学商标项目和总法律顾问办公室代表哈佛的利益,它们的处理决策也受本政策体现的原则和商标法的原则指导。

H. 解释问题。关于本政策解释的问题应通过电子邮件 trademark_program@harvard.edu 或者电话提交给商标项目。

1. 本政策使用的术语"名称"包含徽章以及名字,并同时指(除非另有说明)作为整体的大学的名称和标记(例如"哈佛大学")及其组成部分(例如,"邓巴顿橡树园研究中心"和"哈佛公共卫生学院")。

2. 本政策适用于哈佛大学、其隶属机构和附属部门、学院教员、工作人员和各院系的学生。本政策所采用的术语"部门"指大学的任何部门或组织(或其隶属机构和附属部门),但不是学院的一部分。"部门"的例子包括哈佛大学健康服务部、哈佛国际发展研究所和哈佛植物园。

3. 这一条款可能不适用,如"哈佛"是用来描述哈佛学院和文理学院的名称被批准之前,1998 年的研究生院哈佛学院,或学生组织的部分(例如,"哈佛基金"或"哈佛女子冰球")。

4. 通常，学生可以在出版物或其他公共活动中准确、具体地表明所属的哈佛机构（如"哈佛法学院 LL. M. 候选人"，或"哈佛大学学生"），只要清楚表明他们的学生身份，而不意味着大学的认可或对任何涉及的特定活动、产品或出版物的责任。

5.5 电子文本

在因特网地址、域名、网站和其他电子文本中使用哈佛名称。

教务长办公室接收到了关于如何根据本政策，在网页、电子邮件地址或互联网地址中使用"哈佛"和各学院名称的问题。根据本政策，电子通信或活动和其他需要事先得到同意才能使用哈佛名称或标志的活动类似。下列指南适用于这些情况：

A. 和其他使用哈佛大学名称的情况类似，在网络地址、电子邮件地址（不是个人名字的情况下，例如 jane_doe@harvard.edu）或网站认证中以任何形式（包括缩写或与其他词语组合）使用这些哈佛名称，必须事先取得相关官员的批准（使用"哈佛"时应取得教务长批准，使用学院名称时应取得相应学院院长的批准）。

B. 和哈佛大学、哈佛大学各学院和部门名称的商标由哈佛大学持有一样，任何包括"Harvard"的互联网地址、各学院或部门的名称的商标也有哈佛大学持有（这包括使用哈佛通常的缩写名称，例如 HLS 代表 Harvard Law School，哈佛法学院；或者 HMS 代表 Harvard Medical School，哈佛医学院）。个人和非哈佛组织不得以自己的名义注册这些互联网地址。事先取得许可使用"哈佛"或其学院、部门名称的哈佛隶属机构或得到许可的部门组织必须以"哈佛学院院长和教员"的名义来注册获得批准的互联网地址。对于任何注册为 harvard.edu 以外的域名，或者包括"哈佛"和其学院、部门名称的网络地址，必须通知网络操作中心（NOC）（netmanager@harvard.edu）。网络操作中心可执行或协助任何大学部门注册。

C. 通常，哈佛大学内部的组织、部门的互联网地址可以基本上与其官方名称或已批准的名称相同。例如，"哈佛大学儿童倡议"可以使用"harvardchildrensinitiative.harvard.edu"。

D. 互联网地址应该准确地描述其活动或项目内容。以任何形式表明哈佛全校或其学院认可的互联网地址必须在准确时才能批准。通常适当的地址会表明负责活动的机构。

E. 学生组织在互联网地址中以任何形式策划或使用"Harvard"名称时,应事先从学生辅导处取得必要的批准。

F. 通常,适合大学事务的域名是".edu"或者".org"。注册任何使用".com"或者".net"的域名需要教务长的明确许可。

G. 无论使用的是哈佛大学的服务器还是其他服务器,这些准则均适用。

H. 注册方应承担注册和维持网页地址需要的相关费用。

如有任何问题请咨询商标项目(trademark_program@harvard.edu 或 617-495-9513)。

5.6 哈佛名称和含酒精饮料

使用哈佛名称命名含酒精饮料是禁止的,即使饮料是作为礼物或只在哈佛相关的活动中使用。1999年提供的理由如下。

5.6.1 哈佛名称的使用和含酒精饮料

由教务长办公室1999年1月发布。

最近有一些内部请求申请使用哈佛的名称和相关标志来注明含酒精的饮料瓶;在某些情况下,涉及纪念性酒的销售。在其他情况下,带哈佛标记的葡萄酒将用于特殊场合或赠送。

对于商业用途,我们的政策是明确和长期一贯的。与同事协商和反复思考后,我们决定,哈佛的名字或标志不应该被用来标记酒精饮料,即便饮料是在哈佛大学使用或作为礼物。

哈佛校园内外的活动重心在于教育哈佛学生过量饮酒的危险。1998年麻省理工学院的学生因滥用酒精而死亡的悲剧发生后,哈佛加强了审查与酒精有关的政策。最近,哈佛大学和波士顿地区24所大学一起宣布了减少校园酒精滥用的计划。

负责任地饮用葡萄酒和其他酒精饮料无疑为许多宴会和庆典增添了欢乐和兴致。在学校举行活动时,适当饮用葡萄酒和其他酒精饮料完全是合理的。但是,许多学生或其他人低估了酒精滥用的盛行和风险。传递关于这些风险的持久的信息是可取的,特别应避免将哈佛大学的名称或形象用于酒精认可的印象。此外,至少有一次有哈佛标志的葡萄酒被误放在了白酒商店销售。尽管我们的意图是只在哈佛的活动中使用这样的酒,我们不能保证哈佛的官员能够始终确保适当地使用带有哈佛标志的酒精饮料。

鉴于这些考虑,禁止将哈佛的名称或相关的标志用来标记酒精饮料。

如有任何问题请联系商标项目(trademark_program@harvard.edu 或者 617-495-9513)。

第 6 章　研究中人类被试的使用

哈佛大学研究中人类被试政策和管理程序声明

由哈佛大学董事会 2003 年 9 月 22 日投票通过。

哈佛大学在涉及人类被试的研究中接受美国生物医学和行为研究人类被试保护委员会在报告中提出的伦理原则的指导（《保护人体被试的伦理原则和准则》，即贝尔蒙特报告）。最低标准是美国卫生与公众服务部设定的相关案例（45 CFR 46）（即《通则》）。哈佛大学高于此标准的附加条款，这有助于建立最高的绩效期望，有助于研究人员、伦理委员会（IRB）和大学的监察。以下政策和程序概述了这些期望。

6.1　政策

A. 将人置于面临危害的高风险的研究是禁止的。

B. 如果在实践中可以避免而不影响研究设计，则不应让被试面临任何风险。

C. 申请进行涉及人类被试的研究人员必须拥有经验或接受过培训来保护其研究对象的健康。

D. 主持研究的研究人员有首要责任确定被试是否有面临危害的风险。在做决定时，研究人员应咨询适当的伦理委员会成员。主要研究者还有首要责任保护被试不会因为参与研究受到伤害。所有的研究成员都负有这样的责任。

E. 任何伦理委员会应有权审查、批准或不批准，并且根据本政策提出任何涉及以人为主题的研究的条件。除了联邦法律法规所规定的成员要求，选择伦理委员会成员时应考查其代表被试、研究员和社会的能力。在适当的情况下，伦理委员会成员应当听取代表特定被试群体的代表的意见。伦理委员会成员不得参与涉及自身或有利益冲突的项目的审批。

F. 尽管监管人类被试的伦理委员会处理的典型问题在不同的院系有很大的不同,该委员会主席应保证全校范围内类似问题类似处理。
G. 研究员应当在被试参与实验之前告知其该研究的目标、应遵循的程序以及潜在的风险和收益。研究员必须得到被试或者对被试负责的法定代表的自愿同意并且确保他们了解参与的后果,才能以人为研究被试。通常情况下,研究员还应获得不能代表自己法定意见的被试的同意。伦理委员会可以放弃一些或所有这些要求,如果研究确实没有别的方法,该研究的潜在价值超过被试的付出,而且被试并没有遭受其他危害的风险。如果合适,伦理委员会还可规定在被试参与实验后向他们提供关于研究的附加信息。
H. 研究员应尊重被试的隐私。应保护得到的机密信息,事先应告诉被试他们的信息保密能力边界。
I. 不得通过可能会影响被试自由抉择的诱导来使他们参与实验。
J. 研究员应考虑研究的目的、研究的环境和被试群体的特殊易受伤害性,公平地选择被试。
K. 应当让被试明确知道他们可以随时自由退出研究,并且不损害其合法权益。表示希望退出的被试可以立即退出。
L. 研究员在被试要求时应当披露研究的资助来源。
M. 分配或监管学生执行的研究项目和练习的教员有责任确保学生有能力充分保障被试的利益。
N. 研究员可以表明自己在哈佛大学的职位,但不应表示哈佛或其院系发起了该研究,除非经由适当的行政当局明确的安排。

6.2 程序

A. 执行、指导或者监管涉及人类被试的实验的研究员应确保研究和程序符合本政策的规定,而且已经通知相关的伦理委员会任何涉及的已知的风险。
B. 不管资金来源,所有根据《通则》的定义涉及人类被试的研究应根据本政策和其他适用的法律法规的标准进行审查。
C. 不管《通则》是否强制要求审查,如果研究给被试带来的风险超过最小标准,或者研究涉及下文所列情况,涉及人类被试的实验必须提交给伦理委员会进行审查、批准或决定是否豁免:

1. 可能会伤害人体的程序；
2. 剥夺人的必需品、习惯或资源的程序；
3. 催眠或高强度的精神压力；
4. 使用不能自由抉择和无法知情的未成年人、囚犯或心理能力不健全的群体等；
5. 明显或隐性地在对被试重要的内容上欺骗被试；
6. 使用需要研究员的专业服务的被试；
7. 可能违法的活动，或有可能触犯道德的普遍标准。

D. 针对不满足《通则》或本程序 C 部分规定的涉及人类被试的研究，伦理委员会应制定调查指南。指南应规定用于审查或批准这些研究的程序。这类研究可能包括旨在培养个人研究技能的研究，如在课堂或其他教学项目中布置给学生的练习。

E. 研究员应根据伦理委员会要求的格式、时间提交涉及人类被试的计划，确保有序操作。伦理委员会的批准通常限于其接收到的特定研究计划。通常许可的期限应固定，不超过一年。若一个研究超过一年必须重新申请批准。被试参与期限的扩展、对被试可能重要的计划改变，必须得到伦理委员会的进一步批准。

F. 如果研究员发现被试的健康或行为发生可能和研究有关的异常变化，或者研究员发现被试参与实验的新风险，他们应决定是否立即暂停研究。在任何情况下都应立即向伦理委员会报告。无论研究员是否决定暂停，伦理委员会应独立确定是否暂停研究，如果暂停，在什么条件下可以恢复。研究过程发现的任何可能影响被试是否愿意继续实验的发现应通知被试。

G. 本政策和程序的声明应每年分发给所有可能对使用人体被试的研究负责的教员和行政人员。相应的，他们应采取适当的措施确保他们的学生和教职员工清楚本文件。

第 7 章　哈佛大学人事手册

适用于行政/专业技术人员和非谈判机构的辅助人员。

7.1　序言

7.1.1　关于《哈佛大学人事手册》的重要提示

《哈佛大学人事手册》为此手册涵盖的员工提供关于聘用、福利、工资管理与服务的一般政策指南。此人事手册本身并不构成任何形式的聘用合同或聘用承诺，且哈佛大学可以在无预先通知的情况下单方面修改此手册。哈佛大学同时保留以下权利：确定任何政策在特定情况下的适用性，确定在特定情况下可以违反此人事手册中所包括的指南。此手册所涵盖的员工在自愿的基础上被聘用，即员工个人或大学可以在任何时间因为任何理由或在无任何理由的情况下解除聘用关系。

更新于：2007 年 12 月 6 日

7.1.2　哈佛大学聘用政策和人事手册

作为聘用方，哈佛大学遵从机会均等原则与平权法案。大学遵守相关联邦和州法律与地方习俗，不会因下列任何原因而歧视员工或职位申请者：种族、肤色、性别、性别认同、性取向、宗教信仰、年龄、民族、血统、退伍身份、与工作要求无关的残疾、遗传信息或法律禁止的任何其他因素。

此手册中包括的政策和程序适用于大学非教职豁免员工和满足加班条件的非谈判机构人员（统称为"员工"）。除特别说明外，此手册中的政策和程序不适用于少于一半工作时间的员工（关于少于一半工作时间的员工的描述请见 7.3.3）。

有关此手册内容和使用方面的疑问应首先提交至所属人力资源办公室，如有必要，可提交至哈佛大学人力资源办公室的相关科室。此人事手册主要为下列人员参考之用：人事工作人员，院系领导和主管人事工作的负责人，被划分为豁免或非豁免的非谈判机构的员工。员工可通过 HARVie 系统获得此手册。

哈佛大学全力维护平权行动和多元的员工群体，管理人员和领导有责任实现哈佛大学平权法案政策和项目所设立的目标。对于负责管理和招聘的员工，作为他们工作考核和测评程序的一部分，下列因素将被考虑：平权行动各方面的真诚努力，包括实现聘用目标所做出的努力，以及工作表现的其他方面。

平权行动办公室直接向校长汇报，负责监管大学的平权行动工作，协助建立和维护大学的平权行动计划。关于该计划的更多信息请联系所属人力资源办公室或平权行动办公室。玛丽·特罗蒂尔现为大学残障人士事务协调员，负责监管大学遵守《1973 年康复法案》第 504 条和《美国残障人士法案》，确保公平、公正对待残障员工及身有残障的申请者。鼓励任何认为自己受到歧视的员工通过正式或非正式的争议解决程序寻求帮助，此程序详见 7.2.1。

更新于：2008 年 12 月 5 日

7.1.3　董事会重述大学关于平权行动和平等就业的政策

董事会做出如下声明以重述大学关于平权行动和平等就业的政策。

哈佛大学董事会成员在其 1969 年 11 月 3 日的声明及相继的声明中强调大学关于平权行动和平等就业的政策。董事会成员借此机会再次重申大学的政策。

哈佛大学承诺在聘用教师和员工时不会因下列任何原因而歧视个人：种族、肤色、性别、性别认同、性取向、宗教、宗派、民族、年龄、退伍身份、与工作要求无关的残疾。哈佛大学董事会成员呼吁参与招聘、聘用、晋升工作的大学每一位成员竭尽全力实现当前平权行动计划中所设定的目标。在大学各级别人员聘用过程中，董事会成员呼吁大学所有成员全力确保非歧视性地招聘、聘用、晋升下列人员：女性、少数族裔成员、可以胜任工作的残障人士、残障和越战退伍军人。哈佛大学同样期望与其签订合约的外部代理机构遵守相关的反歧视法。

大学内部的多样性促进了大学实现其学术目标，平权行动计划对实现此多样性至关重要。作为对大学自身价值和对一个民主、多元社会的支持，大学赞同平等就业机会和平权行动的目标。

但单单只是采纳平等就业机会的政策是远远不够的。哈佛大学同样要满足平权行动计划的要求。这些要求由联邦政府对签约人（雇主）设立并由劳工部监管。这些计划为监管大学的人事政策以确保平等就业提供了一个机制，同时提供了一种手段，以检查和消除在聘用工作相关领域内的不足。

1970年6月，哈佛大学成立少数族裔事务办公室，任命校长助理小爱德华·赖特为该办公室主任，在大学内部为全力实现平等就业机会的目标提供资源。赖特先生的办公室与各院长、学校行政部门、人力资源办公室共同提出了哈佛大学首个平权行动项目。1971年7月，沃尔特·莱伦纳德被任命为校长特别助理。1973年，他的办公室提出了一个可接受的平权行动计划并将之提交至卫生、教育和福利部。继任校长助理是南希·伦道夫和约翰·威廉斯。罗纳德·昆西担任校长助理期间也担任协理副校长一职（1988至1991年）。詹姆斯·霍伊特于1992年11月1日被任命为校长助理/协理副校长。

校长助理办公室负责就有关聘用合同等事务与联邦政府沟通。校长助理的职责包括协调大学平权行动项目和监督其在整个大学内部的实施。

哈佛大学必须也将继续信守其实现平权行动和平等就业机会目标的承诺。哈佛大学董事会成员要求大学各层级继续配合以实施大学的政策。

更新于：2007年10月30日

7.2 聘用规定总则

7.2.1 反歧视政策和审核程序

在哈佛大学，任何基于下列因素而产生的歧视都是非法且不可容忍的：种族、肤色、性别、性别认同、性取向、宗教、宗派、民族、年龄、血统、退伍身份、与工作要求无关的残疾、遗传信息、兵役或其他受法律保护的因素。鼓励任何感受到歧视的员工通过内部问题解决程序或正式的投诉程序寻求帮助。请注意，下列程序并不一定适用于每一种情况。因此，程序是灵活的，且根据不同情况可以适当调整。

7.2.1.1 政策范围
聘用的所有条款与条件均适用此政策。

7.2.1.2 非正式解决程序
鼓励任何认为受到歧视的员工与其主管或人力资源负责人就此事进行讨论。通过讨论，可能达成满意的解决办法。

7.2.1.3　正式的投诉程序

在非正式解决程序不能产生满意的解决方案或员工不希望使用非正式解决程序的情况下，员工应首先采用其所在院系或部门的歧视投诉程序。在缺乏此机制的情况下，员工可以通过向所属机构人力资源负责人递交书面申请，要求进行正式的歧视投诉审查。在某些情况下，该人力资源负责人可以指定一人，如部门领导或合适的副院长或院长助理，审查此事。

人力资源负责人或被指定的人员将与投诉的员工、被投诉者及其他人（在适当情况下）商议，以明确事实和双方的观点。可以咨询哈佛大学总法律顾问办公室。人力资源负责人或被指定的人员通常在投诉提起之日后90天内应准备好一份调查结果。这些结果将被送至相关的院长或副校长或其指定人员、投诉人、被投诉人。在不隶属于院长或副校长的行政部门，人力资源负责人与部门负责人共同从大学内部指定一名人员。院长、副校长或其指定人员将决定事件的解决方案。

如投诉人对此审查结果不满意，可递交书面申请要求在校级层面正式审查该解决方案。此申请必须详述该员工对解决方案的争议之处，且必须在收到院长、副校长或其指定人员的解决方案后14个工作日之内向负责人力资源事务的副校长提出。副校长将此申请送至所属人力资源负责人、院长或副校长（或其指定人员）和被投诉人。副校长或其指定人员将审查此申请的及时性和对本政策规定程序的遵守情况。

副校长将审核事件，或指派他人对该事件到目前为止的处理情况包括在部门层次做出的决定进行审核。副校长或其指定人员可以采取任何其认为是必要的审查，如讯问目击者和审阅档案。副校长或其指定人员可以调解当事方以找到共同满意的解决办法。

此次审核结束时，副校长或其指定人员将准备一份书面报告，包括事实的调查结果和建议的最终处理方案，并将报告的草案送至当事各方，当事各方在14个日历日内有机会补充书面说明或予以答复。考虑到各方的说明和答复，副校长或其指定人员可以修改调查结果或建议的最终处理方案。副校长或其指定人员将提出最终决定并撰写最终报告。最终报告将被送至当事方，且将包括他们的书面答复和说明。

7.2.1.4　禁止打击报复

大学政策和相关法律禁止对任何提起潜在歧视问题或任何参与调查歧视事件的人员进行报复。有关禁止报复的详细政策请参看7.2.12。

更新于：2007年11月15日

7.2.2 关于性骚扰的大学政策

7.2.2.1 引言

无性骚扰的工作场所是哈佛大学推动的目标。工作场所的性骚扰是歧视性的、非法的,否定他人的权利与尊严,且显然与学术团体的本质是不相符的。哈佛大学认定此类行为违反了行为准则,该行为准则是对所有与哈佛大学有关人员的要求,此类行为是严格禁止的。哈佛大学将采取任何必要措施以防止和纠正违反本政策的行为。

7.2.2.2 性骚扰的定义

联邦和州法律将性骚扰定义为不受欢迎的性行为,要求获得性帮助以及其他明示或暗含的雇用性条件,包括性行为的口头或身体行为;服从或拒绝这种行为被用作聘用决定的依据;或这种行为的目的或效果是不合理地干扰个人的工作表现或创造令人生畏、敌对、侮辱或令人反感的工作环境。工作场所性骚扰包括对哈佛大学任何成员采取的行为或举止。工作场所性骚扰包括在哈佛校园内或校园外、工作时间或非工作时间内发生的行为。工作场所性骚扰可能通过电话、电子邮件或其他电子方式,直接或通过使用大学的设施、财产或其他资源表达。

语言和身体行为构成性骚扰很难界定,因为它依赖于当时的环境。虽然不可能将在某种情况下构成性骚扰的行为全部罗列出来,下列情形已构成性骚扰:

1. 性要求,无论是否有身体上的接触;
2. 给予实际或承诺的工作利益(如有利的评审、涨工资、晋升、增加福利或续聘)以获取性方面的好处;
3. 淫秽的或性暗示的评语、玩笑、暗示或手势;
4. 展示性暗示的物品、照片、杂志或卡通;
5. 评论或不适当地接触某人身体;
6. 讯问或讨论某人的性经历或行为,其他书面或口头的实际性行为;
7. 传播具有明确性含义的语音邮件、电子邮件、图片、下载的资料或网址。

7.2.2.3 举报性骚扰

如认为自己受到性骚扰,员工应立即举报。大学要求员工将任何对性骚扰的担忧与投诉通过他们认为最合适的方式引起大学的关注。员工可从以下方式中选择。

员工可选择非正式程序,与其主管或人力资源负责人讨论此事。多数学院和部门有调查性骚扰投诉的正规程序。人力资源办公室有该学院或部门具体程序的信息。

如这样的程序不可用或不适合该情境,员工可通过递交书面申请至指定联系人,要求正式审查。

员工亦可咨询哈佛大学员工关系与政策办公室。

集体谈判机构的成员可以参考他们的工会协议以获得其他信息。

在此类情况下,哈佛大学员工救助项目或哈佛大学健康服务项目提供的咨询服务可能会对员工有帮助。

员工亦可联系哈佛大学监察员办公室。

有关性骚扰的投诉将在适当范围内保密处理,且保证进行公平的调查。在调查后任何员工如被发现违反了此政策,将被大学处以相应的纪律处分,直至被开除。

对任何提起性骚扰投诉的员工或配合调查性骚扰投诉的员工施以报复都是违法的。对出于善意举报骚扰或参与调查的员工实施报复即违反了此政策,并将受到相应的处分。

7.2.2.4　正式投诉程序

员工可以通过递交书面申请至人力资源负责人或指定联系人要求正式审查性骚扰投诉。在某些情况下,人力资源负责人可以指派一人审查此事,如部门负责人或副院长或院长助理。

人力资源负责人或指定人员将询问举报者、被指认的骚扰者及(适当情况下)其他人,以明确事实及双方的观点。也可咨询哈佛大学总法律顾问办公室。人力资源负责人或指定人员将在投诉首次提起后90天内完成一份调查报告。这些调查结果将被送至适当的院长或副校长或其指定人员、投诉人、被指认的骚扰者。不向院长或副校长报告的行政部门,其人力资源负责人与行政部门负责人一起从大学中选定一名人员。院长或副校长或被指定人员将决定事件的处理办法。

如投诉人对此审查结果不满意,可递交书面申请要求在校级层面正式审查该决定。申请中必须详述员工对决定的争议之处,且该申请必须于员工收到院长、副校长或其指定人员决定后14个日历日之内送至主管人力资源的协理副校长(以下简称协理副校长)。协理副校长将申请复印件送至员工直属人力资源负责人、院长或副校长或其指定人员及被投诉人。协理副校长或指定人员将及时并根据此政策中要求的程序审核该申请。

协理副校长将审核该事件,或指派另一人对事件的最新进展(包括下级做出的决定)进行审查。协理副校长或其指定人员可以实施任何其认为必要的调查,如问询目击者和查阅档案。协理副校长或其指定人员可以对当事双方进行调解以达成共同满意的解决方案。

此次审查结束时,协理副校长或其指定人员将准备一份书面报告,包括事实的调查结果和建议的最终处理方案,并将报告的草案送至当事双方,给当事双方在14个日历日之内补充书面说明或答复的机会。根据双方的说明和答复,协理副校长或其指定人员可以修改调查结果或建议的最终处理方案。协理副校长或其指定人员将提出最终决定并撰写最终报告。最终报告将被送至当事双方,且将包括他们的书面答复和说明。

7.2.3 大学关于(禁止)在工作场所吸毒和饮酒的规定

为了强调哈佛大学对其员工健康和福利的关注,并确保哈佛全体师生遵守联邦《工作场所无毒品法案》(1988)和《学校与社区无毒品修正法案》(1989),哈佛大学制定了(禁止)在工作场所吸毒和酗酒的规定。违反这些政策或违反有关管制物品或酗酒的法律所受到的处罚范围包括警告直至从大学永久开除,根据违反的严重程度和违反政策给大学师生健康或大学实现其教育使命所带来的负面影响的程度而定。地方、州和联邦有关吸毒与酗酒法律的详细信息,可向哈佛大学总法律顾问办公室索取。

此规定适用于哈佛每一名员工,包括临时员工和少于一半工作时间的员工。

7.2.3.1 管制物品

员工在工作场所不可以服用、制造、分发、调配或使用管制物品;工作场所包括哈佛大学提供的车辆,哈佛大学员工履行其大学职责的任何工地或场所,或开展任何其他哈佛活动的所在地。常见的管制物品包括但不局限于可卡因、大麻和海洛因。

根据哈佛的规定和联邦、州和地方法律,大学将给予违反者以纪律处分。此类纪律处分包括:作为复职或继续聘用的前提条件,符合要求地参加滥用药物治疗、辅导或教育项目;停职;终止聘用;移交司法机关。

举报要求:《工作场所无毒品法案》要求参与或承包联邦资助活动的员工,根据有关工作场所毒品犯罪的法律,向相关的联邦机构举报。为了确保哈佛大学遵守此联邦法律,员工必须在确认在工作场所违反管制物品法律的事件发生后5日内,向其主管领导、部门领导、院长、副校长或人力资源负责人汇报此事。在获知参与联邦资助或合同工作的个人定罪后的10日内,哈佛大学应通知相关的联邦机构。获知定罪通知后,主要负责人应立即联系他们所属的人力资源办公室。

7.2.3.2 含酒精饮品

哈佛大学遵守马萨诸塞州法律,禁止21岁以下人员消费、拥有和销售含酒精饮品,或向21岁以下人员提供含酒精饮品服务。

大学禁止所有员工在工作时间或工作场所饮酒或处于醉酒状态(下列情况为特例不被视为违反此政策:员工在工作时间或工作场所参加被认可的社交活动时合理饮酒,且在此情况下饮酒是被允许的)。任何情况下哈佛大学禁止其员工在饮酒或醉酒时驾驶哈佛车辆或操作设备。当违反哈佛政策时,饮酒不构成从轻处罚的情节因素。

所有副校长、院长和行政部门负责人有权也有责任在他们负责的领域内管理饮酒,要求采取措施确保在活动中酒类饮品只提供给符合法律饮酒年龄的人员。主办此类活动的人员必须采取合理的措施以确保酒精类饮品的取得、分配、消费符合相关法律和大学的政策。

7.2.3.3 其他大学资源

滥用药物对健康有潜在危害。鉴于吸毒与酗酒所带来的巨大健康威胁,哈佛大学为其成员提供了解和解决吸毒与酗酒问题的帮助。哈佛大学员工可以通过大学健康服务项目的福利与健康宣传办公室、哈佛大学员工援助计划了解滥用药物的危害,并获得关于治疗与咨询的信息。关于更多的资源信息,员工可以参考哈佛大学警察部门的宣传册《安全娱乐》,或联系人力资源办公室。这些项目与办公室是哈佛大学维护其无毒品工作场所的努力的一部分。此外,大学任何成员可以在紧急情况下全天24小时使用大学健康服务项目。

更新于:2007年11月15日

7.2.4 工作关系(以前为:聘用亲属)

7.2.4.1 聘用直系亲属或家庭成员

此政策中的概念与定义:

A. 直系亲属包括丈夫和妻子,儿子和女儿(包括继子女),孙子/女,女婿和儿媳,父母(包括继父母),祖父母/外祖父母,岳父岳母/公婆,兄弟姐妹(包括继父母所生兄弟姐妹);和兄弟姐妹的配偶。

B. 家庭成员包括与员工长期共同居住的个人。

哈佛大学认为,直系亲属或家庭成员可以在同一部门或单位工作。但是,为了公平和避免偏袒或潜在的利益冲突,任何员工不得直接或间接发起或参与其直系亲属、家庭伙伴或家庭成员直接利益相关的决定中。这些直接利益包括但不限于聘用、薪酬与薪酬调整、晋升与工作分配。

任何人员不得在以下情况下受聘用：其直属领导是其直系亲属或家庭成员，或，在日常工作中，其直系亲属或家庭成员决定或在很大程度上参与决定其直接利益。在适用此条款的情况下，如果部门足够大，员工直接利益与工作监管可以不由其直接亲属或家庭成员参与、决定，聘用以及其他有关聘用的决定不必遵守此规定，可视具体情况而定。

在一些情况下，员工的直系亲属或家庭成员不宜查看或履行与保密记录相关的职责。例如，通常情况下，任何人不宜查看其直系亲属或家庭成员的行为记录。

虽然那些负责招聘和任命的人员一般负有确保遵守此政策的责任，那些（或有可能）与直系亲属或家庭成员一起工作的员工，对可能与此政策产生冲突的情况负有特别的责任。

希望推荐直系亲属或家庭成员在校工作的员工应让直系亲属或家庭成员与人力资源部门联系。大学所有部门的聘用中，此政策的例外情况需相关院长或副校长的书面批准。

如员工对此政策有疑义，应与他们所属的人力资源办公室或员工关系与政策办公室联系。

7.2.4.2 恋爱关系

当恋爱关系中的双方处于上下级的职位时，处于上级职位的个人不能监管或评价恋爱关系中的另一方。相应地，处于上级职位的个人必须通知其所属人力资源部门并对此情况作出评估，并另行作出监管或评估安排。

关于恋爱关系一些学院或部门可能制定了更为严格的政策，此政策不可代替学院或部门政策。

7.2.5 利益或承诺冲突

全校员工在履行其工作时有重要的守信责任。履行这些责任的关键在于员工在履行职责时其个人利益与大学利益不存在或不出现任何冲突。为此，哈佛大学同意利益冲突政策声明中所列原则，该声明已于1975年获得通过，哈佛大学董事会成员、大学副校长、副财务主管和助理财务主管需遵守。

7.2.5.1 利益冲突

当个人对大学的承诺可能会对个人利益造成损害时，即存在利益冲突。员工应避免出现利益冲突，因为这样的情况或活动会干扰他们做出符合大学最佳利益的判断。

此外，在被哈佛大学聘用期间，员工也不应利用大学的财产或其他资源，包括时间，以实现其个人利益或开展个人活动。

7.2.5.2 承诺冲突

这项政策的目的不是限制那些合理的且员工和其领导已达成共识的专业和社区惠民活动，这些活动反映了大学的积极参与。主要有利于员工个人的、个人获得酬劳的外部活动，应在雇员的个人时间内进行。在某些情况下，累积休假或个人时间可以用于此类缺勤。

个人获得酬劳的咨询活动或其他外部工作不应在大学工作时间进行。不允许在对外提供咨询服务或其他工作中使用大学资源。这些资源可能包括但不限于办公设备、日用品或辅助人员。这类活动不得使员工从其大学的职责中分散注意力，或消耗时间或者创造性的能量，妨碍或可能妨碍员工履行对大学的责任。

7.2.5.3 大学信息

《技术信息系统政策》提供指导，避免大学信息资源的所有权和使用上产生冲突。

7.2.5.4 与第三方的关系

员工要特别注意，当第三方因来校履行职责时与员工有所接触，员工应确保与第三方保持正确的关系。第三方可能包括但不限于商品和服务的供应商和潜在的学生。必须避免在与第三方接触中产生个人利益。此类活动会出现无意义的商业目的，且会产生利益冲突。

7.2.5.5 披露和解决办法

在参与活动之前，每个员工有责任与其主管、人力资源负责人和/或部门负责人讨论可能产生利益冲突或承诺冲突的任何事项。员工应避免参与上述活动，直到确定是否存在利益冲突或承诺冲突且该问题完全解决。例如，解决办法可能包括停止活动、工作职责的变化或改变时间或工资。所有披露的情况及决议内容应记录，且记录的副本将保留在个人的人事档案中。

未能披露可能的利益冲突或承诺冲突或拒绝停止活动，如这些活动被确定为与大学的最佳利益相冲突，可能会导致纪律处分直至终止聘用。

欲了解更多信息，请查询教务长办公室网页上的相关政策。

更新于：2007年12月6日

7.2.6 信息安全与隐私政策

信息资源是大学的重要资产。所有使用或提供信息的员工有责任维护和保护这些资产。员工应慎重使用这些信息，从伦理的角度考虑他人，员工应被告知他们有责任保护他们负责的信息资源。

7.2.6.1 大学信息

大学信息可被广泛地划分为以下三类：

A. 公开产生的信息或拟公开的信息；

B. 为了大学内部使用而收集或产生的信息；

C. 与大学学生、教职员个人有关的保密信息。

员工在工作中所产生或维护的信息不属于他们个人，而属于大学，大学委托员工保管这些信息。保管大学信息是保管人和监管人的责任。管理人员应采纳、公布并实施安全措施和程序以保护此类信息的保密性。对于不予公开的大学信息，每人都必须保护其保密性。大学员工不能出于个人目的使用这些非公开的大学信息，也不能阻止大学合理使用这些信息。

监管人和保管人对与个人身份识别相关的机密信息应特别保护，如学生的经济资助、分数和学术评估，员工的工资和工作测评，家庭信息和医疗记录。必须给予此类信息最严格的保护，只有负有职责的人才被赋予查看此类信息的权利。此外，公开学生的相关信息受联邦法律《家庭教育权利和隐私法案》的限制。

关于使用大学信息的规定，请见记录管理办公室网页。

7.2.6.2 隐私、获取途径、保密及系统安全

为了实现大学教育、科研、服务的使命，哈佛大学成员可进入和使用哈佛大学计算机系统、通信和网络链接。哈佛大学的技术资源包括电子邮件、电话、语音信箱、电脑硬件和软件、互联网和校园计算机网络。所有哈佛大学购买的技术资源和它们的组件或外围配件均为大学财产。对这些资源的访问仅限于被授权的使用者和被批准的用途。使用者不得在大学拥有的电脑上安装个人出资购买的电脑外围设备和软件，在其监管人没有特别批准的情况下，不得在哈佛大学的网络上使用个人电脑。所有使用者都有责任以高效、符合伦理和法律的方式使用这些资源。此政策不是为了限制出于学术、研究、教学或其他学术追求的目的而使用技术，政策应符合各院系和适用法律中的规则及规定。

7.2.6.3 隐私权/管理层获取信息的权利

员工对其在哈佛大学的电脑、网络、通信系统中所创建、存储、发送或收到的任何内容，都不能期望或拥有隐私权。尽管许多员工都有个人计算机或计算机账户，员工可能会偶尔出于个人目的使用大学技术信息系统，哈佛大学最终拥有系统和内容的所有权和获得权。允许出于个人目的偶尔使用大学资源，只要这种使用不干扰工作、显著占用工作时间或资源、干扰其他

员工的活动，或以其他方式违反这一政策、员工本单位规定或其他的大学政策。管理人员或其他被授权人员出于公务目的可能会在任何时候查看电子文件、电子邮件、数据文件、图片、软件和语音邮件。可能会通过系统使用者要求或安排查看，但这不是必需的。

7.2.6.4　大学保密规定

大学员工在履职过程中创建、维护、访问或存储的记录或信息可能包括机密和/或专有内容。鉴于这些信息的敏感性，必须维护、判断和尊重这些信息，以保护个人隐私和大学的利益。每一位员工负责组织和控制对其办公室创建或维护的信息和数据的访问。在有限的、需要了解的基础上，信息可以共享或被浏览，同时要考虑和尊重他人。除了这些大学保密要求外，还有许多政府法律和法规要求对特定类型的数据予以保密。

7.2.6.5　访问途径和系统安全

哈佛大学为每一位员工分配一个唯一的哈佛识别号（HUID）。该号码不是员工社会保障号码，也不是身份证号码。哈佛识别号用于在多个哈佛系统中识别员工，提供系统和设施的访问权限，授予执行各种功能的权限，以及验证员工身份。例如，哈佛识别号用于哈佛员工的身份识别卡（ID卡）上。员工也可以使用其哈佛识别号获得一个个人识别码密码（PIN）。哈佛识别号和个人识别码密码相结合可以访问信息技术资源和大学的许多系统，因此应小心保护。未经特别许可，不应在大学外共享哈佛识别号，不应在任何情况下共享密码。各单位可能出于其他目的提供额外的身份识别号。

鉴于哈佛识别号决定各系统的访问权限，及其与哈佛人力资源信息系统（PeopleSoft）中个人身份的关系，因此在人力资源信息系统中的所有数据都必须保持为最新数据，尤其是与聘用状况相关的数据。保持这个数据为最新状态的责任在员工所属单位。员工所属单位也有责任确保基于员工的当前职位维护每个系统（例如，PeopleSoft，Oracle）的访问权限。

技术信息系统的所有授权使用者有责任采取行动保护这些系统以及他们可能访问的大学数据的完整性。根据部门信息系统专家的指导，所有使用者应使用与系统安全性一致的当前最佳办法（以实现上述保护）。使用者应被告知并遵守指令，包括大学和个人识别号码的使用、软件安装、远程接入、网络安全、病毒防护、垃圾邮件管理、备份程序和其他技术惯例。州和联邦法律禁止未经授权访问计算机和电信系统。禁止对设备、记录等进行未经授权的访问以及试图获得未经授权的访问。

必须特别注意确保合法使用大学软件，并遵守《数字千禧年版权法》。所有软件均受版权保护。大学获得使用特定软件的许可，且只能根据软件许可条款使用该软件。禁止未经授权复制、删除或转让被许可软件。大学获得许可的软件只能在为大学公务且大学所获许可允许的情况下在家用计算机上复制和使用。违反大学软件许可或版权规定的员工要对大学负责，也可能对许可发行者或版权持有者负法律责任。

禁止将大学技术资源用于任何非法活动。

7.2.6.6 附加信息

大学技术资源不得用于游说（政府关系、社区及公共事务副校长办公室授权的大学官方游说活动除外）或政治竞选活动。此外，除非适用的大学政策另行允许，此类资源不得用于私人业务或商业活动。

院系和部门可以制定更多不与此政策相抵触的单位具体政策作为此政策的补充。大学员工有责任熟悉大学和院系/部门的政策。

关于使用哈佛域名及其他相关事项的信息，请参阅哈佛名称和徽章的使用政策。

7.2.6.7 违反本政策

任何违反本政策或适用的地方、州和联邦法律的行为将受到调查和/或纪律处分，直至终止聘用，或在适当的情况下，转交至州或联邦执法机关。有关本政策的任何问题，应直接联系人事办公室或员工关系与政策办公室。

7.2.6.8 员工遵守《数字千禧年版权法》

通过尊重哈佛大学网络系统能够访问的作品的版权保护，哈佛大学遵守联邦《数字千禧年版权法》。这些作品包括但不限于以下内容：音乐、电影、电视节目、软件、照片、视频制作和任何受版权保护、可以用电子方式传送的档案或文件。

1. 安装软件以促进版权保护资料的交换

哈佛明确禁止使用哈佛网络进行非法活动，包括侵犯版权。哈佛大学也禁止大学员工在大学计算机上安装软件，这些软件通常用于在未经特别授权的情况下在大学计算机上共享版权保护资料（例如，这些软件包括对等网络文件共享软件）。员工违反此政策将受到纪律处分，包括警告、无薪停职直至解雇。此外，员工也可能会受到民事或刑事处罚。如果需要使用此类应用程序来执行分配到的工作职责，则必须由学校或部门的台式计算机或网络支持人员检查该软件应用程序，以证明其使用不会对网络安全造成威胁。

例外：版权所有者允许或在版权法允许或豁免的情况下，个人基于职务（如研究、教育和医疗诊断）提出的出于合法目的、依法使用版权保护资料是被允许的。此类使用不被视为违反本政策。

2. 使用大学网络下载或传播版权保护资料

未经版权所有者许可,任何员工不得使用大学网络或其他资源下载或传播受版权保护的资料,除非根据版权法规定,允许合理使用或适用其他豁免条款。

3. 违反本政策

在第一次证实违反这些规则的情况下,除非确定该工作人员没有过错,否则该工作人员将被要求签署知晓有关政策及其后果的声明。第二次,即再次侵权的情况下,除非确定该工作人员没有过错,该工作人员的计算机和网络访问将被终止。如网络的使用是员工有效履行所在职位职责的必要条件,则再次侵权的后果可能会导致终止聘用。

7.2.7　合理使用员工的时间

员工被聘用去完成与大学的教学、科研和行政职能直接相关的工作,因此,要求员工从事与其基本职责和责任无关的个人工作或服务将与哈佛大学的政策背道而驰。

更新于:2004 年 9 月 14 日

7.2.8　吸烟规定

7.2.8.1　引言

哈佛大学认为吸烟对吸烟者的健康造成危害,且对健康的不吸烟者而言,被动吸烟是导致疾病包括肺癌的诱因。简单地将在同一空间内的吸烟者和非吸烟者分开,可能会降低但并不能消除不吸烟者暴露于含有烟草的烟雾环境中。这适用于所有的吸烟产品,即香烟、雪茄和烟斗。制定此政策以保护所有人免于暴露于含有烟草的烟雾环境,并确保安全的工作环境。

7.2.8.2　政策声明

整个工作场所的所有设施和区域内均严禁吸烟。哈佛大学任何工作场所均禁止吸烟,包括所有公共的工作区域、电梯、走廊、大学拥有或租赁的车辆、卫生间、餐厅或就餐区、员工休息室、会议室和会谈室和工作场所中的其他封闭区域。本政策适用于所有教职员工、顾问、承包商和访客等。

7.2.8.3　程序

哈佛大学强制要求所有哈佛员工及访客遵守无烟政策。违反本政策的员工将受到纪律处分,直至终止聘用。哈佛大学不会因任何员工或申请者采取任何行动以促进这一政策的执行而解雇、拒绝聘用或拒绝晋升他们,或以任何方式打击报复此员工或申请人。

7.2.8.4 问题/投诉

各人力资源办公室按照各学院或部门既定的程序处理与本政策相关的投诉。员工关系与政策办公室和劳动关系办公室的工作人员也可以回答有关吸烟政策的问题或疑虑。

7.2.8.5 戒烟机会

哈佛大学鼓励所有吸烟的员工戒烟。哈佛大学员工援助计划可以为您提供戒烟资源的联系信息,并为那些希望戒烟的员工提供自助材料。有关这些服务的更多信息,请联系哈佛大学员工援助计划办公室。

更新于:2008年12月8日

7.2.9 应急人员政策

7.2.9.1 紧急事件类型

"紧急事件"被定义为:可能危及员工和其所服务社区的健康、安全和福利的事件。紧急事件的实例包括以下情况:

国家安全威胁等级提高到严重等级(红色等级);

因恶劣天气、人为或自然灾害导致的、国家宣布的紧急情况;

促使大学宣布关闭或民政部门要求人们不出行的任何其他严重的情况。

7.2.9.2 哈佛大学紧急救援小组和全校范围关闭校园

如果国家安全威胁等级提升至严重等级,或任何其他紧急情况,哈佛大学紧急救援小组将决定全校范围关闭校园是否必要。

由紧急情况导致的官方校园关闭的通知将通过哈佛新闻办公室传达。此外,紧急情况下关闭校园的通知也可以通过其他渠道获得。

7.2.9.3 应急人员

被指定为应急人员的员工是:

承担对工作团队的运行至关重要的职位;

无论是否存在紧急情况,都被要求到场;和

必须到场使得关键的服务得以继续,保护大学人员和/或物理设备的安全和福祉,并为必需的工作提供支持。

每一个学院或单位应指定其应急人员,在任何情况下他们都将被要求来上班。在国家安全威胁等级提高到严重等级时,每一个学院或单位应根据哈佛大学紧急救援小组应对此紧急情况的计划,指派应急人员。

即使由于天气、安全或建筑突发事件等原因导致很难去工作或居家办公,大学通常会保持开放。

7.2.9.4 各部门

各部门可以申请建立因故请假制度,非应急人员在缺席的情况下也会得到薪酬。

如果部门无因故请假制度,非应急人员如果认为往来工作地点或继续工作不安全,建议允许他们使用积攒的事假或假期。

7.2.9.5 补偿

如果大学紧急救援小组宣布大学关闭,在关闭期间内,所有非应急人员应按照其常规工资获得报酬。在关闭期间,应该工作的应急人员将按照其常规工资获得报酬,除非他们未能工作。

各部门可视情况自行提高上述报酬。

更新于：2007 年 11 月 15 日

7.2.10 标准工作周

7.2.10.1 标准工作周

1. 豁免员工[①]

免于受到《公平劳动标准法》(FLSA)限制的豁免员工(管理人员、行政人员和专业雇员),应努力完成分配给他们的任务。

2. 符合加班条件的非谈判机构员工

由于大学运行的性质和复杂性,各学院和部门设置常规的工作时间。通常情况下,符合加班条件的非谈判机构员工的常规工作时间是每周 35～40 小时。为了便于计算工资,大学标准工作周始于周日凌晨 12:01,结束于下周六午夜 12 点。

7.2.10.2 用餐和休息时间

1. 豁免员工

不受《公平劳动标准法》(FLSA)限制的豁免员工(管理人员、行政人员和专业技术员工),有责任完成分配给他们的任务。当豁免员工工作了 6 个小时以上,员工必须有 30 分钟的用餐时间。

---

① 美国《公平劳动标准法》的一项主要宗旨是确保美国的工人享受最低工资的保护,法律规定雇主必须保证雇员的最低小时工资,并且如果雇员每周工作超过 40 个小时,雇主必须为超过的时间向雇员支付合理的加班工资(通常是 1.5 倍的工资)。于是,在办公场所形成两种不同的员工：豁免员工和非豁免员工。这两种类别的员工的关键区别在于豁免员工得到的是固定的周薪、双周薪、月薪或年薪,无论他们在固定的时间或一周或一个月内工作多少小时(即他们豁免于受到《公平劳动标准法》关于加班规定的限制),而非豁免员工的薪水是按照小时计算的(即他们的工作时间要受到《公平劳动标准法》的限制)。如果非豁免员工一周工作时间超过 40 小时的话,雇主需要支付加班费。

2. 符合加班条件的非谈判机构员工

符合加班条件的非谈判机构员工，通常可以得到一个小时无薪酬用餐时间。该时间段不被视为工作时间。

当符合加班条件的非谈判机构员工工作6个小时以上，他或她必须有机会得到至少30分钟的无薪酬用餐时间。

各部门在其自由裁量权内建立自己的休息时间政策。短暂的休息期间（不超过20分钟）算作工作时间且不可累积。

更新于：2007年12月6日

7.2.11 灵活的工作时间表

大学允许灵活的工作安排，各部门负责人或其指定人员有自由裁量权。

在所有情况下，员工或主管均可提出要求或制订一个灵活的工作时间计划；然而，批准与否最终由管理层裁量。

更新于：2007年11月15日

7.2.12 禁止报复政策

7.2.12.1 政策声明

当哈佛大学成员真诚地表达担忧，寻求建议，提起投诉或申诉，寻求人力资源部门的援助，在调查中提供证明或参与调查、投诉审查、诉讼或听证会，或反对实际或察觉到的违反哈佛大学政策的行为或非法行为时，哈佛大学明确禁止任何人针对大学成员采取任何形式的报复行动。

7.2.12.2 政策的理由

哈佛大学鼓励举报不法行为，社区成员必须免于担心受到报复以支持该行为。此外，大学有责任保护其员工免受非法报复，本政策明确规定，报复行为将不会被容忍。

7.2.12.3 受本政策影响的部门

大学的所有部门；

大学的所有成员，包括教员、学生、职员、承包商和官方访问者。

7.2.12.4 谁应该阅读本政策

大学社区的所有成员（参见以上第3条）。

7.2.12.5 相关文件（略）

7.2.12.6 联系方式

事由：政策或程序的澄清；

办公室名称：劳动和员工关系办公室。

7.2.12.7 定义

输入短语(按字母顺序排列)	定义
自称受害者	自称是报复行为对象的个人
适当的(举报违规行为的)办公室	举报违反本政策的报告,可递交至: (1) 主管领导 (2) 管理人员 (3) 部门主任 (4) 所在部门的人力资源办公室 (5) 员工关系与政策办公室 (6) 劳动关系办公室
合适的大学决策者(见 7.2.12.10)	通常情况下是有关单位的负责人,如院长或副校长。但也可以是部门主管或领导,视具体情况而定
恶意	明知虚假或恶意意图
诚意	主观的真诚信念
调查员	被指定对报复行为举报进行调查的人。通常情况下是人力资源部门的工作人员
举报者	报告报复行动的个人。可能是也可能不是自称的受害者
报复行为	在本政策中指任何形式的恐吓、威胁、胁迫、歧视或报复

7.2.12.8 责任

当事方	责任内容
大学的所有成员	(1) 了解本政策 (2) 遵守本政策 (3) 向适当的办公室举报违反政策(的人或事) (4) 配合对任何投诉的调查
接到投诉的相关办公室	(5) 向所在部门的人力资源办公室、大学人力资源办公室或劳工关系办公室汇报投诉,以便进行调查 (6) 酌情协助或参与调查
所在部门的人力资源办公室、员工关系与政策办公室和劳动关系办公室	(1) 咨询以确定负责调查办公室 (2) 开展调查 (3) 记录调查结果

7.2.12.9 原则

大学遵循四个核心价值观：尊重、诚信、责任、卓越。这些核心价值观支撑并推动大学的教育和研究使命，并应在哈佛大学所有成员身上得到体现。

成功的大学建立于开放的文化和自由交换意见的基础上。这种开放和自由带来责任——我们应成为我们所赋予的资源的最好的管理者。因为我们的声誉，以及建立于声誉之上的信任和卓越，是我们最重要的资产，我们有神圣的责任去保护它们。本政策确保提出伦理、道德以及法律问题，而不必担心被报复。大学希望所有社会成员对自己的行为负责，并鼓励成员提供信息，这些信息是他们可能已经意识到的潜在或实际违反大学政策或任何法律或法规的行为，而大学是这些行为的损害对象。本政策禁止对潜在或实际不当行为的善意举报而采取报复行动，并支持对这些行为的举报。

7.2.12.10 程序

举报报复行为	任何个人如果认为自己或大学的其他成员已经或正在受到报复行动（的侵害），应该向以下（人员/部门）做出口头或书面报告： （1）主管领导 （2）管理人员 （3）部门主任 （4）所在部门人力资源办公室 （5）员工关系与政策办公室 （6）劳动关系办公室
回应初次举报	举报者从上面的列表中选择并向其认为最适合他们的办公室或个人汇报。如果收到初次举报的办公室不是上述办公室中的任何一个，接到举报的办公室及报告人可以共同决定应联系哪个办公室，及谁来联系； 所有举报都必须送达上述人力资源办公室中的一个。
调查	上述确定的人力资源办公室将指定一位调查员。一般来说，调查员将与自称受害者共同确定最初的调查步骤。 调查应以公平、均衡的方式进行，其目的是客观地查明发生了什么事情。出于保密的目的，调查的所有信息将严格限于需要知道的人员。

(续表)

	调查员会记录调查及所得出的结论,也可能对适当的大学决策者提供人事方面的建议。
违反本政策的后果	任何人被发现其有报复哈佛大学任何成员的行为,将受到纪律处分,直至解雇。如果违反者不受大学的管理(如承包商、访客),他们可能会被禁止访问校园,以及在未来禁止与大学进行业务往来; 如有必要,本节不排除民事或刑事法律行动。

更新于:2008 年 5 月 21 日

7.2.13 举报政策

7.2.13.1 政策声明

鼓励哈佛成员向所在部门主管、财务人员、所在部门或中心人力资源人员或举报热线举报涉嫌违反法律或大学政策的行为。

大学将保护哈佛成员,使其免于因为善意举报涉嫌违反法律或大学政策的行为而受到报复。

7.2.13.2 政策理由

鼓励哈佛所有成员举报涉嫌违反法律或哈佛大学政策的行为。

提供举报和调查涉嫌违规行为的机制。

加强哈佛大学的禁止报复政策,确保哈佛每一位成员真诚地表达担忧,寻求建议,提起举报或申诉,寻求人力资源部门的援助,在调查中提供证明或参与调查、举报审查、诉讼或听证会,或反对实际或察觉到的违反哈佛大学政策的行为或非法行为。

7.2.13.3 本政策所涵盖的实体/个人

A. 大学所有部门

B. 大学的所有成员:

教师,包括高级、初级及访问教师;其他领取工资及不领取工资的学术雇用人员,包括博士后、研究员和助教;工作人员,包括领取固定工资的和按小时领取工资的员工;学生;承包商,包括独立承包商;外部顾问;通过外部就业机构雇用的工人;通过服务供应商在校内工作的工人;官方访问者;志愿者。

7.2.13.4 举报程序

1. 鼓励员工(工作人员或教师)出于善意将其怀疑的违反法律或哈佛政策的行为及时报告给他/她的主管领导、当地官员或本部门或校级人力资源工作人员。

2. 哈佛的任何成员(定义见本政策所涵盖的实体/个人部分)如果对向主管领导或相关大学官员报告涉嫌违反法律或哈佛政策的行为感到不安,可以通过举报热线报告。举报热线是一个独立的匿名汇报程序,通过24小时免费电话或网络系统协助记录相关举报。

3. 哈佛的成员如怀疑有违反法律或哈佛政策的行为,不应直接指控或亲自调查此事;应与其主管、当地官员、部门或校级人力资源工作人员或此政策提供的举报热线讨论此事。

4. 主管领导或其他大学官员收到员工提出的举报,应及时联系风险管理和审计服务办公室主任,确定接下来的步骤,除非其他适用的大学政策提供了更多的程序(例如,包括但不限于性骚扰政策或禁止歧视政策和审查程序)。

7.2.13.5 相关政策

重要说明:本文件不是一个详尽的列表,未能列出哈佛大学支持符合伦理的学术、研究和业务活动的所有政策。哈佛大学的所有政策支持举报行为。

7.2.13.6 其他资源

关于这些准则和最佳做法的问题请与下列办公室联系。

1. 哈佛大学人力资源办公室,劳动关系办公室:人力资源办公室和劳动关系办公室维护举报政策,在必要的情况下,就政策的实施和相关问题提供建议与协助。

2. 大学监察员办公室:在必要的情况下,监察员向哈佛大学成员就此政策的实施和具体举报事项提供咨询和援助。

3. 大学总法律顾问办公室:在必要情况下,该办公室提供有关此政策实施及具体举报事项的咨询和援助。

4. 所属机构人力资源办公室:在必要情况下,员工所属机构人力资源办公室就此政策的实施和具体举报事项提供咨询和帮助,在此政策下,接受来自雇员(员工或教师)关于涉嫌违反法律和哈佛政策行为的举报。

5. 风险管理和审计服务办公室:风险管理和审计服务办公室为哈佛大学成员提供了一种匿名举报机制,就违反法律或大学政策的问题进行汇报,并管理、研究和解决这些问题。

6. 举报热线：在此政策下，举报热线可能会收到来自哈佛大学成员的任何关于涉嫌违反法律或哈佛政策行为的匿名举报。

更新于：2011 年 6 月 22 日

7.3 聘用要求与条件

7.3.1 法律要求

除了公布的每个职位的具体要求，以下是大学聘用的法律要求。

A. 关于未成年人的法律

雇员必须至少年满 16 岁。在遵守州和联邦法规的情况下，可能出现年龄下限的例外情况。

马萨诸塞州要求所有 18 岁以下的员工获得并出示教育证书。该证书可以从个人所居住社区的学校主管办公室获得。

适用的州和联邦法律规定，未满 18 岁的雇员不能：

（1）在一个工作周内工作时间超过 48 小时；

（2）每天工作时间超过 9 小时；

（3）早 6 点之前或晚 10 点之后工作；

（4）一次用餐时间少于 30 分钟；

（5）每 7 天中工作 6 天以上；

（6）从事危险的职业，包括但不限于涉及接触放射性材料的工作，或为运转中的危险机器加油或清洗。

B. 就业资格验证

1986 年《联邦移民改革和控制法》要求所有雇主核实 1986 年 11 月 6 日之后聘用的每一个人的身份及其在美国合法工作的资格。根据法律规定，新雇员工必须在其上班第一天工作时间结束前完成就业资格验证表(1-9)中的第一项。雇主必须在聘用关系开始后 3 个工作日内，完成(1-9)表格第二项的填写。

无法获得文件的雇员应联系其人力资源办公室。哈佛大学建议在雇员上岗前收集此类信息，以便及时收到报告所需文件。

C. 社会保障

新员工在受聘用时或随后必须立即出示社会保障号。如果雇员没有社会保障号，他或她可以到其居住的市或镇的社会保障机构办公室获得一个社会保障号。

更新于：2007 年 12 月 6 日

7.3.2 大学聘用前要求

为了促进哈佛大学的安全和保障并最大限度地减少对大学带来损失的潜在风险,可能会要求采取各种聘用前程序以完成聘用过程。

在所有情况下,在一致和非歧视性的基础上,应开展聘用前筛选。除工作技能评估和推荐审查外,只有被指定的人力资源人员可以查看聘用前的筛选结果,并可以对这一信息做出解释。

在求职过程中或申请或面试过程中的任何虚假表述是拒绝聘用、撤回聘用通知书或终止聘用的理由。

哈佛大学可以要求采用以下职前筛选程序。

1. 发出聘用通知书之前的聘用前筛查

在发出聘用通知书之前,可以在任何时间实施以下聘用前筛查程序。

(1) 聘用前职业技能评估

一些行政职位可能会要求申请人具备一定的技能,例如,熟练掌握各种应用软件。

为了确保遵守联邦和州的法律和法规,部门人力资源办公室和大学人力资源办公室的就业服务部门将对所有公开职位申请者的能力测试进行审查。测试必须在一致和非歧视的基础上进行。因此,如果一名申请人进行了测试,那么所有可能被聘用的申请人通常都应进行测试。

(2) 推荐审查

在未联系工作申请者以前工作单位的推荐人,包括可能的情况下其目前的主管领导,并且未确认其是否适合此职位前,不可发出聘用通知书。

关于谁应该审查员工的推荐信等更多信息,将在以后提供。

在审查申请人推荐信之前,申请人应按规定完成就业申请或推荐公开同意函。在推荐信审查过程中收集的信息必须与调查文件一并保留三年。

2. 有条件聘用之后的职前筛查

根据部门、学院要求,某些职位的有条件聘用信发出之后,哈佛大学可能要求额外的职前筛查程序。在所有情况下,职前筛查必须在一致和非歧视的基础上进行。

如果此职位要求进行聘用前筛查程序,应作为聘用条件在职位宣传中清楚表述:

此聘用前筛查可能包括:

(1) 医疗检查;

(2) 社会保障号验证;

(3) 信用验证;

（4）药物测试；

（5）犯罪记录背景审查。

更新于：2007 年 12 月 6 日

7.3.3 聘用类型

7.3.3.1 常规聘用

常规聘用员工工作期限应超过 90 天，每周工作 17.5 个小时或更长时间，且/或每年获得的工资至少为 15,000 美元。聘用时间超过 90 天，但聘用时间一般少于两年的员工为指定期限员工。指定期限的聘用可能会延长。

常规聘用的员工获得目前哈佛大学提供的完整的福利待遇。

按照大学职位公布与公开政策，所有常规聘用的职位必须公开公布。

7.3.3.2 少于一半工作时间的聘用

少于一半工作时间的员工每周工作时间少于 17.5 小时。

7.3.3.3 临时聘用

临时聘用的员工在某一职位的工作时间通常少于 90 天（如果临时接替一位休假的常规聘用员工，工作期限为 6 个月）。

7.3.3.4 延长聘用的非全职员工的福利和补贴

延长聘用的非全职员工是指在之前的 12 个月中被哈佛大学至少聘用 9 个月且在给定的哈佛财政年度中至少工作 360 小时的临时聘用人员或少于一半工作时间的人员。延长聘用的非全职状态由劳动关系办公室根据上一财政年度决定。

7.3.3.5 同期聘用

大学可能偶尔会聘用一个人在多个部门从事相互兼容的工作。首先聘用该员工的部门，或聘用该员工大部分时间的部门，被认为是该员工的"本职工作部门"。

在特殊情况下，非全职员工或少于一半工作时间的员工可能工作在可以加班的位置，且在该职位上加班是合法的。一般来说，这种情况持续时间有限。在所有情况下，都应事先与所在部门人力资源负责人和员工关系与政策办公室进行讨论。

如果在两个职位中的一个职位上加班是符合规定的，将按照公平劳动标准支付该员工工资。

7.3.3.6 学生聘用

任何兼职职位都可以聘用学生，无论是短期或长期的职位。获得勤工俭学资助的哈佛学生在学年期间每周工作不得超过 20 个小时；在暑假期间，他们可以每周工作最多至 40 个小时。

鼓励各部门聘用哈佛大学学生。

7.3.3.7 被支付酬劳的合作项目学生和实习生

在大学认可的、正式的合作项目或大学认可的实习项目（其他学院、大学或正式的培训计划）中工作的本科生通常通过哈佛大学的工资支付系统获得酬劳。实习生和合作项目学生必须完成在职培训方可顺利完成学位或证书要求。合作项目学生和实习生一般不能获得福利，从2005年7月1日起，他们无权获得带薪休假、带薪节假日或带薪病假。

通常情况下，合作项目学生和实习生的工资水平应在与其职责相当的员工工资的范围内。

更新于：2008年9月12日

7.3.4 公布和公开职位

哈佛大学招聘政策包含三个同等重要的目标：

1. 确定和吸引合格的申请人，包括对少数族裔、妇女、残疾人士、越战退伍军人和伤残军人的招聘；
2. 鼓励在任何聘用决定中充分考虑合格的在职员工，特别是服务期限较长且在过去两年内因裁员而面临或已经失去职位的员工；
3. 鼓励现有员工的职业发展。

7.3.4.1 申请人的定义

申请人是指直接申请某个特定的公开职位，或被哈佛大学（通常是部门人力资源办公室）考虑承担特定职位的人员。

7.3.4.2 发布职位

一旦确定存在职位空缺，应立即将所有常规的非教学岗位列入哈佛人力资源部的聘用服务系统。这是通过在哈佛大学的网络招聘管理系统（ASPIRE）上发布职位来完成的。

为了遵守平权行动计划的汇报要求，所有申请人直接通过ASPIRE正式申请工作。

7.3.4.3 首次聘用日期

行政和专业工作人员以及非谈判机构的辅助人员的工作空缺，在职位发布后的10个工作日内不能发出聘用通知。工作开始日期不得早于发出聘用函的日期。

在可能的情况下，职位空缺公开的时间应超过所要求的最低天数，以便根据大学平权行动法案计划，为招聘合格的少数族裔、妇女、残疾人士、越战退伍军人、伤残军人留有更多的时间,为合格的内部候选人提供充分考虑的时间。

更新于:2010年2月2日

7.3.5 人事档案和查询请求

7.3.5.1 人事档案

1. 员工提出查询请求

员工人事档案由员工所属人力资源办公室或部门办公室和人事记录/员工认证办公室负责维护。员工可以通过向所属人力资源办公室递交书面申请查阅或获得一份自己档案的副本,或通过致电人事记录/员工认证办公室并亲自去该办公室获取一份大学记录的副本。

收到员工要求查看或获取人事档案副本书面请求后的5个工作日内,雇主必须满足其要求。

2. 外部请求

在回应外部查询要求时,依据员工人事档案发布的信息通常只限于工作职位和聘用日期。如果按照法律规定或适用的合同或拨款的审计规定,可能会公布更多信息。员工可以通过向个人档案办公室或所属人力资源办公室递交书面请求,要求其发布额外的信息(如为银行、信贷或就业提供参考信息)。

员工可以在所属人力资源办公室的个人档案中存放推荐信或其他材料,这些材料可以作为就业参考。

7.3.5.2 就业证明

应直接向个人档案办公室提出开具就业证明的申请。如前所述,该部门只核实职务名称和聘用日期,除非员工书面授权可以公布其他信息。

更新于:2010年6月9日

7.3.6 资助外国公民

虽然哈佛大学有时会选择聘用外国公民,但从国内市场招聘那些在美国已有工作资格的人员,符合大学的一般公共政策利益。然而,大学发现很难从国内市场聘用人员以填补职位空缺时,已制定相应程序来允许这些特殊情况,允许通过资助专为特殊职业设计的特殊专业人员/临时工作签证(H-1B)招聘人员。

如果哈佛大学某部门要求使用特殊情况下的特殊专业人员/临时工作签证资助,该部门将被要求提供证据,证明其已经努力从国内市场招聘人员。这通常包括在适当的劳动市场、在全国层面上进行十分认真的招聘努力。

嘉惠加拿大及墨西哥人的 TN 签证是一个临时非移民签证类别，必须每年续签，并要求签证持有人拥有境外永久居留权。因此，这些签证不适用于永久职位。

更多信息请参考哈佛大学国际办公室网页。

更新于：2007 年 11 月 15 日

7.3.7 志愿者

年满 18 周岁的个人可以志愿在大学活动中提供服务或贡献时间，但需要遵守《公平劳动标准法》的要求。无论出于何种目的，这些志愿者个人都不被认为是哈佛员工。志愿者无权获得大学福利或劳工赔偿。负责人、管理者在安排志愿者服务之前应向人力资源办公室咨询，确保这些人员被正确地归类为志愿者。

志愿者身份不可以作为一种手段用来规避或推迟遵守 1986 年移民控制法中关于就业资格证明的要求。

有关志愿者的其他信息，可以在大学总法律顾问办公室网站上的常见问题处找到（请注意，不是所有人都有权访问此网站）。

更新于：2007 年 11 月 15 日

7.3.8 解聘

7.3.8.1 请辞

主动辞职的员工须提前至少两周向上级提交申请，并且视情况而定，可能需要更长的通知时间。员工应尽快提交辞呈并说明最后工作日。一旦员工上交辞呈，部门则可以开展对该职位的招聘工作。

7.3.8.2 任用期满

大学内有一些员工的聘期仅为某段特定时间（如学期聘用、项目聘用等）。聘期终止日期明确以及不再续约的员工应及时得到提前通知。这样的解聘不用经过审核，除非员工认为不续约的决定具有歧视性。

聘用期满的员工不享受任何形式的遣散费和裁员补偿。在指定日期前结束聘用的任何员工（工作表现不令人满意等原因而解雇的情况除外）都有资格获得遣散费和补贴，以继续享有医疗保险和牙科保险。任何例外情况都应事先与人力资源负责人讨论。

7.3.8.3 工作表现不理想

因工作表现不理想，可能会被终止聘用。通常，采取任何此类聘任终止前都应经过过错改正过程（请参阅第7.9.3条）。此类终止可能会受到核查（请参阅第7.9.2条）。

7.3.8.4 失职行为

失职行为可能会导致终止聘用关系，失职行为可能包括但不限于过度拖延和旷工、违反大学政策和程序、不服从上级安排、捏造或伪造信息或不诚实行为。在许多情况下，在聘用终止之前采取过错改正过程是适当的（请参阅第7.9.3条）。但是，某些严重的失职行为可能会导致在没有事先警告的情况下立即终止聘用。此类行为包括但不限于：盗窃、酗酒或其他违反大学关于工作场所毒品和酒精规定的行为，侵犯或殴打、人身暴力或暴力威胁，故意伤害其他员工，将武器带入大学，不服从上级安排，伪造或不当修改记录，违反保密规定或故意破坏或盗窃大学财产。在此情况下，终止聘用之前，应咨询人力资源办公室。被解雇人员有权对终止聘用进行审核（请参阅第7.9.2条）。

7.3.8.5 专业执照或证书失效/缺失

无法满足和/或维持必要的专业执照或证书的要求，可能会导致终止聘用。根据具体情况，可能会向员工提供通知或支付工资以代替通知，或将其安置到他们能够满足要求的其他工作中。此类解聘应根据第7.9.2条进行审核。员工所在部门无须启动纪律处分程序，但应完整记录员工无法满足必要专业执照或证书要求的事实。应将记录提供给员工，并将副本存入人事档案。

7.3.8.6 自动离职

员工在未知会上级的情况下无故连续缺勤两个工作日或以上视为自动离职，以解聘处理。

7.3.8.7 员工死亡

员工死亡后应立即通知福利部门。最后向员工家属或委托代理人支付的款项，应包括该员工工作至最后一天以及所有未使用的累积假期的工资。

已故员工的受赠养人可能有继续享受校内医疗保险的资格。更多信息可咨询福利办公室。

更新于：2009年4月16日

7.4 新员工与工作调动政策

7.4.1 入职培训与考核期

7.4.1.1 时限与目的

一般情况下,新员工入职后的前 90 天为入职培训与考核期(有时简称为试用期)。在此期间,员工和其主管应该考虑和评估此职位是否适合(该员工)。鼓励主管领导在这段时间里与新员工一起讨论该员工在满足职位要求和适应整个工作环境方面的进展。

在某些情况下,在入职时可能会明确较长的、长达 180 天的入职培训与考核期。

7.4.1.2 在入职培训与考核期内的沟通

鼓励主管利用入职培训与考核期回顾并与新员工讨论他/她在满足职位要求以及适应整体工作环境方面取得的进步。无论因任何理由发现该职位不适合,任何一方可终止聘用关系。然而,新员工在入职培训与考核期结束前应被告知他/她将被终止聘用。纪律处分不是终止聘用的必要条件。

如果在入职培训与考核期内结束聘用,新员工最后一天工作的时间通常不应迟于所设定的入职培训和考核期的最后一天。所有在入职培训与考核期内结束聘用的情况,都应提前与所在部门人力资源办公室协商,如果所在部门没有人力资源办公室,应员工关系与政策办公室协商。在入职培训和考核期内终止聘用不必按照解决工作相关问题的审查程序进行审核。

但是,如果新员工认为在入职培训与考核期内他/她受到性骚扰或受到歧视,他/她有权依照本手册 7.2.1 或 7.2.2 项要求复审。

7.4.1.3 入职培训与考核期的延长

在某些情况下,90 天试用期不足以评估该职位是否适合新员工。在某些情况下,职位的复杂性或其他部门人员配制和/或运营考虑可能导致延长入职培训与考核期,延长期至多为 90 天,以便充分评估该职位是否适合新员工。延长的期限应以书面形式提出,由员工确认并签字,并提前与所在部门人力资源办公室讨论。

7.4.1.4 在入职培训与考核期内的带薪休假

尽管带薪休假(假期、事假和病假)在聘用后立即开始累积,但员工在入职培训和考核期内不符合带薪休假或事假的条件,除非得到主管的事先批准。病假按照每服务一个月允许一天病假的方式累计,并且可以在累计后开始使用。

7.4.1.5 校内工作调动(2004年11月1日起生效)

当员工从一个部门调动至另一个部门,将有一个新的培训与考核期。鼓励员工与主管领导定期进行讨论,回顾工作调动,以便在这个培训与考核阶段发现和解决问题。

7.4.1.6 从临时(无福利)职位调动

如果某人被聘用为临时或少于一般时间(见7.3条)的职位,后来被调动到享有福利待遇的职位且没有中断,则适用新的入职培训和考核,先前在临时或少于一般时间工作岗位中的培训与考核不计入在内。新职位聘用生效日期开始,新员工仍需要完成入职培训和考核。

更新于:2009年4月16日

7.4.2 大学和/或部门入职培训

所有新员工的入职培训对于该员工未来与部门和与大学之间的关系至关重要。入职培训有助于建立有效的沟通,以及提供新员工所需的特定信息。

7.4.2.1 部门培训

鼓励部门负责人和/或人力资源部门开展部门培训。聘用单位有责任向新员工解释该部门职能及其与整个大学的关系。

部门培训可能包括该部门历史和文化的讨论,向新员工介绍今后与其共事的同事,并明确新员工履行职责所必要的资源。要求部门向每一位新员工提供大学各类政策,包括大学关于性骚扰的政策、大学关于在工作场所禁止吸毒和饮酒的政策以及电脑使用政策。

7.4.2.2 大学培训

除了部门培训,强烈鼓励每一位新员工参加由哈佛大学人力资源部组织的培训。在剑桥校区和朗伍德医学院校区定期举行培训项目。

员工的主管领导应当尽一切努力让新员工在开始工作起30天之内参加这个培训。

7.4.2.3 新员工福利登记

符合福利条件的新员工从他们开始工作起60天内应登记参加适当的福利计划。当新员工被录用时,登记表格、保险说明和参加大学培训的邀请函将放在一个包裹中邮寄至新员工的家庭住址。

更新于:2009年4月16日

7.4.3 身份证件

7.4.3.1 证件用途

颁发给哈佛大学成员的身份证卡,在大学财产范围内、在任何时间应随身携带。使用这些证卡可以进入建筑物并获得服务,这些证卡赋予持卡人一定的权限。临时雇员或顾问可以获得进入建筑物的特别门禁卡,这些识别卡没有任何其他用途。

员工配偶、家庭成员和受抚养人没有资格获得大学身份证件,除非他们住在大学的住房内。

7.4.3.2 使用条款

校园服务中心发放大学身份证卡。过期证卡不会自动更新。如果您的身份证卡即将过期,请访问校园服务中心,该中心的工作人员将在您等待期间发放一张新卡给您。身份证卡不能邮寄。

在任何情况下,哈佛大学身份证卡不得转让给他人。

员工在其大学聘用结束时,必须向其主管领导交出身份证卡。

7.4.3.3 身份证卡办公室位置(略)

7.4.3.4 证卡类型

哈佛发放几种类型的证卡以识别各类群体,包括学生、教师、员工和退休人员。

7.4.3.5 权限和访问

根据证卡的性质,证卡可做以下用途:进入图书馆,使用一些哈佛大学的体育设施,在哈佛大学出版社书店获得折扣,成为哈佛合作社的成员,使用哈佛大学住房、办公室,以及其他需要具有哈佛在职身份方可获得的服务。

7.4.3.6 身份证卡更换

如果员工的身份证卡丢失或被盗,他们必须亲自到校园服务中心报告此事,证卡将被立即更换。如果不能及时到校园服务中心报告此事,可以通过"证卡禁用申请"这一自助服务禁用该卡。

更新于:2011年7月15日

7.4.4 一般服务信用积分(以前称为前期服务信用)

一般服务信用积分政策仅适用于带薪休假政策和学费资助计划。对于为大学服务较长时间的员工而言,累积休假和短期伤残方案变得更加慷慨;在员工有资格参加大学学费援助计划前,该计划要求最低服务期。

除非特别注明,员工未获得大学聘用期间不获得一般服务信用积分。

7.4.4.1　常规聘用终止

员工在大学就业一年且不间断,在此之后,该员工无论因何种原因离开大学(裁员或服兵役除外)后再次被大学雇用,员工完成其新职位培训和考核期后,其聘用终止前的服务将获得一般服务信用积分。因此,在一年不间断的服务后,那一年及之后三个月或以上的聘用期,无论是否间断,将被计入一般服务信用积分。

7.4.4.2　因解聘而终止聘用

如果一名普通员工被解聘,并在解聘后两年内被大学常规聘用,如果该员工在解聘前曾连续三个月以上被大学聘用,(其在重新被聘用后)将获得解聘前的一般服务信用。这一规定适用于1970年7月后被重新聘用的员工。

在这种情况下,重新聘用后员工将获得累计的一般服务信用积分,以及在两个职位之间他/她没有为大学工作期间也可以获得积分。然而,这样的服务信用积分不可用于聘用终止后任何现金兑换。

7.4.4.3　兵役

如果在适用法律期间内员工返回大学就业,他/她将获得以前累积的为大学服务所得到的一般服务信用积分,以及在兵役期间的信用积分。此一般服务信用积分可用于学费资助福利、病假和休假。

更新于:2009年4月16日

7.5　福利信息

7.5.1　福利信息

7.5.1.1　健康福利

哈佛大学提供价格实惠、高品质的医疗及牙科保险,以及经济实惠、覆盖家庭成员的保险,这些健康资源你只能在哈佛获得。

一般来说,如果你每周工作至少17.5个小时,或者你从大学获得不少于15,000美元的基本工资,你就有资格获得健康福利。

通过哈佛的福利计划,你可以设置一个灵活的支出账户,以支付获得批准的免税的自付医疗费用,可以通过医疗共付计划,报销特定限额以上的费用,并通过邮件获得健康福利涵盖的处方药。

你也可以访问哈佛大学的健康中心和体育与娱乐休闲系获得健康教育、使用运动设施和参加健身课程。

7.5.1.2 同居伴侣

您可以将您的异性或同性同居伴侣覆盖在您的医疗或牙科保险计划中。为此,您和您的伴侣必须在允许正式注册同居伴侣关系的市政府进行注册。波士顿、布鲁克林和剑桥当地接受同居伴侣关系。

一经注册,您和您的伴侣需签署《哈佛大学同居伴侣关系声明》。此外,您还需要填写标准医疗计划登记表,填好后交至福利办公室。

1. 员工加同居伴侣或同性配偶

• 加入了家庭计划的员工,如仅覆盖一位同居伴侣或同性配偶,将按个人保险费用的公平市价征税。2009 年以前,收入按家庭保险费用减去个人保险费用计算。新的计算方法减少了对此类员工征收的税款。

2. 员工加同居伴侣或同性配偶及子女

• 如果您覆盖了一个或多个子女,并且所有子女都符合国税局规定的税务依赖人资格,您将为个人保险的费用纳税。此前在这种情况下,您要为家庭保险的费用减去个人保险的费用纳税。

• 如果您在计划中覆盖多个被抚养子女,但并非所有子女都符合美国国税局规定的税务依赖人资格,您将继续按照家庭税率减去个人税率的价值计算收入。

3. 如果您的同居伴侣或同性配偶是合格的税务依赖人

• 如果您只覆盖符合条件的税务依赖人(包括同居伴侣/同性配偶),根据美国国税局的规定,允许将符合条件的依赖人的医疗和/或牙科保险金额从收入中剔除。这意味着您全部医疗和牙科保险计划的供款将为税前,不会计算额外收入。

4. 覆盖同居伴侣、同性配偶或不符合纳税条件子女的所有员工

对于不符合条件的依赖人,联邦税法将其保险的公平市价视为额外收入。对于不符合条件的个人,在医疗和/或牙科保险范围内的额外收入应同时缴纳联邦(和州,视情况而定)所得税和就业税,这将减少您的净收入。

出现以下情况——您有一个符合国税局资格的依赖人,并尚未告知福利办公室;您有任何疑惑;您需要任何文件——请联系福利办公室。

7.5.1.3 伤残与人寿保险

哈佛提供伤残和人寿保险帮你照顾好自己,并为你的家庭在收入减少的情况下提供帮助。有些保险自动提供,你无须支付任何费用,而其他一些保险是可选择的,费用决定于你所选择的保险范围。

如果你由于**生病或受伤**无法工作,短期伤残保险支付长达 180 天的工

资。此保险也可用于长达 8 周的**产假**。哈佛自动提供此保险且你无须支付任何费用。

如果你无法工作的时间超过 180 天,长期伤残保险提供 60% 的工资。你必须报名参加此保险,且需要从你工资中扣除一小部分费用。

那些年收入超过 300,000 美元的人员,长期伤残补充保险可以作为常规的长期伤残保险的补充。

如果你在工作中受伤,工伤险将为你提供临时收入。哈佛自动提供该保险且你无须支付任何费用。

如果你死亡,人寿保险将向你选择的人提供钱款。将你工资的一半四舍五入到千位,哈佛以此为准自动向你提供保险,你无须支付任何费用。你可以每月支付一定费用,选择涵盖面更广的保险。

患有慢性疾病或有身体障碍或认知障碍的情况下,长期护理保险可以帮助你和你的家庭成员支付养老院或家庭护理的费用。你必须参加此保险,且须支付一定费用。

HARVie 上的信息总结了哈佛的福利,并尽一切努力以确保其准确性。如果 HARVie 上的信息和一个福利保险的正式合同之间有任何差异,以后者为准。

7.5.1.4 学费援助计划

哈佛大学的学费援助计划可以使你在哈佛大学选修课程、在其他机构选修与工作有关的课程(哈佛大学后勤和技术工人工会的成员可以利用学费援助计划在其他机构选修与工作无关的课程)。

学费援助计划对以下人员开放:行政人员、教师、非全职员工和退休人员。参与资格取决于你的员工分类和工作时间。

你可以在哈佛大学继续教育学院、教育学院和其他参加该项目的哈佛学院所提供的项目中,选修合适的课程或攻读学位或证书项目。

注册之前,阅读以下信息十分重要。提前到你希望就读的学院了解情况也十分有帮助。如果你有其他问题,请联系福利办公室。

1. 学费援助计划概述

哈佛大学学费援助计划帮助支付参加该计划的哈佛大学的学院及其他被认可的机构提供的课程费用。

你可以使用学费援助计划去探索一个学术领域或攻读学位。

学费援助计划对符合条件的哈佛人员开放,包括专业人员、行政人员、辅助人员、小时工、教学人员。

尽管在草拟时已采取所有可能的措施以保证此文本的准确性,但任何错误或不一致都不具有约束力。计划管理人对学费援助计划的规则和政策享有解释权。学费援助计划如有更改,恕不另行通知。

2. 谁有资格(享受哈佛学费援助计划)?

你的学费援助计划资格基于你的员工分类和你每周的工作时间而定。如果你加入了工会,也基于集体谈判的协议而定。

资格表

你的员工分类	每周最低工作时间
非全职工作人员(有条件的常规聘用人员)	16 小时
所有教师	17.5 小时
行政与专业人员	
非谈判机构的非豁免人员	
辅助人员	
加入哈佛后勤及技术工人联盟的辅助人员	
(由哈佛研究经费支持的)内部博士后	
(由哈佛研究经费支持的)外部博士后	
哈佛大学警察	
安保、停车场、博物馆保安	
小时工:餐饮服务类	20 小时
托管服务人员、电工、木匠及阿诺德植物园员工	20 小时以上

(1) 其他具有资格的群体(参阅前面的分类表)

带薪休假员工:你必须在 PeopleSoft 上满足所需的时间、工资、员工分类。

(2) 延长福利期的非全职员工:

在上一财年(7月1日至6月30日)里,你必须在9个月内至少工作360个小时,且目前在职。非全职员工如果符合延长福利期的条件,包括享受学费援助计划,劳资关系办公室每年会通知他们。

(3) 退休人员(定义:至少55岁且在离开大学时至少已经为大学服务10年的人员):

没有时间规定,但根据该计划,你只能选修哈佛大学的课程。

符合资格但已离开大学并仍在领取工资的员工:你必须满足所需的时间、工资、在 PeopleSoft 上的员工分类要求。如果你在哈佛选修课程期间身份结束,该课程仍可获得学费援助计划的支持。

（4）餐饮服务雇员：

定期安排的非雇用的几个月内，你也享有资格。

不符合条件的人群：

（1）教学助理

（2）临时员工（符合条件的延长福利期的非全职员工除外，见上文）

（3）临时学术人员

（4）特别豁免的人员

（5）临时学生

（6）实习生

（7）全职哈佛研究生

（8）哈佛研究生学者

（9）（非由哈佛经费支持的）外部博士后

（10）在校外工作研究人员

（11）停薪留职员工

（12）短期伤残员工

（13）长期伤残员工

（14）符合条件的员工的配偶及受赡养人

（15）少于一半工作时间的员工，但不包括符合条件的延长福利期的非全职员工

（16）非哈佛课程完成前终止聘用的员工

（17）无薪休假员工

（18）全职攻读学位的员工（除非你是在哈佛继续教育学院的全职学生或后勤和技术工人工会员工）。

3. 等待期

你必须属于合格的员工分类且在等待期结束后，才有资格参加学费援助计划。

（1）哈佛后勤与技术工人工会成员的等待期

哈佛和非哈佛课程的等待期：入职培训与考核期即是等待期。入职培训与考核期（90天）结束后，后勤与技术工人工会成员可以使用学费援助计划，选修哈佛课程。对于非哈佛的课程，入职培训与考核期（90天）结束后，后勤与技术工人工会成员也可以利用学费援助计划进行选修。

（2）教师和非后勤与技术工人工会成员的等待期

1）哈佛课程的等待期

你的聘用日期必须是下列日期或之前：

- 秋季学期：7月1日
- 春季学期：11月1日
- 夏季学期：4月1日

请注意,(如希望参加)哈佛某一学院在常规学期之外开设的任何符合学费援助计划的证书或专业项目,你的聘用日期必须在项目开始前 90 天。这些项目的第一天授课日期,可以刚好是你受聘用的第 90 天。

2) 非哈佛课程的等待期

课程开始前,你受聘用时间必须已满 180 天。对于非哈佛大学的课程,课程的第一天可以刚好是受聘用的第 180 天。

(3) 等待期和临时服务

为哈佛大学(而不是一个临时部门)工作的临时员工,如果其所在职位有资格享受福利且其服务没有中断(并在哈佛临时工作的时间达到必要的小时数),可以将临时工作时间计入学费援助计划等待时间。你工作的时间必须通过福利办公室来计算。

(4) 等待期和服务中断

1) 前期服务后,中断时间超过 30 天

所有重新聘用中,中断服务时间超过 30 天,必须满足另一个等待期。

2) 前期服务后,中断时间少于 30 天

如果中断服务时间少于 30 天,如果你在一个符合学费援助计划的职位上已经完成等待期,则你并不需要满足另一个等待期。

3) 请假后返回工作岗位

员工(带薪或停薪)请假后返回工作岗位,如果他们在休假前已经完成等待期,则不必完成另一个等待期。

4) 等待期的例外

英语作为第二语言课程：参加文理学院的"英语作为第二语言"的课程和继续教育学院的英语语言项目研究所的课程,可免除 3 个月的等待期。

4. 符合学费援助计划条件的课程

(1) 符合学费援助计划条件的课程

1) 哈佛大学参加学费援助计划的院系所开设的课程。

2) 哈佛大学审核过的无成绩或学分的课程。

3) 哈佛授予学分的课程,成绩分为合格/不合格。

4) 哈佛会议、研讨会、教育管理和证书项目,但这些项目提供的课程必须在参与学费援助计划的哈佛院系内开设。

5) 非哈佛研究生课程必须是在认可的机构选修、与工作相关、获得学分并得到确切成绩。对后勤与技术工人工会成员,非哈佛研究生课程不要求

与工作相关。对于所有员工,下述项目不必遵守上述规定:伊曼纽尔学院科研管理研究生证书。

6)非哈佛大学开设的本科课程必须是在认可的机构选修,必须申请学位项目,获得学分并得到确切成绩。

7)由美国教育部批准的、在网站上列出的非哈佛课程。

8)满足上述规定的哈佛或非哈佛的在线远程教育课程。

(2)后勤与技术工人工会成员注意事项

1)证书和认证课程,包括重新授予证书和重新认证的课程,均满足条件。这些课程可以在哈佛上,也可以是非哈佛课程。如果一个特定的教育课程是通过哈佛一个不参与学费援助计划的项目提供的,后勤与技术工人工会成员可以根据非哈佛课程报销政策报销90%的课程费用。

注意:要满足学费援助计划的要求,通过课程获得的证书或认证必须:

a)提供的教育应支持哈佛大学内部职位的核心职责;

b)由认可的机构提供或由认证授予部门认可的机构提供。

2)如果某一证书项目只包括一门课程,且此课程的学习时间多于一个学期,则将在顺利完成课程并获得证书时报销课程费用。顺利完成整个项目后,提交学费援助计划表以获得学费报销。

3)如果某一证书项目包括一门以上课程,证书项目的每一门课程顺利完成后将获得报销。顺利完成项目中的每一门课后,提交学费援助计划表以获得学费报销。

5.不符合学费援助计划的课程

(1)非经哈佛审核的无确切成绩、无学分课程。

(2)非哈佛会议、研讨会、教育管理、证书项目。

(3)非哈佛研究生课程,且与工作无关。注意:对后勤与技术工人工会成员,非哈佛研究生课程不要求与工作有关。

(4)非哈佛大学继续教育课程。

(5)非哈佛大学本科课程,且非学位课程项目。

(6)任何要求全日制学习的学位项目中的课程,但哈佛继续教育学院全日制学生身份除外。注意:作为后勤与技术工人工会成员,你可以是继续教育学院的全日制学生,或哈佛或非哈佛学院的全日制学生。

(7)未经美国教育部网站上批准的非哈佛课程。

6.学分限制

任何给定的学期(或学季)可以选修学分的数量,取决于你的工龄、员工分类以及是否是哈佛大学开设的课程。

有三种学分限制因素：在左侧相应的列表分类中找到你的员工分类,然后参考右侧哈佛和非哈佛学分限制。

员工分类	哈佛课程学分限制	非哈佛课程学分限制
后勤与技术工人工会辅助人员		
后勤与技术工人工会谈判单位人员	每学期10学分（每学年30学分）的哈佛课程和在继续教育学院最多2门课。被聘用90天后，可以选修2门课程。	后勤与技术工人工会成员每学年（1月至12月）可选修最多报销5250美元费用的非哈佛课程，无论多少学分。
后勤服务员工		
保安、停车场警卫、博物馆警卫	服务时间1年以内：每学期4学分（或继续教育学院一门课程）。	任何服务年限：每学期8学分，最多每学年（1~12月）报销5250美元的学费。
保管人	服务时间1~15年：每学期8学分（或继续教育学院2门课程）。	
餐饮服务人员		
大学警察	服务超过15年：每学期8学分，其中4学分免费（或继续教育学院2门课，1门课免费）。	
工匠（木匠、电工等）		
植物园工作人员		
行政、教学与研究人员		
行政和专业人员	服务时间1年以内：每学期5学分（或继续教育学院1门课）。	任何服务年限：每学期10学分，最多每学年（1~12月）报销5250美元的学费。
全体非谈判单位、非豁免教师	服务时间1~15年：每学期10学分（或继续教育学院2门课）。	
内部和外部博士后	服务时间15年以上：每学期10学分，5学分免费（或继续教育学院2门课，1门课免费）。	
非全职员工		
非全职服务人员	任何服务年限：每学期4学分（或继续教育学院1门课）。	无资格选修非哈佛课程
有限制的常规聘用人员		
延长福利期的非全职员工		

（续表）

员工分类	哈佛课程学分限制	非哈佛课程学分限制
退休人员		
（退休时或大学结束聘用时）55岁以上且在大学至少服务10年的所有人	服务时间10～15年：每学期8学分（或继续教育学院2门课）。 服务时间15年以上：每学期8学分，4学分免费（或继续教育学院2门课，1门课免费）。	无资格选修非哈佛课程

（1）无课程限制，只有学分限制

对你所选修的课程数量没有限制，只对学分有限制，继续教育学院除外。

（2）本科生和研究生学分

本科生和研究生的学分同等计算，直至学分限制总数。

（3）在同一学期选修哈佛和非哈佛课程

在你的学分限制额度内，你可以在同一学期同时选修哈佛和非哈佛课程。

（4）此前有福利资格的服务和学分限制

之前任何有福利资格的服务计入你的学分额度。在学费援助计划方面，你在具有学费援助计划资格的职业分类下工作，每个月的工作都会被计入有福利资格的服务。

（5）之前哈佛临时服务和学分限制

如果你目前是有福利资格的员工，此前为哈佛提供临时服务，你的临时服务时间将不计入你的学费援助计划学分额度。临时服务期可以计入你的学费援助计划等待期。

（6）服务周年和学分限制

如果你为大学服务的第一周年或第十五周年纪念日恰好在当前学期的选课期，在此学期中你有资格享受更高的学分限制及福利。

（7）会议、研讨会和学分限制

符合条件的哈佛大学的会议、研讨会和教育管理项目不计入学分，除非它们给予指定的学分。

（8）如何计算你的学期或学季学分额度

你可以每学期或学季报销你该期间学分额度内的费用，不必考虑公历年度内最高报销额度为5250美元。

(9）每公历年三个注册时间段

学费援助计划年包括从 1 月到 12 月的 12 个月。无论你的学院是按照学期或学季制度运行，你可以在每一个公历年内进行三种不同的注册。你注册课程的每一个学期或学季（至多三个），你都有学分额度。

如果你所上的非哈佛课程是按照学季制度提供的，并且你在三个学季中未使用完你的总学分额度，你不能将任何未使用的学分额度转到第四学季。学费援助计划只为一公历年中四个学季中的三个学季提供报销。

要确定某一学期或学季内你何时已经达到你的学分额度，在这一段时间内，你必须以课程开始的时间而不是课程结束的时间来计算学分。

（10）计算你的学期学分上限

在 9 月至 12 月之间开始的任何课程都包含在你的秋季学期学分额度内。

在 1 月至 4 月之间开始的任何课程都包含在你的春季学期学分额度内。

在 5 月至 8 月之间开始的任何课程都包含在你的夏季学期学分额度内。

例如，如果一门哈佛或非哈佛课程开始的时间是 7 月 25 日，结束的时间是 9 月 10 日，根据上述校历，学分将计入你夏季学期的额度内。

（11）计算你的学季学分上限

如果你所注册的院系是按照学季运行，在该注册时间内，你必须根据课程开始的时间而不是结束时间来计算学分。每个学季，你有资格选修达到学分上限的课程，每一公历年有三个学季。

请参考你所就读大学的课程开始日期。

7. 哈佛大学各学院参与学费援助计划的费用、学位及注册步骤（略）

8. 哈佛课程登记：注册及费用（略）

7.6 薪酬制度

7.6.1 薪酬管理

哈佛对于豁免员工和具有加班资格的非谈判机构的员工的薪酬体系，是基于大学校级薪酬部门提供的、全校一系列工作级别相对应的工资范围而管理的。每一个级别都有一个工资范围，包括最低工资和最高工资，该工资范围是基于许多内部和外部因素而制定的。影响工资范围的因素包括竞争性劳动力市场中提供的类似工作的工资、其他经济指标以及大学和所在部门预算情况。考虑到这些因素，员工的工资不得低于其工资范围的下限，并且通常不得超过其工资范围的上限。

每个级别的工资范围允许管理者适当设置同级别内不同职位的工资,并认可不同水平的专业知识和表现。

更新于：2007年11月15日

7.6.2 加班补偿/补偿时间

联邦《公平劳动标准法》中规定了雇员中哪些员工有资格获得加班费。有获得加班费资格的职位被称为"非豁免"(即,这些职位的员工不受《公平劳动标准法》中关于加班规定的豁免)或"具有加班资格"的职位。那些不符合加班工资条件的职位称为"豁免"职位(有关加班的法律规定不包含这些职位的雇员)。

在某些州同时有联邦和州关于豁免职位的要求。凡州和联邦法规有所不同时,通常适用更高标准的规定。马萨诸塞州法律是根据联邦《公平劳动标准法》中有关豁免规定及加班工资计算方式制定的。有关《公平劳动标准法》和本政策的问题,应直接向下列机构提出：当地人力资源办公室、人力资源办公室薪酬部门或员工关系与政策办公室。有关此问题的更详细的信息将在后文提供。

7.6.2.1 不受加班条件限制的职位

根据《公平劳动标准法》的规定,行政/专业/管理职位在法律上不受该标准法关于加班条件和大学加班政策的约束。当地人力资源办公室或人力资源办公室薪酬部门使用适当的《公平劳动标准法》条款来确定豁免状态。

豁免员工无资格获得加班补偿休假时间。

7.6.2.2 工资基数政策

豁免员工必须按照"工资基数"获得薪酬,这意味着这类员工通常会定期收到事先预定数额的工资,每个发薪期为每周或更长时间。不能因为员工的工作质量或数量的变化而减少已定的数额。除下列例外,豁免员工每个工作周内进行任何工作,无论工作天数或小时,都必须得到全额工资。不进行任何工作的工作周内,不必为豁免员工支付薪酬。如果从员工已定工资数额中不当扣款,则不是在该员工"工资基数"上支付其工资。

下列情况中,扣除部分工资是允许的:

1. 聘用的第一周或最后一周；
2. 因疾病或残疾以外的个人原因而缺勤一整天或以上；
3. 因疾病或残疾而缺勤一整天或以上的病假,而根据病假工资政策该病假期间应扣除部分薪水(包括在员工用完带薪休假补贴后扣除全天)；
4. (扣除)员工作为陪审团成员或证人所获得的费用或军人工资的数额；

5. 因违反工作场所行为规范或严重违反安全规定而受无薪处分的一天或多个全天；

6.《家庭与医疗休假法》中规定的无薪休假（无论是几个小时或一整天）。

哈佛政策要求符合《公平劳动标准法》关于工资基数的要求。员工应了解，哈佛大学不允许违反《公平劳动标准法》扣除工资，任何从豁免员工的工资中不当扣款都是不容许的。

任何员工认为其工资被不当扣除，应立即向其主管领导、人力资源办公室、员工关系与政策办公室汇报。员工也可以根据解决与工作相关问题的程序提出这个问题。

不当扣除工资的情况应被及时调查。如果确定不当扣除已发生，员工的不当扣除部分将被及时补偿。

7.6.2.3 有加班资格的、非谈判机构员工的加班政策

一般来说，有加班资格的非谈判机构的员工只有得到他们主管领导批准后和/或根据当地人力资源部门的加班政策方可以加班。

哈佛大学标准的工作周开始于星期天凌晨12:01，结束于下周六午夜12:00。加班补偿的规定适用于大学所有有加班资格的非谈判机构的职工，包括学生员工和有加班资格的临时员工和兼职员工。

1. 一个特定的工作周内，员工工作时间超过40个小时，该工作周内所有超过40个小时的工作时间，该员工都将获得1.5倍的常规工资。

2. 一个特定的工作周内，员工工作超过了规定工作时间但少于40个小时，他们可以根据额外的工作时间（按照常规每小时工资率）直接获得支付报酬；或允许员工今后有权获得加班时间的补偿，把这些时间储存在一个无利息的补休账户中，以供将来用于带薪休假。这些休假必须与主管事先安排。员工可随时选择经济补偿，而不是补休。

员工不能累积超过40个小时的未使用的补偿休假时间。虽然这些时间可能会每年保留下来，但是在结束聘用时他们必须获得经济补偿，在转到另一个部门或学院的职位时，他们通常会获得按照目前工资率支付的补偿。

员工的额外工作时间，如果被给予在同一工作周内相同数量的休息时间（自由时间，不是补休时间），且这一周的工作时间不超过40个小时，员工无权领取1.5倍的加班费（根据哈佛大学的政策，被"支付"费用的时间被认为是"工作过的时间"，它涵盖带薪休假，例如节日、病假、休假或事假，补休例外）。

7.6.2.4 "工作过的时间"的定义

在以计算加班费为目的计算工作时间时，基于哈佛的政策，所有被"支付"费用的时间被认为是"工作过的"时间。也就是说，如果员工在一个工作

周内加班,该工作周包括带薪休假(例如节日、病假、休假或事假),则带薪休假必须被视为工作时间,并且员工必须根据加班政策获得补偿。该规定的例外情况是通过经济补偿形式支付补偿性休假账户中包含的小时数。

更新于:2008 年 5 月 21 日

7.6.3　额外工作(原为:额外补偿)

额外工作被定义为:完全在员工正常、常规分配的工作之外的哈佛大学的工作。关于此政策或所涉及的程序问题,应该直接向所属人力资源办公室、员工关系与政策办公室、劳动关系办公室或补偿部门提出。

只有当符合下列所有条件时,这样的工作才通常被批准。

需要完成的工作必须:

1. 不干扰员工的常规职责;
2. 明显超出正常分配的工作;且
3. 在员工正常的工作时间表以外进行。

如果要额外完成的工作在员工日常工作的部门以外,需要在工作之前获得日常工作部门的许可。额外的工作必须符合哈佛大学的保密要求和利益冲突要求。

额外工作**不**应该被用来**定期**补充个人的工资,或用作支付豁免员工加班费的手段。

如果额外工作的工作内容与员工日常职责相当,应适用其常规的工资水平。如果额外工作与日常职责明显不同,聘用部门的人力资源办公室应为额外工作建议适当的工资水平。这些额外工作必须以哈佛员工的身份来完成,并且必须将工作时间计入适当的哈佛工资系统。此类额外工作一定不能作为独立承包商来完成。

法律规定,员工一个工作周内工作 40 个小时以上且进行符合加班规定的工作时,加班费为工资的 1.5 倍。

哈佛大学标准的工作周开始于星期天凌晨 12:01,结束于下周六午夜 12:00。无论符合加班规定的工作是在大学相同或不同的部门完成,或此工作与员工的日常工作职责相同或显著不同,都应适用此加班工资规定。根据所有的情况,加班工资的规定可适用于在哈佛同时执行豁免及非豁免工作或任务的员工。如果有加班资格的非谈判机构的员工获得不同工资率的额外薪酬,且如果他们每周工作时间超过 40 个小时,加班工资率普遍按如下方式计算:常规工资率和额外工作的工资率,加上在工作周内获得的其他相应补偿部分的加权平均值。

更新于:2008 年 5 月 21 日

7.6.4 轮班津贴

有加班资格的非谈判机构员工和（偶尔是那些）豁免员工，因工作职责且经过事先同意，被定期安排在晚上、夜里或周末轮班，则可以支付轮班津贴。要获得轮班津贴，员工必须在下午 5 点以后工作至少一个小时，或在周六或周日的任何时间里工作。例如，如果有人被定期安排在周二至周六工作，他们在周六工作的时间将获得轮班津贴；某人被安排在下午 3 点至晚上 11 点工作，下午 5 点以后工作的时间将获得轮班津贴。

如果员工临时替代轮班岗位，且该岗位符合获得轮班津贴的规定，员工将获得轮班津贴。为定期轮班的某一时段提供不同数额的轮班津贴也是合适的。

注意：轮班津贴的规定不适用于员工要求安排的灵活工作时间。

更新于：2009 年 4 月 16 日

7.6.5 待命补偿

有加班资格的非谈判机构员工和（偶尔是那些）豁免员工，因工作职责且经过事先同意，经常被要求在他们常规工作时间以外的特定时间段内汇报工作，因此可以获得待命津贴。未经事先约定或与职位描述不符但仍被要求在正常工作时间之外上班的员工，不受待命政策的约束。

待命工作的安排和待命补偿的金额由该员工所属部门进行管理。

上下班路程时间不被视为工作时间。

为具有加班资格的非谈判机构的员工计算加班费时，待命补偿必须计算在内。

更新于：2007 年 12 月 6 日

7.6.6 误餐补贴

具有加班资格的非谈判机构的员工如果被要求在常规的全职工作时间以外工作两个小时或以上，或如果他们被要求在周末或节假日（在他们正常工作时间以外）工作至少 4 个小时，他们将有权获得 11 美元的误餐补贴。如果员工（加班）参与的活动提供用餐，则不支付误餐补贴。

更新于：2008 年 5 月 21 日

7.7 解聘/裁员

7.7.1 序言

哈佛是一个充满活力的组织,它必须不断改变,以保持世界上最杰出的教育和研究中心之一的地位。增加新的项目,终结或重组其他项目,以及国家和地区经济的变化和外部资金政策的改变,都是导致改变的原因。这些变化是任何机构维持活力的要素,但也会导致员工焦虑,尤其是当这些变化导致就业机会减少时。解聘从来都不适合用来替代管理上的努力以解决绩效问题。但是,当解聘是必要的,大学将为下述被解聘的豁免员工和符合加班资格的非谈判机构的员工提供帮助。

更新于:2009 年 2 月 11 日

7.7.2 解聘通知和部分解聘的规定

由于机构重组、工作量减少或资金减少等原因造成职位减少时,应提前至少 60 个日历日以书面形式通知豁免员工或有加班资格的非谈判单位员工。对于由拨款资助的职位,将在取消职位之前至少 30 个日历日以书面形式通知员工。

在某些情况下,可能有必要或优先提供解聘补偿以代替通知。在这种情况下,在通知期内员工不会获得工资,但在此政策下员工仍可获得就业咨询服务,其时长等同于所适用的 60 或 30 天的通知期。

拥有一份以上兼职工作的员工,如果他们从其中的一个职位中被完全辞退,他们有资格按照被辞退的工作时间获得遣散费。只有一份工作的员工,如果其工作时间明显减少,则应给予选择:继续在该职位工作但减少工作时间(不会根据减少的工时获得任何遣散费或解聘补偿),或拒绝继续在该职位工作。如果员工选择拒绝继续在该职位工作,其将被解聘,并有资格获得遣散费及其他解聘补偿,所应得到的遣散费和解聘补贴数额相当于减少工时后的职位。

更新于:2009 年 2 月 11 日

7.7.3 解聘程序和服务

豁免员工或有加班资格的非谈判机构的员工,当他们的职位被取消时,其有权提前至少 60 天获得书面通知或获得 60 天的解聘补偿以代替通知,但由拨款资助设立的职位除外;对于拨款资助的职位,员工有权提前至少 30 天获得书面通知或获得30天的解聘补偿以代替通知。

作为获得以下解聘补偿的条件，（哈佛大学）可能会要求员工签署一份协议并公开其内容。哈佛大学可全权酌情决定以下条款：

1. 指定一人（就业指导）协助员工制订过渡计划；
2. （如下文所述）遣散费；
3. 以哈佛大学员工常规团体费率的1.5倍延续医疗/牙科保险补贴至52个星期（如果该员工选的是COBRA）。

有关解聘定期聘用人员，请参阅7.7.3.1。

更新于：2009年11月2日

7.7.3.1 特别注意事项及例外

1. 解聘定期聘用人员

上述解聘政策不适用于特定聘用期限的员工。在定期聘用结束时，员工将不会享有任何形式的遣散费或解聘补偿。员工拥有一个特定聘用期的职位，如果在聘用期结束前被辞退，可能有资格按照工作与解聘时间的比例获得遣散费和医疗及牙科保险（如因工作表现欠佳等原因终止聘用，则除外）。这项政策中的任何例外情况应提前与人力资源负责人讨论。

2. 团体转移就业至其他雇主

有时，一个工作小组可能从哈佛大学直接转移，被哈佛以外的另一个雇主整体聘用。在这种情况下，如新雇主已提供比较合理的就业，则员工将不被视为已被解聘，且没有资格获得在本节中描述的补偿。

更新于：2009年2月11日

7.7.4 遣散费

已通过入职培训和考核期且服务年限在7年以内的员工有资格获得遣散费，数额为每一个服务年一周的基本工资。服务7年以上但少于15年的员工，遣散费为每一个服务年1.5周的基本工资。服务15年或以上的员工，遣散费为每一个服务年两周的基本工资。

计算方法

工作0至7年：每年1周

工作7至15年：每年1.5周

工作15年或以上：每年2周

按照员工当前的基本工资计算遣散费，根据他们入职周年日期按比例计算（非全职员工的遣散费是按比例计算的）。在哈佛大学既有非全职工作又有全职工作的员工,遣散费是根据非全职工作时间和全职工作时间按比例计算的。

1. 遣散费的计算

例如,已为哈佛服务 6 年半的员工,6 年半服务期中的每一年都有权获得一周的遣散费,共计 6.5 周的遣散费。已为哈佛服务 7 年半的员工,7 年半服务期中的每一年都有权获得 1.5 周的遣散费,共计 11.25 周的遣散费。

2. 退还遣散费

如果被解聘人员在遣散费用尽之前在哈佛重新被聘用到常规、有福利的职位,则该工作人员必须将多余的遣散费退还给大学。

应退还的金额按如下方式计算:剩余遣散费(周数)等于获得遣散费的周数减去员工开始新职位前无业的周数。

3. 退还遣散费账户

员工在新岗位就业的前 90 天,退还的遣散费将被存放在一个特别的账户中。在这段时间内,如果该员工或新的主管无论出于何原因认为新的就业安排不成功,与人力资源负责人咨询后,员工或雇主都可以结束聘用关系。员工此时可以回到被裁员状态,并拿回任何已退还的遣散费。如果员工新的就业安排继续并超过 90 天,已退还的遣散费将被返还给以前的部门。

更新于:2009 年 2 月 11 日

7.8 请假

7.8.1 假期累积比例

非全职工作的员工按照他们工作的时间比例获得假期(常规和额外假期)、节日、病假和事假。例如,一名每周常规工作 28 小时的员工,相当于做了一周全职工作 35 小时员工 80% 的工作,那么他的带薪假期、节日、病假和事假假期累积比例也为全职员工的 80%。

更新于:2007 年 12 月 6 日

7.8.2 假期

7.8.2.1 常规假期累积方式

本手册中所涵盖的员工累积年假如下:

	年假	最多累积天数
服务5年以内的专业和行政人员	每年4周	30天
服务5年以内的非谈判机构的辅助人员	每年3周	30天
服务5年以上的专业和行政人员以及非谈判机构的辅助人员	每年4周	40天

全职行政/专业员工按照已完成服务月每月累积 $1\frac{2}{3}$ 天的假期。非谈判机构的辅助人员每月累积假期 $1\frac{1}{4}$ 天。任何一个月16日之前开始工作的员工按照整月计算假期;员工在任何一个月16日当天或之后开始工作,当月不计算假期。

1. 新员工(开始工作后)立即开始累积休假,但一般连续工作最少3个月才可以使用这些累积的假期。
2. 如前所述,按照比例计算累积的假期。
3. 员工累积假期通常不能超出最大允许总数。但是如果因为部门的工作量,员工们被要求放弃已累积的休假时间,因此所获得的假期应计入累积总数,即使新的总量超过了允许的最大值。在这种情况下,该部门必须事先获得所属机构负责人力资源的院长或主任的批准,且必须在未来6个月内作出安排使用这部分休假。这种特殊安排必须以书面形式记录在案。

7.8.2.2 为大学服务15年以上的奖励假期

除上述外,所有服务更长年限的员工从服务满15年开始,每工作5年将获得奖励假期。此奖励假期是在员工入职周年当月被一次性给予(而不是累积)的。员工自由决定时间的使用,但在入职周年之后的5年内奖励假期必须使用完。更长服务期的奖励假期按如下规定给予:

已完成服务年限	奖励假期
15年	5天
20年	10天
25年	20天
30年	25天
35年	30天
40年	35天
45年	40天
50年	45天

只有当员工在使用这些奖励假期前退休或终止聘用,或部门与员工达成协议时,方可以报酬形式替代奖励假期。

7.8.2.3 其他休假政策

停薪留职的员工不累计假期,但为较长服务期计算奖励假期时,停薪留职的时间也计算在内。

当员工从一个部门调换至另一个部门工作,原来所在部门有责任承担在调换工作时员工所有已累积但尚未用完的假期的费用,除非新的部门同意另行安排。

固定期限聘用的员工应在他们聘期结束前用完他们所累积的假期。

无论任何原因结束聘用,员工已获得但尚未使用的假期,员工将获得补偿,除非被聘用者已被提前通知在聘期结束前使用假期,且他们不会因为未使用的假期而获得报酬。任何结束聘期时的特殊安排,都必须包括对未使用的假期的补偿。

超出最大允许累积总数的假期,员工不会得到经济补偿,除非事先有特殊安排。

对持续聘用的员工,不允许以经济补偿替代假期。只有当工作人手和工作量不允许员工休假时,才可以有例外。在这些少数情况下,在领导和人力资源部门批准下,为了避免损失已累积的假期,允许以补偿替代假期以使假期总数少于最大允许数。

任何有关休假政策的问题应提交至人力资源办公室或员工关系与政策办公室解决。

7.8.3 节日

7.8.3.1 带薪节日日历

人力资源办公室每年春季公布自7月1日起该学年带薪节日的日历。大学定期庆祝以下节日:

元旦(1月1日)

马丁·路德·金日(1月第三个星期一)

总统日(2月第三个星期一)

阵亡将士纪念日(5月最后一个星期一)

独立纪念日(7月4日)

劳动节(9月第一个星期一)

哥伦布日(10月第二个星期一)

退伍军人节(11月11日)

感恩节(11月第四个星期四)

感恩节后的星期五

平安夜半天(12月24日)

圣诞节(12月25日)

如果一个确定的节日恰逢周六,则将在前一个星期五庆祝;一个节日适逢星期日,则在下周一庆祝。

圣诞节和新年之间的时间是大学的寒假期间。这一周是节日和带薪休假的结合。

7.8.3.2 必要人员

在指定的寒假期间被要求工作的必要人员,可以在该财政年度内休相应天数的假。

7.8.3.3 在节日里工作

在某些节假日,某些办公室或部门将继续开放。这些办公室的员工可能需要工作。有加班资格的员工被要求在节日里工作,他们在节日的工作将会获得报酬,并且会得到一天带薪(数额为他们日常周工作薪酬的1/5)假期。根据工作人手和工作量的要求,可以在员工方便的时候休此假期,但必须在下一学年开始(7月1日)前用完。

7.8.3.4 豁免员工的节日政策

1. 工作日内的节日

豁免员工通常工作的一天适逢节日(即这一天不工作),这一天他们将获得正常的工资。此政策同样适用于弹性工作制员工和非全职员工(即:如果一名豁免员工每周工作4天,通常被安排工作的日子适逢节日且不用上班,这一天,他/她会得到常规的薪酬)。

2. 工作日以外的节日

豁免员工在未被安排工作的时间恰逢节日,这一周,他们将被支付常规工资,并且被允许储存假期(按照他们常规每周工作时间的1/5计算)以供日后使用。

7.8.3.5 有加班资格员工的节日政策

1. 非全职或弹性工作制员工的节日累积

如此政策第1节中所述,节日薪酬是按比例计算的。

2. 工作日以外的节日

如果节日恰逢兼职员工或弹性工作制员工日常工作日之外的某一天,其将被允许储存节日时间,在其本人和部门都同意的情况下,在其日常工作日程之内享受相应时间的带薪休假,但该假期必须在节日当月使用。

3. 工作日内的节日

如果节日恰逢非全职或弹性工作制员工日常工作日之内的某一天,根据上述规定,该员工将获得适当时间的带薪假。如果在节日里,该员工常规工作时间少于因节日所获得的带薪休假时间,则员工可以在假日后一个月内双方同意的时间里使用(剩余的时间)。如果因节日所获得的带薪休假时间超过了员工常规工作时间,有以下两种选择:

(1) 如果所在部门工作需要,领导可以要求员工补足工作时间;

(2) 如果工作量不需要(员工)补足工作时间,员工可能仍然会被要求补足时间,或可以从其已有的假期、加班补偿时间中扣除相应时长。

上述任何一种情况下,如果必须补足工作时间,应在节日当月双方都同意的时间内完成。例如,一名员工每周应工作17.5小时,每一个节日应享有3.5小时的带薪假。如果该员工通常在周一和周二全天工作(即每天7小时)及周三工作半天,如果周一是节假日,其将获得3.5小时的带薪假,并需要补足其节日当天未工作的3.5小时,或从员工已积攒的带薪假期中扣除3.5小时。

7.8.3.6 其他带薪节假日的管理政策

1. 停薪留职期间的节日

停薪留职或夏季停工的员工,在他们停薪留职或停工期间无权获得节日薪酬,除非该节日恰逢星期一且该员工第二天(星期二)返回工作。

2. 残疾休假期间的节日

在短期残疾休假、长期残疾休假或工伤补偿期内的员工,无权获得节日薪酬。

3. 带薪育儿假期间的节日

带薪育儿假期间员工有在该假期中享受节日的权利,并可以将这些带薪时间转变为假期。但不能超过通常4周的带薪育儿假期,或超过孩子出生或收养后的13周。

4. 病假或休假期间的节日

如果节日恰逢在休假中间,那该节日将被认定为节日,不被计为休假。

如果节日恰逢员工带薪病假期间,该员工获得常规的节日薪酬,且该日不会从员工享有的总的病假天数中被扣除。

5. 第一天工作以前的节日

通常情况下,新员工第一天上班前的节日,其无权获得节日薪酬。然而,聘期是基于学年或学期的员工,即使开始工作的第一个月的第一天是周末或节日,获得节日薪酬也是被批准的。

6. 工作最后一天以后的节日

无论出于何种原因停止聘任,员工最后一天工作以后的节日,其都无权获得节日薪酬;除非该节日是在工作周的最后一天,且该员工在此周前4天都工作。

7. 安息日或宗教节日假期

大学会合理满足员工安息日等宗教节日放假的要求,但前提是员工所信仰的宗教要求其某一天不工作,该员工应在缺勤前至少10天通知大学,且无论大学判断此类缺勤是否可行,都必须在双方合适的时间弥补同等的工作时间。员工可以选择从假期、事假或无薪假期中扣除。"合理满足"在此是指满足员工的宗教庆祝或惯例,且不会给大学的公务带来困难。

更新于:2007年11月15日

7.8.4 事假

每个公历年大学给予每一位员工每人3天带薪事假。非全职工作的员工,按照7.8.1中所述,按照比例计算事假。

这些时间可由员工自由使用,在可能的情况下需得到领导的同意。因为事假不累积,他们必须在下一年开始之前用完。通常情况下,新员工必须完成员工培训和考核期方可使用事假。离开大学的员工将不会因未使用的事假而获得补偿。

1. 4月1日前聘用的员工,此公历年内获得3天事假。
2. 4月1日和6月30日之间聘用的员工获得2天事假。
3. 7月1日至9月30日之间聘用的员工获得1天事假。
4. 10月1日或之后聘用的员工将无事假,直到下一个公历年。

更新于:2007年12月6日

7.8.5 带薪病假

7.8.5.1 导言

哈佛大学的带薪病假计划是为了防止因疾病或受伤缺勤而带来的工资损失。大学基于几个前提制定该计划,包括大学和员工共同关注所需要做的工作以及执行工作的人员的健康。因此,在健康条件允许的情况下员工来上班,不允许时员工留在家里。正常使用带薪病假计划不会影响部门的整体效率。然而,如果员工滥用带薪病假(例如,以生病的名义请假但事实缺勤的原因与健康无关),或如果员工长期和/或频繁、定期缺勤导致极大妨碍其履行职责,则应采取一些适当的纠正措施。作为正式或非正式的纪律警告的一部分,这些纠正措施可能包括医疗咨询。在某些情况下,最终的措施可能是终止聘用。

在某些情况下,返回工作岗位之前或作为得到带薪病假的一个条件,可能需要医疗证明,其中可能包括一个由检查的医生或其他认可的医务人员签字的说明。有关病假工资政策的问题,应向所属人力资源办公室或员工关系和政策办公室提出。

7.8.5.2 带薪病假累积和使用

1. 累积

(短期残疾和工伤赔偿方面的政策指导方针自2004年11月1日起生效。)

员工每工作一个月(不包括短期伤残或接受工伤赔偿期间),可累计获得一天带薪病假。按照此政策第1节中所述,非全职员工累积带薪病假按比例计算。未使用的累积假期可以"储存"以备将来使用,但总数不超过130个工作日。(某月16日之前开始工作的员工有权按照服务一个月享受累积带薪病假。16日或以后开始工作的员工该月无累积带薪病假。)

2. 未使用的带薪病假

终止聘用关系后,员工不会因任何未使用的累积病假得到经济补偿。然而,当某人终止哈佛大学聘用,其累积的病假总天数应在其终止聘用的表格中有所记录。如果一名前雇员返回哈佛并获得常规聘用,完成就业培训和考核期后,可以享受以前累积的带薪病假。转自以前工作的病假不能超过24天(两年累计的天数)。

3. 带薪病假用于家庭成员护理

当员工直系家属或家庭成员中有人生病需要员工缺勤,每个财政年内(7月1日至下一年6月30日),员工可以最多使用12天累积的带薪病假用于此类缺勤。在此政策中,直系家属包括子女、继子女、配偶、父母、继父母、公婆/岳父母以及其他有资格的家庭伙伴和法院指定的受监护人;家庭成员包括目前居住在雇员家中的个人。可能需要医疗证明以获得批准。

4. 个人疾病

因疾病或残疾而连续两周无法工作的员工,短期伤残保险可以为其提供最高长达26周(包括两周的等候期)的保险。因疾病或受伤缺勤6个月后,员工可以享受长期伤残保险所提供的福利,前提是员工已选择参与这项保险。

5. 与工作有关的伤害/疾病

因工作有关的伤害或疾病而导致缺勤,或在其他地方因工作而导致的伤害或疾病,如果根据工伤赔偿法可以得到赔付,则不能使用带薪病假计划。

7.8.5.3 其他带薪病假情况

1. 缺勤期间的带薪病假

员工无薪休假期间的带薪病假天数不累积,但一年以内的缺勤被计入连续服务期。

2. 在假期中的带薪病假

如果严重的疾病或伤害,如需要住院治疗,事实上妨碍了部分或整个假期,员工可将重病的时间从累积的带薪病假而不是带薪休假中扣除。如果这种情况发生,员工有责任通知其主管领导。可能会要求出示医疗证明。

3. 在节日期间的带薪病假

如果员工在节日期间生病,将获得常规的节日薪酬,且这一天不会从其病假总数中扣除。

更新于:2010 年 6 月 30 日

7.8.6 工伤与工伤赔偿

工伤赔偿自动覆盖大学所有雇员。此保险无须登记注册。

7.8.6.1 与工作相关的艾滋病毒感染保险计划

哈佛大学为那些因为工作中的意外而感染艾滋病毒(和某些相关病毒)的员工提供与工作相关的艾滋病毒感染保险计划。此保险涵盖哈佛大学所有教职员工。此保险覆盖范围自动生效,无须主动选取。

此保险为因工作原因而成为艾滋病毒抗体阳性的被保险人一次性支付 10 万美元。此保险金是工伤赔偿及其他保险支付款项以外的保险金。

那些怀疑可能因工作而接触艾滋病毒的人,必须在事故发生后 5 天内通过填写事故报告记录接触的情况,且必须在大学医疗健康中心或认可的实验室完成保密的验血测试。如果日后提出赔付申请,此事故报告及验血结果将是所需材料的主要来源。

哈佛大学员工援助计划(EAP)所提供的保密的咨询服务,也可以协助提供有关艾滋病毒感染的信息资源。

此信息仅为工作相关的艾滋病毒感染保险的简短摘要。关于此计划的详细信息,可从福利服务办公室获取。

更新于:2007 年 11 月 15 日

7.8.7 家庭休假与医疗休假

7.8.7.1 休假资格

1. 基本休假资格

《家庭与医疗休假法》(FMLA)要求哈佛大学向下列情况中有资格的员

工提供最多12周的停薪留职假期：

（1）由于怀孕、产前医疗检查或生育而无法工作；

（2）照料出生后的子女、收养或寄养安置；

（3）照料有严重健康问题的员工配偶（其中包括哈佛政策认定的合格的家庭成员）、子女或父母；或

（4）因严重的健康问题而造成员工无法工作。

2．军人征召假资格

符合条件的员工，他们的配偶、子女或父母在武装部队、国民警卫队或预备役中服役，如果他们（配偶、子女或父母）在国外服役或支援应急行动，员工可以使用12个星期的休假权利以解决若干符合条件的紧急情况。符合条件的紧急情况可能包括参加某些军队活动，安排照料孩子，处理一些财务和法律上的事务，出席某些咨询辅导课程，及参加兵役结束后重返社会的宣讲。

《家庭与医疗休假法》还包括一项特殊的休假权利：允许符合条件的员工在12个月内拥有最长至26个星期的假期，以照顾所包括的服役人员。所包括的服役人员为：（1）现役武装部队、国民警卫队或预备役成员，因在服役期间受伤或得病，或因服役加重病情，导致服役人员因健康原因而不适合完成其职责，且该服役人员正在进行治疗、康复、理疗或门诊护理阶段；或已列入临时残疾退役表；或（2）退伍军人因受伤或疾病正在接受治疗、康复、理疗，且在上述治疗、康复、理疗之前5年中，该退伍军人是武装部队、国民警卫队或预备役成员。

7.8.7.2 福利和保护

家庭和医疗休假期间，哈佛大学将保持员工任何团体健康计划下的健康保险，提供与假定员工继续工作一样的条款。使用家庭和医疗休假计划，不会导致员工损失任何休假前累积的福利。

7.8.7.3 资格要求

满足以下条件的员工有资格享受上述福利：每周至少计划工作17.5小时，有资格享受福利，且根据相关政策和劳动合同已通过试用/培训和考核期。

7.8.7.4 严重健康问题的定义

严重健康问题是指疾病、伤害、损害、生理或精神损害使得需要在医疗机构中过夜治疗，或需要医疗健康机构持续提供治疗，使得员工无法完成其工作职责，或符合资格的家庭成员无法上学或进行其他日常活动。

在某些条件下，以下情况满足持续治疗的要求：连续3天以上无法工作且至少去医疗健康机构两次；去医疗健康机构一次并获得继续治疗的建议；因怀孕或慢性病导致无法工作。其他状况也可能满足持续治疗的定义。

7.8.7.5 带薪休假替换无薪休假

员工在家庭休假或医疗休假时可以选择使用累积的带薪休假。可以在任何家庭和医疗休假中使用累积的休假、事假和补偿假期。如果休假是因为员工自身严重的疾病或生育等原因，员工可以使用病假和/或短期伤残福利提供的假期。如果因为家人生病而休假，在休假时员工必须使用家人病休假；在使用完家人病休假，在随后的休假中，员工可以选择使用已积累的假期或事假。为了在家庭和医疗休假中使用带薪假期，员工必须遵守正常的带薪休假政策。

如果员工因工伤休假，一般会享受工伤赔偿。然而，由于两种情况中的差异，有可能工伤赔偿结束时，家庭和医疗休假还继续，反之亦然。

其他大学政策和福利计划可能会提供工薪保障和额外的福利。员工在家庭与医疗休假期间，哈佛将同时执行任何适用的政策和福利计划（例如产假和育儿假、短期伤残保险或工伤赔偿）。家庭与医疗休假会自动与一些符合条件的假期自动同时运行。

关于生育、儿童安置、收养或寄养休假期间的工资条款，请参见以下 7.8.7.13。

7.8.7.6 员工职责

应以书面形式向主管或当地人力资源负责人提出家庭与医疗休假请求。如果休假是可以预见的（例如基于生育、儿童安置、收养或寄养或医疗计划的休假），希望员工尽可能提前给予通知，一般至少提前 30 天。如果无法提前 30 天通知（例如由于未预料到的医疗情况或相关机构不适当地通知），员工必须尽快通知，通常在其得知需要休假后的一个或两个工作日内，且一般必须遵守正常的紧急程序。

员工必须向哈佛大学提供充足的信息，以确定是否有资格享受家庭和医疗休假，及预期的休假时间和休假长度。充足的信息可能包括，员工无法履行工作职责，家庭成员无法进行日常活动，需要住院或医疗保健提供者提供持续治疗，或符合军人家庭休假的情况。如果之前已被《家庭与医疗休假法》认可或批准，员工也必须将此休假的原因告知哈佛大学。

家庭与医疗休假期间员工可能会被要求定期向所在部门汇报其现状和返回工作的意向。员工也有可能被要求提供需要休假的证明并定期提供新的证明（参阅以下 7.8.7.10）。

7.8.7.7 雇主责任

哈佛将通知要求休假的员工他们是否符合家庭与医疗休假条件。如果符合条件，通知将明确其他信息及员工的权利和责任。如果不符合，哈佛大学将提供解释。

如果员工的休假是受《家庭与医疗休假法》保护的,哈佛将通知员工,休假天数将被计入员工的休假权利中。如果哈佛决定该假期不受《家庭与医疗休假法》保护,它也会通知员工。

7.8.7.8　当夫妻双方为大学工作

双方都为哈佛工作的夫妻,如果双方都符合《家庭与医疗休假法》条件,在12个月的期限内,双方因生育、儿童安置或照顾生病父母而享受的家庭与医疗休假的总和不得超过12周。每一名符合条件的配偶可以因其自身、配偶或受抚养子女的健康原因享受12周的家庭与医疗休假。此外,如下面7.8.7.13所述,每一名配偶可以因生育或儿童安置使用其带薪育儿假。

7.8.7.9　定义家庭与医疗年假期

12个月的家庭与医疗休假期是从员工家庭与医疗休假开始之日计算的。例如,如果一名员工的家庭与医疗休假从5月1日开始,该员工的"年假期"从5月1日开始,结束于次年4月30日。下一次假期将从之前12个月的家庭与医疗休假结束后开始。

7.8.7.10　医疗证明

申请家庭与医疗休假的员工,必须及时(一般在15天以内)提供合适的完整休假证明表格。如果员工未能及时提供证明,休假可能会被推迟直至提交所需证明。休假期间可能需要提供再认证。

申请短期伤残或工伤赔偿的员工也必须遵守有关医疗证明的要求。

如果大学对员工或家庭成员严重健康问题的医疗证明的充分性提出质疑,在大学承担费用的情况下,它可能要求员工从大学指定或批准的第二个医疗机构处再次获得证明。如果第二份证明与第一份不同,大学可以要求大学和员工共同指定或同意的第三个医疗机构提供第三次意见,大学将再次承担费用。第三次证明将是最终的并具有约束力。

员工因个人疾病休假后返回工作,可能被要求提供证明,证明他们能够重新开始工作。

7.8.7.11　间断性休假/缩短休假安排

员工不需要连续一次性使用完其休假天数。在医疗情况需要时,可以间断性休假或缩短休假安排。符合条件的紧急休假,也可以间断性休假。

如果是因为治疗而需要间断性休假或缩短休假安排,员工必须做出合理的努力来安排治疗,以免过度影响其单位的运转。员工也可能暂时被调整职位到一个现有的具有同等薪酬和福利的替代位置,以更好地适应经常性的休假安排。

间断性休假员工不享受短期伤残保险福利。员工可以使用已累积的病假、休假或事假,或使用无薪假期。缩短休假安排的员工有可能有资格获得部分短期伤残保险福利。

7.8.7.12 复职

家庭与医疗休假后,员工将回到其开始休假时的工作职位,或者,如果员工和用人部门同意,员工在同等福利、工资及条件的岗位就业。

如果员工在家庭与医疗休假期间职位被取消,其将被赋予与其他职位被取消的员工同等的权利与福利。然而,同他们如果连续工作相比(即没有休假),员工没有更大的恢复职位的权利或更多的其他福利和就业条件。

7.8.7.13 生育假,收养或寄养儿童安置假

亲生父母、寄养和收养父母自儿童出生或安置开始(或必要时出差去领养)可享受13周的假期。根据马萨诸塞州的产假法,生母或养母可享受8周停薪留职假期。因此,举例来说,如果一名女员工有一对双胞胎或同时收养两个孩子,她将有权享受16周的停薪留职假期。在所有情况下,家庭与医疗假期与产假同时计算(而不累加)。

此假期中的工资,可以通过以下一种或几种方式承担。

1. 短期伤残险

短期伤残险涵盖生育,且只可以在婴儿出生后前8周内使用,除非生育的母亲有并发症,需要继续使用短期伤残险。

服务7年或以上的员工,短期伤残险支付100%的工资;服务少于7年的员工,短期伤残险支付75%的工资。婴儿出生后前8周,累积休假、事假、补偿假期或病假可以替换短期伤残险提供的假期。短期伤残险支付的工资不能用作累积假的补充。如果生育的母亲在生育前2周仍在工作,2周的短期伤残险等待期将被免除。此时,她可以使用累积的病假天数直到孩子出生。

2. 带薪育儿假

孩子出生或领养后的13个星期内,最多可享受4周的带薪育儿假。无论出于何种原因,如果孩子在出生后的前9周内不能离开医院,自孩子离开医院回家后可以开始4周的育儿假。

生育或领养父母的育儿假有两个选择：

选项1：1周带薪假期,按当时工资的100%获得薪酬;或

选项2：4周假期,按照以下与大学服务时间相关的安排获得工资：

服务7年或以上,按当时工资100%获得薪酬。

服务少于7年,按当时工资的75%获得薪酬。获得75%工资的员工可以使用累积的休假、事假或补偿假期来补充他们的工资。

使用育儿假的父母按照预期将返回工作。如果员工不打算返回工作,

并在休假前将此意图通知其主管,则不能享受带薪育儿假。如果员工享受了带薪育儿假,然后决定不返回工作岗位,则必须向大学退还在带薪育儿假期间所获得的工资。

在父母双方都为大学工作的情况下,其中一人可选择1周全薪假期,而另一人使用4周的假期。在婴儿出生前必须作出选择,且若无医疗证明有并发症,不得改变。

3. 其他薪酬规定

累积休假、补偿假期或事假可以与无薪假期配合使用,以获得剩余的休假或产假延长期内的工资(见以下7.8.7.14)。

养父母有权享受长达13个星期的假期。员工可以使用累积休假、事假或补偿假期以获得全部或部分工资。

7.8.7.14　延长产假

符合条件的员工可以要求延长产假,但必须于开始休假后一年内结束,且不能超过之前被聘用的时间。休假超过13周,则不保证复职,除非员工主管领导和人力资源负责人事先以书面形式同意。

7.8.7.15　非法行为

根据《家庭与医疗休假法》,雇主的以下行为为违法:

- 干预、限制或拒绝行使任何《家庭与医疗休假法》赋予的权利;
- 个人因反对《家庭与医疗休假法》中认定的非法行为,或因参与与《家庭与医疗休假法》有关的诉讼,而受到雇主的解雇或歧视。

7.8.7.16　实施

员工可以向美国劳工部提出申诉或者提起私人诉讼。《家庭与医疗休假期法》不影响任何禁止歧视的联邦或州法律,不会取代任何提供了更多家庭或医疗休假权利的州或地方法律或集体谈判协议。

更新于:2011年4月27日

7.8.8　军事征召假

7.8.8.1　序言

参与军事征召服务的员工,哈佛根据相应的法律给予他们假期并为他们提供再就业的权利。因为在这里未被列出的许多情况和具体条款可能会影响个案的解释,员工应就大学政策与义务咨询所属人力资源官员和/或员工关系与政策办公室。如果员工报名入伍或被征召服役或培训,其应该立即通知其人力资源负责人。

员工在服兵役期间将得到《军事征召复职权利法》(1994)所赋予的工作与福利保护。该法加强了以前的立法,禁止就业歧视,保护那些离开民事工作参加兵役的员工权利,包括自服兵役之日起长达5年的保护。

根据以下所列情况,正式入伍或参加预备役的人员被征召服役或培训,享有再就业的权利。

7.8.8.2 补贴

哈佛将每年支付至多90天的符合条件的员工的军人基本工资与其大学基本工资之间的差额。请注意,目前哈佛有超过90天延长此工资补贴的惯例,在其他类型的假期中可以查到细则。员工必须提交其军事征召及收入证明以获得此补贴。员工可以(但不要求)在军事征召假期中的任何一段时间内使用累积的带薪假期、事假,如果不使用这些假期,他们这一段军事征召假将是无薪的。

7.8.8.3 复职

满足以下条件、从军事征召服役中返回的前员工将被复职到他们原来的职位或类似级别、地位和工资的职位,前提是该员工在适用的法定期限内(根据服役时间长短,服役后法定期限自1天到90天不等)申请复职。

1. 离开其职位在美国武装部队、国民警卫队、预备役参加军事培训和服务、现役培训、预备役培训的前员工;
2. 前员工仍胜任或能够重新胜任以前的职位;
3. 环境没有发生变化,使得重新聘用以前的员工不可能或不合理;
4. 员工累积军事征召期不超过5年。

附加条款适用于某些服役人员。细节请联系所属人力资源办公室和/或就业与员工关系办公室。

如果员工的军事征召期是181天或更长,在其复职后最初一年内不能无故被辞退。如果员工的军事征召期是31至180天,在其复职后最初180天内不能无故被辞退。

如果由于在服役期留下的残疾使前员工不能或无法再胜任其以前的职位或类似的职位,但可以胜任其他职位,员工将被安置在可以胜任的岗位上,最大可能地与其之前的职位和工资相似。在此情况下,经聘任与培训办公室副主任的批准,此职位免于公开招聘。

更新于:2008年5月21日

7.8.9 其他带薪假期

7.8.9.1 家人死亡

因直系亲属或家庭成员死亡,员工可以请假且有最多3天带薪假期。如果主管批准,在安排困难或严重情绪困扰的情况下,更长的带薪假期也是允许的。就此政策而言,直系亲属包括丈夫和妻子,儿子和女儿(包括继子女)、孙子(女)/外孙(女)、儿媳和女婿、父母(含继父母)、外/祖父母、公婆/岳父母、兄弟姐妹(包括同父异母、同母异父的兄弟姐妹)及他们的配偶家庭成员,包括定期与员工共享住所的个人。

7.8.9.2 陪审义务/出庭

任何员工,包括临时员工,在履行陪审义务时,可以请假并获得其正常工资。任何员工,包括临时员工,如果被要求出庭作证,且其本人与案件无关,将被允许带薪缺勤。按照预期,该员工将在不需要出庭的日子里或一天的部分时间内继续工作。如果员工与案件有关,缺勤的时间应从累积休假或事假中扣除,或采取无薪休假;此缺勤不能从病假中扣除。

7.8.9.3 年度预备役训练

如果员工被要求参加兵役的每年为期两周的培训,将获得其预备役训练所得薪酬与其固定工资之间的差额。此类培训的缺勤不被计入休假时间。员工应提交其培训及收入的证明材料以获得此差额。

7.8.9.4 缺勤时间

哈佛大学提供了几种类型的缺勤时间:退休规划、参加课程和选举。

1. 退休规划

员工已经完成了10年或更长时间的连续服务,且已到60岁,出于追求退休后发展的目的,在主管认为人手和工作量许可的情况下,员工可能被给予带薪缺勤时间。此缺勤安排的目的是允许员工在计划退休后的若干年内参与志愿活动或其他具体的发展计划(例如,职业或第二职业技能开发),以便于退休规划。此类缺勤正常情况下不会超过每周3个小时,并需要员工向其主管写信详细介绍活动。如果缺勤安排被批准,主管可要求员工提供参与证明。未指定时间(例如,持续志愿工作)的缺勤,应根据部门需要和适当的退休前过渡安排,按季度审核。

2. 上课

连续服务两年或两年以上的员工,每星期可享受长达三个小时(非全职员工按比例减少)的带薪时间用于上课,前提是其与主管已作出安排。关于带薪时间上课的更多信息请见学费援助计划。

3. 选举

员工可能会被给予投票时间。如果员工必须带薪缺勤以便投票,则必须允许员工带薪缺勤。通常情况下此类缺勤时间是不必要的,因为投票站开放时间超过正常的工作时间。

更新于:2007年12月6日

7.8.10 额外的无薪假期

员工可享受连续 30 天或以上无薪假期。无薪休假的类型包括：短期个人事假、长期个人事假、职业发展假和政府服务假。所有无薪休假的请求都必须与主管/部门领导及人力资源负责人讨论。在休假开始前，所有协议的条款都必须完成并以书面形式达成一致。

7.8.10.1　31 至 90 天的短期个人事假

员工可以因个人原因拥有 31 天至 90 天的无薪假期，但这取决于部门的人手需求。基于下述考虑给予个人事假：请假原因、员工工作情况，及部门是否预计再聘用（该员工）。

短期个人事假安排在工作量相对于平时较少的季节（例如，暑假期间）是合适的，且员工自愿停薪休假。在这种情况下员工的工作必须保留。员工根据部门要求而进行季节性短期休假的，可以接受校内或校外临时职位，但此类就业必须是临时性质的且不包括福利。

7.8.10.2　长期个人事假

在校服务 5 年或 5 年以上的员工，可能会获得个人无薪长期事假。长期事假的时间从 3 个月到 1 年不等，以促进员工个人成长为目的。可能会因为下列情况获得个人事假：个人原因、家庭事务、学校未提供资金支持的第二职业生涯探索以及其他大学认为合适的原因。第一次休假结束后，员工有可能额外延长个人长期事假至另一整年，前提是主管领导和人力资源负责人审查并同意。

如果主管领导和人力资源负责人认为休假对员工本人和大学有利，服务少于 5 年的员工也有可能获得事假。服务少于 5 年的员工，事假不得超过 1 年。

7.8.10.3　职业发展休假

在校服务 3 年或 3 年以上的员工，有可能获得无薪职业发展休假。职业发展休假时间从 3 个月到 1 年不等，以促进员工个人职业发展为目的。如果主管领导和人力资源负责人都认为，休假对员工本人和大学有利，员工有可能获得职业发展休假，例如，如果此休假有助于加强员工对现在的工作或今后在哈佛大学工作的贡献。有些活动可能获得休假，如学习教育项目、研究和出版活动。

第一次休假结束后，员工有可能额外重新获得 1 年的职业发展休假，前提是主管领导和人力资源负责人审查并同意。

7.8.10.4 政府服务假

员工在联邦政府、州或地方政府获得任命,将被赋予政府服务假。如果员工接受任何级别的政府公务员职位,则可能不会被给予假期。政府服务假将与之前的在校服务时间等长,且不超过两年。

7.8.10.5 休假的条款及条件

以下内容适用于所有上述无薪休假。这些条款和条件不适用于少于30天的无薪假期,也不适用于无薪休假前的假期或病假。在休假开始前,员工和其主管领导/部门主管和人力资源负责人必须书面同意休假的条款和条件。

1. 休假期间的聘用

员工在休假期间可能不能在其他有福利的职位上工作,除非在休假开始前获得书面许可。在休假期间在有福利的职位工作(除被批准的政府服务以外),将导致取消休假或终止大学聘用。

在休假期间在大学临时、非福利职位上工作,可能会被允许,前提是此类聘用与休假的基本原则不矛盾。在休假前,员工必须提前获得所在部门的批准。

2. 假期和病假累积

员工停薪留职期间,带薪假期和带薪病假工资不累积。

3. 福利延续

员工在休假期间,仍可以享受以下保险:全面医疗保险、牙科保险、团体人寿保险和长期伤残保险。休假期间,员工负责承担其保险费用的个人部分。在某些情况下,如果员工未能支付个人应承担的保费部分,大学可能会收回在休假期间支付的保费。只要员工在假期结束后返回工作岗位,他们在休假期间即可持续获得养老补贴。可向福利办公室咨询任何问题。

对所有其他有服务时间要求的福利而言,如学费援助、残疾福利和更长服务假累积,停薪留职期间被计为连续服务。

4. 恢复工作

停薪留职少于90天的员工将返回原岗位(前提是该岗位还存在),或在同一部门具有同等工资和福利的职位上工作。休假时间超过90天,则不保证恢复工作。在休假开始前,所有休假条款都必须明确并以书面形式达成一致。

休假少于90天的员工,如果在其休假期间职位被取消,将被赋予与其他职位被取消的员工同等的权利与福利。然而,同他们如果连续工作相比(即没有休假),员工没有更多的恢复职位的权利或更多的其他福利和就业条件。

如果员工未能如期返回工作岗位或获得延长休假,聘用将被终止。

更新于：2004年9月14日

7.9 员工行为

7.9.1 序言

在哈佛大学工作的所有人都以重要的方式为大学的教学、科研使命做出贡献。哈佛大学期望所有人以诚信并尊重他人的权利、差异和尊严的方式,履行他们的工作。

大学有权终止聘用任何员工,如果其整体工作习惯、态度、行为或工作表现不令人满意。被大学认为行为不当,可能会受到纪律处分,直至并包括无薪停职或终止聘用。

哈佛大学认为不当的行为包括但不限于以下情况：

1. 违反联邦、州和当地法律；
2. 违反哈佛和/或员工所在院系的政策、程序和做法；
3. 身体暴力、威胁使用暴力或口头辱骂；
4. 故意损坏大学或同事的财物,包括滥用资源或盗窃；
5. 未能维护大学信息的保密性；
6. 伪造记录；
7. 不服从命令；
8. 过度旷工或迟到；
9. 携带武器进入大学所属领地。
10. 在受控物质或酒精的影响下工作,在工作中携带或使用这类物质,或违反哈佛大学其他关于工作场所毒品和酗酒的政策。

鼓励员工从主管领导、人力资源负责人或员工关系与政策办公室处获得关于行为、结果或替代方案的指导或支持,以维护员工行为规范。

更新于：2008年5月21日

7.9.2 解决与工作有关问题的程序

员工寻求解决与工作有关的问题,或申请审议与工作有关的决定,如纪律处分或终止聘用,可参考以下程序与资源。重要的是,工作中的问题应及时提出。

这些程序不适用于以下人员：临时工作员工，非哈佛常规发薪员工（如顾问），教师及其他教学员工或集体谈判协议覆盖的员工。

员工使用这些程序，不会对其在大学中的地位造成任何负面影响。本政策不会改变哈佛自愿聘用的原则，员工使用这些程序不会阻止、限制或延缓任何适当的纪律处分或政策的执行。

7.9.2.1 决议的适用及审核程序

下述审核程序用以确保工作相关的决议和其他聘用行为与哈佛大学的政策相一致。对歧视投诉的审核参见 7.2.1，对性骚扰投诉的审核参见 7.2.2。

此程序不适用于以下情况：已明确的聘期结束后，未能延长聘用而提出异议；因临时解聘或裁员而结束聘用；在培训与考核期内结束聘用。当员工已因其他原因解聘，只有经过部门一级审查后，方可提出在大学一级审核的要求。

7.9.2.2 院/系一级决议和审核程序

1. 非正式决议

许多工作问题可以在部门一级非正式得到解决。鼓励员工及时提出问题，并在可能的情况下，与相关的当事方、主管或管理人员一起解决问题。

为了达成非正式的解决方案，受影响的员工书面详述有关顾虑或问题，或提出可能的替代解决方案或解决步骤，是合适的。

如果这些达成协议的尝试都没有成功，员工可以请求人力资源负责人援助或审查问题。在某些情况下，当地人力资源负责人可以指定一名合适人员，如部门主管或相应的副院长或学院院长助理，来审查此事。讨论应在所有当事方在场的情况下举行，单独或共同确定事实，努力达成事件的解决方案。在适当的情况下，如员工的不当行为或解聘，审核过程可能会加快或直接转交至正式审核。

2. 院长、副校长或指定人员进行正式审核

如果问题未能通过非正式方式得到解决，为了解决问题，员工可以进一步要求他们所在学院院长或副校长进行正式审核。在不隶属于院长或副校长的行政单位中，人力资源负责人同部门领导一起，可以从大学内部指派一人审查此事。

员工必须在非正式过程结束后 14 日内以书面形式向人力资源负责人和其他有关人员提出审核要求。要求审核的请求应包括：总结问题，到目前为止为解决问题所做出的努力，这些努力的结果，并阐述员工认为适当的解决办法。其他相关人员可以——但不要求——对请求做出答复。在审核请求后 14 日内应将答复发送至员工和人力资源负责人。人力资源负责人将及时

转发员工的要求、任何答复和其他适当的文件至院长、副校长（或其指派的人员）以及员工关系和政策办公室。

在事件提交至院长、副校长或指定人员后一段合理的时间内（一般为45天），他们将审核文件，以他们认为合适的方式进一步调查此事，并做出书面决定。在适当的情况下，如员工被解聘或员工行为不当，审核过程可能会加快。此决定的副本将被及时送至员工、人力资源负责人及员工关系与政策办公室。除解聘的情况（见下文）以外，这将是最终裁决。

7.9.2.3　在大学层次审核解聘决定

正式审核程序中，以下步骤仅适用于解聘，且只有在完成学院或部门层次正式审核程序后方可使用。此程序不适用于以下情况：已明确的聘期结束后，未能延长聘用而提出异议；因临时解聘或裁员而结束聘用；在培训与考核期内结束聘用。

人力资源副校长展开正式审核。只有当员工对学院/部门一级做出的对其解聘的裁决有争议时，员工方可提交书面申请要求大学一级对裁决做出正式审核。此请求必须阐明员工对裁决产生争议的原因，且必须于收到院长、副校长或指定人员所给出的裁决后14日内提交至人力资源副校长。人力资源副校长将此请求的副本发送至人力资源负责人、院长或副校长（或指定人员）及回复者。人力资源副校长或其指派的人员，将及时审查请求并遵守此政策规定的程序。

人力资源副校长将审核此事或可指定他人审核此事，包括到目前为止的进展及院系/部门一级的裁决。

人力资源副校长一级的正式审核应对起初的程序进行审查。审核可能包括检查现有文件，检查支持做出裁决的事实，或其他相关事实，也可以包括其他要求，用以判断员工直属一级做出裁决时所采取的程序和政策是否前后一致。人力资源副校长（或其指定人员）可以维持原有裁决（这将是最终裁决），推翻原来的裁决，发回重审（将案例发送到院系/部门一级做进一步调查和/或程序）或对各方进行调解，并达成各方同意的解决办法。

此审核结束时，副校长（或其指定人员）将准备一份书面报告，其中包含事实的结果和建议的最终处理方案，向各方提供报告草案，并给每人14天的机会补充书面意见或回应。人力资源副校长（或其指定人员）在考虑各方意见和答复后，可以修改结果或建议的最终处理方案。副校长（或其指定人员）将做出最终裁决，并将公布最终报告。最终报告将被发送至有关各方且将包括他们的书面答复和意见。

更新于：2008年5月21日

7.9.3 行为纠正过程

7.9.3.1 行为纠正过程

循序渐进的行为纠正过程适合解决大多数类型的工作表现问题,包括不专业或不可接受的行为。行为纠正过程应迅速、及时,并有助于员工认识和克服工作中的困难、表现不足或纠正违反大学政策、程序或做法的行为。行为纠正过程通常应该是渐进的,虽然在某些情况下工作表现问题或其他行为可能需要在渐进的方式外立即正式警告或终止。

一般来说,正式的行为纠正过程中应遵循积极辅导和/或管理。正式的行为纠正过程通常应包括口头警告,并在适当情况下,在终止聘用之前给予一个或多个书面警告。某些情况下无薪停职可能是合适的。然而,任何扣除豁免员工工资的情况都需要符合《公平劳动标准法》的基本要求。在采取此类行动之前,主管应向人力资源负责人咨询,人力资源负责人也应该咨询员工关系与政策办公室。任何行为纠正过程,以及纠正过程中的任何变更,应得到人力资源负责人的建议和忠告。此政策不会改变哈佛自愿聘用的原则,且哈佛有权变更此行为纠正过程(包括在给定的情况下完全不遵守此过程)。

7.9.3.2 担任某些较高职务的员工

循序渐进的行为纠正过程可能在某些情况下不合适,这些情况涉及担任高级管理职位的个人,这些职位要求他们经常、可靠地做出高水平的判断和决定。在这些罕见的情况下,受影响的员工应清楚认识并通过讨论了解其表现为何不满足工作标准,该员工应获得机会阐述其对情况的理解。如果无法达成一个双方都同意的解决办法,大学有权终止聘用。

如前所述,这些程序不适用于以下人员:临时或少于一半工作时间的员工,非哈佛常规发薪员工,如顾问、教师及其他教学员工或集体谈判协议覆盖的员工。

更新于:2008 年 12 月 5 日

7.10 社交媒体使用指南

哈佛大学认可通过社交媒体沟通的重要性和益处。社交媒体是一个重要的媒介,哈佛大学可以通过它们向哈佛社区传播新闻,听取关于哈佛大学的呼声和观点,并与我们的受众在网上联系。

纵观社交媒体,可能会因为平台、技术、成员的不断变化而令人觉得混乱。然而,当哈佛员工使用社交媒体时,现有的法律责任和大学政策已然存在,并且这些准则不会取代或限制任何有效的政策。

7.10.1 指南所涵盖的个人

被授权代表大学发言的个人。

需要注意的是,虽然这些指南涵盖被授权代表哈佛大学发言的个人使用社交媒体,其他员工使用社交媒体时仍然受到哈佛有关员工行为政策的约束。

7.10.2 制定指南的目的

为哈佛大学成员提供就大学事务与社交媒体沟通的指导原则。
区分因工作使用社交媒体与因个人原因使用社交媒体。
阐明大学现有政策和当前使用社交媒体之间的关系。

7.10.3 指南

本指南为被授权通过社交媒体代表大学发言的哈佛成员提供信息。社交媒体论坛可以包括博客、维基、社交网络(例如,Facebook、Twitter、YouTube、LinkedIn 等)、个人网站以及在活跃的通信领域尚待开发的其他媒体。

哈佛大学成员可能会发现,在考虑个人社交媒体账户时本指南中的许多内容可能会有所帮助。但是,本指南既非管理或限制个人在网络上的存在,也无意于限制员工在聘期内与同事一起进行一致的、受保护的活动的权利。尽管如此,哈佛大学还是鼓励员工使用既定程序直接向主管、院系/部门或大学的行政人员、人力资源负责人或工会代表表达对工作或工作环境的不满或顾虑。

同样,本指南并非旨在剥夺或限制学术自由,学术自由的原则在《全校范围内有关权利与责任的声明》(1970 年)和《校长与院长关于权利与责任的声明》(2002 年)中已阐述。

同样重要的是需要注意,这是一份实时的文件,它将反映哈佛大学当前的需求并将根据社交媒体的变化而调整。

鉴于上述内容,以下是指导被授权的个人代表哈佛大学在社交媒体上发表言论的一些原则。

保密原则。请勿发布有关哈佛大学、其师生、分支机构、校友或员工的保密或专有信息。

有关公开机密信息的限制,应参阅大学和部门政策、适用的联邦和州的法律和法规，如1996年的《健康保险便利和责任法案》（HIPAA）和《家庭教育权利和隐私法案》（FERPA）（以及其他），并应征询你的主管的意见。

隐私原则。请勿发布你不会在任何公共论坛上发表的内容。特别是，在未经知情或许可的情况下，请勿在社交媒体网站上讨论涉及具体姓名或照片的个人。

永久性。请记住，（无论是代表大学还是你个人）你共享的任何内容都可能无限期公开，即使你希望修改或删除这些内容。

受众。谨慎对待你在线共享的个人信息。许多社交网站都不安全，任何可以使用计算机和访问互联网的人都可以使用这些信息。

关联性。请记住，在许多社交网站上，你的姓名和照片/头像图片会显示在你发布的内容旁边，并且当你以正式身份在网络上代表哈佛大学或其附属机构时，这些信息将与你或哈佛大学相关联。

无害原则。通过在研究和项目中的合作、沟通与推动，哈佛大学鼓励使用社会媒体加强其教育和研究。你必须确保你对社交媒体的授权使用不会对大学、师生、校友或员工造成损坏或伤害。

以下是一些使用社交媒体可能对哈佛或哈佛大学成员造成意外伤害或可能违反法律、法规或哈佛政策的情况示例。

违反《健康保险便利和责任法案》/《家庭教育权利和隐私法案》。你是大学健康服务中心的一名助理，你使用手机摄像头在工作区中为一些同事拍照，并将该照片发布到该部门的Facebook上。但是，图片中包含学生在接受医疗服务的背景图像，并且在你的办公桌上清晰可见一些保密性医疗文件。在这种情况下，你应该提前采取措施，以防止泄露保密性医疗信息或学生信息。

学生团体。你使用部门官方Twitter账户"转发"学生激进团体发布的Twitter消息。但是，该推文中包含外部网站的链接，该链接贬损大学的领导。在这种情况下，你应提前采取措施，以确保你在大学授权的社交媒体账户上发表的资料中不包含对大学或大学成员有负面影响的内容。

匿名留言。你是哈佛大学研究生院中的一名高级管理人员。你在哈佛大学校刊网站上读到有关大学新政策的报道，并在假定的"匿名"评论中质疑该政策。但是，当你发表评论时，你没有意识到你使用个人名称登录了校刊网站，此后的读者可以看到你的名字，并根据你担任高级管理人员职位的事实做出假设，认为你所在的学院不支持该新政策。在这种情况下，你应该采取措施来确保你不代表所在机构发表言论，以及评论是否仅限于你对此事的个人看法。

个人职责与责任。通过社交媒体进行的交流同样受到哈佛政策中有关个人责任条款的约束，也受到有关一般和传统交流形式中个人责任的法律和法规的约束。你应对自己在自己的网站和其他网站上发布的内容负责，并且仅在获得明确授权的情况下以正式身份代表哈佛大学或其分支机构发布内容。本政策中的任何内容都不应被理解为限制你参与和同伴一起进行的、维护聘期和聘用环境的活动。

偶尔因个人事务使用社交媒体。哈佛大学了解员工会在现代工作场所中利用社交媒体和网络处理个人事务。哈佛保留监管其计算机系统使用情况的权利，但员工可以在工作场所偶尔使用社交媒体，只要这种使用不会消耗大量工作时间或资源，不会影响工作运行和效率，并且不会违反其他大学政策（请参阅下面的相关政策）或员工所在部门的政策。如果员工的在线活动违反法律或哈佛政策，或者员工的非官方或未经授权的在线活动使大学承担责任，大学将采取纪律审查或其他形式的审查。

以下是在网上以官方身份代表哈佛大学（发表言论）的一些实用技巧。

隶属关系。如果你谈论你工作职责范围内与工作相关的事情，请明确你所隶属的部门。

保持敏感性。切勿发布有关大学的机密信息或专有信息，以个人身份发布信息时应注意保密协议。

清楚地标注个人言论。在某些情况下，个人会拥有多个社交媒体账户，其中一些供个人使用，而另一些则用于哈佛的官方活动。个人必须谨慎区分这两种用途，并避免使用哈佛账户传播个人言论。除非得到哈佛大学或部门、学院或单位的特别授权，否则你必须声明所表达的观点是你自己的观点。例如，在Twitter上，你可以考虑在账户资料的"个人简介"部分中使用免责声明："推文仅代表我个人观点，并不反映雇主的观点。"

准确性。在点击"公开/发布"按钮之前，请花点时间考虑一下你要发布的（个人和工作）内容。考虑一下这些内容：它是否是热门话题？你是否定期查看和维护通过社交媒体发布的内容？校对拼写和语法。

注意你所发表的言论以及在社交媒体网络中的联系。例如，你在同事Facebook上发表的评论，与你同事有联系的任何人都可以看到，但你可能没有与这些人建立联系，因此无法控制他们的访问权限或无法预料他们会进一步转发你的评论。要深思熟虑和小心谨慎。

透明性。为了保护哈佛的名称并与用户之间建立信任，代表哈佛在社交媒体上（例如博客、Facebook、Twitter等）建立账户时，应明确与哈佛之间关系的性质。作为大学的社交媒体代表，你应明确说明自己在大学中的职位以及代表大学发表言论的权限范围。同样，为了保护哈佛大学的非营利性质，不得使用社交媒体来促进或进行任何商业活动或资金交易，包括广告收入，任何具有行政职责的员工从与哈佛相关的社交活动中也不得获取个人经济收益。

你的社交媒体资料应包括对哈佛大学使命/工作的描述，以及人们可以通过"喜欢"或"关注"而期望获得的信息。

"喜欢"或"关注"网站或供稿都应反映哈佛的观点。请勿出于个人兴趣或交流目的而"喜欢"或"关注"网站或供稿。

通过链接或"转发"与其他用户共享信息时，请确保该信息与受众相关。

通过链接、"转发"或博客文章进行信息共享时，应避免推广与哈佛大学或哈佛的活动无关的供应商或其他商业运营。查看教务长办公室的《背书须知》以获取有关哈佛政策和程序的更多信息，查看联邦贸易委员会（FTC）修订的《背书指南》（16 CFR 255 部分）上的常见问题（FAQ），以获取有关使用社交媒体推广商品和服务的更多信息。

哈佛名称的使用。除了遵守教务长办公室关于使用哈佛名称和校徽政策中所规定的要求之外，在社交媒体中使用哈佛名称还存在一些独特的要求，例如撰写项目摘要或在 Twitter 账户中缩写实体机构名称。

除非经教务长办公室和学院/部门明确许可，否则不得将哈佛徽章用作个人资料照片或在博客上使用。

无障碍获取。哈佛大学致力于确保大学的所有成员，包括残障人士，都能有效地获取交流信息。

当通过社交媒体访问某些信息时，失明或视力低下或有其他残障的个人可能会遇到巨大障碍。因此，代表大学维护社交媒体的个人应采取措施减少残障人士访问这些信息的障碍。

例如，具有兼容性的屏幕阅读器，图像上的标题和描述性标签可帮助减少残障人士获取信息的障碍。大多数主要的社交媒体平台为残障人士提供访问解决方案，包括使用应用程序接口（API）能够增强内容可访问性的能力。

但是，请务必记住，应用程序接口不能消除或解决所有可访问性问题。有关更多、更新资源以改善残障人士对与哈佛相关的社交媒体和哈佛网站的访问，请联系哈佛公共事务与通信部（HPAC）下属的数字通信与通信服务办公室。

关于招聘。尽管社交媒体不断发展，成为大学公开职位和招聘候选人的有效工具，但它并不能取代或消除使用大学现有招聘系统和流程来发布职位信息、收集申请信息、进行背景调查、提供录用通知书和其他相关活动。此外，应使用社交媒体来遵守大学的平权行动义务。

所有申请人都必须通过 ASPIRE 系统进行申请,才能被视为工作的申请人。社交媒体无法取代大学现有的申请人联络系统。

只能通过现有、公认的流程来宣布录用通知,而不能通过社交媒体进行交流。

7.10.4　其他资源

如果对本指南和一些做法有疑问,请与相关办公室联系。

第 8 章　国际事务

8.1　哈佛大学有关国际项目和国际站点的政策

8.1.1　介绍

今天的哈佛大学是一所全球性大学。每年,成千上万的外国学者来到剑桥和波士顿学习,追求他们的科研与教学事业。大学中更多的教师希望在一个国际化的环境下发展智力资源。不断地,越来越多的学生选择到国外度过一段时间。

此外,哈佛大学从在国外举办的活动中获益良多。从 20 世纪 90 年代后期开始,国际站点的数量有所增加,商学院是这方面的领导者,率先在世界很多地方建立了研究中心;戴维·洛克菲勒拉丁美洲研究中心在圣地亚哥建立了一个中心;医学院和公共卫生学院在许多发展中国家设立了项目。

哈佛大学要保持其在教学和研究领域内的全球领先地位,它继续参与国际化并在美国以外保持充满活力的存在/影响力至关重要。哈佛必须在学术创造力、开放的新思路、招聘全球最好的学者而无论原籍国,以及推动人文、科学等学科领域的进步等方面形成承诺。哈佛大学参与国际交流的机会几乎是无限的。

当然,有利益的同时,哈佛大学日益增长的国际参与也伴随着风险,其中的一些风险包括:

1. 教师和学生的人身安全,无论他们在国外几天还是一年;
2. 保护哈佛的名誉和身份;
3. 哈佛大学及其代理人遵守外国司法管辖区的法律、法规和习俗;
4. 在偏远地区的后勤管理;
5. 坚持在剑桥和波士顿建立起来的高标准问责制。

这样的风险是不可避免的,不应阻碍哈佛大学寻求国外教育和研究机会,但也表明大学广泛监督和协调国际活动的需要。

1997年以来,关于建立远程站点,大学已制定出一套指导方针。这些指导方针是大学的政策。它们需要:

1. 清晰的国际活动的目的和范围;
2. 坚持哈佛的核心学术目的;
3. 严格监督此类活动;
4. 跨学科兴趣和关切的需要应加以考虑。

如果大学和各学院可以有效地利用其资源,共享信息,协调国际活动,并尽量减少不必要的风险,大学和各学院都将受益。

8.1.2 战略的思考

哈佛大学的国际项目,包括站点,应加强教师和学生的教育和研究活动,但不能代替在波士顿和剑桥校园中所做的适当努力。学院应根据大学的学术使命和各学院的使命,继续提出和推进国际活动的新思路。这些遍及全球的活动,在活动重点和性质上有很大不同,与不同学院师生的不同利益相一致。

哈佛大学的国际活动促进以下一个或多个目的:

1. 在所有知识领域内,力图确保哈佛大学的全球领导地位;
2. 促进教师在任何一个国家发展人文科学、社会科学、自然科学和跨专业的学术知识,并在国际范围内创造知识资本;
3. 在任何一个国家,促进哈佛大学各院系的学生从事广泛领域的学科研究;
4. 培育由学者及相关从业人员组成的全球性社区;
5. 以适当的方式吸引哈佛校友,无论他们在哪里居住。

8.1.3 国际项目和国际站点

应当鼓励教员个人在美国以外的国家进行研究。大学支持教员从事国际项目,支持他们的自由探索和创业精神。大学也将尽力确保大型项目以及有显著持续时间的项目细致而安全地进行,且与大学行政和学术标准相一致。为了实现这些目标,大学制订了以下政策。

A. 所有建立持续多年的国际项目的新提议,如果项目涉及的年度预算超过100万美元,或一个学院年度运行预算的1%,以较大者为准,必须提前由教务长办公室进行审核。

与这些程序有关的国际项目涉及哈佛大学不同院、系或中心多年的投入,在美国以外聘请哈佛教授或专业人员授课、调研或履行其他专业服务。

审查此类项目的具体程序详见附录1。大多数国际项目提议按常规批准。大学国际项目和站点委员会就这些事宜向教务长提供建议，下一节中包括大学国际项目和站点委员会的描述。

联邦政府资助的项目也要经过院系和大学层次的审批程序。为了不延长审批时间，在大学层次审批国际项目和站点的程序与联邦政府资助项目的审查程序同时进行，相互借鉴。大学国际项目和站点委员会协调赞助项目办公室，在大学和其学院核心使命的背景下，着重审核提议的联邦政府资助项目与大学国际活动的整体关系。

B. 所有建立国际站点的新提议，不论每个站点年度预算是多少，都必须事先由教务长办公室审核。

国际站点涉及大学或其一个学院、系或中心在美国之外的物理存在。此站点在一个租用的或以董事会名义购买的实体空间雇用哈佛大学人员。附录2中描述了国际站点可能构思和设计的几种方式。

C. 所有使用哈佛大学名称的项目提议，无论预算大小，都必须事先由教务长办公室审核。

8.1.4 治理

哈佛大学深信个人创造力和主动性的价值，故而拥有悠久的分权治理的传统；尊重传统，以使新的想法能够继续繁衍，生根发芽。但是，由于大学不断超越其边界与世界相连，大学必须有效协调其活动，以利用机构的共享优势，尽可能提高功效。

A. 为了更好地协调和监督国际项目（包括站点、合作伙伴关系和其他类似举措），同时继续鼓励教师主导的努力以扩大哈佛的海外影响，大学国际项目和站点委员会因此成立。它的成员是来自一些学院的教师，经教务长与院长协商，由教务长任命。负责国际事务的副教务长担任委员会主席一职。

该委员会就建立国际站点进行政策指导，并评估学院提出的新提议。根据已有标准，审查并监督该提议与外国政府或机构形成正式的伙伴关系，或从事其他国际项目。该委员会也定期审查正在进行的主要国际活动——无论何种形式，无论是实体办公室或当地的合作伙伴关系。该委员会向教务长提供指导，并与院长们一起审查此类持续的国际活动。

被学院特定站点或项目聘用的员工，参与其中的教师只向他们的院长汇报。

B. 大学的学院建立或正在建立一个程序来评估、监督和审查国际项目，包括站点。此过程涉及与相关教师协商。每个学院确定这个程序的范围。彻底的审查和监督，学校将：
1. 确保教师建议首先回顾并监测密切相关的标准、利益和关切；
2. 促进并加快审查过程；
3. 支持者提供学术和实践方面的意见；
4. 审议较小的（预算低于 100 万美元或低于 1% 的年度预算，以较大者为准）跨年度项目和持续时间短的项目；
5. 维持大学的传统分权。
C. 大学致力维持国际站点。有两个步骤的审批程序，鼓励发展国际站点的建议，同时确保每个建议进行协调。对于国际站点的例子，请参见附录 2。
D. UCIP 还审查其他国际项目，以满足本报告中制定的标准。
E. 教务长办公室努力确保现有或拟议中的国际站点的信息共享，包括法律、财务、风险管理、人力资源，整合所有国际活动。

附录 1　国际项目审批程序（站点除外）

在这些情况下，如果有必要，院长会按照既定程序获得有关使用哈佛名称的许可。此外，在启动一项预算为每年 100 万美元或以上或超过学院年度运营预算 1%（以较大者为准）的新的大型多年国际项目之前，他们应向总法律顾问办公室、风险管理和审计服务办公室，以及负责国际事务的副教务长——他是 UCIPS 的主席——提交相关信息。大多数提案都会很快获得批准，但如果两个办公室、副教务长或 UCIPS 认为相关，它们可能会要求提供更多信息或进一步讨论。

在另一个国家从事这种规模和持续时间的项目的教授，在没有正式使用哈佛名称的情况下，将按照上一段相同的方式在实施前提交文件，并遵守各学院制定的程序。这些提案中的大多数也将很快获得批准，但可能会要求提供更多信息或进一步讨论。

UCIPS 向所有学院院长提供有关整个大学项目的摘要信息，以促进各学院院长和教授之间的自愿协调与合作。UCIPS 与相应的学院院长及其对应委员会协商后，也可以参与此类国际项目的定期审查，重点关注项目中可能影响整个大学的那些方面。

附录2 国际站点的类型

大学中的各院系在发展国际站点方面显示出多样的兴趣和能力。参加国际站点的开发是自愿的。国际站点有不同形式,其中任何一种都是可行的。

这些形式有一个共同点,就是希望保持教授和院系独立的主动性,促进创新和灵活性,同时提供少量的协调。教员驱动的提议应向前推进而不受约束,但应有一个行政架构,保证哈佛大学的整体存在感。

A. 单一学院型国际站点

哈佛大学的学院提议、建立和经营自己的国际站点。学院的院长任命执行主任,主任向该院长汇报。学院决定它需要多少空间,支持哪些活动,它的预算和业务计划,分配自己的资源,聘用和解雇人员。站点不向其他学院提供服务。学院遵循第四节列出的正式批准程序。

此外,该站点的执行主任每年一次向大学国际项目和站点委员会汇报其主要活动,(如果有)介绍可能与哈佛大学其他院系和教授协调和合作的可能性。

B. 模块型国际站点

另一种建立和运作国际站点的方法是模块化。每一个国际站点有两个或多个模块。感兴趣的院系提出、建立和经营国际站点内自己的模块。院长任命该模块的执行主任,该执行主任向院长汇报。院系决定它需要多少空间,支持哪些活动,它的预算和业务计划。每个模块的执行主任分配其自身的资源。模块无须向其他学院提供服务。

每一个国际站点作为整体有一位主任,该主任向负责国际事务的副教务长汇报。在大多数情况下,站点的主任也担任其中一个模块的执行主任,该主任的工作时间以及酬薪分配根据个案处理。在站点所在国家,该站点主任是哈佛大学的代表,负责哈佛大学与所在国家公共和私人机构之间的官方关系。该站点的执行主任还负责代表站点及各模块监督遵守所在国和美国的法律和法规。该主任也负责人事、信息技术、房产、各模块在站点的分配。

C. 综合型国际站点

设立和运作国际站点的第三种方法是创建一个跨学部的站点,服务于大学的所有院系。提案可能会来自区域研究中心、各学院院长(他们与教务长办公室一同或通过教务长办公室提出),来自校长、教务长或负责国际事务的副教务长。跨学部的站点设计出一套程序以服务于大学任何学院的教授和学生。提出意向的部门提名主任，该主任由提议者和国际事务副教务长任命并向他们负责，该主任决定需要多少物理空间，站点赞助哪些活动，以及预算和业务计划。

在站点所在国家，该站点主任是哈佛大学的代表，负责哈佛大学与所在国家公共和私人机构之间的官方关系。该站点的执行主任还负责代表站点及各模块监督遵守所在国和美国的法律和法规。该主任也负责人事、信息技术、房产、各模块在站点的分配。

D. 混合型站点

混合型站点是模块型和综合型的结合。学院可以决定它希望向其教师或学生提供何等水平的服务，该服务水平可以大大超过综合型站点所能提供的服务水平。然而，其他学院可能会满意于综合型站点所提供的服务水平。成本可能是一个考虑：一个学院可能比另一个学院有更多的资源。可以创建一个模块以响应一所学院；其他模块体现了综合型的特点。

在这种情况下站点作为一个整体，在站点成立、主任聘用、考核等方面类似于模块型站点，但其综合型部分更类似于综合型站点。

8.2　哈佛大学建立远程机构的指引

几十年来，哈佛大学成员在海外从事一系列广泛的学术活动。这其中的例子范围广泛：从考古发掘到对公众健康的研究，从建筑和设计工作室到发展商业案例，从学习不同国家和人民的文化到向进行经济、法律和其他制度改革的国家提供政策咨询。这些活动在很大程度上加强了哈佛大学的教育和研究项目。随着哈佛大学的前景变得越来越国际化，在其他国家开展活动的可能性和种类将会增加，并加强哈佛大学对国际化的承诺。

传统上，多数在国外组织的学术活动都是由大学中的个人或小团体举办的，（这些学术活动）通常为有一定时长期限的具体项目（当然也有一些例外，如哈佛大学在意大利佛罗伦萨的意大利文艺复兴研究中心，以及哈佛在智利参与的一个天文观测站的建造和运行）。最近，由于哈佛大学各类项目的国际维度持续扩大，已出现在剑桥和波士顿以外甚至在美国以外——建立更大规模和更为持久的机构的兴趣。在某些情况下，这可能涉及在其他地区建立办公室或设施。在其他情况下，这可能会涉及与国外大学或机构合作或其他形式的机构间合作。哈佛大学过去在国外参与各类活动的经历必将提供重要的经验。同时，历史先例的事实本身并不足以证明现在或将来类似做法的必要性。在哈佛大学分权的环境中便常是如此,一些项目已经以一种相对特定的方式发展;新提出的海外项目数量和范围不断扩大以及它们对哈佛可能产生的总体影响表明,需要更加协调、更加慎重、更加灵活的模式。

在这方面需要慎重考虑如何采取最好地方式向前推动。如果哈佛大学成员没有足够的机会直接学习不同的国家和文化,哈佛大学雄心勃勃的国际化承诺将不能完全实现。换句话说,通常情况下没有"身临其境"的有效替代模式。与此同时,哈佛作为一个知识分子团体的活力很大程度上取决于校内师生的共同学习。也就是说,通常情况下亦没有"休戚与共"的有效替代模式。挑战在于,一方面,如何鼓励人们认真研究国际层面的问题,另一方面,(这样的鼓励)不会产生离心力,这种离心力可能会导致大学知识分子团体的散漫,而不是凝聚。

哈佛大学展望,未来几年在远离剑桥和波士顿的地方将建立更具显示度的远程机构,本备忘录对此前景可能引发的问题进行探讨。我们旨在对开展此类工作中的一些主要考虑因素提供一般性指导,而非试图对可能出现的许多不同情况做出硬性规定。当然,哈佛大学在国外建立机构,仅展示了哈佛大学国际化的一个方面。更为重要的是,不在主校园的远程机构的问题与越来越多的、大学通过网络计算机和新信息技术可能"覆盖"的问题交织在一起。虽然在远离主校区的地方设立机构是一个较小的问题,但必须在更广泛的背景下讨论,我们认为,现在有必要对其进行重点审议,至少是初步审议,以便能够毫不拖延地形成不断完善的规划。

从一开始,我们就应该明确任何将哈佛机构扩展到远离剑桥和波士顿地区的具体提议的实质和范围。

考虑到哈佛大学的核心教育和研究活动彼此紧密交织,而且往往无法轻易分开,因此,对在远离主校区设立机构的提案进行审议时,务必尽可能清楚地了解哪些活动会在那里进行,哪些活动不会在那里进行。考虑设立一个小型办公室,它可以使哈佛师生更方便、更经济地在某个地区寻求研究机会,是一回事;在远离主校区的地方建立机构,旨在为当地居民提供教育机会,或为剑桥或波士顿主校区项目的学生提供教育机会,这些学生希望在学习过程中加入国际内容,是另一回事。在远离主校区的地方建立基地,向当地机构、中介或公司提供政策或技术建议,或者作为实体参与此类组织发展或运营,则又是不同的情况了。

不同类型的活动将带来不同的潜在机会和关注点,只有从一开始就明确目标和计划,才能理解和解决这些潜在机会和关注点。因此,关于在国外——以及在远离剑桥和波士顿的国内地区——设立机构的建议,应明确规定拟设立机构的学术目标,以及将在那里开展的特定活动或计划。当然,随着时间的推移,此类情况有发展的趋势,为一个目的而创建的机构可能经过一段时间后适合为其他目的服务。在这种情况下,重要的是评估任何范围或职能的重大变更。

在远离主校区的地区开展的活动应与哈佛大学教育和研究的核心学术目的紧密联系,并应坚持我们的基本学术价值观。

虽然距离遥远,在海外开展的活动不应远离哈佛大学的基本学术使命。它们应与(哈佛)现有的教育和研究计划紧密结合,并补充和加强这些计划。它们本身应该为重要的学术目的服务,而不仅仅是或主要是作为产生收入、支持哈佛其他活动的手段。它们应该使教师能够更好地从事教师和学者的基本工作,而不是分散他们的注意力。与在剑桥和波士顿开展的活动一样,在主校区以外地区开展的活动必须反映出对使用哈佛名称的高度重视、对自由和公开交流知识重要性的高度认可,以及对学术质量最高标准的高度关注。这种愿望说来容易,实现难。如果对某一提案是否可以实现这些目标存在疑问,那么这种疑问表明需要大量谨慎地审查和讨论。

主校区以外地区开展的活动应受到监督机制的严格监督,其严格程度不应低于对主校区活动的监督。

对处于较远地理位置的活动进行监管,可能会给任何组织带来挑战,哈佛大学也不例外。如果哈佛大学在较远地区建立强大的实体机构,就必须确保地理距离不会妨碍(大学)对其运行的有效监督。在剑桥和波士顿主校区的负责官员如何在学术、财务和其他方面监督在较远地区开展的任何正式活动,提前考虑这一点很重要,因为这些活动与这里(主校区)的活动一样,都是大学不可或缺的一部分。事实上,在较远地区运营的潜在复杂性很可能意味着,与在大学主校区运行的活动相比,官员应该更多而不是更少地关注(对较远地区活动的)监督。

在主校区以外设立机构的提议应仔细考虑跨院系利益和关注的问题。

这一领域的跨院系协调至关重要。从内部的角度来看,一个院系提出的提案可能会给大学的另一部分带来机会或困难。重要的是,这些事项必须事先得到承认和解决。应仔细考虑,是否应将任何在主校区以外设立机构的提议,定义为特定院系的工作,或哈佛大学某一些单位的工作,或是大学整体的事业。如果提案最初被视为特定院系的工作,那么从一开始就应该了解,哈佛大学的其他单位也可能有机会参与支持和使用该物理场地,如果出现这种兴趣,则应做适当的院系间安排。

从外部观察家的角度来看,必须小心避免在一个区域内表面上或实际上出现"多个哈佛",因为这些"哈佛"的活动安排之间可能看起来没有密切协调,甚至没有相互沟通。特别是在其他国家,很少有人熟悉哈佛大学高度自治的结构，学校任何一个部门开展的活动都有可能代表学校整体。因此，院系间的协调不仅在协调各种校内利益方面很重要，而且在确保大学以一致的方式面对各种外部群体的认知方面也很重要。

当努力探索大学不同部门之间的学术合作或共享物理资源时，可能会出现额外的程序方面的复杂性。在某种程度上，这种复杂性是寻求实现跨院系合作的重要潜在利益的必然成本。然而，如果实现跨院系合作的努力要取得最佳结果，重要的是要考虑到支持（提议的）院系的合理预期，并及时推进。

海外业务需要特别注意当地要求和习俗。

在另一个国家，甚至在美国的其他地方创建一个机构，都可能会涉及许多要求——税收、就业、房地产、许可证等——这些要求相对陌生，但必须遵守。任何创建这样一个实体的提议都必须确保适当注意当地法律、法规和习俗，它们也可能影响其他地方机构的活动。此外，在不歧视个人、学术自由以及大学及其成员与各种公共和私人机构之间的适当关系等问题上，当地法律或习俗与哈佛自身的政策和学术价值观之间可能会出现紧张关系。能否以及如何解决这种潜在的紧张关系，可能会在很大程度上取决于具体提案。

在海外——以及在美国其他地区——设立远程机构的提议对整个哈佛大学都有潜在的影响，应该由校长任命的一个委员会从全校的角度进行审议，该委员会由教务长和几个学院的院长组成。

当地的、以教师为基础的倡议一直是并将继续是哈佛大学提高学术实力的驱动力，亦是哈佛大学根据不断变化的机会和需求调整项目的能力。与此同时，正如上述许多考虑因素所表明的那样，重要的是从全校的角度评估在较远地区建立实体机构的提议。

此类评估应由校长任命的委员会进行。该委员会应由教务长担任主席，并包括几个学院的院长；它应该听取教员和其他合适人员的建议。它应该有权审核设立远程机构的提案，但有时可能会要求校长和董事会成员在情况需要时审议特定提案。

鉴于在这方面阐明一套详细方案的内在困难——超出了本文中概述的那种一般考虑因素——委员会将需要通过审议特定案例来制定更具体的标准。在这样做的过程中，它不仅要考虑新倡议的提案，还要考虑哈佛在其他地区目前和过去的实地经验。虽然预计该委员会不会对已经实施的具体项目进行正式地回顾性审查，但该委员会的工作很可能会对现有项目的推进、修改或重审产生具体影响，以确保提案能够促进大学的学术目的，并将任何相关的担忧降至最低。委员会还应考虑定期审查是否包括项目的期限——

没有固定期限的现有项目或拟议的提案,或延长期限。①

与其他机构建立正式联系的提议——即使不涉及创建"哈佛"机构或设施——也应从大学范围的角度进行审查,并考虑到上述许多因素。

当大学或其一个组成部分考虑与另一个机构建立正式联系时,上述许多考虑因素可能会发挥作用,即使设想中的工作不涉及一个以哈佛名字命名的实体空间。此外,可能会出现一些不同的关切和挑战。例如,哈佛大学如何确保与其他地方的"合作伙伴"或"附属机构"进行的学术活动符合哈佛为自己的核心项目设定的标准?哈佛大学如何确保与特定机构的选择性附属关系不会阻碍思想的自由交流,或减少我们与其他(非附属)机构中的个人的交流,因为它似乎给予某些机构优先地位?哈佛是否有机会从一个没有达到预期或实现其最初目的的伙伴关系中全身而退?特定附属机构的支持者应考虑在特定情况下,机构间关系的形式是否对实现学术目标是必要的;如果是,如何构建这种关系以解决质量、排他性、持续时间等潜在问题。

教务长主持的委员会应更全面地审查与其他机构建立正式关系是否可取的因素。它还应考虑,除了创建远程机构实体或加入附属机构的提议之外,还有哪些其他情况会从更为集中关注的审查中受益(例如,既不涉及固定地点也不涉及正式附属机构,但需要哈佛大学在远程管辖区"注册做业务")。

---

① 这个由教务长担任主席的委员会已经成立,目前正在审议设立远程机构的提案。如有疑问,请联系助理教务长肖恩·布芬顿。(99 年 12 月)

第9章 发明、专利及版权

9.1 知识产权

9.1.1 知识产权政策

1975年11月3日,哈佛大学董事会审议通过《关于发明、专利和版权的政策规定》。1986年3月17日、1998年2月9日和1998年8月10日先后三次对该文件进行了修订。2008年2月4日和2010年10月4日,该文件又进行了两次更进一步的增补和修订,并重新命名为《知识产权政策》。

9.1.1.1 导言

长期以来,哈佛大学一直致力于以科学研究推动社会发展。哈佛大学发现,学校师生在开展科研活动过程中所发现和发明的新产品、新程序等可以使社会大众受益。但是,学校管理对通信媒介、教育技术、电脑程序以及其他新技术手段的广泛运用,对学校创新成果的合理公平使用、责任义务和报酬等问题形成了复杂而长期的挑战。发明人、著作人、学校以及学校的赞助商均为此而苦恼。联邦政府关于知识产权(包括专利和版权)以及研究资助的政策和立法使这些挑战更加严峻。综合各种因素,哈佛大学开始调整相关政策,使在哈佛大学的每一个人都能理解这些政策,并在不违背学校对公共利益的责任的基础上,为不同的利益群体公平博弈提供共同的基础。

1975年11月,哈佛大学对当时的经验做法进行了总结和编纂,制定了一项关于专利和版权的政策,并以此政策取代了1934年关于公共医疗卫生和治疗学领域的专利政策。现在的《知识产权政策》凝结了1986年至2003年期间对1975年政策的修订内容,并进行了更加深入的修订更新。

传统政策认为,大学具有显著的多样化特征,很难适用一种非常具体和细致的政策规章,因而通常致力于政策的一般性。但是,由于合法的、公平的、公共的利益挑战业已变得更加复杂化,原本适用于解决问题、可以自由裁量的政策解释,现在已经给哈佛大学内外的人带来了迷茫和不确定性。

此外，哈佛大学的同类院校多年来一直采用更加先进的、标准化的做法，认识到这一点对于哈佛大学显得格外重要。

因此，出台《知识产权政策》的根本目的就是克服传统政策规定的模糊性，制定适用于整个哈佛大学的明确的、具体的政策规定，保持哈佛大学和同类院校政策的一致性。

《知识产权政策》对知识产权的所有和处置的规定所涉及的产权类别包括但不限于发明、版权（包括计算机软件）、商标以及有形研究产权（如生物材料）等。有时，科学和艺术的进步会带来知识产权保护的新内容，要充分考虑此类因素以保证政策一定程度上的可行性。因此，《知识产权政策》的制定遵循了以下基本规则。

第一，政策制定应该倡导大学所产生的思想观点和创新成果应该应用于富有意义的公共利益的价值取向。这一点可以通过广泛传播得以实现。因此，在哈佛大学，思想观点和创新成果的传播和使用应该受到鼓励。在其他环境中，如果对发明人和著作人的发明和创新成果实施严格法律保护，它们就会被转换成为有用的产品，公众就会受益。尽管《知识产权政策》认为公益应该优先于经济利润，但同时也认为，学校、发明人以及著作人渴望从其发明和创新成果中获得经济回报也是合理合法的。对于该政策所适用的发明和创新成果，在政策执行方面，学校将统筹考虑公众和学校的利益和影响，同时，也会兼顾发明人和著作人个人的利益。

第二，政策制定应该保护学者对于其脑力劳动成果的传统权利。例如，政策不应该干涉学者出版书籍和发表文章的权利。即使校方拥有学术作品的所有权和控制权，对于作品的出版，校方亦应该与作者进行协商。

第三，如果由校方提供或管理知识产权发展所必需的财政及设施、器材、人员等方面的支持，校方则需要承担外部契约承诺。这可以看作是校方的财政性投资，可以通过商业运用得到补偿。

哈佛大学采取有效手段确保其校名和校徽得到合理使用，确保校名和校徽的使用能够准确、恰当地表明其与哈佛大学的关系，确保哈佛大学从其校名使用的商业盈利中获得公平份额。由于这涉及哈佛大学的知识产权的权利问题，即保护哈佛大学校名和校徽的商标权，因此，这一点于1998年9月被单独写进了《关于哈佛大学名称和徽章使用的规定》。

下面的政策适用于所有全职和兼职的教员、职员和雇员、学生、博士后以及非雇员，即指那些使用校方资金、设备和其他资源的人，或者指那些参加校方主管的科研项目的人，包括客座教授、企业人员等，尽管他们还承担着其他公司和院校的工作。在该政策的目标指向中，这些人被特指为"相关人"。

有时,为了校方利益的最大化,校方会和第三方签订协议,因为第三方可以免除文件中相关政策和"相关人"身份的限制。经与科技发展办公室(OTD)协商,并由被授权的校方代表签订书面同意书,免除方可生效。

9.1.1.2 发明和专利

A. 定义

以下政策中关于发明的专有名词具有以下几层含义。

发明人,特指该政策中所涉及的能够独自或者与他人合作实现某一发明并达到美国专利法律规章所规定的授予发明权标准的人。

发明,指任何可以和可能获取专利的想法、发现或者诀窍以及任何实现这些想法、发现或者诀窍发展和应用所必需的关联或配套技术。

受资助发明(职务发明),指由发明人(不论是独自的还是与他人合作的)所构想和做出的发明,其整体或一部分:

1. 是根据校方和第三方所签订的协议而研发的;或者
2. 是直接或间接接受校方资助而研发的,包括任何赠予校方的外部资源或者校方自身主管的资源;或者
3. 是非附带性地使用校方提供的或者外界经由校方所提供的空间、设施、材料或其他资源所研发的。

附带发明(非职务发明),指发明人仅仅附带地使用了大学的空间、设施、材料或者其他资源而构想和实施的发明。

B. 告知义务

发明人必须按照科技发展办公室(OTD)的规定,通过告知文件的方式告知其每一项受资助发明和附带发明(9.1.1.4 中"受资助的软件发明"除外)。

C. 确权

经审查告知文件,科技发展办公室(OTD)将确定某项发明属于受资助发明或属于附带发明。如果属于受资助发明,科技发展办公室(OTD)还将在专利律师的帮助下进一步确认谁是发明人,与美国专利法保持一致。在受资助发明中,哈佛大学将拥有专利权,每一个发明人都将按照哈佛大学的要求转让其所有的权利、资格和利益。附带发明的所有权将归发明人所有,根据政策规定,可以授权给哈佛大学。

D. 专利申报

科技发展办公室(OTD)将根据受资助发明的商业潜力、第三方权利和义务以及其他该办公室在其自由裁量权内认为合适的理由,独立负责决定是否为其申请专利。在专利申请过程中,申请专利的受资助发明的发明人须按照校方或其代理人(机构)的要求全面予以无偿配合。

E. 商业化

科技发展办公室享有受资助发明商业化的独家决定权,但必须兼顾公共利益。如果受资助发明是根据与第三方(例如联邦政府或者其他资金支持者)的外部协议而做出的,科技发展办公室的决定须与协议保持一致。科技发展办公室将在其认为恰当的时候做出相关专利商业化的决定,与发明人合理分担相关费用并告知发明人。

F. 版税分配

按照本政策第五部分"版税分配"之规定,受资助发明商业化后所带来的版税收入,应在校方和发明人之间进行分配。同时,按照本政策第六部分第三条规定,校方有权修改"版税分配"之规定。

G. 发明权转让

如果校方决定对受资助发明不提出专利申请,或者在专利授权前撤销申请,或放弃已授权专利,发明人可以要求其转让发明权。待确定发明权的转让不违反外部资助协议之规定且符合校方和公众之最大利益时,科技发展办公室方可同意转让其拥有或有权拥有之全部利益50%的份额,或发明人同意的其他份额。此外,受资助发明权的转让须以发明人同意以下条款为前提:

1. 如果发明人获得许可收入,须同意补偿校方全部法律服务费。

2. 发明人须同意分配校方20%的净收入(净收入=总收入－偿还校方支出－发明人的法律和许可支出)。根据收益共享之规定,净收入包括发明人所赚取的发明所得,但不包括因研究之目的所得到的财政支持。

3. 根据规定,发明人须向校方报告其发明目的为公益性;如果发明人及其代理人(机构)或委托人未按公共利益要求进行发明,发明人须按照校方要求重新提交发明。

4. 发明人须同意向资助方履行任何可能存在的义务。

5. 发明人须同意回授校方以不可撤销的、永久的、免版税的、非独占的、世界范围的许可,允许其基于该发明进行研究、教育和临床护理;同时,许可校方拥有授权其他非营利组织的同等权利。

6. 发明人须同意校方所提出的关于有限责任和赔偿之规定。

H. 校方的附带发明权益

发明人须承认校方作为一个整体在创新发明中所做之贡献,并授权校方以不可撤销的、永久的、免版税的、非独占的、世界范围的许可,允许其在校方所属之非营利性教育和研究活动中使用附带发明。

9.1.1.3 版权

A. 所有权

著作人对其作品享有版权和收益权，其作品包括书籍、电影、录像带、艺术作品、音乐制品以及其他任何性质、种类和任何结构形式的可受版权保护的作品(计算机软件和数据库的版权规定适用本政策第三部分"计算机软件")，下文 B"例外规定"的五种情况除外。拥有版权的作品之出版发行协议应有利于公共利益最大化。在本政策中，著作人特指任何以著作人身份创作作品并受美国版权法保护之人。

B. 例外规定

1. 如果进行创作的研发活动是依据校方和第三方签订的载有版权责任或义务以及拥有版权的作品使用之规定的协议作出的，则拥有版权的作品将依据相关协议进行处理。在与第三方进行协商过程中，项目负责人和校方应努力保护并增进公共利益，同时，在保持与本政策和公共利益一致的前提下，亦应为著作人个人和校方博得最大可能之权利。

2. 如果著作人在拥有版权的作品的研发中，不仅仅是附带性地使用校方资源，而是使用了包括但不限于资金、设备、器材或者其他校方资源，在此种情况下，为体现所使用资源的价值，作品的所有权，以及版税或收入抑或两者的分配权，应当在校方和著作人之间进行公平合理之分配，或依据校方和学院所实施之政策进行调整。本政策鼓励校方和著作人在可行条件下，在项目完成之前，就双方在最终拥有版权的作品中的权益达成协议。

3. 如果受版权保护的作品由非教学员工在被雇佣期间完成，依据 1976 年《美国版权法》(17 U.S.C. 101 等)之规定，该作品属于"职务作品"，其版权被视为归校方所有。

4. 校方可以委托学校人员，包括老师和学生，进行受版权保护作品的研发。依据 1976 年《美国版权法》(17 U.S.C. 101 等)之规定，属于"职务作品"范畴的委托作品被称为"雇佣作品"，版权归校方所有。

5. 根据著作人和其他权利协议之规定，校方得以在任何时候获得受版权保护的作品及其版权(或所有权)。

C. 其他可适用的政策

如果受资助发明按照本部分第二条"例外规定"之第一款，依据相关协议将版权转让给校方，则同时适用第一部分第五条"商业化"和第六条"版税分配"之规定，"例外规定"之条款除外。关于版权，学院可以采取不同或增加额外的政策，如果这些政策被正式启用，并与本政策精神一致或经由董事会批准同意，则同样有效。

9.1.1.4　计算机软件

A. 定义

受资助的软件发明,包括任何形式或任何物体里面所安装的计算机程序(包括但不限于微代码、子程序和操作系统),以及用户说明书、其他说明材料和数据库,包括三种类型:

1. 根据校方和第三方所签订的协议研发;或者

2. 直接或间接使用校方资助而研发的,包括任何赠予校方的外部资源或者校方自身主管的资源;或者

3. 非附带性地使用校方提供的或者外界经由校方所提供的空间、设施、材料或其他资源所研发的。

受资助的软件发明属于本政策第一部分所规定的"发明"的范畴。

B. 告知义务

1. 仅在下列情况中,发明人须将受资助的软件发明告知科技发展办公室(OTD):

(1) 受资助的软件发明是本部分第一条第一款规定的根据校方和第三方所签订的协议研发的;或者

(2) 发明人或/和著作人认为受资助的软件发明具有商业潜力并/或为发明寻求专利保护的。

所有被要求告知科技发展办公室(OTD)和通过其他途径认证的受资助的软件发明须依据本政策与其他发明同等对待,本政策第三部分另有明文规定者除外。

2. 除本部分第二条第一款之规定外,其他未被要求告知的受资助的软件发明将按照科技发展办公室(OTD)规定参照该程序履行告知义务。

C. 所有权

1. 校方享有受资助的软件发明的所有专利权、版权和其他知识产权。为免生异议,不论校方决定不提出专利申请,还是校方已提出专利申请但未获授权,校方都将享有受资助的软件发明的知识产权。如果校方为受资助的软件发明提出了专利申请,校方应享有其他配套技术的相关版权的所有权。本政策此部分规定之目的旨在促进受资助的软件发明在公共利益中的使用,未考虑计算机软件的专利性和可受版权保护特性而对其所有权进行划分。

2. 除本部分第三条第一款规定外的所有计算机程序和数据库均适用第二部分"版权"之规定。

D. 受资助的软件发明权的转让

如果校方放弃其享有的使受资助的软件发明商业化的权利,校方可以依据发明人和著作人共同签订的书面协议,在保留校方一定权利的前提下,

对受资助的软件发明权进行全权转让。

E. 其他可适用的政策

如果受资助的软件发明属于受资助发明的范畴,则受资助的软件发明及其发明人和著作人适用本政策第一部分第五条"商业化"和第六条"版税分配"之规定。

9.1.1.5 非专利材料

A. 定义

非专利材料(含生物材料)指由本政策涉及的人员研发的,未提出专利申请或提出申请未获批专利的细胞系、有机体、蛋白质、质体、DNA/RNA、化学混合物、转基因动物以及其他用于研究或商业用途的材料,包括以下三种类型:

1. 根据校方和第三方所签订的协议研发的;或者
2. 直接或间接使用校方资助而研发的,包括任何赠予校方的外部资源或者校方自身主管的资源;或者
3. 非附带性地使用校方提供的或者外界经由校方所提供的空间、设施、材料或其他资源所研发的。

贡献人,指由实验室负责人或研究项目的主要负责人认定的在非专利材料研发中做出重要贡献的人。

B. 所有权和商业化

校方享有非专利材料的所有权利并按照公共利益进行合理分配,包括用于研究和商业用途的权利许可或转让。按照本政策第五部分第三条第二款之规定,贡献人有权获得许可收入。

9.1.1.6 版税分配

A. 可分配版税

校方对发明人、著作人和贡献人(为便于本部分使用,统称为"创作人")的版税分配使用同一结构。依据本政策之规定,校方有权对从适用本政策的知识产权和技术的许可使用或其他分配中所得的净版税进行分配。净版税依据总收入进行计算,总收入指校方因知识产权使用所获取的现金、证券或在企业所持有的股份,但不包括非现金收益、研究资助或其他诸如馈赠之类的财务收益。净版税就是指校方有权持有的总收入,至少包括:

1. 校方为保护、维护和加强知识产权保护所产生的现金支付的成本和费用,如申请专利、诉讼等费用;
2. 校方在知识产权许可使用过程中所产生的现金成本;
3. 在生产、装运或分发生物材料或其他材料(包括但不限于非专利材料)所产生的现金支出。

依据本政策之规定,"创作"一词意指任何发明、计算机软件、版权或非专利材料,其净版税依据本政策进行分配。

B. 标准分配法

除本政策另有规定外,下面的公式将应用于创作人、创作人所属研究实验室、系/中心和学院以及学校之间的净版税分配,以校方2010年10月4日的净版税额为基数。

1. 2011年10月4日前报告给科技发展办公室(OTD)的创作所获取的净版税分配比例:

创作人个人占35%;

行政管理费占9.75%(扣除个人份额后所剩总额的15%);

创作人所属实验室占12.75%;

创作人所属系/中心占12.75%(如果是在文理学院,或者如果没有系或中心,则该份额将分配给创作人所在学院院长用于研究使用);

学院占17%;

学校占12.75%。

2. 2011年10月4日后报告给科技发展办公室(OTD)的创作所获取的净版税分配比例:

行政管理费占15%;

剩余份额中:

创作人个人占35%;

创作人所属实验室占15%;

创作人所属系/中心占15%(如果是在文理学院,或者如果没有系或中心,则该份额将分配给创作人所在学院院长用于研究使用);

创作人所在学院占20%;

创作人所在学校占15%。

C. 技术发展孵化基金分配法

除本政策另有规定外,以2010年10月4日后校方从在技术发展孵化基金资助下研发的作品的知识产权许可或其他分配收入中获取的收入总和为基数进行计算的净版税,按照以下标准进行分配:

创作人个人占35%;

创作人所属实验室占15%;

创作人所属系/中心占15%(如果是在文理学院,或者如果没有系或中心,则该份额将分配给创作人所在学院院长用于研究使用);

创作人所在学院占10%;

创作人所在学校占10%;

技术发展孵化基金占20%。

D. 2010年10月4日前的净版税分配

以校方在2010年10月4日前所获取的收入总和进行计算的净版税按照收入截止时有效的本政策规定进行分配。

E. 综合分配法

由多个创作人共同完成的创作作品所赚得的净版税,按照以下规定进行分配。

1. 专利发明的版税在多个发明人和/或著作人之间的分配

专利发明中版税的个人份额按照共同签订的书面约定在发明人和/或著作人之间进行分配,如果没有约定,则平均分配。如果发明人或创作人来自不同实验室、系/中心或学院,不论各实验室、系/中心或学院所占人数多少,除非所有的发明人/著作人另有约定,则创作人所属实验室、系/中心和学院之间的版税份额平均分配。

2. 非专利材料的版税在多个贡献人之间的分配

非专利材料中版税的个人份额按照贡献人一致同意的书面约定进行分配,如果没有约定,则按照研发非专利材料的实验室负责人所做出的关于分配的行政决定进行分配。创作人所属实验室、系/中心和学院之间的版税份额则按照本条第一款之规定进行分配。

3. 作为整体被许可的多个创作作品的版税分配

(1) 净版税按照所有创作人一致同意的书面约定进行分配;如果没有约定,则在不同的创作作品之间平均分配。或者,按照创作人的要求,由科技发展办公室(OTD)对每一创作作品之于整体的相关价值进行确定。依据上述规定,如果许可协议赋予不同创作作品之于整体的不同价值,则该价值将作为在不同创作作品间分配净版税的依据。

(2) 分配给整体作品中不同创作作品的净版税,在创作人个人和其所属实验室、系/中心、学院之间的份额分配可适用第五条第一款或第二款之规定。

F. 申诉权

如果利益受损一方自收到行政决定书面通知起45日内向科技发展办公室(OTD)提交书面申诉,同时可以向知识产权委员会就依据第五条第二款和第三款规定做出的行政决定提请申诉,要求最终裁决。

G. 版税份额的可转移性

不论创作人在哈佛大学或其他单位的工作地位如何,个人版税份额应支付给创作人本人。如果创作人离开哈佛大学,其研究份额不再归属个人,但可以支付给创作人所在的实验室,没有实验室的可以支付给创作人所在的院系。如果创作人从哈佛大学的一个院系或实验室调任另一个院系或实验室,则院系或实验室的研究份额可同时转移。

9.1.1.7 知识产权委员会和政策修订

A. 全面责任

由校长任命的哈佛大学知识产权委员会负责本政策的解释工作,并解决相关问题和纠纷。同时,委员会随时可以自行或按照董事会或其代理人的要求,建议政策修订事宜。

B. 其他责任

委员会的其他责任包括按照政策规定听取政策申诉和董事会及其代理人随时交派的其他工作。

C. 政策修订

除本政策其他地方具体规定的修订权限外,校方保留根据需要随时增补或修订本政策任何条款的权利。董事会(法人)、校长和教务长分别享有本政策的增补权和修订权。任何政策修订或增补须经董事会、校长或教务长(视具体情况而定)通过或确定具体通过时间时方能生效。

9.1.1.8 其他约定

A. 执行程序和文件编制

科技发展办公室(OTD)负责制定执行本政策所必需的程序和相关文件。科技发展办公室(OTD)所推荐的执行程序须经知识产权委员会通过。

B. 对所涉人员的进一步保护

鉴于使用了校方资源和/或参与了校方根据与第三方的协议而开展和主管的研究项目和/或活动,本政策所涉人员同意支持并配合校方依据本政策所采取的合理措施。但所有提供支持和配合的相关费用须由校方承担。

C. 新的政策规定的适用性

为免生异议,除其他特殊规定外,如果没有先例,政策新修订的内容不适用于新政策生效前已经做出或研发的发明、版权、计算机软件和/或非专利材料。

9.1.2 版税分配(专利税共享)

关于"版税分配",《知识产权政策》9.1.1.6条已做出规定,为方便起见,本部分予以转载。(略)

9.1.3 参与协议

9.1.3.1 方针、政策和表格

在哈佛大学从事研究工作或使用哈佛大学资源进行知识产权研发的人员须遵守哈佛大学相应的政策规定,有时还须遵守哈佛大学和第三方(如其

他院校、组织或公司)签订的协议的规定。政策范围涉及研究的伦理行为、研究结果的出版、研究记录的存档和知识产权的处置等。其中《知识产权政策》主要适用于使用学校提供的或经由学校提供的资金、设备或其他资源所研发的专利发明、受版权保护的作品、有形材料等。

《哈佛大学科研项目参与协议书》既有助于《知识产权政策》和其他科研政策的实施,也有助于学校履行其相关科研责任。

9.1.3.2 哈佛大学科研项目参与协议书

本人已知晓自己的科学研究须符合哈佛大学相关政策之规定,包括《知识产权政策》。除此之外,还需要遵循其他重要的有关科学研究的校、院政策,例如关于研究诚信、人类和动物保护、利益冲突及约定、校企合作、资料存档等方面的政策。全校范围的关于科学研究的政策信息请登录 http://vpr.harvard.edu/content/research-policies-0 查询。

为支持《知识产权政策》和其他科研政策顺利实施,也为配合学校履行相关科研责任,同时鉴于本人同学校的工作关系、对学校相关研究项目的参与和对校方提供或通过校方提供的资金、设备和其他资源的使用,本人同意以下规定。

本人同意接受并遵守哈佛大学相关科研政策之规定,包括《知识产权政策》,尽管这些政策会不时地修订并在哈佛网站进行公布。

本人同意依据《知识产权政策》之规定及时向校方科技发展办公室(OTD)告知本人任何发明、受资助的计算机软件和/或非专利材料(《知识产权政策》中定义的相关术语在这里统称为"研究成果")。同意依据《知识产权政策》之规定将校方有权拥有的所有"研究成果"中属于个人的权利、资格和利益转让校方,包括这些"研究成果"在世界范围内的专利权、版权和其他知识产权。同意依据《知识产权政策》之规定将关于附带发明(按照《知识产权政策》的定义)或本人有权拥有的其他"研究成果"的所有权利授权给校方。

本人知晓学校和第三方签订的相关协议,涉及研究资助、研究合作以及材料、资料、权利、设备或其他资源的使用。如果本人研究适用此类协议之规定,本人将遵守之。如果此类协议要求将本人署名作品(如研究报告或文章)之版权转让或许可给校方或第三方,本人将依规转让或许可。

同意配合校方采取必要合理步骤实施研究政策,确定、建立或保护校方或其代理人的权利,包括执行附加政策、协助填写专利申请、允许校方为回应查询或进行内部和外部监管活动而查看研究资料。

即使本人之前曾与其他个人、组织或公司就发明权或知识产权所约定之义务能够被合理地解释,但如果与本协议发生冲突,本人将及时给科技发展办公室(OTD)的邮箱(otd@harvard.edu)写邮件告知实情以便处理。

本人如果是学校实行"开放获取政策"的学院(部)的成员,本人愿依据政策授权校方对本人学术文章的非独占性许可。

本协议关于本人在哈佛大学各种活动的责任规定在各种活动完成之后继续有效,并将对我本人和我的财产、继任者和受让人具有约束力。

9.1.4 访问者参与协议

9.1.4.1 导言

2008年2月4日,董事会(亦称"哈佛"或"学校")通过了学校的《知识产权政策》。该政策适用于所有全职和兼职教师、员工、学生、博士后和使用学校资金、设备或其他资源或参加学校主管的研究项目的非雇员,包括但不限于客座教授、工业人才、学生和研究员。除本协议另有界定外,本协议中专有术语的内涵同《知识产权政策》中的概念一致。

9.1.4.2 协议

为支持校方对为项目研究提供支持的外部捐赠人履行责任,保障《知识产权政策》的执行,同时,鉴于校方现在或将来对本人的任命,本人承担受资助研究项目的机会,或对校方或经由校方提供的资金、设备或其他资源的使用,本人同意以下规定。

1. 本人已阅读并知晓《知识产权政策》的相关规定,同意接受《知识产权政策》和经董事会或为本人提供资金、设备和其他资源使用的学院通过所增补和修订的相关条款的约束。本人知晓校方通过校内各种机构,如科技发展办公室(OTD)和/或其各自网页将《知识产权政策》及其增补和修订的内容向公众进行公开。

2. 本人同意依据《知识产权政策》之规定及时向校方科技发展办公室(OTD)告知本人任何发明、受资助的计算机软件和/或非专利材料(个体称为"新产品",统称为"研究成果"),或任何相关程序。同意依据《知识产权政策》之规定将校方有权拥有的(不论单独拥有还是和他人共同拥有)所有"研究成果"中属于个人的权利、资格和利益转让校方,包括这些"研究成果"在世界范围内的专利权、版权和其他知识产权以及著作人身权。同意履行授予或确认校方对"研究成果"的所有权及相关权利的其他文本。除上述规定外,如果校方和第三方就"研究成果"及其权利有不同约定,约定仍然有效。就本人所拥有的附带发明和其他"研究成果"而言,本人同意依据《知识产权政策》之规定授予校方相应权利,并同意履行授予或确认校方相关权利的其他文本。

3. 虽然本人在许多情况下享有自己所创作材料的版权,但本人知晓《知识产权政策》、其他的校院政策或校方对外部捐赠人的责任均要求转让或许可本人对此类材料的版权给校方。本人同意按照要求将本人所享有的受版权保护的材料的权利转让或授权给校方，并同意履行授予或确认校方相关权利的其他文本。如果本人承担美国国立卫生研究院（NIH）资助的研究项目，本人同意签署《哈佛大学关于美国国立卫生研究院公开获取政策的协议》。该协议可以从哈佛大学网站下载或向资助项目管理办公室（OSP）管理人员索取。

4. 本人知晓校方承认并接受与第三方约定的责任，如果有人参与受外部捐赠资助的研究项目，或使用第三方提供给校方的信息、材料或装备，亦须遵守校方与第三方之约定以保证校方正确履行期职责。如果本人参与此类研究项目，本人将有责任确定与己相关的约定，并同意遵守所有相关适用条款。

5. 依据本人在校时或将来校方提出的要求，本人同意向校方或其代理人呈送：(1)本人所承担或主持校级研究项目的复印件、电子记录或其他记录，包括本人须向校方报告、许可或转让的所有研究成果或受版权保护的材料的相关记录；(2)校方已提请专利申请的作品或非专利材料的样品。

6. 本人将全面并竭力配合校方及其代理人对本人研究成果和受版权保护的材料的专利权、版权和其他法律保护的校方的所有者权益进行评估、编制、备案、起诉、辩护和执行，并准备和履行所有必要的和附带的文本。

7. 本人同意在离开学校时，除非持有科技发展办公室（OTD）事先出具的校方书面同意书，不得带走任何有形研究材料。本人知晓并同意唯有事先通过科技发展办公室（OTD）获得第三方书面同意书，本人方能被允许带走特定材料，且此类同意并非所有情况下均能获批。

8. 本人知晓并同意由校方研究成果许可和相关知识产权所获得的收入依据《知识产权政策》及其修正和增补之规定进行管理和分配。

9. 目前，本人的发明、发现、受版权保护的材料以及其他研究成果均没有和任何个人、组织或公司进行任何有悖于本协议或《知识产权政策》的约定。如果本人受到此类约定之约束，本人亦已经获得了相关个人或组织和公司的负责人的有效豁免。本人不会私自答应此类约定。

10. 如果本人在哈佛大学任职，本人同意将本协议作为本人履职的一部分。如果本人任职期满或对学校相关活动的参与已到期，仍能继续任职或参加学校相关活动，本人同意按照本协议之规定参与学校相关活动并遵守相关约定。

11. 本人已签署本协议随附的《非哈佛大学人员使用学校研究和教学实验设备风险承担和责任豁免知情同意书》。

12. 本协议适用于受《知识产权政策》约束的所有研究成果和受版权保护的材料(不论何时做出)，同时对我本人和我的财产、继任者和受让人具有约束力。

如同意并接受本协议规定之条款和条件，请在下面相应空白处签字。

签　　　名：
姓名(打印)：
日　　　期：

我单位知晓并同意豁免签署本协议申请人与本单位及附属单位约定的但与本协议有悖的关于发明、发现、受版权保护的材料或其他研究成果的权利之义务。本人承诺受单位正式授权，代表单位以单位名义签署本文件。

签　　　名：
姓名拼音：
职　　　务：
单位名称：
日　　　期：

9.1.5　确认非哈佛人员使用哈佛研究和教学实验室设施的风险与豁免

这是一份法律免责声明，请您签名前仔细阅读。

鉴于本人将使用哈佛大学研究和教学实验设备，同意接受以下条款和条件之规定，并签字确认。

1. 设备的使用。本人不属哈佛大学学生、雇员或附属人员范畴，本人可用之设备仅供教育或研究使用。

2. 健康与安全风险。本人清楚学校实验室可能存有有害物质和危险设备。本人将采取所有必要措施保护自身及他人的健康与安全。本人将熟记所有安全规则和安全操作程序并以其规范自身行为。在不熟悉或不明白如何安全处理有害物质或危险设备时，本人将寻求校方专业人士帮助。本人清楚自己所面临的可能的风险、疾病和伤害，且对此类风险已亲自做过调查，愿意承担相应责任和后果。

3. 无医疗保险。本人知晓，如果本人在学校因自己个人行为致使自己受伤，本人无法享有校方各类保险，所有急诊护理、医生诊疗、住院治疗以及其他相关医疗或非医疗费用，均由个人承担。同时，本人不享有参加校方健康、残疾、人寿等保险计划的资格。

4. 恰当的行为。本人同意遵守规范校园和实验室行为的所有政府的、学校的和院系的政策、制度和规章。如果校方认为本人违反了有关政策、制度或规章之规定,或认为本人行为不恰当,有权要求本人离开实验室。

5. 保密原则。本人同意不得直接或间接披露或使用任何专有的或机密的研究成果、资料、商业机密或其他本人在校方实验室由于工作关系所了解的此类信息。

6. 风险承担和索赔豁免。本人已知晓上述风险,并代表本人家庭、子女和个人代理,同意承担因使用校方实验室所带来的全部风险和责任。在法律许可的最大范围内,本人同意赔偿校方(现任和前任管理人员、董事、教师、工作人员、代表、志愿者、雇员、学生、其他学员和代理人以及他们各自的继承人和受让人)任何现在或将来因本人给其人身和财产造成伤害而产生的索赔、损失或债务,并且不起诉;或者,如果校方现任和前任管理人员、董事、教师、工作人员、代表、志愿者、雇员、学生、其他学员和代理人等因包括但不限于渎职等原因所造成的索赔、损失或债务,本人亦应对本人使用实验室过程中所涉人员负责。

本人在签署本协议前已仔细阅读并知晓《风险承担和责任豁免知情同意书》。本协议之规定须与马萨诸塞州法律保持一致(除非马萨诸塞州法律违背法律基本原则),当事人可依据《知识产权政策》或附带的《哈佛大学访问学者科研项目参与协议》向马萨诸塞州提起法律诉讼或附带诉讼。

如同意并接受本协议规定之条款和条件,请在下面相应空白处签字。

签名:
姓名(打印):
报到日期:
离校日期:

9.1.6 股权政策(资产净值政策)

9.1.6.1 关于许可派生股票的承兑、管理和买卖的规定

本规定经由专利和版权委员会于 1997 年 1 月 17 日审议通过。本规定是对 1995 年 5 月 1 日校董事会投票通过的《关于许可派生股票的承兑的规定》的执行。

9.1.6.2 许可约定中股权配置的基本方针

1. 校方股权应占较小份额(一般小于 15%),且校方股权份额可能会随公司额外资本的增加而减少。

2. 校方作为研究机构不应在董事会任职。

3. 在股权配置中,作为个体的发明人在公司持有(或将要持有)股票时,应遵循《关于许可证所产生的利益冲突政策》之规定。

4. 不应组建投资公司。这并非阻止哈佛管理公司(HMC)控股的创投基金或医学科学合作伙伴的投资,因为这些组织的投资决策与校方利益关系较小。

5. 股权由哈佛管理公司使用独立账户依据相关规定进行持有、管理和买卖。相关政策应确保股权买卖决策与发明被许可授权技术的校方老师或行政管理单位保持比较疏远的利益关系。哈佛管理公司亦应遵守现有处理利益纠纷和内幕交易等问题之相关政策规定。

6. 股票一经公开上市(即,被允许公开交易且锁定期满),即以有序方式进行买卖。

7. 校方不应为公司最后几轮的私募融资进行直接投资,除非该投资是哈佛管理公司正常投资活动的一部分,且决定投资决策的人应与许可派生股票的管理不存在任何关系。

9.1.6.3　承兑股权的审批

所有约定均需经由专利和版权委员会同意,其目的在于保证上述方针的落实。一般情况下,股票收购作为许可规定的一部分必须事先经过专利和版权委员会全体委员的审议。如果所提出的约定不能满足上述标准,专利和版权委员会将对其适当性进行详细审议,如果有必要,将提请副校长和教务长审批。

9.1.6.4　讨论和解释

校方为何要承兑股权?承兑持牌公司的股权的基础是财务问题——当持牌公司(一般为初创企业)可用现金有限时,股权可以作为一项额外的补偿。由于初创企业的生存依赖于其许可技术的研发,其研发的努力方向也集中在许可技术之上。其结果是,初创企业代表着技术研发早期阶段的最佳机遇。实际上,在某些情况下,这也可能是初创企业唯一可用的途径。

我们估计在每年授予的 50 余项许可权中,其中涉及股权的不足 5 项。一般涉及股权的公司要么是新成立的公司(通常是围绕即将取得许可的技术而成立的公司),要么是已成立 1~2 年的公司。这些公司没有资金和收入。在上述情况下,背负沉重的现金负担将削弱公司吸引最初投资者的能力,研发努力无法得到关键资金的支持,而关键资金是哈佛尽职调查里程碑所要求的,这将使得公司能确保得到额外的财政支持。虽然如此,股权的许可一般都包含现金支付,如:(1)前期许可费,(2)年度最低及/或里程碑付款,(3)销售特许权使用费以及(4)一定比例的再许可收入。

与现金相比,股票并不被优先考虑,而是在没有足够现金补偿且相信已经协商出最佳的现金计算时,股票可以被视为额外的补偿手段。股票被视为提升整体财务方案的一个合理的商业解决方案——被公司和其投资者们所接受,同时给大学提供了一个增加潜在回报的机会。

此外,特别是对于那些技术将成为其基础的初创企业来说,作为其获取核心技术的结果,股票为公司的增值向大学提供了一些补偿。对于初创企业来说,许可的价值是基于尽可能多的关于其产生的投资资本的能力,也基于公司利用许可技术可实现的最终销售的产品的利润。

9.1.6.5 股权的管理及销售

在专利和版权委员会主席批准股权承兑作为许可协议的一部分之际,技术及商标许可办公室/哈佛大学医学院科技发展办公室将明确说明何时股权将被清算:首次公开募股(IPO);公开募股后股市协议允许的最早日期;该公司何时被收购且其股票转换为上市公司的股票;何时产品需达到某个特定阶段的监管审批程序;或者何时产品首次上市。

股权承兑后将被移交至哈佛管理公司(HMC)管理,HMC将被告知股票出售的触发事件。HMC将以单独账户的形式持有所有许可证产生的股票。一旦触发事件发生时,HMC将开始出售股票。

经与HMC、外部管理组以及哈佛商学院的各位理事讨论后,专利和版权委员会决定大学在清算后不持有许可衍生的股票,以便其可以在短时间内倾力出售,以增加被清算收入,而不是尽快将股票兑现。此举的首要原因在于,在预定的时间及时清算将消除公众对利益冲突的观感潜力。其次,大学并不想承担对发明者、部门和学院的默示义务,以使此类股票销售的现金收益最大化。大学曾考虑过使用外部的投资组合管理小组这一方案,但最终否决了这一方案,因为回报可能增加,但并不能证明成本是合理的。

9.1.6.6 股票销售所得利益的分配

股票出售后所得款项将被转至科技发展办公室的收入账户中,并根据哈佛大学的专利使用政策来分配。

9.1.7 关于许可证所产生的利益冲突政策

可参见《避免利益纠纷声明》。

9.1.7.1 关于哈佛大学申请版权许可利益纠纷化解的政策

A. 声明

本政策于1993年3月19日和9月20日分别经校专利和版权委员会和校董事会审议通过。1995年4月22日、1996年2月16日和2001年3月16日,在校董事会授权同意下,校专利和版权委员会对本政策进行了三次修订。2008年2月4日,校董事会根据授权对本政策内容进行了增补。

B. 导言

校方授权许可营利公司对发明或其他技术成果版权使用权的情况逐渐增多,随之而来的版权许可问题亦不断增加,例如,对与校方师生或雇员存在经济利益关系的公司,校方是否应该授权其相关技术成果版权使用权,在什么情况下可以授权,等等①。

目前,校方化解利益纠纷的现有政策主要有两种形式:(一)董事会和某些学院采取笼统的政策化解矛盾纠纷②;(二)医学院和公共卫生学院对学术研究领域的纠纷问题实施非常具体的政策和程序。

本政策声明之目的在于建立学校利益纠纷化解政策以具体适用于版权许可交易。学校教务长会定期评估相关政策和学校相关行为绩效。依据评估结果,学校教务长会建议校董事会,对相关政策及其程序进行适当修改。

C. 基本原则

由于校方授权许可营利公司对发明或其他技术成果版权使用情况的增多和所得收入的增长,校方须对由此产生的潜在利益纠纷问题详加关注和解决。校方对其持有的创新成果已经建立了认定、保护和授权许可一整套完整的政策和程序③。科技发展办公室(OTD)负责具体的政策实施,并接受学校教务长的监督。

本政策之规定及其实施程序充分考虑以下因素。

1. 校方雇员应对学校保持职业忠诚,处理好外部责任、经济利益和相关活动的关系,避免与对本政策所做承诺之冲突。特别是校方人员,不得为谋取个人私利④或使用不正当竞争方法而影响校方技术成果转让决定。

2. 版权许可授权时,校方会选择有能力和信用进行技术研发并能适时高效投入市场应用的有资质的公司。在多数具体案例中,校方并不对所有的可被授权公司进行调查,而是从科技发展办公室(OTD)专业认定的合格的可被授权的公司中进行筛选,同时,科技发展办公室(OTD)也会根据大量相关信息评估每项技术成果的合作机会。当至少一家此类公司对版权许可表示感兴趣时,科技发展办公室(OTD)将进行选择性谈判并签订一个或多个许可协议(许可协议在一个或多个使用领域中可以是排他的或非排他的,

---

① 在学术研究领域,除版权许可中的利益纠纷外,校企关系已经滋生了大量其他问题。对此,各学校均制定了相应政策。但本政策仅适用版权许可相关问题。

② 如文理学院《关于校内外科学研究和其他学术活动的政策》(1982年制定,2000年修订)、学校《适用于董事会和高级行政人员的利益纠纷化解政策》(1975),以及学校《关于承担学术职务人员参加校外学术活动的规定》(2000)。

③ 《关于发明、专利和产权的政策》(本政策制定于1975年11月3日,2008年2月4日增补修订为《知识产权政策》)。

④ 个人私利包括为本人和家庭(成员)以及商业伙伴所谋取的利益。

视技术成果情况而定）。如果由于校方老师、学生或雇员（按照校方2008年2月4日《知识产权政策》之规定，无论他们是发明人或著作权人）与可被授权公司存在密切经济利益关系而引起潜在的利益纠纷，须进一步参考以下第三款和第四款之规定，以评估最初授权决定之有效性。

3. 校方认为初创企业在全国和地方经济中占有重要地位。根据1980年《拜-杜法案》的规定，建立了大量新公司以促使科研机构授权的技术成果商业化。与拥有较多技术成果的成熟公司相比，这些初创企业为谋求快速发展，必须最大限度地将其精力和资源集中到已获授权的技术应用上。发明人、著作权人以及其他校方人员、学生或雇员通常会成为这些初创企业的骨干，这种不用脱离学校即可参与企业的机会对他们很有吸引力，而且对校方也是有益的。鉴于这些原因，初创企业可以为校方的某些发明成果提供最佳的商业发展机会。因此，如果初创企业有能力获得充裕的资金和管理资源，能够对校方技术成果进行有效转化，那么授权此类公司将会被认真考虑。

应认识到，大学教职员工、学生以及雇员通常与这些新兴企业有密切的财务利益关系，并会产生潜在的利益冲突，因此需要谨慎管理。特殊情况下适当的行动需公平且周到地考虑各种因素来决定，包括拟议交易的原因、发明的性质、获得许可的技术的市场情况、持牌公司中某一特定个体的利益性质及其参与情况，以及个体大学未来研究与持牌公司的利益关系。例如，高度概念化或早期的大学技术往往需要发明家的持续参与或持牌公司的创造者的研发努力，从而此类个体往往会成为公司的顾问，通过收取咨询费或获得公司股权而与持牌公司产生财务关系。虽然大学承认，对这些关系的彻查是必不可少的，但是大学也支持其发明的商业化发展以及教师、学生和员工参与这一过程。

D. 程序

科技发展办公室（OTD）的工作人员应遵循如下步骤，使版权授权过程中产生的不尽如人意的利益纠纷最小化。

1. 科技发展办公室（OTD）的工作人员将利用自己的专业判断能力，并结合一系列的信息来源来评估某一特定技术获得许可的可能性；这一过程可能包括由发明人、著作权人或其他校方人员、学生或雇员所提供的建议。

2. 科技发展办公室（OTD）的工作人员将按年度向校方告知其在这些将被许可或可能获得许可的公司中所拥有的经济利益，且不得参加涉及该公司利益的授权许可讨论或谈判。

3. 如果独家特许权的主要候选公司的资格得到确认，在洽谈许可协议或选择权协议前，科技发展办公室（OTD）工作人员应询问所知晓的与可能获得授权许可或取得购买优先权的公司有关联的每一位著作权人或发明人,和其他校方老师、学生和雇员,不论他们或其直系亲属已经或计划与可能获得授权许可或取得购买优先权的公司确立了个人经济关系。如果购买优先权被赋予未公开的发明(如行业资助的研究项目或材料转让协议),只有将薪资与公司价值相联结的股权持有或咨询协议,如股票或分红才视为密切的经济利益关系①。

4. 如果发明人或著作权人,或任何其他校方教师、雇员或学生,抑或其家庭成员等与可能获得授权的公司之间不存在密切的经济利益关系,科技发展办公室(OTD)将会继续与其就许可事宜进行洽谈。

5. 如果当事人与可能获得授权的公司之间存在密切的经济利益关系,且该公司属于初创企业(即该公司尚未建立或尚未获得首笔融资),则科技发展办公室(OTD)将会被授权负责确定该公司是否有潜力获得充足财政、管理和技术资源以促使被许可技术成果的蓬勃发展。如果结论有利于被提名的可能获得授权的公司,则科技发展办公室(OTD)将可以在其专业判断和自由裁量权限内:

(1)与初创企业签订许可协议。如果被授权许可公司在既定时间内未达成既定的商业发展目标,例如融资没有达到科技发展办公室(OTD)认为的足以促使被许可技术产品蓬勃发展的最低水平,或没有取得具体的技术转化成果,协议规定将终止该授权许可。或

(2)授权初创企业短暂的停滞期或选择期。其间,公司可以设法集中科技发展办公室(OTD)认为必需的关键资源和/或就相关技术的独家授权许可进行洽谈,该授权将根据公司是否达到预先商定的标准而确定。

6. 如果发明人、著作权人,或任何其他校方老师、雇员或学生,与获得独家授权的公司之间存在密切的经济利益关系,则其任何一方须告知其所属的校方负责专门处理利益纠纷问题的学院委员会②(如果与获得独家授权的公司之间存在密切的经济利益关系的并非校方教师,则其须向相关校方委

---

① 密切的经济利益关系包括股权、获得股权的选择权,或可能被授权公司对股权的承诺,或与可能被授权公司存有长期的、排他的或其他方式的重大咨询业务。并非所有股权关系均被认定为密切的经济利益关系,除非(1)股权份额在公司属较大份额的(对公司股票持有量超过5%被认为是较大份额;持有量小于5%需要逐案审议)或(2)拟许可的版权或发明人、著作权人,抑或其他个人在未来所从事的研究可能对股权价值产生重大的影响。公众持股公司的相对较小份额股票不属于密切的经济利益;但新建的或个人持股公司中的小份额股票可能被认定为密切的经济利益。著作权人、发明人或其他校方成员、雇员或学生,抑或其直系亲属,不论涉及以上任一关系,均被视为存在密切经济利益关系。

② 在文理学院,由专业操守委员会负责;在有些学院,则由院长或指定的院长代表负责,而不是由委员会负责。通常情况下,向学院委员会报告是通过向委员会行政长官或委员会主席报告的形式完成的。

员会、办公室或行政人员告知)发生利益纠纷问题的可能性,并与该委员会商讨解决其管辖范围内的利益纠纷问题。在与公司的许可协议签订之前或签订之初:

(1) 任何与公司存在密切的经济利益关系的一方须向相关委员会、办公室或行政人员提交此类许可的书面通知,载明被许可的技术和获得许可的公司。

(2) 如果期望许可协议适用于该许可未来技术(不仅包括部分继续专利申请案,在一定程度上,也包括许可有效期内现存专利申请案),如对可单独申请专利的技术改进的权利,不论此技术改进是否受最初授权许可技术的限制,则任一相关方须告知相关委员会、办公室或行政人员。

(3) 另外,任一与获得授权公司存在密切经济利益关系的发明人、著作权人,或任何其他校方老师、雇员或学生,须向相关委员会、办公室或行政人员提供以下材料:

① 任何体现个人与即将获得授权许可公司之间关系的详细材料;

② 任何体现正在进行的个人参与的校方研究项目与获得许可的公司业务经营活动之间关系的材料;

③ 完整填写本规定所附《避免利益纠纷声明》。通过本声明,当事人须承认潜在的利益纠纷矛盾,并主动采取相关措施,以最小化乃至解决潜在的利益纠纷矛盾。对校方教师而言,该声明须本人签署并经其所在部门负责人同意;对相关研究人员、学生或博士后而言,该声明还须其所参加的研究活动的学院主管签署同意。如果部门负责人或学院主管亦与该公司存在密切的经济利益关系,则须经相关学院委员会负责人签署同意(除该声明外,有的学院所规定的关于利益纠纷处理和承诺的告知表格或相关措施同样被认可)。如果与公司存在密切经济利益关系的雇员或学生未参加相关研究活动,《避免利益纠纷声明》须经其所在雇用单位负责人或其学籍所在院系院长或行政负责人签署同意。

(4) 通过对以上信息审核所得出的结论,相关委员会、办公室或行政人员应该制定相关监管、评审或报告机制或采取其他被认为可以有效解决与被授权许可公司存在密切经济利益关系的当事人的利益纠纷问题的措施,如:

① 减少和取消发明人的股权所有权;

② 经常性(一年一次)地报告当事人所在研究项目或其他研究活动与被授权公司之间的关系及其潜在利益纠纷问题的管控情况;

③ 监管当事人的未来研究或其他校方研究活动。

9.1.8 初创企业信息

筹划新成立一家涉及校方老师研究的公司时,必须充分考虑大量的政策问题。正如你所想到的,会有相当多的公众将这种创业活动视为制造校方与教师之间的经济利益纠纷。由于校方和教师双方均能从其所持有的公司股票中获得收益,因此,在公众和媒体眼中,双方未来的行为会变得令人怀疑。

尽管校方及其院系支持组建公司以将校方技术转化为有形产品并推向市场,但前提是校方必须妥善处理由于组建新公司可能带来的各种利益纠纷。以下问答部分的内容概述了技术和商标许可办公室(OTTL)和发明人在处理初创企业问题中的责任要点。

9.1.8.1 关于技术和商标许可办公室(OTTL)在初创企业中的作为的问题

1. 问:技术和商标许可办公室(OTTL)会帮助新建企业撰写经营方案吗?

答:不会。我们将会同有兴趣参与新公司创建的校方教师和新公司的投资方共同制定完善的企业经营方案。对于我们而言,在校方技术准备授权许可初创企业时,拥有成熟的经营方案和足够的促使技术有效转化的资源是最为重要的。

2. 问:技术和商标许可办公室(OTTL)会负责帮助寻找创业投资家投资或经营初创企业吗?

答:会的。技术和商标许可办公室(OTTL)和许多地方的创业投资家保持着密切联系,能够帮助校方教师寻得愿意投资并经营依托校方技术建立的新公司。创业投资家们通常在投资初创企业之前会重新招募一个管理团队以经营新公司。

3. 问:技术和商标许可办公室(OTTL)会提供其他帮助吗?

答:我们将提供一些信息和帮助,使校方教师能够意识到并妥善处理初创企业所带来的利益纠纷问题。校方教师参加校外专业研究时经常发生此类问题。因此,校方印发了指导手册以帮助校方教师处理此类问题。在下文"关于发明人的股权和义务的问题"中列出一些关于利益纠纷的问题。文理学院(FAS)的《灰皮书》和哈佛公共卫生学院(HSPH)的《教师手册》对这一问题进行了更深入的论述。医学院还应该查询《教师科学研究诚信政策》。

9.1.8.2 关于发明人的股权和义务的问题

1. 问:我可以在公司担任管理职位吗?

答:可能不行。这一职位参与活动的程度很可能严重影响您的大学所担任职务的职责,或在忠诚性方面产生其他冲突。接受任何外部管理职位之前,个人应咨询负责处理利益冲突问题的学院委员会(在哈佛大学文理学院,此事项由专业操守委员会负责解决。在其他学院,可以指定院长或院长的代表,而不需专门委员会)。

2. 问:我可以成为公司董事会或科学顾问委员会的成员吗?

答:可以。这通常是允许的,无须向利益冲突委员会进行咨询。当该教员作为企业的董事会成员时,其不作为哈佛大学的代表,这一点是可以理解的。

一些联邦机构强制要求对营利性组织的披露权益需超过指定的阈值。例如,美国国家科学基金会和美国国立卫生研究院要求披露的权益(包括股票)价值超过 10,000 美元及/或股本超过公司股份的 5%。哈佛大学文理学院和哈佛公共卫生学院的利益冲突政策规定了披露政策,以帮助教员符合机构法规的要求。

3. 问:我能为公司提供咨询吗?

答:可以。这通常是允许的,无须向利益冲突委员会进行咨询。同样,某些联邦机构强制要求对营利性组织的披露权益需超过指定的阈值。此外,应当指出的是,一学年之内,个人总的可以用于外部工作的专业工作量不超过 20%。

4. 问:我的学生可有多少位参与公司的工作?

答:使哈佛学生和/或博士后参与公司工作使公司受益,被认为是一个主要的冲突,一般是不允许的。

使哈佛学生和/或博士后更为直接地参与公司工作(作为公司雇员或顾问),也会引起利益冲突问题。一般情况下需要向院长或学院利益冲突委员会咨询,以便确保学生和/或博士后的教育经历不受影响。

5. 问:我能接受股权吗?

答:可以。在初创企业持有股票(或股票的承诺)是允许的,但很可能公司不能赞助教员的实验室研究。当一个发明者持有公司的股票,很可能他/她将被视为与该公司存在密切经济利益。哈佛认识到,教员通常与初创企业存在利益关系,并且对于利益冲突可能导致的后果需进行监督和分析。适当的解决方案将因个别情况而异。

9.2 哈佛大学校名使用

9.2.1 治理哈佛大学商业活动的原则

《治理哈佛大学商业活动的原则》适用于调整校方和外部组织的关系(2001 年 9 月 17 日经校董事会审批通过)。

本治理原则因校方与外部企业单位合作机会的增多而制定。其最终版本强调,校方相关一方即使在没有外部伙伴的情况下单独从事商业活动,也应该遵守该原则。其主要精神包括:

1. 校方的教育和研究活动,无论在主观上还是在客观上,都应该致力于知识的探寻,而不是商业回报;

2. 校方与外部企业单位或其他商业活动的任何协议应当以此为指导,以坚守校方的基本价值,如探究的自由与公开等;

3. 校方的教育活动,包括学生服务,应当免受商业因素的侵扰(例如哈佛校园网禁止登载广告);

4. 独家授权协议和在外部企业单位持有股权的协议应当给予特别关注;

5. 拟与某一外部企业单位建立伙伴关系,或其他类似含有商业元素的安排,必须事前经由教务长或校长的同意,某些情况下还必须经由校董事会同意。教务长办公室负责前期咨询和协助。

9.3 利益冲突

9.3.1 拥有学术职位人员校外活动声明

2000年6月7日,由哈佛大学投票通过,2000年7月1日生效。

哈佛大学教员及其他拥有学术职位的人员广泛参与涉及个人学术兴趣的校外活动。此类活动有助于推进对知识的探索,为哈佛的教学带来新的见解,并深化大学服务社会的宗旨。同时,校方及其成员很早就认识到,在哈佛担任学术职务的人士应该以尊重其在哈佛大学的责任的形式来开展校外专业活动。作为一个全职拥有哈佛学术职位的人,随之而来的期望是个人的首要专业责任是在哈佛,外部的学术活动不得与个人对哈佛学生、学院及学校的整体责任相冲突。

几十年来,这样的认识在各种政策声明中均有体现,有些在大学层面广为适用,其他则具体适用于个别院系。最相关的全校性的政策,即1948年大学批准通过的《规定》,直接就拥有学术职位的人员进行校外活动的义务进行了说明[1]。《规定》中最重要的条款阐明:在哈佛拥有全职学术职位的任何

---

[1] 《关于拥有学术职位人员额外薪酬及教学、科研及管理责任的规定》(《规定》),由哈佛大学1948年4月20日投票通过,后经1962年、1973年、1976年、1989年和1997年修订。

人,未经所在院系主任推荐及大学批准,学年内不得在任何其他教育机构从事教学、科研或受薪顾问等事宜。

近几十年来,《规定》所假定的情况已经发生演变,教授和大学其他成员已经面临着更多的机会去追求更广泛的外界活动,新的信息技术脱颖而出,且与外部组织关系的数量和种类已扩大。因此,这些变化的情况对《规定》的解释提出了问题,对外部活动的政策进行解释的必要性也日益凸显。

关于外部活动的此声明旨在满足这一目的。声明的草案经各学院主管审阅后,随后由各学院教员组成的教务长咨询委员会对草案进行了讨论及审核。在收到各学院意见后,对草案进行了进一步修订。现行版本的声明已经取代了草案[①]。

声明提供了一个长期稳定的原则的现代诠释,为外部专业活动的行为提供了指导。从广义上讲,声明提供了一个框架,允许在执行条款时酌情处理个别情况,允许个别院系——与此处介绍的一般准则一致——保有并制定更适用于自身情况的政策。虽然声明中的某些规定仅指全职人员,兼职人员也要求知晓声明中基本关切的问题,当其外部活动与任何关切问题相关时,需向其院长寻求指导。

此声明不求界定谁拥有在哈佛的教学和研究成果,而是旨在澄清,拥有学术职位的人员在从事校外教学、科研和相关活动时,其对于哈佛大学的学生、同事及所在机构应该承担的责任。因此,该声明侧重于使用,而不是所有权。有关知识产权和收益共享的标准在大学发明、专利和版权的政策中有说明。

在下面的章节中,声明阐述了以下基本原则:拥有全职学术职务的人员应将教学工作集中在哈佛学生身上;他们应该以与大学规范一致的方式开展研究;且他们应确保其校外活动的性质、所花费的时间及实际所能观察到的与哈佛的关系不得与对哈佛大学学生、同事及其所在机构的责任相冲突。

9.3.2 教学

哈佛大学拥有全职学术职位的人员应将自己主要的教学工作奉献于哈佛学生的教育上。除了在与哈佛大学资助的联合项目中,或经过其所在院系的主管批准的安排之外,学院成员不得在另一个机构拥有正式教师聘用职位。未经所在学院主管及大学的事先许可,哈佛大学拥有全职学术职位

---

① 《规定》中具有持续的相关性但不直接涉及外部活动的两个条款,涉及额外的补偿和暑假工资,在单独的大学投票表决(2000 年 6 月 7 日)中再次被重申。

的人员不得在/为其他机构或组织教授课程，或某一课程的主要部分。不管是否亲自教授或通过某种形式的电子通信形式进行的教学活动，都应遵守此政策。

这些标准反映了传统的理解，即全职哈佛大学的教职员工和其他学术职位人员都应将教学精力集中于在哈佛就读的学生身上。这种理解表达了一种合理期望，即哈佛大学的在校学生具有获取教育的特殊权利，并且哈佛教员的教学工作将主要面向大学和其成员的利益。标准也肯定大学的权益，确保哈佛教师在承担其他机构的竞争性教学时，不能偏离他们所承担的教育哈佛学生的主要义务，同时阻止其他机构对大学声誉和其成员集体贡献的不当利用。

哈佛拥有教授、副教授或助教级别（或特定学院可能指定的其他职务）的人员也可能不会在其他机构拥有常规的学术职位（在哈佛大学资助的与其他机构联合开展的项目时，可能会有例外，如哈佛医学院和麻省理工学院联合开展的健康科技项目，或由院系主任批准的其他类似项目）。当在/为其他机构的教学临时获得明确批准时，应明确指出该机构的限制性，一般做法是在哈佛大学成员的职务后面缀以"访问"字样（如"访问教授"或"访问讲师"）。

虽然教员应将教学精力集中在哈佛大学学生身上，但是很多教员也利用机会，与世界更广范围的高等教育界分享他们的教育和学术成果。本声明的意图不在阻止此类活动。偶尔举办讲座、在学位论文答辩委员会任职以及在其他机构的类似活动被认为是学术界公民权利的重要体现，不需要官方许可。在网站上或通过其他电子形式提供课程材料也被视为大学以外的有价值的服务，在适当的条件下，也不需要正式批准。例如，教员在非独家的基础上分发课程材料，如果材料不包括大学的重大贡献，也不构成一门课程的主要部分，则该教师无须批准。

区别此类活动和那些活动之间的原因之一在于常规课程所需要投入的时间和精力。在另一所院校教授课程，通常上述活动需要较多缺席哈佛的课程以及偏离哈佛的教学责任。但是不需要时间和精力的更广泛的考虑也是存在风险的。不仅需要避免时间冲突，而且放弃有悖于自身学校、院系和学生的教学义务的校外活动也是很重要的。

当新的技术使得分散在全国各地和世界各地的学生的教学变得可行，且教员无须离开自己的校园且时间花费也比较适度时，这种超出时间因素的考虑是值得强调的。现代教育技术可使一名教师在很短的一段时间内将自己的课程录像，并将生成的材料提供给某一教育组织，为自己的专属用途或许可其他组织在课堂、在线或通过其他媒体形式播放。事实上，课程材料可以在休假或"下班后"生成,这样的安排并不能消除其可能会与哈佛和学生的职业义务发生冲突的担忧。因而,未经学院院长和大学的明确许可,哈佛大学拥有学术职位的员工不得以直接或间接的方式参与其他机构或者组织的教学课程。

真正的难题在此项政策的实施过程中才可能出现,尤其是新的信息技术扩大了这些可能性的范围。随着新情况的出现,基本区别(例如,校外教学和课程教材共享较为有限)也需要完善。此声明并非旨在制定一套硬性规定,而是旨在维持一种环境,在此环境下,在开展可以合理地在/为其他机构或组织教学时,教职人员和其他拥有学术职位的人员将谨慎行事。在这种情况下,拥有学术职位的人员应请示其所在学院的院长,如果此活动不属于本声明中所列的院长的评判范围,则需与哈佛大学联系。

在确定何种程度上活动是适当的,大学成员应遵循如下一般准则:教员为其他机构或者组织的课程或大部分课程开展教学的理由越充分,该活动就越有可能属于不正当的范畴(课程的认定方法可以被理解为哈佛相关学院提供的课程)。其中运用这一方针最重要的考量因素是:在何种条件下教材被分发、销售或以其他方式提供给学生和其他潜在使用者;该教材在校外组织的课程或教育计划中的作用;哈佛的教员与校外组织的隶属关系的性质及其特征;和其他因素有关的所有校外活动。

大学的某些学院制定了政策来管理教员在暑期或休假期间在其他教育机构的传统课堂教学,以及在教学学年期间的短期讲座或教学会议。此声明并非旨在打破这些传统的做法,或要求大学批准。然而,当任何此类教学产生电子格式的材料时,如果这些材料稍后被用于哈佛大学以外的机构的课程或大部分的课程教学,则事先需要取得哈佛大学的许可。当预计到此教学会产生教材并以此方式应用时,应提前寻求许可。

9.3.3 科研

全职学术职务的人员在开展科研活动时,应总是以称职的大学一员的方式进行。他们应遵守院系制定的与利益冲突及其他事宜相关的适用政策。只有事先取得主管院长的许可,才能在其他大学或学术机构担任科研职务。受聘于哈佛大学并作为项目主要研究者或类似职位的人员,应通过大学或其附属机构来进行管理,主管院长特批情况例外。

大学肯定了学者广泛的自由裁量权,来选择他们的研究课题,拟定假设和得出结论,发表其研究领域的见解,并在总体上享受学术自由的保护。学者在探索和言论自由方面的权利是大学核心价值的体现。

同时，教职人员和其他拥有学术职位的人员开展研究时，也应以称职的大学一员的方式进行。历年来，各种政策不断演变，以解决科研领域的问题，如利益冲突问题、数据和成果披露问题、分类和专有工作问题以及人类受试者参与科研的问题[①]。本声明以这些政策为前提，旨在强调科研行为中的特定两点。

第一，未经其所在学院主管院长的事先允许，全职学术职位人员不得接受其他大学或学术机构的常规科研职位。可以通过考虑类似的教学职务（第一节）及与校外活动相关的职务（第五节）来决定职位是否合适。至于暑期学校的教学情况，对于那些按照学年来支付工资的教员，如果其所在学院授权开展此类活动，则暑假期间担任科研职务不需经过许可。当校外的科研职务被接受或允许时，应注意明确与其他组织的关系，限定范围、时间和职务。

第二，当哈佛大学全职教员或其他学术职位的人员担任某一科研项目的主要研究者或类似职务，此项目一般应通过大学（或其受聘的附属医疗机构）来管理。不管资助的类型如何（即拨款、合同或合作协议）或资助来源（政府或私人的支持），此政策都适用。此处理方式将有助于确保科研按照与大学和学院政策相一致的方式进行；其同事和学生有适当的机会直接参与并了解哈佛学者的研究活动；研究的全面及最新的信息都能获取；适当的财务报销（如管理费）也将由大学来执行。

但有些情况下，通过哈佛大学来管理教职人员的科研工作的做法可能是不可行或不可取的。重大合作项目要求有不同安排，如在欧洲粒子物理实验室进行的研究。此外，当哈佛大学的研究人员与另一个机构的同事合作，联合项目管理机构的做法可能是不切实际或不明智的，合作机构可能可以更好地管理项目。此外，与其他研究机构的长期协议可能需要特殊的安排。在这些和其他特殊的情况下，应向所在院系的院长寻求预先核准哈佛以外的项目管理（个别学院可能希望定义特殊情况类别，以避免不必要的逐案审查）。

[①] 以学院为基础的政策中，如下列举了若干说明性的例子，这些政策已经被表决通过并不断被修订：文理学院——《大学内部及外部与科研或其他专业活动相关的政策》，《大学与业界合作开展研究项目指南》，《使用人类受试者研究的政策和程序声明》；商学院——《校外活动委员会的报告》（1986年），《校外活动指南的建议说明》（1993年）；设计学院——《利益冲突政策》；神学院——《大学内部及校外科研及其他专业活动相关的政策》；教育学院——《大学内部及校外科研及其他专业活动相关的政策》；政府管理学院（肯尼迪学院）——《利益冲突的政策声明》；法学院——《校外活动政策》，《全职教职员工报告校外活动的指南》；医学院——《行业赞助的研究的声明及利益冲突政策》；公共卫生学院——《利益冲突政策及大学与业界承担的科研项目指南》。

9.3.4 咨询及其相关活动

在承担咨询及相关校外专业活动时,教员及其他学术职位人员应留意观察恰当的致力于此类活动的时间量的限制,校外活动可能会与其在大学的工作产生职责方面的冲突。未经所在学院或大学的事先批准,学术职位教员不得在/为其他教育机构或教育组织进行有偿咨询。

通过为哈佛大学以外的个体或机构提供咨询,大学社区成员可以以此方式,积累有利于教学和科研的经验,并能以为社会福祉做出贡献的方式向更广泛的公众传播学术知识。因此,大学历来授权教职员工及其他拥有学术职位的人员将其部分的专业精力投入与其专业领域相关的校外活动中,但是从事校外活动的时间量须有限制。

用于校外专业活动的时间量的最普遍的标准是不得超过个人总的专业精力投入的20%。这一标准应该被视为大学内任何学院所能允许的最大量。个别院系可能会设定更为严格的限制,可能会明确说明对这一标准的解释(例如"一周一天"或"一年40天"),取决于大学在审查时是否认为适当。然而,各学院的规则中应载明标准,对标准进行解读,说明教职员工接近或超过这一标准情况时协商处理案件的手续。对规则的概述及解读应提交至教务长处,由教务长提供给大学的所有学院。

关于教学,在确定咨询及相关外部活动是否合适时,时间不是唯一的考虑因素。需要更普遍关切的是,此类活动不得与对学生、同事、大学所承担的首要任务发生冲突。因此,学院成员和其他学术职位的人员应确保其从事的任何外部专业活动均与大学及学院的一般政策相符合。这可能不仅需要注意所花费的总时间,还要注意特定活动的性质以及个体在其中的作用。

未经所在学院或大学的事先批准,全职教员不得在/为其他教育机构或教育组织进行有偿咨询。合乎惯例的专业服务——如参加视察小组、作为其他高校的理事会成员或参加某一专业协会——一般不会造成严重的冲突,可以不经批准进行(合乎惯例活动的酬金不会将此类服务变为有偿咨询)。教育学院为中小学或其他教育机构提供咨询并将其作为哈佛教学和研究的特定部分,以及公共卫生学院和医学院与其他机构同事的咨询并将其作为研究的特定部分,上述两种情况仅需要主管院长的许可。

不论是否有报酬,应严重关切某些校外活动,如果推定不当则不应进行,随后需经过认真审查和明确批准。例如,拥有学术职位的教员不得为校外组织而承担行政责任,这可能会严重分散他或她对于大学的职责的注意力,并在忠诚度方面产生冲突。其他活动,如在一家公司拥有财务权益,个人研究对其造成了合理的影响,这种情况在特定条件下可能会获得批准,但是需要根据赞助研究的法规和大学政策进行披露①。此处无法一一列举，但这些例子都说明了拥有学术职位的人员应该注意各个学院相关规则中描述的所有可能的利益冲突。

9.3.5 大学标志的使用

大学成员在参加校外活动时应承担个人责任，尽自己最大努力避免他人虚假性或误导性的建议，即此活动是由哈佛大学或其任何下属单位举办的。一般情况下，所有成员应遵守使用哈佛名称的大学政策，将哈佛身份限定在仅列出适当的正式头衔。

在使用哈佛名称和相关徽章图像方面，大学和它的成员具有共同利益。经过数代人无数的努力，赋予哈佛的名称无尽的价值。这是一个智力汇集的场所，也是一个金融资产汇集之处，是大学每个成员共同利益的体现。为了保护这一价值，成员个体在其校外活动中应遵守大学使用其名称、徽章和图像的政策。

一般情况下，当从事校外活动时，成员应将其哈佛身份限定在列出其正式头衔，否则应明确他们的行为仅代表个人，而不代表大学。他们也应该采取合理的预防措施，以防止与他们工作的组织和个人使用哈佛名称，或代表哈佛做出声明，以此种方式暗示哈佛大学赞助或支持其活动。将哈佛的名称或标志放在活动中暗示着哈佛大学对其负有责任，通常不应该出现在大学的个体成员承担的校外活动中。

9.3.6 程序

拥有学术职位的人员应自行了解大学层面和学院具体的关于校外活动的政策，并应遵守这些政策的具体要求。如就活动是否适宜问题，可咨询学院院长。

在管理校外活动的原则里面表达的需要保护的价值，体现了大学所有成员的共同利益，尊重这些原则可能还需要个人承担责任。所以，大学层面精心制定执法程序既无必要，也不可取。无论怎样，外部活动的性质和范围种类繁多，简洁而笼统的政策声明不能一一涵盖。

如因本声明的需要，或其他的大学或学院的政策需要，学院教员和其他学术职位人员对拟从事的校外活动请求许可，在开展可能会引起人们关注的校外活动之前，教员应向其所在学院的主管及大学其他有关官员咨询。

---

① 例如参见文理学院《管理您的研究和其他专业活动的原则和政策》(1998年9月)中的"为满足联邦利益冲突法规的说明"。

隶属于多个学院的教员必须符合所有任职学院的适用规则。与教职员工一样，院系主管对于校外活动也需承担类似的责任，不同的是他们需向校长或教务长咨询。

针对学术职位人员的校外活动报告，各个学院已经采取了不同的方式。关于此类活动的报告，大学并没有规定一个统一的过程，但各个学院都需有自己的程序规定，以保障其成员的行为符合本声明中所阐述的原则。

考虑到具体情况，大学官员在做出决策时，应致力于使决策与本声明中的一般原则及其他大学政策相一致。由于不断变化的形势使我们不断面临新的问题，尤其是在信息技术领域，没有政策可以预见在特定的情况下可能出现的所有问题。因此，教务长应任命一个委员会（其中可能包括各个学院院长）定期会晤，以审查复杂的情况下各个院系可能会出现的问题。该委员会将制定和记录"判例法"，并在必要时，建议更改本声明中所描述的有关大学政策。

在决定是否许可某一特定的校外活动时，除其他因素外，学院院长、委员会及校方还将考虑此活动在何种程度上有损于在哈佛的本职工作；与大学课程的竞争情况以及对大学计划提供的项目进展的阻碍情况；对大学特别支持的利用程度以及对工作人员和学生的利用程度；防止对哈佛名称可能滥用及该活动相关的对哈佛误导性的描述；以及是否与大学的学术使命一致。

9.4 咨询协议

哈佛大学不得作为哈佛大学发明者与公司之间签署的咨询协议的一方。然而，出于礼貌，科技发展办公室（OTD）在此提供一份咨询协议样本作为规范。作为使用样本协议的替代方法，研究者也可以将一套标准条款附在公司提供的咨询协议后面。

咨询协议样本
标准咨询协议条款推荐

咨询协议样本

哈佛大学不得作为哈佛大学发明者与公司之间签署的咨询协议的一方。然而，出于礼貌，科技发展办公室（OTD）在此提供一份咨询协议样本作为规范。

咨询协议
［公司］

［公司地址］

与

［教授及地址］

本协议,在［公司］和［教授］之间,兹见证：

考虑到下文所述的相互承诺,［公司］和［教授］特此达成协议如下：

1. 本协议涉及自［开始日期］之［结束日期］期间,［教授］向［公司］提供咨询服务和建议。在协议期间,根据双方事先商定,应［公司］要求,［教授］将向［公司］提供［♯］天的服务。根据本协议,上述服务的酬金为［数额］美元每天,不包括旅费和生活费。任何一方转让本协议或其中任何权益,或转让应付款项,未经对方书面同意均无效。

2. ［教授］将作为顾问参与［咨询相关的领域］技术领域,不包括其他相关领域［所排除的领域］。

3. 上述第一段所列的总和为［教授］所提供的服务的补偿。为完成此协议所发生的旅费及生活费用也将由［公司］承担。

4. 本协议项下拟进行的工作可能需要［教授］访问［公司］的专有/或机密信息。［教授］同意未经允许,不得向［公司］以外人士发表或以其他方式披露任何参与本协议项下的研究而从［公司］获取的任何专利和/或机密信息;除向［公司］提供咨询外,不得将上述信息用于任何目的。［公司］应以书面形式指定需要保密的信息。

5. 双方理解,本协议的目的不是旨在限制［教授］的使用或披露信息(1)在不涉及违反协议的情况下,随后成为公众所知晓的信息;(2)通过书面记录证明已被［教授］知晓的信息(而不是之前［公司］向其披露的信息或通过［教授］提供咨询而获取的信息);(3)不受本协议披露约束的,［教授］通过第三方获取的合法信息;或者(4)本咨询协议之外,［教授］创建或生成的信息。双方进一步理解并同意,［公司］向［教授］披露的具体信息不得被视为可向公众提供信息或［教授］之前拥有的信息,仅仅由于向公众提供的信息或［教授］之前拥有的信息包含更多一般信息。如未将出版物首先在合适的时机提交至［公司］,以保护其专利权益为目的对拟出版的材料进行审阅,则［教授］不得公开本协议所涵盖的具体工作。

6. ［教授］将与［公司］沟通调查结果、结论、建议、支持数据及分析,任何与之相关的该等报告将成为［公司］的财产。

7. 双方同意且［教授］同意,不论是否申请专利,［教授］在咨询协议期限内构思和/或产生的任何及所有发明,均是本协议项下向［公司］提供咨询的直接结果,是从[公司]获取机密信息的直接结果,均属于[公司],所以不受之前哈佛大学或其赞助商的义务约束。[教授]进一步同意,他或她将应[公司]的要求,及时执行所有的[公司]应认为必要或有用的应用程序、工作或其他方式,以便申请并获得美国或海外的专利许可证书。双方理解,[公司]将承担任何有关专利申请和审核的成本。

8. 虽然[教授]在哈佛大学的工作也有外部赞助商的协议支持,但是本协议过程中作出的任何发明不可能都将受本协议的专利规定约束。[教授]表示其不是阻碍签订现有协议的一方,也不是阻碍签订本协议的一方,但建议[公司]他或她作为哈佛大学的一个成员来执行标准哈佛参与协议。作为大学的一员,[教授]有责任确保其签署的任何咨询协议不与大学的专利和版权政策或大学在此方面做出的承诺相冲突。根据其参与的协议,其必须向大学披露在其在大学工作期间的任何发明。为了大学完全行使其合同义务和承诺,[公司认可]大学成员披露与专业相关的咨询工作是有必要的。在本协议与[教授]与大学签订的参与协议的条件之间存在任何冲突的情况下,以后者为准。

9. [教授]是本协议项下的独立承包商。其不是[公司]的雇员,将无权参与或接受任何公司雇员福利和福利计划下与[公司]员工相关的利益或权利,包括但不限于员工保险、养老、储蓄及社会保险计划。

10. 双方理解,本协议的有效期为双方在第一(1)段中阐明的时间足月运行,双方同意后可以续约。任何一方可提前[××]天通知对方终止协议。

11. [指定代表]应代表[公司]管理本协议,必须制定和批准所有[教授]开展服务的请求,以便此类服务符合本协议第三(3)中规定的付款要求。[指定代表]可以通过书面通知形式委任另外一名指定的代表用于上述用途。

12. 本协议是[教授]及[公司]就本协议期限内的咨询服务而签署的唯一协议,取代双方之前所有签署的协议及备忘录。除非以书面形式并经[教授]及[公司]正式授权代表签署,不得对本协议任何条款进行任何变更、修改及增删。

13. 本协议应按照马萨诸塞州联邦法律解释及管辖。

第 10 章　教务长复审标准

10.1　教务长对新项目和拨款的复审标准

教务长办公室通过为具有管理挑战和/或声誉风险的研究计划提供哈佛大学级别的清晰批准标准和程序，以及对主要项目和方案提供合理审查和监督，来促进哈佛大学学术方案、项目和研究的开展，目的在于为主要研究者、管理者提供流程化的审查程序，提高管理和行政效率，减少项目参与者、个体研究者、学院和哈佛大学的风险。申请是否须经教务长的审查按本文件所述的标准决定。

符合标准的方案和项目须经教务长办公室的审查和批准方可推荐至外部资助人。如果无法符合这一要求，与国际项目相关的方案可以在未取得教务长批准的情况下提交给外部资助人，只要研究者明白在未取得教务长审查和批准前，方案会一直处于待定状态。

教务长办公室审查方案的人员可能是研究副教务长、哈佛大学资助项目主管、国际事务副教务长，在涉及国际项目时，还可能是哈佛大学国际项目与站点委员会进行审查。如果方案与其他问题相关，审查人员会与相关人员协商。

一旦方案或项目通过教务长批准，此后任何重大扩充或变动都应通过此程序提交，因此可能需要教务长另行审查。

　　A. 如为美国本土项目，项目的预算总额要超过 1000 万美元；如为国际项目，其年度预算必须超过：

哈佛文理学院、哈佛医学院	500 万美元
哈佛商学院	380 万美元
哈佛公共卫生学院	300 万美元
哈佛法学院	150 万美元
哈佛肯尼迪学院	130 万美元
哈佛教育学院、哈佛牙科医学院、哈佛设计学院、哈佛神学院、哈佛工程学院、哈佛拉德克利夫高级研究学院	100 万美元

B. 项目涉及公开使用哈佛大学的名称和/或标志。使用哈佛学院名称或者大学其他从属单位名称的项目无须经过教务长的审查,但须经学院院长批准。
C. 项目支持所有国际新站点的建立。就上述而言,"国际新站点"指的是:(1)不动产,包括租借给哈佛大学使用的、租期不少于 6 个月的办公室和美国之外的研究空间;(2)美国之外的项目,参与项目的两名或两名以上人员会在 6 个月或更长的时间内得到分配与指定,人员可能是哈佛学院成员、雇员、附属机构职员、独立合同方、博士后研究员或者学生;或(3)在被哈佛全球支持服务办公室认定为"高风险"的国家或地区内有重要工作的项目,或委派哈佛学院成员、雇员、附属机构职员、独立合同方、博士后研究员或者学生参与此项目。
D. 项目具有国际性,包含需要伦理审查委员会协助或者全面审查的以人类为对象的研究。
E. 项目涉及直接提供医学或者临床服务或与之相关。
F. 项目的资助人代表了哈佛大学活动资金的新来源。
G. 大部分项目基金(超过 50%)将会由供应商和分包商花费,而不是哈佛大学,或者大部分项目活动是由非哈佛职员的人士指导实施的。(例外:在哈佛附属医院花费超过 50% 基金的项目无须经教务长批准。)
H. 项目存在违反哈佛大学反歧视政策的重大风险。
I. 资助人或者项目可能给大学带来严重声誉风险或者导致重大负面报道。
J. 项目涉及不合适或者不确定的方案、财务和/或管理基础结构,可能需要对美国之外开展的项目进行特别关注。
K. 项目的范围、规模或者方案类型是在大学教学和研究任务范围之外,或者特别与众不同或复杂。

10.2 程序

在建议书被提交至潜在的资助者之前,如果可能的话,在所有情况下,在活动启动前,其应被提交至相关人员处。目前正在创建一个统一的电子邮件地址并将于短期内与您联系。为此审核过程应提交足够详细的活动计划和预算。这并不需要详尽叙述每一项活动预算,但是细节应使审核者足以理解项目的目的和性质、活动计划及所需预算。如有必要,审核者将要求提交更为详细的材料。

第 11 章 相关研究政策

11.1 以人类为主体(受试体)的研究与伦理委员会

11.1.1 概述

以人类为主体的研究包含诸多范围,从测试新药物及疗法到调查问卷(亲身或在线)、观测研究以及与人体组织相关的研究或与人类相关的数据研究。其有可能包括或不包括与人的直接接触。

美国卫生与公众服务部(HHS)将"人类主体(受试体)"定义如下:

人类主体(受试体)是指研究人员(无论是专业人士或学生)开展研究的一个活的个体。

(1)通过与个人的干预或互动获取数据,或

(2)可识别的私人信息。

干预既包括物理数据采集程序(例如静脉穿刺),又包括用于研究目的的主体或主体的环境中进行的操作。互动包括研究者和人类主体(受试体)之间的通信或人际接触。私人信息包括在一定背景下所发生的行为信息,这一背景中个人可以合理预期没有发生观察或记录行为;也包括已为特定目的提供的个人信息且个人可以合理期望此信息不会被公开(例如医疗记录)。私人信息必须是个体能识别的(即受试者的身份主体是或可能很容易地被研究者确定或与相关信息联系在一起),以便获取信息进行涉及人类受试者的研究。

在哈佛,任何执行人类受试者研究的人员,包括教职员工及学生,在项目开始前,无论资金来源情况如何,都必须获得所需的批准(见下文)。

11.1.2 外部监督

11.1.2.1 联邦政府

美国卫生与公众服务部(HHS)下属的人类研究保护办公室(OHRP)负责监督所有联邦政府资助的研究。HHS 关于人类研究对象使用的规章涵

盖在美国《联邦法规》(CFR)第 45 章第 46 部分,也被称为"通则"。该通则中的 A 部分列出了所有人类研究对象的基本保护要求。条例还要求对孕妇、胎儿和新生儿(B 部分)、囚犯(C 部分)及儿童(D 部分)进行额外的保护。

从事联邦政府资助的非豁免的人类受试者的研究机构必须有 OHRP 批准的联邦政府层面的保证,其中规定将遵守该通则。

受美国食品药品监督管理局(FDA)管控的研究规定也涵盖在《联邦法规》第 21 条中:

第 50 部分:保护人类主体(受试体);

第 312 部分:试验用新药申请(IND);

第 812 部分:试验用器械的豁免(IDE)。

HHS 和 FDA 的法规相似但不完全相同。但是,两者都要求在机构中设有一个机构审查委员会(IRB),来审核研究协议,以确保参与研究的人类受试者得到保护。在 IRB 批准研究方案或已确定研究免除 IRB 审查(或不是人类受试者的研究)之前,研究可能无法启动。

11.1.2.2 其他

人类研究保护项目认证协会(AAHRPP)向全面提供保护的研究机构提供认证。认证过程采用了以自愿、同行驱动、教育为基础的认证模式。文理学院、哈佛医学院以及哈佛大学公共卫生学院人类研究保护方案均由该协会认证。

11.1.3 哈佛的政策、程序及指导

哈佛大学有三个伦理委员会监督人类研究活动。

1. 文理学院/学区:由文理学院研究管理服务机构管理的使用人类受试者的研究委员会(CUHS);

2. 哈佛医学院/哈佛大学牙科医学院:由人类研究保护办公室管理的人类研究委员会(CHS);

3. 哈佛大学公共卫生学院:由人类研究管理办公室(OHRA)管理的机构审查委员会(IRB)。

各学院和基于伦理委员会的政策与学校层面的政策,即哈佛大学研究使用人类受试者的政策和程序声明是一致的。任何与人类研究相关的问题,均由哈佛大学的伦理委员会予以审核。

注意,除 IRB 外,人类受试者的研究可能还需要其他批准。

(1) 涉及在人类中使用生物、化学或放射性物质的研究,需要取得实验室安全相关部门的批准,或者可能需要一份资料转让协定(MTA)以获得这些材料。

(2) 与其他机构合作进行的研究可能会要求合作机构的批准。

(3）使用干细胞的研究需要取得胚胎干细胞研究监督委员会（ESCRO）的审查和批准。

(4）涉及脊椎动物的研究可能需要机构动物护理和使用委员会（IACUC）的批准。

(5）研究必须遵守大学的研究数据安全政策。

(6）有些研究涉及患者和/或医疗信息可能需要遵守《健康保险便利和责任法案》（HIPAA）。

多中心参与的研究适用于共同互信协议，允许进行多中心临床研究的研究者根据其所在中心的机构审查委员会审查结果来要求参加伦理委员会审查。更多信息参见哈佛大学转化医学中心网站关于免于审查的规定。

研究人员应知悉 2011 年 1 月 1 日起生效的新的人类受试者报酬相关的财务政策。

11.2 科研诚信

11.2.1 概述

学术诚信作为基本的原则，构成了哈佛大学探索、传播和应用新知识并造福社会这一核心任务的基础。通过为其学科和全人类的知识做出贡献，所有的学者都努力使自己脱颖而出，但是为个人或专业利益而放弃诚信有损于学者、学科、学校以及整个社会。在最近几十年里，为科学研究提供资助的联邦机构引入了科研诚信概念并建立了名为"负责任的研究行为（RCR）"的体系，将科研诚信解析为九项具体活动，从著作权至数据共享至联邦政府定义的"科研不端行为"。因此，认识、实践和讲授"负责任的研究行为"，并预防和报告科研不端行为，同样是大学学者的重要职责。

11.2.2 外部监督

美国总统科学和技术政策办公室（OSTP）作为一个联邦机构，负责向美国总统提供科学、技术和创新方面的建议。该机构 2002 年 12 月发行的政策适用于所有联邦机构，其中对科研不端行为的定义具体如下：

"在计划、完成或评审科研项目或者在报告科研成果时伪造、篡改或剽窃……伪造是指伪造资料或结果并予以记录或报告。篡改是指在研究材料、设备或过程中作假或篡改或遗漏资料或结果，以至于研究记录无法精确地反映研究工作……剽窃是指窃取他人的想法、过程、结果或文字而未给予他人的贡献以足够的承认。科研不端行为不包括诚实的错误或者观点的分歧。"

美国卫生与公众服务部科研诚信办公室（ORI）负责监督任何研究机构进行的受美国公共卫生局（PHS）——包括美国国立卫生研究院（NIH）——资助的科学研究中的诚信行为。每年哈佛大学必须向该办公室提交证明，申明哈佛大学关于科研不端行为的政策和程序符合联邦法规规定，并总结在过去一年中已审查到的任何科研不端行为，以及往年此类仍在调查和处理的事件的状态。办公室在《公共卫生服务对科研不端行为的政策：最终规则》中公布了其对科研不端行为的政策。

美国国家科学基金会（NSF）对其资助的研究中的不端行为的指控程序是由美国国家科学基金会监察长办公室负责监督，并体现在《联邦法规》45 CFR 689 中。

基于美国总统科学和技术政策办公室（OSTP）对科研不端行为的定义，许多联邦机构已经采取了相应政策，监督责任通常由每个机构的监察长办公室负责。

11.2.3 哈佛的政策、程序及指导

虽然联邦政府对其资助的科研活动有科研诚信政策规定，但各个机构对预防和审查此类事件的发生负有责任。在哈佛大学，各学院建立、实施并强制执行其科研诚信及科研不端政策，且必须符合联邦政府的要求。哈佛医学院（HMS）和哈佛公共卫生学院（HSPH）分别向美国卫生与公众服务部科研诚信办公室（ORI）提交报告，而大学赞助项目办公室负责提交整个大学校区的报告。

11.3 动物研究与动物管理与使用委员会

11.3.1 概述

哈佛大学使用脊椎动物用于研究、测试和教学（以下简称"研究"）受联邦和非联邦机构和组织的各种监督。哈佛大学所处的地位决定了研究需要优质动物护理，且使用动物进行研究是一种特权，而不是权利。

11.3.2 外部监督

研究机构必须遵守由联邦、州和地方政府以及各类组织颁布的各种规定：

1. 人文关怀和使用实验动物的公共卫生局政策（PHS 政策）。

（1）由实验动物福利办公室（OLAW）实施。

（2）为了获取公共卫生局政策资金，研究机构必须与实验动物福利办公室（OLAW）签署动物福利保障协议。保障协议明确了研究机构与公共卫生局政策的关系，规定了该机构关怀和使用实验动物的职责和程序。在哈佛，所有与动物相关的工作，不论其资金来源如何，都必须遵守公共卫生局政策。

（3）请与您当地的动物管理与使用委员会（IACUCs）联系，或参阅实验动物福利办公室（OLAW）网站中的常见问题、注意事项和解释 PHS 政策的其他资源。

2. 美国国家科学院国家研究理事会实验室动物护理和使用指南。

3. 公共卫生局政策要求在动物护理和使用项目中，上述指南将作为依据和获取 OLAW 保障的条件。

4.《动物福利法案》（AWA）和《动物福利法规》（AWR）。

（1）由美国农业部实施。

（2）涵盖了大部分非啮齿类哺乳动物。

（3）希望使用美国农业部覆盖物种的研究机构，必须已在美国农业部登记。

5. 美国兽医协会（AVMA）国际实验动物评估和认可委员会实验室动物护理和使用的自愿性的认证计划。

6. 马萨诸塞州联邦普通法。

7. 马萨诸塞州联邦授权马萨诸塞州防止虐待动物协会（MSPCA）及波士顿动物救援联盟（ARLB）巡查所有持有牌照的研究机构和动物福利的法律的执行情况。

8.《剑桥市实验动物条例》。

11.3.3 哈佛的政策、程序及指导

哈佛大学的动物护理和使用计划基于罗素和伯奇在《实验技术的原理》中提出的三"R"原理。这些原则主张尽可能地减少使用动物的数量，优化实验以最大限度地减少动物的痛苦，用非动物模型替代动物模型（如体外实验或计算机模拟）。

哈佛的研究项目由两个动物管理与使用委员会（IACUC）监督，由联邦政府通过实验动物福利办公室（OLAW）保障协议规定。哈佛医学领域关于动物使用的常务委员会（HMA IACUC；保障号码♯A3431-01）监督在医学院的动物护理和使用项目，牙科医学院、公共卫生学院、布里格姆与妇女医院以及任何在哈佛医学研究院和新的研究大楼中使用动物的实验室。文理学院关于动物的研究和教学使用常务委员会（FAS IACUC；保障号码♯A3593-01）负责大学校区内的动物使用项目，对非人类的脊椎动物的研究和教学使用遵循文理学院的指南。所有脊椎动物的使用，在订购或开始工作之前必须经适当的动物管理与使用委员会批准。动物管理与使用委员会也负责对所有动物使用的场所至少每半年进行一次检查，包括所有的动物设施、卫星住房和实验室动物使用区域。

哈佛大学的动物护理和使用项目持有在国际实验动物评估和认可委员会的认证。

不符合动物使用协议或动物管理与使用委员会规定或动物设施的政策或程序的，应立即报告以使对动物和/或人员的危害降到最低。立即报告使得兽医人员和/或动物管理与使用委员会能够解决问题并减少危害持续发生的概率。如果未能按照程序或忽视或虐待动物，任何人都可以将此违规行为保密报告至动物管理与使用委员会（IACUC）。

11.4　信息隐私

11.4.1　概述

信息隐私是一组保护人类受试者和其他敏感研究数据的保密性的法规和政策（如影响国家安全的信息）。研究者必须了解何种类型的数据需要保护，并整合最佳做法，在开展研究时将确保信息安全作为一项基本标准。

11.4.2　外部监督

11.4.2.1　联邦立法

人类受试者的研究受美国卫生与公众服务部相关条例（基本法规）管理，必须以将参与者的风险降至最低的方式进行。在适当情况下，研究人员必须保护受试者的隐私和维护数据的保密性。

《健康保险便利和责任法案》（HIPAA）隐私规则明确规定"实体"必须保

护所有个人的健康信息。实体被定义为健康计划、卫生保健提供者和医疗保健结算部门。哈佛大学的实体包括：

（1）哈佛大学卫生服务；

（2）哈佛牙科医学院口腔诊所；

（3）人力资源办公室的福利服务集团。

上述实体可在以下情况披露受保护的健康信息：

1. 敏感数据去标志化（即数据匿名）；

2. 获得个人的书面授权；

3. 从机构审查委员会（IRB）或隐私董事会（哈佛为前者）获取豁免或变更授权要求。

美国国立卫生研究院就如何保护可用于研究的健康信息提供了详细的解读。

除HIPAA外，研究人员应该知悉联邦政府要求在其支持的范围内进行研究。

11.4.2.2　国家立法

在州一级，美国马萨诸塞州有保护居民个人信息的法律。马萨诸塞州将个人信息定义为一个人的名（完整或首字母）和姓，并与任意一组以下数据相结合：

（1）社保号码；

（2）驾驶执照或国家颁发的身份证号码；

（3）金融账户、信用卡或借记卡号码。

马萨诸塞州已颁布了一套标准，以保护上述列出的个人信息。此外，马萨诸塞州还有具体的法律，涉及居民数据安全漏洞及个人信息销毁记录。关于此项立法的更多信息，请参阅哈佛大学总法律顾问办公室颁发的通告。

11.4.3　哈佛的政策，程序及指导

11.4.3.1　数据保护

大学技术安全官（UTSO）促进大学范围内为哈佛大学学术和科研任务提供支持的安全及隐私的要求和政策的发展，同时也保护机密信息。有关这些要求和政策的信息，可参阅大学安全网站。各个哈佛学院负责执行这些要求，并根据需要制定地方政策。如果网站提供的指导不够充分，大学技术安全官（UTSO）可以提供更多额外参考意见。

大学技术安全官（UTSO）与哈佛大学教员和教务长办公室共同合作，制定了一套保护哈佛研究信息的指南。基于数据的敏感类别，指南设定五个分类。需要注意的是，哈佛的指南比目前HIPAA隐私规则和马萨诸塞州法

律更为全面。例如,不管数据是否来自实体机构,哈佛大学规定单一的可识别的人类主体数据必须被视为高风险机密信息。有关哈佛大学的研究数据安全策略可在大学的安全网站上找到。

希望收集或从事人类主体信息(可用于识别个体人类的信息)的任何哈佛大学研究员必须联系相应的机构审查委员会(IRB)。需要注意的是,使用包含个人信息的数据集可能会允许个人的确认,但必须经适当的机构审查委员会(IRB)批准。此外,研究人员应该联系大学技术安全官或首席信息官或安全人员以确保 IT 系统具有适当的信息保护等级。

非哈佛来源的人类受试者的研究数据常伴有使用协议,协议规定了使用限制和/或保护要求。个别研究人员没有代表大学签署有关使用协议的权限。请参阅研究数据保护过程中如何履行使用协议的说明文档。

11.4.3.2　安全漏洞

如果发现可能的漏洞,研究人员应立即联系 IT 安全人员。如果漏洞可能已经暴露了受马萨诸塞州法律保护的信息,则研究员或当地的 IT 安全人员应立即通知总法律顾问办公室、大学首席信息官和大学技术安全官。更多关于报告要求的信息请参阅大学安全网站。

11.4.3.3　记录保存和维护

2011 年 6 月,教务长批准了一套关于保存及维护研究数据集材料的基本原则。由各个学院的学术带头人组成的委员会将在教务长办公室的召集下,将这些原则普及到哈佛大学范围广阔、方法众多的科研中去。

11.4.3.4　记录处置

保密信息的处置必须以此方式进行:保密信息不能被恢复或重建。哈佛大学也与外部承包商就纸质记录的处置签署协议。电子记录的安全处置可通过具体的软件应用来实现,以确保文件永久性地从磁盘存储中移除。电子记录也可以由外部承包商处置。更多关于可接受的处置机构请查阅大学安全网站。

11.5　利益冲突

11.5.1　概述

学术生活中利益冲突是固有且无处不在的。这些冲突大多不是由个人经济利益前景所驱动的,但为公众所理解的驱动往往会引起大众媒体、州政府和联邦政府的政策制定者的关注。从事联邦政府资助研究的研究人员必须做到心中有数,并符合联邦财政的利益冲突法规,而开展行业赞助的研究可能会受联邦以及州政府在此方面的规定管制。作为一个有影响力的探索和学习中心,哈佛大学的学术活动延伸远远超出了校园范围。大学教员从事各种各样的与校外团体的互动,从咨询到为公共利益而进行的新知识的应用及转化。虽然这种互动在很大程度上对大学的核心任务之一具有推动作用,但也可能滋生威胁哈佛学术诚信及声誉的财政利益冲突问题。为了防止此类情况发生,哈佛已经制定了大学范围内的个人经济利益冲突政策。所有从事研究活动的教员都需遵守其中所规定的政策及程序。

11.5.2 外部监督

自1995年以来,美国联邦政府已经开始监管联邦政府资助的研究中的经济利益冲突问题。2010年5月21日,在回应美国卫生与公众服务部(HHS)监察长办公室关于对美国国立卫生研究院(NIH)和大学共同体的批评时,HHS提出对1995年的条例进行实质性的修改,对机构寻求和/或接受公共卫生局(PHS)的资助造成了影响。这些修订在2011年8月进行。除此之外,修订也反映了公众关注增加,新的州政府和联邦政府立法也影响到了从业内厂商收取费用的医生和研究人员,新的法规要求供应商公开支付给医生和学术医疗中心的费用,并且在某些情况下,大幅限制此类款项的性质和金额。

11.5.2.1 联邦资助的研究

A. 公共卫生局(PHS)

1. 对于赠款和合作协议:申请人有责任促进公共卫生局资助资金所追求的研究的客观性(《联邦法规》50F部分)。

2. 对于研究合同:准契约人责任(《联邦法规》94)。

B. 美国国家科学基金会(NSF)

承授人标准(《资助政策手册》第五章,510-利益冲突政策)。

C. 食品药品监督管理局(FDA)

临床研究者的财务披露(《联邦法规》54)。又见FDA《临床研究者金融行业披露规范》,2010年7月更新。

11.5.2.2 行业资助的研究

A. 马萨诸塞州对经济利益冲突深为关切。参见马萨诸塞州药品和医疗设备生产企业的行为准则及马萨诸塞州公共卫生法规相关规定。马萨诸塞州法律规范行业(制药和医疗器械公司)与保健医生之间的互动,禁止某些礼物,限制宴请和娱乐,限制赞助继续医学教育(CME),并要求披露行业开支和赠款情况。行业开支的披露将被公布在可公开访问的马萨诸塞州卫生与公众服务部网站上。
B. 2010年3月通过的《患者保护与平价医疗法案》,又被称为《医疗保健改革法案》,包含一个阳光法案,此法案要求药品和医疗器械制造商公开开支情况,包括提供给医生和教学医院的研究补助金。这些款项的开支情况将被公布在可公开访问的美国卫生与公众服务部(HHS)的网站上。

11.5.3 哈佛的政策、程序及指导

2010年5月26日,哈佛大学批准了大学范围内的个人经济利益冲突政策。政策于2012年5月修订,为学院院长、教授和其他拥有学术职位的个人在识别、评估和管理利益冲突方面提供指导。该政策仅限于定义为从财务利益冲突而产生的问题:"在这样一组情况下,合理的观察者会发现其中存在的风险,即个人关于大学主要利益的判断或行动由于次要的财务权益而遭受不当影响。"

大学的主要利益在于维护和促进机构诚信、道德行为、对学术和科研的公众信心,这一利益与每位教员息息相关。教员也不可避免地持有合法的次要利益,包括晋升机会及获得或续签资助研究经费。虽然这些次要的利益往往与大学的核心使命和价值观相一致,但也有可能与大学及教员的普遍利益背道而驰。

大学范围内的政策提供了一个实施框架,允许各个学院之间有一定的灵活性,以认同其在文化、使命及教员与外部实体互动的可接受的性质方面存在的巨大差异。各个学院的政策实施方法在学院实施计划中均有描述。

大学的政策是对2011年8月25日通过的《公共卫生局规则实施方案》的具体补充。

对于哈佛大学医学院特定的政策和程序,医学院教员可登录哈佛医学院专业标准与诚信办公室网站查阅。除了要符合医学院的利益冲突政策以外,医学院教员也应遵守其所在医院的利益冲突规则。

11.5.4 要求关于公共卫生局资助研究的信息

11.5.4.1 与公共卫生局资助研究相关的涉及经济利益冲突的信息要求

哈佛大学致力于对科研的监督,以此方式确保研究过程的完整性,保持公众的信任、赞助商的诚信以及研究项目中教师及其他工作人员的信誉。哈佛大学关于持有学术职位及聘任资格的个人经济利益冲突政策中体现了

大学对涉及利益冲突识别和管理的承诺和程序。

需要注意的是，哈佛医学院负责监督自身的利益冲突程序。关于确定医学院教员的利益冲突的信息请求必须直接与医学院联系，而不是与分管科研的副教务长办公室联系。

关于从美国公共卫生局（PHS）——包括美国国立卫生研究院（NIH）——获取资助相关的已确认的利益冲突，哈佛大学确保公众能够获得信息。信息是公开的，收到请求后5个工作日之内做出书面回应（如下文所详述），涉及大学重大财务权益（SFI）的披露应符合下列条件：

1. 请求公开信息的个人由大学认定，在拨款申请、进度报告或任何其他提交给美国公共卫生局所需的报告中作为高级/关键人员，为美国公共卫生局活跃的资助项目或合作协议项目，且奖项的通知是2012年8月24日或之后发生的；

2. 对于美国公共卫生局资助的研究项目，重大财务权益（SFI）仍为高级/关键个人持有；

3. 重大财务权益（SFI）已确定与美国公共卫生局资助的研究项目相关；

4. 重大财务权益（SFI）已确定为经济利益冲突（FCOI）。

11.5.4.2　说明

哈佛大学关于与经济利益冲突相关的美国公共卫生局资助的研究项目的信息请求程序如下（哈佛医学院除外）：

1. 就您所要求公开的信息完整填写每一重大财务权益的表格，不完整的表格将不予考虑，并不予做出回应。

2. 打印签字，将表格扫描并作为邮件附件。邮件标题应为"公共索取信息"。将邮件连同附件发送至 fcoihelp@harvard.edu。

3. 或者，您也可以把填妥的表格打印、签字并通过普通信件邮寄至：
收件人：分管科研的副教务长办公室利益冲突协议员。

分管科研的副教务长办公室将通过电子邮件对表格中提供的电子邮件地址进行回复。如需要纸质文件拷贝，请随信附上邮资已付写有地址的信封。在收到上述有效请求后不迟于5个工作日内（以邮戳为准），邮件将回复到上述提供的电子邮件地址或邮寄地址。

11.5.5　管理者指导

哈佛大学《关于持有学术职位及聘任资格的个人经济利益冲突政策》于2010年5月获批，2012年5月修订，随后由《关于申请人有责任为公共卫生服务寻求资助而促进研究客观性的美国公共卫生局最终规则实施程序》补充。

根据大学的政策及美国公共卫生局相关条例,持有学术职位及聘任资格的个人及美国公共卫生局的"研究者"必须每年向所在学院提交与外部相关的重大财务权益披露。披露信息必须存档,必须在新的重大财务利益发生的 30 天之内做出更新。

为了便于大家遵守新的美国公共卫生局法规和大学的政策,由分管科研的副教务长办公室(OVPR)、赞助计划办公室(OSP)、哈佛大学信息技术(HUIT)及金融系统解决方案(FSS)代表共同组成的工作小组对利益冲突的业务流程进行了更新,并更新了根据大学政策和赞助管理应用套件(GMAS)每年收集披露信息的电子表格。作为这些更新的一部分,2012 年 8 月 24 日以后,大学政策涵盖的每年使用系统的所有个人,以及美国公共卫生局的"研究者",将使用这一年度系统公开大学活动相关的重大财务利益。

作为管理者,应该熟悉美国公共卫生局的法规、大学的政策以及所在学院的"实施计划"(从学院层面说明利益冲突程序)。为了方便过渡到新的业务流程和系统,分管科研的副教务长办公室在其网站上提供政策、指南及其他相关信息。如网站上提供的参考资料无法解决疑问,请与学院的利益冲突官员或分管科研的副教务长办公室联系。

11.6 补助金管理

管理与研究经费资助相关的法规和受托责任是一项复杂的工作,鉴于此资助是高度管制的。健全的补助资金财务管理在维持研究者和机构的能力以履行其受托责任的公众信任方面至关重要,因为大学每年管理数亿美元的开支用于支持研究,并确保公众和研究的参与者按照最高的科学和伦理标准进行研究。

授予管理或"授予后"管理涉及各类赞助研究经费的支出要求,由赞助计划办公室(OSP)管理,并与多个科研管理办公室密切合作。关于奖励管理政策和程序的完整概述,请访问赞助计划办公室(OSP)的网站。

哈佛大学有三个赞助项目办公室,提供赞助研究项目的监督和赠款管理。赞助商行政领导委员会(SALC)统筹管理三个赞助项目办公室,并与分管科研的副教务长及大学赞助研究总监共同讨论监督和赠款管理中存在的共同问题、关注点及事项。由赞助商行政领导委员会(SALC)制定的大学层面的政策,请参阅赞助计划办公室(OSP)的网站。

11.7　校外(外部)及商业活动

11.7.1　概述

多种研究的政策问题都属于校外及商业活动的主题,包括利益冲突、知识产权、技术许可、哈佛大学名称的使用以及大学与外部组织的关系等。当与外部实体、商业或其他组织进行合作时,哈佛大学的研究团体必须意识到这些问题。

11.7.2　外部监督

关于利益冲突的外部监督的信息,以及关于知识产权的外部监督的信息,请登录相关网站查询。

11.7.3　哈佛的政策、程序及指导

随着对大学和外部实体合作重要性的认识日益增加,为将大学的探索和发明转化为公共利益,哈佛大学制定了相应原则声明以管理与商业部门的合作,并确保:

1. 哈佛的教育和研究活动的目的是追求知识,而不是财政奖励。
2. 与外部实体的任何协议或其他商业活动应保护大学的基本价值观,如自由及开放。
3. 大学的教育活动包括学生服务应不受商业侵扰。
4. 独家协议,以及涉及外部实体的控股权益协议将受到特别关注。
5. 与外部实体和其他类似安排的拟议的伙伴关系,如涉及大量商业元素,必须经过教务长或校长的事先批准,在某些情况下须经哈佛大学批准。教务长办公室可提供早期咨询和援助。

哈佛大学还保有学术职务持有者外部活动的声明,为长期稳定的原则提供了现代诠释,为指导外部专业活动的行为提供了解释。声明特别涉及教学、科研、咨询等活动。在签订咨询协议时,作为一项保障措施,为确保教员的义务咨询活动不与大学知识产权方面的政策声明相冲突,哈佛建议教师使用增编咨询协议。

哈佛各个学院已通过制定政策,以解决其成员的外部及商业活动,包括文理学院、哈佛医学院、哈佛公共卫生学院以及设计研究生院。

11.8 知识产权

11.8.1 概述

知识产权(IP)包括受法律保护的智力创作。该术语可指有形和无形的资产,如发明、研究文章、名字和诀窍,也可以指对上述资产的合法权益。根据知识产权法律,所有者有权利排除他人对其知识产权的复制、制造、分销、销售和/或其他用途。

三种常见的知识产权保护类型为:

1. 专利;
2. 商标;
3. 版权。

上述保护类型的一项或多项可能是哈佛大学的研究成果。除此之外,哈佛大学的研究人员在研究中使用的技术、材料、信息和其他物品可能受其他的知识产权约束。

11.8.2 外部监督

知识产权通常是由所有者通过侵权诉讼强制执行。为了获得某些类型的知识产权或获取一定的现有知识产权的法律优势,与政府部门的互动是必要的。知识产权往往因司法管辖区而异。

美国专利及商标局(USPTO)负责本国范围内的专利申请。专利赋予持有人拒绝他人对在美国或进口到美国的发明"制作、使用、标价出售或销售"的权利。一般情况下,专利自提交专利申请之日起有效期为20年。

美国专利及商标局(USPTO)也负责注册商标。商标赋予持有人有权拒绝他人使用类似的商标来区分商品和服务。只要商标用于商业用途,该商标可续期注册。此外,商标在商业中使用可能会产生普通法商标权问题。"哈佛"就是注册商标的一个例子。

版权保护作品的著作权。根据现行法律,当作品固定在有形的表现介质上,版权自动生成。版权可以在美国版权局登记,虽然这不是版权保护所必需的,但它也能确保某些益处。自1978年以来,美国作品版权期限一般在作者去世后70年到期,也有一些例外情况。

使用联邦政府资助的资金从事知识产权开发或生产的研究者应知悉《拜-杜法案》,根据该法案,获得联邦科研资助的机构如哈佛大学,可能保留研究发明的所有权。该法案规定了各项义务和条件。与其他研究型大学一样，哈佛大学也设有一个办公室——科技发展办公室——以管理其专利和许可活动并确保符合法律规定。

11.8.3 哈佛的政策、程序及指导

哈佛大学胚胎干细胞研究监督委员会（ESCRO）负对其领域内的所有研究进行伦理和科学审查。ESCRO通过分管科研的副教务长向教务长汇报。所有涉及人类胚胎干细胞的研究必须经过该委员会的审查和批准。此批准并不排除其他法律或体制政策所要求的批准。

进一步详情可登录该委员会政策页面获取，或通过联系 ESCRO 管理人员获取。

11.9 干细胞与胚胎干细胞研究监督

11.9.1 概述

干细胞研究对于更好地理解基本生物学、人类发展、疾病恶化以及重建或替换受损细胞的潜在治疗方法具有重要意义。通过哈佛干细胞研究所、干细胞与再生生物学系及哈佛大学的胚胎干细胞研究监督部门共同组成委员会，哈佛大学在推进、支持和监督此项研究的道德操守方面形成强有力的承诺。

哈佛干细胞研究所成立于 2004 年，是一个汇集了大学各种资源的科学协作组织，包括哈佛医学院和 11 个附属教学医院和研究机构，以促进沟通、教育的机会，开发获取资助和支持研究的新途径。

干细胞与再生生物学系是第一个跨学院的系，介于文理学院和哈佛医学院之间。

哈佛大学胚胎干细胞研究监督委员会（ESCRO）对所有涉及推导和研究使用胚胎、人类胚胎干细胞以及涉及非胚胎干细胞的活动、人类神经干细胞以及人类配子的研究进行伦理和科学审查。其范围包括使用匿名材料而可能不需要机构审查委员会（IRB）的审查。无论项目资金的来源或州或联邦法律的适用性，均需通过 ESCRO 的审查。

11.9.2 外部监督

11.9.2.1 联邦政府

干细胞是通常按照原产物种（例如，小鼠或人）以及它们是否来源于成

人或胚胎来分类。成体干细胞和胚胎干细胞之间的区别在有关干细胞研究的政治和伦理问题中受到重视。这两种类型的人类干细胞的研究至关重要,部分原因是因为目前两种类型的研究在发展潜力方面尚未被证明是等效的。科学家在1998年首次分离出人类胚胎干细胞。自那时起,研究人员所面临的政治争议、道德指导及监管政策一直处于不断变化之中。

人类干细胞研究的联邦监督仅限定于此研究是否有资格获得联邦资助。经过多年的资金限制和不确定性,获联邦政府资助的人类胚胎干细胞的研究范围,在奥巴马总统的领导下,根据美国国立卫生研究院《人类干细胞研究指南》中所列政策而得到扩大。如今,人类胚胎干细胞研究的联邦资助是可行的,但挑战美国国立卫生研究院指南的有待法院解决的案件,再次对人类胚胎干细胞研究的未来资金资助造成了不确定性。近期活动和联邦资助政策的历史简要概述如下。

A. 近期活动

2010年8月23日:联邦法院裁定美国国立卫生研究院的资助政策违反《迪基-维克修正案》并责成美国国立卫生研究院停止资助人类胚胎干细胞研究。

2010年8月30日:美国国立卫生研究院发出通知,暂停所有的人类胚胎干细胞的资助活动。

2010年9月9日:上诉法院撤销联邦法院禁令,允许美国国立卫生研究院暂时恢复人类胚胎干细胞资助活动。

2010年9月7日:联邦地方法院兰伯斯法官驳回有关撤销胚胎干细胞研究临时禁令的要求,并建议在裁决前,接受联邦资金资助的胚胎干细胞研究项目不受裁决影响。

2010年9月10日:美国国立卫生研究院发出通知,解除其8月30日暂停人类胚胎干细胞经费的禁令。

2010年9月13日:参议员斯派克特提出一项动议《2010年干细胞研究加强法案》,谋求将奥巴马总统的干细胞政策法律化。

2010年9月28日:上诉法院撤销联邦法院禁令,允许美国国立卫生研究院在等待结果的情况下,恢复人类胚胎干细胞资助活动。

B. 历史

1996年:克林顿总统签署第一个包含《迪基-维克修正案》的拨款法案。该修正案是自1996年以来每年续期的年度拨款法案的附件。该修正案禁止联邦基金用于:

1. 制造人类胚胎或将胚胎用于研究目的;或
2. 根据《联邦法规》46.204(b)和《公共健康服务法》498(b),对人类胚胎或胚胎破坏、丢弃或明知其受伤或死亡的风险而允许对子宫内胎儿进行的研究。

1999年：克林顿总统的首席法律顾问签署意见称，涉及人类胚胎干细胞研究不受《迪基-维克修正案》的限制，因为人类胚胎干细胞不是"胚胎"。

2001年8月9日：布什总统发表政策声明，限制联邦资助目前现有的至2001年之前的人类胚胎干细胞研究。

2007年6月19日/7月19日：布什总统否决《干细胞研究促进法案》，该法案允许联邦政府资助利用废弃胚胎进行生育治疗的胚胎干细胞研究。

2007年6月20日：布什总统正式发表政策性讲话，使限制联邦资助已经存在的胚胎干细胞研究成为一项行政命令。

2009年3月9日：奥巴马总统签署了一项行政命令，撤销布什总统的限制联邦政府资助的政策声明和行政命令，并指示美国国立卫生研究院颁布新的干细胞研究规范，允许联邦政府扩大对人类胚胎干细胞研究的支持。

2009年7月7日：在听证会后，美国国立卫生研究院颁布了《美国国立卫生研究院干细胞研究规范》，允许联邦政府扩大对人类胚胎干细胞研究的支持。美国国立卫生研究院规范：

（1）基于美国国立卫生研究院新建立的规则，允许联邦政府资助现有的胚胎干细胞研究；

（2）如果研究结果将被视为联邦政府资助的项目，则未来胚胎收集过程所需达到的要求也必须包含在内；

（3）禁止使用美国国立卫生研究院资助的研究涉及：

（4）人类胚胎干细胞引入到非人类灵长类动物的胚泡中；

（5）人类胚胎干细胞引入可能导致生殖研究的动物繁殖；

（6）从人类胚胎推导的干细胞；

（7）来自其他来源的人类胚胎干细胞，包括体细胞核移植（SCNT，往往以"治疗性克隆"为特点）、孤雌生殖以及用于研究目的的体外受精胚胎。

2009年8月19日：两位从事成人干细胞研究的人员、某些宗教团体等提起诉讼，责成美国国立卫生研究院根据美国国立卫生研究院的规范资助人类胚胎干细胞研究。

2009年10月27日：美国联邦地方法院兰伯斯法官以申请证据不足驳回案件。

11.9.2.2 州政府

州政府一般被归类为具有宽容、灵活或限制性的干细胞政策。马萨诸塞州被认为是一个宽容的州。

- 马萨诸塞州的干细胞法律允许对人类胚胎干细胞研究，但禁止：

- 生殖性克隆；
- 以捐赠胚胎为研究的唯一目的，通过受精的方式创建一个胚胎（体细胞核移植、孤雌生殖以及其他无性胚胎创建方式是允许的）。
- 马萨诸塞州要求在该州进行干细胞研究的任何机构获得注册证书。哈佛的证书有效期为三年，涵盖整个大学（不包括附属单位）。注册更新由分管科研的副教务长办公室负责。

11.9.2.3 其他

美国国家科学院（NAS）及国际干细胞研究学会（ISSCR）等机构也提供人类胚胎干细胞使用的伦理指南。美国国家科学院（NAS）及国际干细胞研究学会（ISSCR）的指南早于《美国国立卫生研究院干细胞研究规范》并与其保持相关性，尤其体现在联邦政府资助的、不符合美国国立卫生研究院研究规范的人类胚胎干细胞研究方面。

11.10 实验室（研究室）安全

11.10.1 概述

在哈佛进行的各类研究中，如研究材料使用不当，可能会导致严重的健康和环境后果。每位使用这些材料的研究人员都需要适当的实验室安全教育。要求最佳实践的关键领域包括生物安全、危险废物、激光、管控物质、辐射、易燃材料、实验室设备和应急响应。

11.10.2 出口管控

生命科学家应该了解，他们的工作可能会受到出口管制的限制，如果涉及：(1)"选择代理"；或(2)"双重用途研究"（即研究领先的技术，同时具有潜在益处或治疗效果，可以合理预期如被滥用将对公众健康和安全构成威胁）。

分管科研的副教务长（VPR）负责监督哈佛大学遵守美国出口管制法律和法规。任何有关法规或哈佛的政策和程序的问题，应与副教务长联系，邮箱为 viceprovost_research@harvard.edu。

11.10.3 外部监督

无论学术机构或私营部门，联邦和州政府机构负责监管实验室安全的各个方面。最值得注意的是，职业安全与健康管理局、环保局、毒品管制所、美国疾病控制和预防中心、马萨诸塞州卫生与公众服务部以及马萨诸塞州辐射控制计划均要求哈佛大学坚持遵守实验室环境中具体的保障措施。

有关实验室安全最常见的问题是暴露于危险化学品带来的风险。职业安全与健康管理局已经建立了一个实验室标准网站，对危险化学品的最低安全要求进行了概述。

11.10.4　选择代理和双重用途研究

美国疾病控制和预防中心负责管理代理机构的选择程序，管理美国境内实验室拥有、使用或转让选择代理的相关工作。2003年，美国政府成立了国家生物安全科学顾问委员会（NSABB），以监督新兴生命科学技术潜在的恶意使用。NSABB 2007年发布报告，详细说明了生命科学研究双重用途拟议监督框架。该报告提出了识别双重用途研究的一个标准（基于目前的认知，能被合理地预测为提供知识、产品、技术的研究，可以直接被他人误用并对公众健康和安全、农作物和其他植物、动物、环境或材料构成威胁的研究），并建议了此类研究负责任的生产及沟通的策略。目前此监督框架仍在制定和实施过程中。

研究人员应该意识到其研究结果被恶意滥用所带来的后果，并应与分管科研的副教务长办公室联系。

11.10.5　哈佛的政策、程序及指导

哈佛大学环境健康与安全部（EH&S）负责确保哈佛大学整体物理环境，包括实验室的安全符合法律和政策规定。EH&S网站提供了全面的实验室安全概述，包括以下主题的安全计划和手册：

1. 化学卫生计划；
2. 辐射安全手册；
3. 生物安全手册。

大学有各种各样的委员会，负责监督实验室研究：

1. 辐射安全委员会；
2. 微生物安全委员会（大学的生物安全委员会）；
3. 机构动物管理和使用委员会。

学院可以制定各自的委员会政策，用于科研管理。

11.11 出口管控

11.11.1 概述

无论在美国还是海外，哈佛大学都有从事的研究。研究活动包括技术的使用、项目的研发（如产品、商品、硬件、软件和材料）或信息的沟通，受美国出口管制法律和法规约束，包括生物安全监督。

下列活动可能引发出口管制限制：

1. 去美国以外的国家旅行，包括参加会议；
2. 物品运送或技术转移到另外一个国家；
3. 海外旅行时运送物品或技术（《出口管理条例》在运送和携带之间不做区分）；
4. 将技术或技术信息披露给外国公民，包括在哈佛研究机构工作的外国公民；
5. 向某些国家、个人或实体提供资金援助；
6. 向某些国家、个人或实体提供专业服务。

此外，在美国境内向外国公民透露技术、诀窍及非加密源代码可能会被"视为"出口行为，须取得许可。这就是俗称的"视同出口"规则。

11.11.2 外部监督

三个联邦机构负责监管项目和技术出口至其他国家或外国公民（即非美国公民）。这些机构概述如下。

A. 美国商务部工业和安全局（BIS）。BIS 管理商业或双重用途性质（即，具有民用和军用用途）的物品或技术出口。

《出口管理条例》（EAR）常见的管控项目如下：

1. 化学品、微生物及毒素；
2. 电脑和 GPS 全球定位设备；
3. 电子设备；
4. 安全信息；
5. 放射仪器；
6. 传感器和激光器；
7. 毒剂和设备。

B. 美国国务院国防贸易管制局（DDTC）。DDTC 管理具有"固有军事"

性质的物品或专为智能和空间有关的用途物品的出口。DDTC负责执行1976年的《武器出口管控法案》下创建的《国际武器贸易条例》（ITAR）。DDTC所管制的物品在美国ITAR军火清单上有描述。

《国际武器贸易条例》（ITAR）常见的管控项目如下：

1. 化学和生物制剂及相关设备；
2. 电子设备；
3. 保护人员设备；
4. 专业激光设备；
5. 航天器系统及相关设备；
6. 上述相关技术数据。

C. 美国财政部海外资产管理办公室（OFAC）。OFAC管理国外的所有与禁止方开展的金融交易，如受美国禁运的个人和国家。根据美国出口管制法律和法规，向外国公民发布或披露的技术被认为是向其所在的外国的出口行为。可登录OFAC网站查阅受制裁的国家和特别指定的国家名单。需要注意的是，这些规定的重要的例外是"基础研究"，具体信息如下：

1. 基础研究

基础研究是指"在科学和工程领域的基础和应用研究，其结果通常是在科学界发表并广泛共享，区别于专有研究和产业发展、设计、生产、产品利用率，其结果通常为专有或国家安全原因而受到限制"。

2. 基础研究豁免

上述定义的基础研究并不受出口管制法律和法规约束。这些排除允许哈佛大学国际团体（例如学生、教师和访问者）在美国校内参与涉及出口管制信息的研究，而不需要许可。但是，此条例并不允许出口管制信息、材料或物品的海外传输，甚至是合作研究，除非有豁免或例外。此外，如对研究项目有出版限制，哈佛可能失去这一豁免资格。因此，在接受奖助时，哈佛必须注意，以避免对赞助商和专利标准审查期间的任何出版延迟。

11.11.3　哈佛的政策、程序及指导

与大学有关或代表大学的物品、服务和技术出口，哈佛承诺遵守适用的美国法律和法规。哈佛政策声明既适用于美国以外的出口，也适用于对美国境内外国公民的出口。分管科研的副教务长（VPR）负责监督哈佛遵守美国出口管制法律和法规。VPR和大学首席研究合规官共同主持哈佛大学出口管制委员会，委员会负责就出口管制问题向VPR提供评论和建议。

所有与美国许可机构的沟通应通过分管科研的副教务长进行,或通过分管科研的副教务长指定的官方"授权"人员进行。研究人员在寻求将某一物品装运或运输到另外一个国家或向外国国民披露技术信息时,应负责确定此物品或技术是否受出口管制法规约束。研究者也应知悉,2011年2月20日以后,美国公民及移民服务局(USCIS)I-129表格将包括"视同出口证明",要求呈请人(即大学)证明某些类别的外籍人士其工作签证申请是否需要许可证或其他政府授权,以放松外籍人士在美工作期间对其出口控制技术或技术资料的限制。为满足这一要求,如今大学的签证申请已将"视同出口证明"包括在内。此证明必须由主要研究者或系主任以及学院的合规官签署,以表明在向此外籍人士公布技术或技术资料之前,是否需要视同出口证明。

由于出口管制的意识和监督在地方级别最为完善,董事会成员将负责在学院、中心、实验室和部门监督落实遵约程序。某些哈佛部门和中心,如地球与行星科学系及哈佛-史密森天体物理中心已建立起良好的组织出口管制程序,对于大学层面的程序来说是一个补充。

任何有关哈佛的政策和程序的合规性问题应直接与副教务长联系。

11.12 国际研究

11.12.1 概述

研究人员在美国领土以外开展研究时遇到的法规和政策可能不同于美国境内管辖研究的法规和政策。在人类受试者、税收、雇佣、不动产、许可或其他事宜方面的规定可能会有所不同。除此之外,美国出口管制法律及政策也适用于发生在美国领土以外的研究活动,这涉及使用的技术或某些项目的发展(例如产品、货物、硬件、软件和材料)。由于上述差异,哈佛大学研究者在海外开展研究时必须知悉其个人承担的责任,包括须经教务长办公室批准的可能性。

研究者应咨询哈佛国际项目指南,获取国际项目运作的相关信息。

11.12.2 外部监督

没有一个单一的联邦实体监督国际研究。然而,大多数机构要求其国内法规延伸至在国外进行的研究中,同时也限制特定的外交活动赞助经费的使用。

美国国立卫生研究院（NIH）已概述了适用于国外项目的指南，包括对外国机构和国际组织的资金援助。

针对与人类受试者相关的工作，美国卫生与公众服务部（HHS）宣布，不论是在国内还是国外进行的研究，HHS 法规要求必须满足所有 HHS 进行的或支持的涵盖联邦保证的研究。关于使用人类受试者的地方法规可能会不同于美国的法规，研究者有责任知悉这些差异。《人类主体研究保护国际汇编》是一个有用的资源，它总结了全世界 90 多个国家的相关法规和方针。

11.12.3　哈佛的政策、程序及指导

11.12.3.1　教务长评审

教务长已建立标准来决定一个活动是否需要教务长审核，其中有若干项具体适用于国际项目的标准，包括建立新的国际站点的建议以及涉及海外人类受试者的研究。为了确定您的项目是否需要教务长办公室的审核，请参阅全套标准。特别值得注意的一个额外标准是国际项目总预算。如果预算超过以下阈值（美元），需要由教务长办公室审核：

（1）文理学院、医学院：500 万；

（2）商学院：380 万；

（3）公共卫生学院：300 万；

（4）法学院：150 万；

（5）肯尼迪学院：130 万；

（6）教育研究生院、牙科医学院、设计学院、神学院、工程与应用科学学院、拉德克利夫高级研究所：100 万。

一般情况下，这些标准设立的目的是通过为大学层面的某些项目提供明确的审核程序来促进国外研究，就国际项目而言，是为了管理与发生在美国领土之外的研究相关的独特风险，如：

（1）在国外停留若干天或整年的教员或学生的人身安全；

（2）保护哈佛大学的名称和身份；

（3）遵守哈佛及其代理人的法律、法规和外国司法管辖区的海关规定；

（4）偏远地区的物流运作管理；

（5）坚持剑桥和波士顿所建立的高标准责任。

某些满足教务长审查标准的建议将需要由大学国际项目和站点委员会（UCIPS）审查，这是哈佛大学为审核海外重大活动设立的委员会，并应校长或教务长的要求审查正在进行的国际活动。UCIPS 由负责国际事务的副教务长主持，并由哈佛各个学院的代表组成。UCIPS 审核满足上述预算阈值的建议或涉及在美国以外在其他标准下设立办事处的建议。教务长办公室

工作人员可以帮助研究人员确定建议是否满足教务审核标准,同时是否需要 UCIPS 来审核。

11.13 联邦(政府)机构保障与义务

哈佛所有赞助研究经费 80% 由联邦机构提供,主要有美国国立卫生研究院(NIH)、美国卫生与公众服务部(HHS)、美国国家科学基金会(NSF)、国防部和国家航空航天局(NASA)(精确的赞助研究项数可参见哈佛大学数据)。当奖项颁发时,通常会伴有基于联邦法律、法规的要求以及《管理和预算办公室通告》的要求。

这些要求适用于大学,被称为"接受方",包括主要研究者或其他代为大学接受奖项的人,以及奖项所支持的项目研究小组的工作人员。当联邦政府设立奖项时,大学和联邦政府签订协议,规定相关条款。

在协议条款中包含大学的众多陈述,承诺其将遵守联邦政府的要求。这些要求涉及非歧视、受保护的健康信息的保密,对人类的研究对象及动物保护,以及许多联邦法律和法规所产生的其他要求。虽然大学作为"接受方"是与联邦机构订立合同的一方,但是几乎所有的要求都是承担责任的主要研究者及研究小组做出的承诺。

虽然在条款的规范化方面做出了很多努力,但是某一特定联邦奖项的责任范围仍然各不相同。例如,个别机构可能会添加或更改需求。美国国家科学基金会(NSF)网站收集标准条款,并列出了网站链接以便查看具体的要求。

在一个奖项最终确定前,主要研究者需要熟悉其所必须满足的项目保障和义务,审查奖项相关信息,如有条款不清楚,需询问赞助项目办公室(OSP)及本院系科研管理人员。在谈判阶段,赞助项目办公室(OSP)有机会向颁发机构提出问题,虽然该机构接受修改的范围可能是有限的。

11.14 作用与责任

哈佛大学的研究团体广泛而多样化。一个研究项目将涉及整个大学各种各样的人,每个人都必须了解他或她的角色和责任。四个类别——学院主要研究者、博士后研究员、科研管理者及学生——概括了在哈佛大学参与研究的主要角色及对每个角色的一般预期结果。

第 12 章 资助研究政策

12.1 缺勤管理

12.1.1 哈佛大学新的假期政策下资助研究及预算的调整

哈佛大学即将实施人力资源的缺勤管理模块来管理豁免及非豁免员工的带薪休假。作为这一举措的一部分，哈佛将修改其会计惯例和休假政策，以便更准确地记录并按累积的数目来支付学校的休假责任险。自 2007 年 7 月 1 日，哈佛大学将开始就所有（包括资助和非资助）资金来源的豁免及非豁免薪酬征收休假估定费。需要注意的是，休假估定费不适用于教员或博士后。它只适用于通过目标代码 6050 或 6070 领取薪酬的豁免和非豁免员工。除了已经收取的定期附加福利率外，对于这些目标代码中规定的所有大学工资单交易，豁免员工将按基本工资 10.5％的比率征收休假估定费，而非豁免员工将按基本工资 9.8％的比率征收休假估定费。通过收取休假估定费积累的资金将会汇入一个中央休假账户中，这个账户将会用于资助员工自 2007 年 7 月 1 日后休假产生的相关费用。

12.1.2 这一变化对资助奖金的影响

对于豁免与非豁免员工，哈佛大学将根据挣得的假期从资助奖金中支出休假开支，而非如以往按实际休假时间处理。也就是说，学院将不再允许将已休的假期直接记入资助研究奖金中。在员工休假时，中央休假资金将提供假期工资，因此，个人在休假时所得的薪酬将不再记入奖金中。由于假期政策的变化，资助奖金将不会负担奖金下发前挣得的假期的开支，并且所有奖金将分摊员工在奖金授予期间挣得的假期的开支，不论该员工选择何时休假。在首次历史债务被清偿后，对于那些项目已结束的或项目没有足够余额支持员工休假的员工，该员工的假期将不再用部门的资金进行资助（请注意，自 2007 年 6 月 30 日起，挣得的但尚未使用的假期，就相当于不能由赞助奖金偿付的"历史债务"，因为我们与联邦政府的谈判代表所签的协议不允许这种情况。关于历史债务的详细信息,可以联系学院或部门的财务官员或预算、财务规划与制度研究办公室)。

12.1.3 资助预算的变更

自即日起,经费管理者在制定提案预算时,对所有豁免与非豁免员工应开始使用新的休假估定率(参见附录的"美联储预算假期估定"与"非美联储预算假期估定"预算案例)。再次说明,谨记本假期估定不适用于教员或博士后。

在准备经费申请预算时,申请人无须提供完整的52周工作日的工资单,因为员工在资助发放期间任何休假产生的费用将不会从资助中支出,而是从中央休假账户中支出。因此,课题的主要研究者和经费管理者需要对即将到来的预算期中可能发生的休假作出合理的估计。根据工资单的历史数据,员工平均每年会将挣得的4周假期中的3周用于休假。因此,在预算期的一整年中,对于预算薪酬的合理估计应是49周薪酬加福利加休假估定费的总和(见上述附录的预算示例;更多的例子将会于近期资助项目办公室的网页中公布)。请谨记,休假账户中的资金将由休假估定费组成,而休假估定费则是按薪酬所得基于原始的资金来源评估得出的。当员工在休假时,该员工的薪酬、常规福利或休假估定费将不记入资助账户中。因此,通过休假估定费方式从资助中支付的额外部分将通过假期期间减少工资收入得以抵消。简而言之,如果所有享受资助的豁免和非豁免员工将全年所获的假期都用于休假的话(例如,豁免员工一年可以预期最多获得4周假期,那么可以预计须支出48周薪酬,并为此做预算),则该项目的底线结果将是中性预算。

假期估定的模板已附于此(参见"学院各部门假期估定模板"),以解释说明新假期估定在财务上的影响。直接输入年薪酬额,就可以看到全年休假0~5周对于财务的影响。

12.1.4 预算理据

请将以下声明列入个人预算理据中,该声明即时生效:

本预算中的员工薪酬支出是按照《哈佛大学带薪缺勤处理方法》第二节提及的于2007年4月××日和卫生与公众服务部协商的费率协议计算的。哈佛大学自2007年7月1日起将开始实施休假工资。带薪缺勤进行休假,将不再直接从联邦奖金中要求支出,固定薪酬中将包含"附加假期"一项以累计挣得的假期。

12.1.5　风险

为了推算赞助奖金中用于员工薪酬的总开支，经费管理者需要将员工预计使用的假期作为考虑因素，以便估算赞助经费中的实际开支。在计算过程中，可以加入按标准制度惯例支付的已知的加薪或资金。在估计薪酬总开支时，若员工不按挣得的假期休假的话，很可能会出现实际开支低于奖金预算的情况。参看"美联储预算假期估定"的预算案例，该例说明了员工在指定年内不休假所带来的影响。

同时，需记住，薪酬加上工资福利及假期估定的总和不得高于美国国立卫生研究院（NIH）的薪酬上限。由于豁免或非豁免员工的薪酬基本达不到上限水平，因此这个问题对大多数部门来说都不是问题。尽管如此，若有些部门有高薪聘请的享有美国国立卫生研究院奖金的高级项目负责人，则正常薪酬不得高于美国国立卫生研究院的薪酬上限。

12.1.6　结论

学校目前正在制定一份详细的"疑问解答"，希望能够回答员工可能提出的其他问题。同时，若有与预算相关的问题，请联系所在部门的资助项目办公室或当地负责学院资助奖金的职员。

会与所有主要研究者进行直接单独沟通，解释这些变更，并详细说明如不密切管控员工假期所带来的财务影响。

由于此中涉及的事务复杂，要在人力资源系统及大学的总分类账簿中做追溯性调整的话将非常困难，需调用大量人力。请确保员工在休假之前进行了申请并获得审批，并不得晚于休假之际的工资支付周期。

12.2　关于管理和行政人员工资联邦奖金的说明

将管理和行政人员工资直接记入联邦奖金

系列	财务及会计
政策标题	将管理和行政人员工资直接记入联邦奖金
编号	
生效日	2009年12月15日
修订日	2009年12月15日
负责单位	资助项目办公室

12.2.1 政策陈述

哈佛大学要求,负责批准联邦补助金、合同和合作协议("奖项")支出的教职员工应当遵守联邦如下规定,即,行政人员的工资直接记入联邦奖金中的情况只存在于如下情形中:一、在特殊情况下使得联邦奖金区别于其他奖项;二、执行工作需要大量不同于学术部门通常提供的管理和行政支持。

哈佛大学要求,直接记入联邦奖金的行政人员的工资应该符合下列几点:

1. 在预算提案中逐条列出,并经赞助者批准;
2. 通过提案中的预算理据中列出的具体职责来书面证明其合理化;
3. 由来自预算提案产生的学术或研究部门以外的独立资助项目官员审阅及批准;
4. 在支出产生后进行审阅,以确保这些工资只从列入资助者授予的预算中的资助性奖金中扣除,并确保哈佛对于该预算理据的批准有充分记录。

12.2.2 政策制定原因

《管理和预算办公室通告》A-21"教育机构的成本原则"中 F6b(2)节规定,"管理及行政人员的工资通常应被视为[间接]成本"。虽然该通告亦考虑到将直接计入奖金视为合理这种"特殊情况",但是哈佛大学必须符合附录 A(CAS9905.502)中的要求,即高校应该始终将成本归类为项目的直接成本或是惠及多个活动的间接成本。不适当地将行政成本从联邦奖金中支出会导致费用不获批准,需要将费用偿还政府,并根据严重程度和意图,对大学、学院或科研人员进行处罚。

12.2.3 政策覆盖范围

本政策覆盖所有哈佛大学的学院、分支、地方单位、附属机构、联盟机构及全校范围内的协会。

12.2.4 将行政人员的工资记入资助奖金的考虑因素

A. 管理和行政人员的工资必须在项目预算中逐一列出。

对于管理和行政人员的工资和福利,提案预算必须将成本确认为直接记入的行政开支,列出个人在项目中的作用和工作头衔,并描述工作量及要执行的职责。

B. 管理和行政人员的工资必须书面证明其合理化。

要求将管理人员的工资直接记入奖金的提案的预算理据必须包含对奖金支出的特殊情况的描述，或说明该工作性质需要管理上的支持，且该工作量明显大于学术部门日常提供的行政支持。

联邦指南《管理和预算办公室通告》A-21附件C列举了下列例子，说明管理和行政人员工资可以直接从奖金中支出的"重大项目"：

1. 大型的、复杂的项目，诸如建立一般临床研究中心、灵长类动物中心、计划项目、环境研究中心、工程研究中心和其他要求集合和管理来自不同机构的研究人员团队的政府奖助和合同。

2. 涉及大量数据积累、分析和录入、测量、制表、编目、资料搜集及报告的项目（如流行病学研究、临床试验、回顾性临床研究记录）。

3. 需要出差并安排会见大量参与者的项目，如大会和研讨会。

4. 主要重点在于编制和出版手册和大型报告、书籍和专刊（不包括常规进度报告和技术报告）的项目。

5. 在地理上无法由常规的部门行政服务覆盖的项目，如科考船、射电天文学项目及其他研究领域地点远离校园的项目。

6. 需要专为项目设定的数据库管理，涉及个性化图形或手稿工作的个别项目；需要签署人类或动物协议的项目；以及涉及多个项目相关的研究员协调和沟通的项目。

应该指出的是，上述六个例子并不是将管理人员的工资直接记入奖金的唯一合理条件。涉及多个子协议（包括子奖项或部分账户）的综合性、多研究者的奖项亦可能有资格从此项直接支出管理人员工资。此外，涉及其他大型或综合性的项目，内部由学术部门提供的管理明显不足以支持奖金的妥善管理时，亦可能有资格从此项直接支出。

列于预算中的管理人员的工资必须与项目的活动具体匹配。预算理据必须包括对管理任务的描述，并解释该任务与项目活动联系及项目活动相关的收益。

C. 预算理据必须由独立资助项目办公室审阅及批准。

管理或行政人员工资从联邦奖项中支出这一决定不得仅仅基于个人或单个部门的裁定。申请将管理或行政人员工资直接从奖金中支出的部门以外的相关负责学院或大学办公室必须提供一份对于学术部门编制的预算理据的客观评估和批准。

D. 对于由奖金中支出管理和行政人员工资的，必须进行审查。

哈佛大学所有负责分配费用和在奖项周期中负责审查资助财务报告的所有教职员工必须确保，只有在涉及通过本政策获批支出工资的项目时，管理人员工资方可从项目中支出。

非联邦奖项通常允许大学将管理和行政人员的工资作为奖项的直接成本，非联邦资助人对于这些支出的要求亦不同于联邦资助奖金。因此，本政策不适用于非联邦奖项。接受非联邦资助人提供的任何奖项时，所有大学教职员工都必须遵守相关条款和条件。

12.2.5 责任

A. 主要研究者（PI）和部门负责在预算提案中详细记录对于管理人员工资直接由奖金支出的请求，描述该项目开支带来的收益。预算理据必须包括对具体管理活动的描述，并解释直接从奖金中支出管理和行政人员工资的原因。项目预算必须清楚表明管理人员工资直接从奖金中支出是符合条件的，同时必须将该部分工资与具体项目活动联系起来。主要研究者和部门负责确保只有得到批准的管理人员的工资可以直接从奖金中支出，并确保那些获准的特定的管理人员的工资只能从奖金中支出。主要研究者和部门在进行其负责的所有资助项目的财务活动的常规性全面检查时，还负责确认并排除任何未经批准的行政事务收费。

B. 学院资助项目办公室负责审查和批准对包含于提案预算中的管理人员工资的请求，确保该提案能够证明需要的管理或行政支持显著高于由学术单位日常提供的此类服务的水平，或解释清楚在特殊情况下该奖项有别于其他奖项。若提案预算中对于管理人员工资支出不合理，学院须向研究者或部门员工提供指导。学院进行独立审核，并记录其对包含管理人员工资直接从中支出的提案的批复（通过签署学院专用的表格或通过在政府奖助管理应用程序套件（GMAS）中设置标志来标明补助预算中包含管理人员的工资）。一旦有批复，则表明学院已经对支出工资及相关情况进行过独立审核，并且情况表明有充分理由认可行政人员工资直接支出，且这部分工资是明确安排在预算中的，是针对特定项目活动支出的。

C. 呈送办公室（提交提案到出资机构的资助项目办公室）负责审核所有提案文档的完整性和准确性。呈送办公室需确认，独立于提交提案部门的学院层面的审核已经进行。呈送办公室还需确认，管理人员的工资都在预算中有明确安排，管理人员工资是针对列于预算理据中的具体职责的，提案中显示有充分理由认可行政人员工资直接支出。在呈送办公室认为学院层面批准的理由不充分时，呈送办公室的主管将会与审批办公室的主管沟通解决，以确保所有呈送到联邦政府的提案都遵守这一政策规定。呈送办公室负责制定并维护政府奖助管理应用程序套件（GMAS）上的标志，以标明管理人员工资直接支出的获批状态。

对于从学院产生但又未经学院层面资助项目官员审批的资助项目提案,则由提交提案至出资机构的资助项目办公室负责承担上述的学院职责及审批。

对于从学院产生的资助项目提案,且学院层面资助项目官员按惯例会将提案直接提交至出资机构的,呈送办公室负责承担上述的职责及审批,由主要研究者或部门执行的除外。

资助项目办公室(OSP)负责定期审查资助奖金中已产生的开支,其中包括审查管理人员工资直接支出的情况。资助项目办公室分析员和专家负责核实,只有在管理人员工资直接支出在政府奖助管理应用程序套件(GMAS)中显示获批,并且在资助者批准的奖金预算(非提案预算)中包含管理人员工资时,这部分工资方可直接支出。资助项目办公室负责维护这项政策。

12.2.6 表格

目前本政策在大学范围内没有统一表格。学院层面的办事处可能需要制定专门的表格。

12.2.7 联系人及业务专家(略)

12.2.8 定义

本政策中没有特殊条款需要定义解释。

12.2.9 常见问题

1. 问:何种情况下可以将管理人员的工资直接记入联邦奖金中?

答:《管理和预算办公室通告》A-21 中指出,管理人员的工资通常被认为是惠及多个活动的间接费用,但是在某些特殊条件(联邦法规中称之为"特殊情况")下,这部分费用可以直接从联邦奖金中支出。为提供管理上的支持,"特殊情况"是指在支持程度上超出了由部门或中心正常提供的辅助水平,或这些部门或中心正常提供的辅助无法满足要求。在《管理和预算办公室通告》A-21 中特别提到,在"重大项目或活动"明确将行政支持编入预算时,可以允许直接支出管理人员工资。根据该通告 A-21 的定义,"重大项目"是指所需行政支持的程度超过通常提供的用以支持资助协议的服务水平或性质的项目。

2. 问:多大程度上的工作量被视为合理?

答:从联邦奖金中直接支出的合理的工资百分比应与管理人员执行奖

项中的某项特定任务所需的工作量相当。非常低的工作量(比如,低于5%)会表明所需的支持并不显著或需要从奖金中支出管理人员工资的特殊情况并不存在。

请注意：有些学院以前要求至少25%的工作量,但这一要求现在已经被取消。

3. 问：如何判定联邦资助的批准？

答：根据本政策目的,若某提案有依据本政策获批的理据,且针对该提案联邦资助人没有特别排除或用红线划出获批预算中的管理人员工资,则可推断资助人已批准。

请注意：联邦资助人的资助授予书本身并不一定表示预算中的所有项目都获批准；若不能满足《管理和预算办公室通告》A-21中的要求,则某些费用仍可被视为未获批。

4. 问：什么是"特殊情况"？

答：术语"特殊情况"出自《管理和预算办公室通告》A-21"教育机构的成本原则"的几处引文。政府规定,基于相同目的产生的成本可以作为直接成本或通过政府协商的间接成本率作为间接成本支出。通常被视为间接支出的成本(如管理人员的工资),必须要有特殊原因和明显不同于大多数资助奖项的情况,才能直接从补助金中支出。

5. 问：什么类型的联邦补助金使得管理人员工资有直接支出的资格？

答：联邦奖金的类型或类别不能决定管理人员工资直接支出的可能性。相反,每个奖项的具体活动和情况都必须经过评估,以确定管理人员工资直接支出是否具备资格。管理人员工资直接支出的书面理据必须包括对"特殊情况"的描述,说明部门提供的日常行政支持不足以完成任务。虽然某些类型的奖项更容易使得管理人员工资直接支出获批,但是每个理据都必须针对该奖项的特定活动。具有管理人员工资直接支出资格的其中一类联邦补助金是一个大型而复杂的美国国立卫生研究院奖项,该奖项又被称为P01/程序项目。这类奖项通常要求大学为某些职能或活动提供行政支持,并且这些支持并不在学术部门日常提供的支持的范围中。若项目的复杂性和工作量需要超出日常水平的监控和管理,那么与多个分包合同、工程用地和/或学员和研究员的协议也可以使得管理人员工资直接支出获得资格。

6. 问：若我在提案阶段没有提出管理人员工资资助的要求,但我的奖金根据联邦管理规定属于"扩大许可"范围,许多与费用相关的和预先审批的要求都不存在,那么在奖项授予后,能将管理人员的工资从中支出吗？

答：即便您的奖项属于"扩大许可"范围,管理人员工资直接支出这一行为未获批准,必须经由学院层面的资助项目办公室和呈送办公室批准方可执行，如上述政策所述。

7. 问：我正在为国立卫生研究院的提案提交模块化的预算。但国立卫生研究院不需要详细预算。我需要在这个时候确定我计划直接从奖金中支出的管理人员的工资吗？

答：是的。该费用应该在提案中得以确认并列出理据，同时必须经过学院级别的资助项目办公室和呈送办公室同意。请注意：模块化预算通常是为开支低于25万美元的研究项目而设的。这些项目通常都不满足"特殊情况"的要求，所需的行政支持通常不会超出学术部门日常提供的范围。

8. 问：我正在提交一个标准的R01的应用程序，其中包括一个子协议。被授予子奖项的机构已经将管理人员工资作为直接支出计入奖金中，但负责协调子奖项的呈送办公室认为该项目没有正当理由直接从奖金中支出管理人员的工资。我应该怎么办？

答：哈佛大学作为主要的获奖者，有责任确保从补助金中支出的费用符合《管理和预算办公室通告》A-21的成本原则。哈佛大学提案部门或呈送办公室应该与子奖项机构合作，将管理人员的工资直接支出从子奖项预算中移出。在大多数情况下，与哈佛相关的项目预算不包括管理人员的工资。若子奖项包含管理人员费用，这种情况将是极为少见的。本指导原则适用于哈佛学院之间制定的子奖项，同时亦被称为"部分"账户。

9. 问：如果我收到哈佛大学批准直接从奖金中支出管理人员的工资，并且联邦资助人授予的预算中亦体现了管理人员的工资，但实际所需的管理工作量低于预算量，该如何处理？我可以继续从联邦奖项中支出预算的工资额吗？

答：不行。就所有分配到联邦奖项中的直接成本而言，这一成本被允许"根据相对获得的利益"从奖金中支出（《管理和预算办公室通告》A-21, C4a）。如果实际所需的行政支持程度低于资助人授予的预算额，不能仅仅因为预算提案获得了大学的批准就继续从奖项中支出多余的开支。尽管如此，您可以继续为实际进行的行政工作支出工资。但是若该工作是最低限度的，则应该计入非联邦账户中。

10. 问：员工为满足《美国复苏与再投资法案》（ARRA）下的额外的报告和监测要求，为其开具的管理人员工资可以被直接记入该法案奖项中吗？

答：不行。管理和预算办公室及美国国立卫生研究院都表示，该法案资助下的额外的报告和监测要求不构成"特殊情况"，亦不存在足以使项目成为"重大项目"的行政支持。在哈佛大学，被称为"刺激项目专家"的研究管理员的工资，不允许直接从该法案资金中支出。

11. 问：在哈佛大学，员工的工作类别决定了在记录工资的总账中的目标代码。若我想了解出现在联邦奖项中的未获批的管理人员工资,我应该查找哪个目标代码号来查阅不合理的工资支出。

答:下列目标代码为行政服务提供记录和报告薪金:

6050 豁免员工工资+报酬;

6070 行政/技术非豁免员工工资+报酬;

6071 LTHT 行政/技术非豁免员工工资+报酬。

12. 问:这项新政策如何实施?

答:这个政策已经由副校长(财务)和教务长批准。它将与其他资助政策一起在资助项目办公室的网站上公布。由哈佛大学提交的提案,自2009年12月15日生效之日起,应符合本政策的要求。

13. 问:政府奖助管理应用程序套件(GMAS)会不会因这个新政策有任何改变?

答:程序在单选按钮中会有一些细微的调整,来显示本政策要求的审批状态。单独的政府奖助管理应用程序套件的程序文件附于本政策附录A中。

14. 问:因这项新政策会不会有新的目标代码?

答:没有。管理人员的工资将继续以目标代码6050、6070和6071予以记录和报告。对程序的进一步审核以及技术的审查可能会超时。

15. 问:我可以直接把管理人员工资计入非联邦奖中吗?

答:非联邦资助人通常允许大学将管理或行政开支作为直接开支记入奖金中。新政策不适用于非联邦奖项。

16. 问:学院或呈送办公室审批的文件由什么构成?

答:学院院长在审批表或其他纸面流程表签字,或在政府奖助管理应用程序套件中由学院的呈送办公室提供同等效力的电子批准函,构成学院审批的文件。在任一情况下,标志将设置在政府奖助管理应用程序套件中,以显示提案包括管理人员的工资直接支出这项。

17. 问:如果在本政策生效前,管理人员工资已在大学范围内被记入联邦补助金中,怎么办?我需要将这些费用从补助金中移出吗?

答:在本政策生效日期前获得补助金,且获批准同意从中直接支出管理人员工资的,可以继续从中支取,直到将该奖项提交到资助人手中,以便进行竞争性的审核和更新。在奖项提交到资助人手中进行竞争性审核或更新时,要求提案符合本政策规定。一如往常,联邦奖项中不获批的支出必须转移到一个非联邦的资金来源中。强烈建议项目人员与部门、学院和办公室合作,为管理人员找到替代资金。

若在任何时候，根据适用的联邦补助金标准，有理由相信从补助金中直接支出管理人员工资是不合适的，那么应该立即通知部门管理人员、学院授予管理人员以及资助项目办公室，以便讨论和分析该事务。

12.3 预付款账户：综述、申请、建立、分配

12.3.1 综述

预付款账户也被称为"风险"账户，这一账户为主要研究者提供了机会发起资助研究项目，并在相应的预奖资助研究办公室决定接受奖项之前开始承担相关费用。大学范围内的奖项，由资助项目办公室/奖项管理办公室负责；哈佛医学院（HMS）相关奖项，由资助项目管理办公室（SPA）负责；公共卫生学院（SPH）的奖项由资助项目管理办公室（OFS）负责。预付款账户允许主要研究者和部门记录并跟踪支出，避免从其他无关账户中收取费用。

12.3.2 申请

由主要研究者发出申请，并将申请提交到所在部门或学院，所在部门或学院则代表主要研究者向相应的预奖办公室申请预付款账户。

12.3.3 建立预付款账户及可能出现的协商问题和风险

在大多数情况下，资助项目办公室将会在收到申请时建立一个预付款账户，因为哈佛大学与资助人之间有多年合作历史，并且在执行申请协议之前需要审查的问题都是例行的。但是在某些情况下，可能需要与主要研究者、部门和/或学院、大学就相关领域进行必要的协商。在这些情况下，在建立账户前，预奖办公室的代表将确定需要关注的领域及相关的财政和非财政风险，还有可以识别这些风险的程度，以确保主要研究者及其部门或学院了解所接受的风险。预奖办公室主任在建立账户前也会对申请进行审查以进行风险评估，并在批准申请前与主要研究者及其部门/学院分享意见。

协商问题的例子包括但不仅限于：对工作量和关键人员进行调控的范围；出版限制和保密要求；缺乏可接受的绩效标准；知识产权条款；终止及违约条款；赔偿金。

在代表主要研究者申请和接受预付款账户时，若奖项没有获批、不被接

受或者根据奖项条款不允许某些支出,则由部门或学院承担财务风险(教育学院除外,不由部门承担财务风险;在教育学院,由学院承担财务风险)。预奖办公室将尽力落实奖项,但不能保证任何奖项协商都会成功。

12.3.4　时间周期

通常情况下,自预付款账户预算周期开始之日起,账户处于预付款状态不会超过120天。除了财政资助或奖学金(如雅各布·贾维茨奖学金、联邦佩尔助学金计划和国家科学基金会研究生研究奖学金计划)和转入哈佛大学的补助金(如新教员从其他单位带过来的奖项)外,自预付款账户预算周期开始之日算起120天内没有转换为激活状态的预付款账户,可能会收取利息开支。

12.3.5　使用预付款账户

应谨慎使用预付款账户。预付款账户只承担如下情况所产生之费用:
1. 项目周期内的;
2. 符合适用的规定,如《管理和预算办公室通告》A-21、公共卫生学院补助政策声明或资助人特别规定;并且
3. 由资助人决定,已被列入核准的预算中的费用应计入账户。

如前所述,任何在账户处于预付款状态时产生的支出,均由部门或学院承担风险。在申请建立账户时,要求部门或学院指定人员书面同意,在奖项没有获批,或者在资助人奖项条件排除对于先于奖项开始之日产生的开支进行报销,或在根据奖项条款不允许某些支出的情况下,承担支出并提供一个账户号码,以便在必要时承担费用。

12.3.6　预奖开支和预付款账户

虽然主要研究者也可以使用"预付款账户申请表(AAF)"来申请预奖开支,亦即获得批准支出奖项开始之日前产生的费用,授权预奖开支不应该与授权建立预付款账户混淆。通常情况下,申请预奖开支需要完成大学预审批系统中的表格。预付款账户申请表现在可以用来申请预奖开支(许多联邦奖项中允许的开支)和建立预付款账户的同步审批。在承担预奖开支前,主要研究者应该咨询其预奖资助研究代表,以确认预奖开支根据使用的资助人规定或条款是被允许的。

12.3.7　监控预付款账户

资助项目办公室每月将向每个学院和三个预奖办公室提供报告,报告将列出所有预付款账户,包括账户号码、主要研究者、核心奖项号码(如果

有)、资助人姓名、预算周期、预奖开支授权资助数额及累计支出。基于这些月度报告,超出有效日期仍处于预付款状态的账户将由相应的预奖资助研究代表确认,并与主要研究者及学院或部门讨论,以查明延迟的原因和可能的解决方案。在预付款账户周期内,主要研究者、部门/学院和预奖办公室有责任使相互间了解关于获奖通知、接受情况和协商的进展。

12.3.8 账户消除预付款状态

奖项由大学接受后,该账户将由预奖办公室消除其预付款状态。若奖项没有获批、不被接受或者根据奖项条款不允许某些支出,由部门/学院负责将开支从预付款账户中移出。若该开支在书面的移出要求发出后30天内未从预付款账户中移出,则资助项目办公室会将该开支转移到预付款账户建立时由部门/学院提供的制定账户中。

12.3.9 为美国国立卫生研究院非竞争性延续奖而设的预付款账户

涉及美国国立卫生研究院非竞争性延续奖的,国立卫生研究院已承诺多年资助该项目,假若研究进展顺利且资金充足。认识到这一点,在部门/学院提出申请后,预奖办公室将会为国立卫生研究院非竞争性补助金建立一个预付款账户号码。在每个非竞争年中,国立卫生研究院非竞争性补助金均会被分配至新的账户号码中。

下一个预算期开始之日前的至少4个月(120天)时间,学院或部门内指定的资助研究管理员将会从预奖办公室收到一份列明国立卫生研究院非竞争性奖项的报告。部门和主要研究者有30天时间申请预付款账户,该账户将由预奖办公室建立,至少要在下一个预算期开始之日前的60天建立。

12.3.10 所有其他资助的预付款账户

所有的申请都必须使用预付款账户申请表,加上获批提案的副本和奖项文件(如果有)提交,除非这些文件在预奖办公室中有存档。

12.3.11 签名要求

除非有下列具体规定,向预奖办公室提交申请前,预付款账户申请表上必须有如下人员签名:主要研究者/项目主管、部门主管/其委派人或研究或部门管理人,以及院长/其委派人或实验室主管。预奖办公室将在收到申请的5个工作日内审查并作出回应。

在教育学院,要求有主要研究者/项目主管、部门主管/其委派人,以及资助项目主管的签名。

在文理学院,除上述提到的人员外,还需要负责研究政策的副院长的签名。

在工程与应用科学部,需要有主要研究者/项目主管、行政副院长的签名。

在哈佛医学院和牙科医学院,除了院长/指定人的签名外,只需要有一个部门层面的人员签名即可。

在公共卫生学院,研究或部门管理员的签名是可以接受的,前提是此人是部门主管的委派人。

在健康服务中心,需要有主要研究者/项目主管的签名。

12.4 关于外部单位借用哈佛名称的协议说明

12.4.1 政策制定原因

学院、中心、教员组及个别教师有时会与外部实体、政府和企业接触,并被要求从事(但不总是借用)类似服务性的固定活动,或接受"借用研究"安排。在这种情况下,外部实体往往会寻求冠名"哈佛服务",而不是简单寻求由哈佛大学附属的教授或职员提供的个人咨询服务。这样一来,这些外部实体可能不仅希望获得高品质的服务,同时也在一定程度上能借用哈佛的名称作为工作产品在外观上的机构批准或认可。[①]

有时,哈佛的教职员工会通过外部实体单位与哈佛大学的协议来执行这种服务,而不是作为独立的顾问私下与外部实体制定合同。这种情况可能会发生在如下情形中,如,教员希望能够使用哈佛的设施、资源、工作人员或学生协助执行服务。据此目的,使用学生和员工可能会导致下述重大问题发生。要求通过哈佛大学承包的教员服务项目的例子包括:

1. 某政府机构请求教师和工作人员评估一个突出的或有争议的营利实体的组织结构;
2. 某发展中国家的政府请求哈佛大学教师代表该国磋商一个重大的国

---

① 注意,允许"实验室科学"中的合同服务通过涉及建立"核心设施"的不同审批和核算机制。在此情况下,产品或服务是直接与技术的使用或哈佛可用的设备相关的,要求经过的是典型的加工材料、样品试样的过程,很少或根本没有由教师或学生提供的高水平的智力参与。由这种"核心设施"所提供的服务并不受这一政策的条款约束。

际政策问题；

3. 某城市政府请求哈佛教员协助其进行城市规划；

4. 某以营利为目的的公司请求教师指派学术课程上的学生到咨询项目中，并将教员及其或其学生的工作，作为"实践性"的课程练习。

通常情况下，建议的协议一般涉及知名度高和具有挑战性的项目。如果要承担的话，很可能会使得教师（和学生）专业得到显著发展，同时，可能会将教员直接置于与教学和学术高度相关的事宜中，并为大学和学院的长远利益建立起强有力的体制关系。因此，这种安排得到了许多人的认可，尤其是当有可能预付奖学金时，但这些安排有可能带来许多潜在困难。

哈佛大学作为一个教育和研究机构，并不是咨询等专业服务的承包单位，没有相应的基础设施以保证提供服务的质量。哈佛大学作为这些安排的缔约方，如未能履行商定任务或履行不力，或合同交付成果未尽人意（成果通常以报告或"灰皮书"形式），则哈佛大学需要承担风险责任。这里的责任可能会超出向哈佛支付的服务费，并可能包含因绩效不佳而造成的相应损失。与资助研究协议相比，哈佛大学对于这些约定任务的管理也更复杂。举例来说，若哈佛大学基于这些约定任务，要对教师的表现进行评估和监督，学校可能需要承担被指控违反学术自由、干扰教师咨询特权，甚至是干涉研究和奖学金的风险。与联邦补助金或基础研究补助金，或其他类型的真正的资助研究项目不同，亦即资助者可以被认定为出于客观科学的原则，服务项目中的"客户"可能不太关心客观的调查结果，他们更关心的是他们是否能从哈佛购买的服务中获得某些"结果"。因此，对于研究人员可能会出现利益冲突，机构的诚信亦可能会受到影响。

调用哈佛的学生、博士后研究员和员工来协助这些项目会引起其他特殊的政策问题。哈佛大学对于学生和博士后研究员有信托责任，只有当参与特定活动能明显地有助于他们的教育时，学校才可指派他们参与特定的活动。即使学生和博士后志愿承担这些职责，亦必须注意确保学生不会因为微妙的压力承担任务，需知悉他们将协助承担"雇佣工作"，亦了解他们的教育和职业生涯机会不会因为拒绝参与而受到负面影响。哈佛非教师人员本身有岗位描述，被聘用执行约定的工作。因此，哈佛的"服务项目的需求"不应该影响他们作为哈佛员工执行日常的规定职责的能力。

在协调有关安排时必须保障教师和机构的利益。可以预见，寻求这些服务的实体将寻求在相关工作中产生的知识产权（多数情况下为著作权）完全归属于实体，并且在通常情况下，按计划，对于哈佛大学使用自己教师的著作，不允许向哈佛大学出具免版税的非专有许可证。他们也可能要求制定非常严格的保密条款，禁止交流有关的工作产品，与教员通过这些"咨询活动"丰富自己的研究和教学的目的恰恰相反。同样,如果从事这些活动的学生亦适用这些条款,那么这样的保密条款将会使得学生无法使用和宣传自己的作品,甚至不能在哈佛大学更广泛的范围中展示该作品。

另外值得注意的是,这些活动对于哈佛作为一个非营利机构的免税地位的潜在影响。在这种情况下,哈佛有特权以联邦资助的利率发行债券,但前提是它必须符合美国国税局的相关规定。特别是,在使用免税债券建造或翻修的学术设施中进行的活动,必须能够有力地支持哈佛大学的学术使命。即使是相对温和水平的行业资助研究和其他非核心任务活动亦有可能危及遵守这些标准;违规的潜在后果包括与哈佛的免税地位撤销相关的财务和声誉损失。由于这些原因,在这些政策管辖范围内的提案协议,必须经过仔细检查。

最后,当这些协议拟定和获批时,从总体上看,往往是在社会科学和专业学科更可行,而在"硬科学"或"实验室科学"上可行性较小,因为相关专利法、哈佛大学的知识产权政策和《拜-杜法案》等对这些领域有复杂的要求。尽管如此,在实验室科学、社会科学和专业学科中,教师违背誓言在其核心学术活动中使用自己在这种咨询服务协议中产生的成果,一般来说是不可行的,也不符合高等教育的原则。

12.4.2　原则声明

因为上述确定的反复出现的问题,在一般情况下,哈佛大学不赞成这种外部实体和哈佛大学之间的协议。有某些强制性的情况下,应按照例外情况处理,但这些的确应该是例外,而不是常规的做法。应该首先推定不能签订这样的协议,除非有可以令人信服的理由使得例外得以允许,或除非只有通过这样的安排,大学的使命和权益才能得到合理的保障。

第一选择是,此协议以咨询协议的形式由教员以私人身份与外部实体建立。这种情况下,教员不得使用哈佛的资源(除非纯粹偶然使用),也不得指派工作人员和学生执行工作。但此类协议不会产生上述发现的问题,所有的风险和责任由教员以私人身份承担。

作为第二选择,如果拟议的安排"符合"资助研究协议的规定、范围和目的,那么这些协议应该相应地重新制定,由外部实体对学院进行资助,由特定的教员在项目或服务结束时产生相应的可交付成果①。如果外部实体同

---

① 在此背景下的"可交付成果"不是指具体的结果或结论,而是代表一类工作产品,如结果报告、白皮书或指定的数据。当然,哈佛大学不应签订协议来保证大学或教员要达到某个特定的研究结论。

意成为"资助人",并放弃其作为客户的角色,那么资助项目办公室(OSP)、公共卫生学院资助项目管理处、哈佛医学院资助项目管理处和/或科技发展办公室(OTD)就可以将其作为常规的资助协议处理。这样有两个优点。第一,这些活动的提案(及征求意见书的回复)将需要进行提交前审查。第二,通过教务长的审查这样一个已经确定的过程,审查可能处于大学核心使命之外的和可能存在声誉风险的项目,审查机制已全面投入运作,中央管理得以考虑这些协议及其影响。然而,若外部实体拒绝资助研究的范式,或在该范式被资助项目办公室、科技发展办公室和/或总法律顾问办公室(OGC)视为不适用于提案安排时,那么哈佛需要解决的就是如何从程序上处理这种协议的问题。

12.4.3 过程声明

与前述一致,上述情况下适用的过程如下。

A. 资助项目办公室(OSP)、科技发展办公室(OTD)和/或总法律顾问办公室(OGC)应该先与教师和学院讨论,项目是否可以按优先顺序安排:(1)作为教员以个人身份与外部实体之间直接签订的咨询协议,或(2)作为一个资助研究协议。在某些情况下,这可能需要外部方重新定义性质的项目。在其他情况下,可能需要与教师和学院讨论该项目在不动用机构资源的前提下能否完成。

B. 如果上述进程失败,无须启动教务长审查,除非审理的院长完全同意对这样的协议在政策中作出例外处理。同意意见应该采用书面形式,并应说明此安排将会对机构利益有利的原因,比如推动学院的核心学术使命。作为教务长审查过程的一部分,院长也应该认识到并解决这一安排给学院带来的风险,并了解这一协议要求对于学院资源利用的程度,包括对学生的和/或非教员的职工的要求,及在多大程度上允许招聘学生辅助。作为这一过程的一部分,院长应确定对使用学院资源的可接受范围,以及对于非教职员工和学生参与的影响。

C. 院长的支持是协议得以继续执行的必要条件;通过教务长审查,声誉风险和其他风险要得到评估,对可行性进行分析,确定可能的风险缓解策略,然后反馈给学院和总法律顾问办公室。若院长和教员与进行教务长审查的人员之间陷入僵局或有严重的分歧,则需请教务长进行判断和指示。

D. 总法律顾问办公室(非资助项目办公室或科技发展办公室)将基于协议代表的独特的风险和对于政策的例外进行协调。总法律顾问办公室也会进行非关联营业所得税(UBIT)分析,计算从服务中收取的报酬,并与财务办公室就项目对于资助使用哈佛设施所带来的限制的问题进行协商。学院有责任实施总法律顾问办公室推荐的必要的会计程序。

E. 在对这些协议进行谈判时,总法律顾问办公室将保证至少:

1. 就工作产品质量问题,哈佛将不会对外部实体给予赔偿或保证;

2. 哈佛将允许外部实体拥有服务过程中产生的版权,但是在定义的合理时间间隔后(一般限制不超过 12 个月),哈佛大学的教师和工作人员至少将被允许得到免版税许可,可以在教学和科研工作中使用该工作成果;

3. 哈佛同意对直接来自服务执行的信息进行保密,但是在合理的时间间隔后(一般限制不超过 12 个月,且最好是在较短时间内),教师和工作人员应该获准在教学和科研中使用这些信息(如果可行最好匿名)。对于某些明确的敏感信息可以作出例外规定,如人力资源记录,可识别的员工个人健康或财务信息,公司或企业的财务信息,外部实体的商业秘密,或其他私人商业信息等,这些信息在提供服务过程中可能会被哈佛大学的教师、学生或工作人员得知,但是这些信息对上述人员的学术或科研工作没有任务意义。

4. 教师会将版权转让给哈佛大学,以便哈佛大学将该权利转给寻求服务的外部实体。该项目的所有工作人员将签署保密协议,该协议会反映上述义务。

F. 在总法律顾问办公室发现一些重大的机构利益可能会因外部实体的合同要求而遭致损害时,总法律顾问办公室应该召集下列相应各方,就合同条款提出建议和方向:相关的教师、院长、教务长办公室、资助项目办公室、科技发展办公室。项目中与重大国际活动有关的问题亦应该通知负责国际事务的副教务长。

G. 一旦协商结束,合同应根据标准的资助协议流程进行签订。在总法律顾问办公室对协议进行协商后,"实验室科学"类型的协议应该由科技发展办公室签署和处理;其他学术领域的协议应该由资助项目办公室签署和处理。因为是由资助项目办公室和/或科技发展办公室签署这些协议,总法律顾问办公室在协商合同前和协商期间必须咨询这两个办公室。出于类似的原因,若教师或学院将已经敲定实质性条款的协议直接交给总法律顾问办公室、资助项目办公室或科技发展办公室的做法是不恰当的。如无法严格遵守程序,哈佛大学和学院的利益无法得到充分保障。

H. 在此过程中,根据批准的协议,在服务期间,教务长办公室、资助项目办公室和科技发展办公室可以查询该项目的情况,并咨询教师遇到的困难。院长和主持项目的教师或工作人员在项目过程中遇到重大困难的,应当及时通知教务长办公室和资助项目办公室,其中包括与外部方就商定服务绩效产生的分歧。

I. 相关的院长和教师必须在项目结束时向教务长办公室、资助项目办公室或科技发展办公室提交一份简短的书面报告，说明所提供的服务、遇到的困难及学院和教师所获得的利益。这份报告将被保留在政府奖助管理应用程序套件中，以建立机构记录，并对今后出现的类似情况视需要进行咨询。

12.4.4 定义

A. 《拜-杜法案》或《大学和小企业专利程序法》：美国政府处理由联邦政府资助研究产生的知识产权问题的立法。该法案于1980年通过，编入了《美国法典》（U.S.C.）35篇 200-212[1]中，并通过《美国联邦法规》37篇 401[2]执行。除此以外，该法案赋予美国的大学、小型企业和非营利组织控制其发明及其他由资助中产生的知识产权的权利。该法案由两位参议员，来自印第安纳州的伯奇·拜尔与来自堪萨斯州的鲍勃·杜尔发起，由美国国会在1980年12月12日颁布。该法案使得大学、小型企业或非营利机构能够优先于政府选择寻求一项发明的所有权。

B. 债券契约：债券发行人与持有人之间的一项协议，用来规定或禁止发行人的某些行为。正面保证条款要求发行人行动，而反面保证条款则禁止他们行动。债券契约的具体条款必须书面写于债券契约上。

C. 咨询：涉及一个人的领域或学科的专业活动，存在与第三方的服务费或等价关系。

D. 非关联营业所得税（UBIT）：美国《国内税收法规》第513节规定，"非关联营业"是定期进行的但与非营利组织获得免税资格的目的宗旨无实质性关联的一种活动。除某些法定排除和修订外，从这类非关联营业活动中获得的收入，超出允许的可减税费用的部分需要征收非关联营业所得税。每年，哈佛大学必须向国税局报告并支付非关联营业所得税。

12.4.5 相关政策（略）

12.4.6 相关文件

灰皮书

12.4.7 联系人和业务专家（略）

12.5 费用分担政策

12.5.1 政策声明

费用分担政策是指为支持（联邦或非联邦）资助奖金定义的工作范围，超出资助人提供金额的款项，由大学或第三方资源分担。哈佛大学强烈反对分担超出资助费用，除非资助人要求有这样的承诺。尽管如此，若有记录的证据显示，这样的承诺对于确保哈佛提案的竞争力确有必要，学院官员可以通过书面批准这些承诺并管理承诺的资源。

若使用大学资源的承诺是因资助项目作出的，资助项目办公室及承诺的学院需要确保对这些资源的开支分配符合大学管理资助项目费用和间接成本计算的开支政策规定。此外，按照《管理和预算办公室通告》A-110 中 C23a(1)所规定，超出资助费用分担的支出将在哈佛大学的记录中可查，不论资助人是否要求申报。

哈佛不鼓励作出费用分担的承诺，因为这种承诺使得哈佛需要负担财务和行政责任，限制了哈佛大学资源本应提倡的学术和项目的灵活性。费用分担需要经审核的详细记录，并且费用分担有可能对协商的间接成本率产生不利影响。

12.5.2 政策覆盖范围

所有哈佛大学的学院、地方单位和大学范围内联邦资助项目包含于哈佛大学间接成本利率协议中的三个机构。

12.5.3 基本考量事项

为满足费用分担的承诺而产生的费用，与哈佛资助项目开支一样，同样有会计、财务、法律和监管的责任。费用分担的支出必须符合以下要求：
1. 大学资助项目支出政策；
2. 由资助人指定的任何附加条款；
3. 在哈佛大学的披露声明中由联邦政府公开和批准的成本政策；
4. （相应的）美国联邦机构的指引或非联邦项目指引；
5. 《管理和预算办公室通告》A-21，教育机构的成本原则；
6. 《管理和预算办公室通告》A-110，要求超出资助费用分担的资金：a)

可从大学的记录中查询;b)不用于分担一个项目以上的超出资助费用;c)对于资助项目来说是必要且合理的;d)不从另一个联邦资助项目中获得;和 e)包含于资助项目的预算中。

12.5.4 费用分担来源

A. 大学分担

若项目成本不由资助人承担,而是采用赠予、捐助或其他非资助性来源的形式从大学资金中支出(以 000001～054999 和 300000～699999 的资金范围为代表)时,视为大学分担。

B. 资助性分担

若费用分担的承诺是通过使用哈佛现有的(通常是非联邦的)资助补助金和合同(以 200000～299999 的资金范围为代表)来实现时,视为资助性分担。这种类型的承诺必须由管理奖金的部门人工进行跟踪。需要注意的是,在联邦资助项目中支出,不得用于满足其他联邦资助项目对于超出资助费用分担的要求。

在某些情况下,资助性分担承诺会在资助人提供费用分担资金前就列于给资助人的提案当中。在这些情况下,主要研究者已经预料到,对于项目成本的资助将会通过不同的资助项目授予哈佛大学,以分担支持提案中的工作范围。提案人应该注意,若预期的超出资助费用分担资金不到位,学院、部门、中心有责任安排其他资金来源分担费用。如果没有替代的分担资金,资助人也不愿意重新协商费用分担的条款,那么哈佛大学将会被迫拒绝该奖项。

12.5.5 能够进行费用分担的开支类型

费用分担的承诺可以用大学允许的、可分配的、合理的并持续记录的直接或间接成本实现。由于所有费用分担的开支必须在大学记录中可查,要求所有可以用资助性的活动价值和非资助性的资金价值编码的费用分担中的直接开支使用同伴账户(见定义部分)。如果不能通过同伴账户进行跟踪,那么学院必须人工跟踪超出资助费用的分担。如果成本不容易测定(如在捐赠服务、建筑物或土地等情况下),《管理和预算办公室通告》A-110 中 C.23 节提供了指导。

本政策描述了成本分担的两大类:A. 讨论直接成本(工资、设备及其他直接费用);B. 讨论间接成本(资助支出中不可恢复的开销,大学资源中成本分担的开销,及通常被视为间接的成本)。

A. 直接成本

1. 教师或研究人员的工资

主要研究者可以承诺从资助项目中支出教师或研究人员的薪酬,而不是从资助资金中支出相应的薪酬。此承诺使得大学有义务为研究人员或教师留出项目研究时间,并且要记录薪酬开支情况,包括福利等,并且这一支出要从大学记录中可查。如所有承诺的工作一样,利用成本分担支出薪酬的教师必须汇报其工作。

2. 设备

用哈佛资源购买的设备通常不能用作成本分担,因为哈佛所有设备折旧已包含在哈佛大学的间接成本率中,并且该设备也并非是为项目使用所购买。提案应该将设备定性为"可用于执行资助协议且不计入项目直接成本",而不是将使用哈佛所有的设备作为成本分担的一部分。但是,如果是项目运行必须购买设备或资助人要求购买设备,那么具体设备的收购成本可能用于成本分担。购买和收购必须发生在项目执行期间,程序必须到位,以确保此类设备的折旧不包括在间接成本率的计算中。

3. 其他直接成本

大多数可以从资助项目中支出的(允许的、可分配的、合理的和常规处理的)其他费用都可以进行超出资助费用分担。以下是可以进行超出资助费用分担的其他直接成本的例子:

(1) 差旅费;

(2) 实验室用品;

(3) 不满足资本化要求的设备项目(目前上限为 5000 美元)。

B. 间接成本(设施及管理费用)

间接成本可以在提案中提供,以满足资助人对于超出资助费用分担的要求,但在其他情况下,间接成本不认为是用于分担超出资助费用的。分担超出资助费用的间接成本有三种方式。请注意,这些分担超出资助费用的间接成本并不会记录在哈佛的总账中,将由资助项目办公室人工进行计算和报告。

1. 资助支出中不可恢复的管理性开支

即非从资助人处收取的且本可分配到由奖项资助人支出的直接成本中的设施及管理费用。不可恢复的管理性开支通常是由于资助人的奖项没有支付全部协商而定的设施及管理费用率而产生的。对于联邦资助人来说,《通告》A-110 的 C.23b 节中表示,"不可恢复的间接成本得到联邦资助机构事先批准后可以作为成本分担或相配资金的一部分包含进去"。

2. 大学资源中成本分担的管理性开支

即以全部协商而定的设施及管理费用率计算，通常会被分配到由大学资源资助的超出资助花费分担的直接成本的设施及管理费用。

3. 通常被视为间接的成本

哈佛通常视为间接的项目（如折旧、行政支持、租金等）的成本。对于联邦奖项中的成本分担来说，通常被视为间接的成本本就意味着成本会计标准（CAS）不稳定，因而是不允许的。然而，对于非联邦奖项来说，资助人可能会允许通常被视为是间接的成本用于费用分摊。

12.5.6 不能分担费用的支出类型

1. 对于联邦奖项中的成本分担，联邦资助奖项中不允许的开支均不能由资助费用来分担。如联邦直接支出一样，费用分担的费用必须是允许的、可分配的、合理的并由大学持续记录的。请注意，非联邦奖项中的成本分担往往有更大的灵活性。

2. 由联邦政府支付的费用不能用于满足其他联邦奖项对于费用分担的要求，除非得到联邦法规的授权。

3. 超出控制上限的薪酬成本，如美国国立卫生研究院的薪酬上限，不能用于满足费用分担的承诺。

12.5.7 责任

A. 主要研究者

负责按照大学的政策在预算中正确体现费用分担和每个资助项目的工作范围，并确认用于满足费用分担承诺的大学或第三方资源。获得奖项后，主要研究者负责确保费用分担承诺得以满足，并且超出资助费用的分担会发布到正确的账目中。

B. 部门官员

负责通过确保提案中没有这一规定（除非资助人要求），来最大限度减少费用分担。部门应提供它们各自负责办理的中央办公室关于费用分担账户的账户编码的细节。应确保产生的费用分担在中央办公室提供的同伴账户中，并确保相同的资源不用于分担一个项目以上的超出资助费用。由于非资助性的同伴账户对资助项目办公室的财务团队来说是不可见的，部门官员应协助资助项目办公室提供必要的报告。在费用分担涉及设施及管理费用恢复时，诸如在涉及不可恢复的管理性开支或大学资源中成本分担的管理性开支的情况下，部门与资助项目办公室必须共同合作，因为哈佛的总分类账不允许将设施及管理费用分配到非资助性资金中。若通常被视为间接成本(如租金或电话费)的开支被认定为是超出资助费用进行计算和分担时,部门还应与有审查权的中央办公室共同合作。在无偿服务被用于超出资助费用分担的情况下,该部门负责确定和记录这些服务的价值,以便有审查权的中央办公室进行审查。"部门官员"是与主要研究者和其他管理人员密切合作对资助奖金进行管理的管理者。若学院没有专门部门,这些责任则由学院官员来履行。

C. 学院官员

负责审查提案中对于费用分担承诺的描述,最大限度地减少费用分担的承诺,并按学院政策要求提供院长的批准。学院官员负责管理承诺的费用分担的工作汇报程序,并确保不允许的成本——如超过控制上限的工资——不计入费用分担承诺中。

D. 有审查权的相关中央办公室

负责审查提案,最大限度减少对分摊大学资源的承诺,并审查已许诺的费用分担所支出的账户是否合理。预奖办公室负责确保费用分担的承诺已取得学院的相关负责人同意。资助项目办公室负责发起超出资助费用分担的报告,获取所产生费用的记录以兑现费用分担的承诺,并将费用分担的开支按要求计入间接成本中。

12.5.8 相关政策(略)

12.5.9 相关文件(略)

12.5.10 表格(略)

12.5.11 联系人和业务专家(略)

12.5.12 定义

A. 超出资助费用分担。非由资助人承担的项目成本[A-110,A2(i)]。

B. 承诺的工作。研究者承诺投入项目的时间百分比,不论该工作是由资助人资助或是通过费用分担。

C. 同伴账户。记录超出资助费用分担的账户,在哈佛会计科目表中经常使用资助的活动值和非赞助的基金净值来编码。

D. 实物费用分担。哈佛大学或哈佛大学负责的第三方以无偿付出的时间、人力或资源的形式出现的非现金出资。第三方实物捐助,可以是能够直接使项目/计划受益并且为项目定向使用的房地产、设备、用品和其他消耗性财产或货物和服务。

　　E. 强制性费用分担。非由资助人承担但是作为奖金条件要求的项目成本。资助人鼓励但不作为获取奖金条件要求的项目成本不构成强制性费用分担。

　　F. 相配资金。出于本政策的目的,"相配资金"是"超出资助费用分担"的代名词。

　　G. 超出上限的费用分担。教师或工作人员的工资超出了资助人规定的控制上限的部分。超出上限的费用分担必须包含在直接成本的基础上以便计算间接成本,且它不能被用来满足资助项目的费用分担承诺。

　　H. 超支费用分担。为完成资助项目所产生的超出资助人资助额的费用。这部分费用必须包含在直接成本的基础上以便计算间接成本。

　　I. 资助费用分担。从非联邦资助账户中支出的,在哈佛大学的总分类账中基金范围为200000～299999,为支持资助项目而产生的费用。

　　J. 大学费用分担。由购买礼物、养老金或其他非赞助账户中支出的,在哈佛大学的总分类账中基金范围为000001～054999和300000～699999,为支持资助项目而产生的费用。

　　K. 大学资源。出于本政策目的,大学资源是指所有用于支持项目开支但又不是由资助人支出成本的哈佛资源。大学费用分担和资助费用分担(见上述定义)是两种类型的大学资源。

　　L. 不可恢复的管理性开支。在资助人没有支付全部协商而定的设施及管理费用时非由大学收取的设施及管理费用。在某些情况下,不可恢复的管理性开支可以用来满足资助者对于费用分担的要求。

　　M. 自愿承诺的费用分担。非由资助者承担,亦不作为获取奖金条件要求,但在提案中列明由主要研究者提供的通常以自愿工作形式出现的项目成本。一旦作出奖项决定,自愿承诺的费用分担就会变为强制性的,并且必须添加到直接成本的研究基础上以便计算间接成本。

　　N. 自愿非承诺的费用分担(VUCS)。在管理和预算办公室2001年的说明中定义为大学教师(包括高级研究员)已经付出的劳动,且该劳动已经超过资助协议中承诺和预算。自愿非承诺的费用分担除了薪酬及附带补贴外不包括其他费用,且自愿非承诺的费用分担不视为费用分担,不论是出于报告目的或计算间接成本的目的。

12.6 成本转移政策

系列：	财务与会计
政策标题：	成本的转移
编号：	FA1
生效日期：	2008年3月1日
修订日期：	2012年3月6日
负责办公室：	资助项目办公室

12.6.1 政策声明

为遵守《管理和预算办公室通告》A-21 的要求、我校联邦研究经费的最主要来源——美国国立卫生研究院政策以及其他联邦资助方的要求，哈佛大学就成本转移的处理程序制定以下政策。

12.6.2 定义

成本转移即此前记录在哈佛大学总分类账其他项目中的费用向联邦政府资助的账户转移。

请参阅常见问题 2。

例如：

以下来源的前期成本转移：

1. 部门持有账户；
2. 更正办事人员的错误；
3. 重新分配薪金和附加福利以反映实际工作量；
4. 重新分配此前已经付费的其他共享服务。

12.6.3 政策理由

为遵守《管理和预算办公室通告》A-21 关于成本正当性和可分摊性的要求，有必要解释说明从其他联邦账户、非联邦账户或大学账户至联邦奖学金（包括从一个分支成本分担基金转移至资助项目基金）的费用转移。转移说明的及时性和完备性是按照通告原则实现正当性和可分摊性的重要因素。

12.6.4 《美国国立卫生研究院资助政策声明》(12/01/03)规定

受资助方向美国国立卫生研究院资助方的成本转移应在90天之内完成。该转移必须具备可以充分解释错误如何发生的支持文档，以及由受资助方负责机构官员出具的关于新收费正当性的证明。仅仅指出该转移用于"更正错误"或者"转移到正确项目"的解释是不够的。禁止仅以支付超支成本为目的，从一个项目到另一个项目或从一个竞争分支向另一个竞争分支进行成本转移。受资助方必须根据45 CFR 74.53或92.42（记录保留要求），保存关于成本转移的文档，且必须使其可用于审计或其他审查。成本记录的频繁错误可能表明改进会计系统和/或加强内部控制的必要性。美国国立卫生研究院还可要求受资助方通过对资助规定施加附加条款来采取更正行动。

12.6.5 实施对象

哈佛大学联邦资助基金范围内的学院、分支、地方机构、附属机构、专职机构和全校范围内的协会组织。

12.6.6 责任

分支财务办公室负责确保地方机构处理成本转移时遵守此项政策及附加程序。资助项目办公室（OSP）负责维护该政策并回答关于该政策的问题。

个人处理成本转移，请首先联系该分支财务办公室，提出关于这项政策的问题，以确保分支财务办公室了解成本转移问题，在每个分支内提供一致的指导。

每个学院或其他地方机构都有责任：

1. 输入成本转移日记账；
2. 按照学校的记录保留所有相关文档的副本；
3. 确保从事联邦政府资助基金财务管理工作的所有人员都熟悉哈佛大学成本转移政策。

12.6.7 程序

所有向联邦政府资助基金转移前期费用的日记账均为成本转移，即使满足下列条件且不需要成本转移表格和文档。日记账的批次名称应适用适当的成本转移命名惯例："成本转移ˆ分支ˆ部ˆ记账人首字母缩写ˆ说明ˆ原始交易日期（或日期范围）"，交易说明应描述相关日记账，或者，如果解释篇幅太长且已提交成本转移表格，应当参考该表格（例如"向基金123456转移07

年 6 月工资"或"查看相关的成本转移表格")。

批次名称示例：CT-FCOR-CCB-JHM-见相关成本转移表单-2012 年 2—4 月

A. 成本转移仅需要具备含有批次名称解释和交易线描述字段的日记账。

不需要成本转移说明和证明表格（成本转移表格）以及资助项目办公室的事先批准。

1. 成本在原始费用的会计期间（月份）内进行转移。

2. 哈佛大学财政年度或金融业务年度始于 7 月 1 日，结束于下一个日历年的 6 月 30 日。哈佛大学财政年度包括 12 个单独区分的会计期。

3. 一个会计期（或会计月份）从一个月的第一个日历日开始，到下个月的第五个工作日上午 9 时结束。在这 5 天内可以进行上个月的交易。请确保日记账上的交易日期为上月日期，以使该日记账包含在上月内。

4. 此外，由于会计月份在第五个工作日上午 9 时结束，您将被敦促在下个月第五个工作日之前办理交易，以确保您的日记账在适当日期内得到处理。

5. 低于 500 美元的原始费用成本转移，请参阅常见问题 1。

6. 用来更正不当分类对象代码、根目录或组织结构图的成本转移。

7. 在预算期内重叠的同一基金/活动组合的子活动之间的成本转移，但仅限于原始交易在重叠期间发生的情况，请参阅常见问题 5。

8. 在预算期内没有重叠的同一基金/活动组合的子活动之间的成本转移（即年内不在同一账户组的子活动），只要这项奖金被赋予转账权利，可以不经过资助方事先批准从一个预算期向下一预算期转移资金余额，且不需要为每个预算期准备年度财务报表。

B. 成本转移仅要求在 90 个日历日内提供含有批次名称和交易行描述字段说明的日记账。

请注意 90 天意味着 90 个日历日，而不是 3 个月。

可使用资助项目办公室（OSP）成本转移计算器确定成本转移的最后期限。

1. 部门账户在奖金授予前支付费用的转移。

2. 其他成本的例行重新分配（例如长途电话费）。

成本的例行重新分配可以被定性为基于分配方法将共享服务或服务中心所收费用向资助和/或非资助奖金分配，例如，电话、复印、售后服务中心、每日动物饲养费用、玻璃器皿、材料和用品、技术支持和数据存储。联邦奖金成本的例行重新分配必须在原始费用产生 90 天内完成。分配必须在固定时间间隔内进行（例如每月）。

3. 用于更正向涉及基金和/或活动和/或子活动组合的无效代码组合转账交易的成本转移。

无效的资助代码组合指的是基金、活动与子活动组合的总分类账中的一项收费在政府奖助管理应用程序套件（GMAS）中不存在。向无效的代码组合的转账交易不会出现在 PER 或者 GMAS 中，也不包括在提供给资助方的发票或财务报表中。

C. 成本转移要求提供日记账和包含问题 1 和问题 2 答案的成本转移表格（在 90 个日历日之内）。

如果成本转移在原始收费记录翌月 15 日 90 个日历天内过账到总分类账，必须对成本转移表格中的问题 1 和问题 2 则进行回答。

（使用资助项目办公室（OSP）成本转移计算器确定成本转移的截止日期）。

日记账上的交易线描述字段应该解释成本转移。

草案或收支不平衡的日记账，原始收费的详细清单、成本转移表以及其他支持文档送至资助项目办公室审批，一旦获得批准，成本转移表格将返回至原始发件人处记入总分类账（如果必须在截止期限内完成，资助项目办公室将输入日记账），并保留其他会计记录。

D. 成本转移要求具备日记账和包含问题 1 至 4 答案的成本转移表格（超过 90 个日历天）。

如果超过向联邦账户转移的费用最初记入总分类账翌月 15 日后 90 个日历日期限，（除了回答问题 1 和问题 2 之外）还需要解释成本转移拖延的原因和未来避免这种情况发生的计划（问题 3 和问题 4）。超出 90 天期限的成本转移，需要学院高级财务总监（由各学院确定）和资助项目办公室团队管理者批准。

说明成本转移拖延理由的任何辅助文件（例如行动备忘录复印件、部门和中央办公室的信件往来）应附在表格中。

使用 OSP 成本转移计算器来确定成本转移达到 90 天期限的日期。

如果成本转移需要纠正以前处理的成本转移日志、交易最初记入总分类账的日期应该用于盘点目的（不是以前的成本转移日期）。

对于超出 90 个日历日（上文所定义）提交期限的成本转移，仅在情有可原的情况下才能得到审批（如下所述）。但这些情况不包括：

1. 主要研究者或责任管理员缺勤的情况。
2. 职员经验不足或缺乏经验。

受资助方和主要研究者有责任确保提供合格的职员，根据联邦政策和法规,负责联邦政府资助项目的管理工作,包括关于支出定期监测、错误及时纠正和费用重新分配的工作。

导致最终财务状况报告(FSR)或最终发票修改的转移一般不予批准。

超过90个日历日期限的成本转移可予接受的情有可原情况如下(请注意所有的这些例外情况仍然需要提交成本转移表格和支持文档):

1. 申请者可控范围之外的行动备忘录延迟发布;注意:成本转移提交的截止日期是相关行动备忘录印发的45个日历日后(如新奖金的启动、分包合同的充分执行、账户从预付向激活状态的转变、延长时间、增量资金等)。从行动备忘录发布当天开始计时。

2. 行动备忘录是关于大学收到的关于资助奖金通知的正式大学信函,包含关于奖金的条款、日期、金额和激活账户。

3. 另一部门未能采取行动,例如关于适当提交的工资单分配更改申请(必须提供表明及时采取后续行动的文件)。

4. 关于预付学费减免分配的日记账。

12.6.8　备注

1. 需要成本转移表格时,只有在成本转移表格获得批准后,才能处理成本转移日记账。

日记账等待审批时可以草案或收支不平衡表格的形式存在,但在成本转移表格获得资助项目办公室批准之后才能过账到总分类账。

2. 申请者可以通过资助项目办公室了解可能要求的进一步准备的解释或文档来避免延迟。

3. 联邦政府资助的账户不应用于随后转移费用的持有账户。

4. 申请者应当在完成日记账结束和备份文件之前,向资助项目办公室和其所属分支的高级财务官提交延迟原因解释(即超过90个日历日)以供审查。资助项目办公室和分支高级财务官可以在成本转移解释和文件准备的各个方面协助该部门,无论该部门是否超出90天的时间限制。

12.6.9　表格(略)

12.6.10　联系人(略)

12.6.11　附录:常见问题

1. 问:如果我要转移多项交易到同一日记账表格中且总量超过500美元呢?

答：500美元上限可分别应用于总分类账中的各个交易，但是除了多个项目的购物卡付款以外，交易不可以切分进行多次转账，每次都低于500美元。

示例1：调整账户时，您确定上月同一日期进行的三项交易应当转移到一个联邦的账户，向具有同一对象代码的同一供应商的所有付款分别为450美元、300美元及600美元。

（1）问：转移450元和300元的交易可以不准备成本转移表格吗？

答：可以。

（2）问：转移600美元交易中的499美元可以不准备成本转移表格吗？

答：不可以。

示例2：上个月您用购物卡采购的物品之一需要转移到一项联邦奖金中，且仅花费100美元，但在总分类账中该交易为全额（600美元）支付给购物卡公司，其中包括一些其他物品。

（3）问：转移600美元交易中的100美元可以不准备成本转移表格吗？

答：可以。

2. 问：对于转移回联邦奖金原有位置的费用需要完成成本转移表格吗？

答：是的。成本转移时间始于向哈佛总分类账的原始过账日期。从联邦奖金转移的成本在转移回该联邦奖金时应认真考虑相关费用。在大多数情况下，通过删除这些费用，交易人确定这些费用不属于原有奖金。需要考虑的一个重要问题是：发生了哪些变化使得这些费用可予报销和分配？

3. 问：何时要完成成本转移表格？

答：所有金额超过500美元的向联邦奖金人工日记账转移需要准备成本转移表格，除非适用成本转移政策中列出的例外情况。更多的信息见"成本转移政策就业援助"。

4. 问：如果存在情有可原的情况（行动备忘录迟发或另一分支未能采取行动），还需要完成成本转移表格吗？

答：需要。除了填写完整的表格，还将包括描述情有可原的情况的证明文件，包括行动备忘录副本，如果这是例外情况的原因。

5. 问：什么是预算期和重叠的预算期？

答：预算期是补助金项目期限以筹资和报告为目的划分的时间间隔，通常为12个月。

预算期重叠的情况各不相同，一个预算期可能完全包含在另一个预算期范围内,或它们可能只是重叠而不连续。根据成本转移政策的例外情况,只有那些重叠期内的原始交易记录才能列为例外情况,才不需要准备成本转移形式表格。

(1) 问：联邦培训补助金如何处理这些重叠期？例如：受训人员获得一项为期3年的补助金,从培训补助第一年中期起算。

答：该补助金预算期为1月1日至12月31日,受训人员的培训委任期为7月1日至6月30日。补助金按照每个预算年度的年逻辑账户结构设置。

受训人员的委任期：7月—6月。

账户预算期：

0101 第1年(1月—12月)

0201 第2年(1月—12月)

0301 第3年(1月—12月)。

(2) 问：按照美国国立卫生研究院准则,因为受训人员在培训补助金第一年期的上半年被委任,第一年期下半年的津贴和学费/费用必须从第一年资金中支付,即使第一年的名义预算期已经结束。如果该部门错误地将第一年下半年记为0201,且需要将相关津贴和学费/费用从020移至0101,这种情况为"重叠的预算期"吗？是否需要准备成本转移表格？

答：是的,成本转移表格是必需的。虽然受训人员的委任期跨越两个补助金预算期,在这种情况下,预算期不会重叠,因此不属于例外情况。

6. 问：如何回答成本转移表格中的问题？

(1) 问：请问为什么正在从账户转移的这笔费用当初记入该账户呢？

答：是为了表明为什么这笔费用记入特定的账户。

包括正在转移的费用(名称、关于奖项的作用)及其记入账户的说明。

(2) 问：为什么这项费用应转移到建议的联邦接收账户中？

答：是为了解释为什么应当将该笔费用转移到此账户。确切解释将该笔费用记入建议账户的原因。说明接收账户的直接收益。

(3) 问：为什么成本转移申请超出了原始交易会计期翌月15日后的90个日历日期限？

答：是为了解释为什么现在才更正这一交易——是否存在情有可原的情况。

(4) 问：该错误是如何发现的？正在怎样防止这种情况不再发生？

答：是为了解释您如何发现这一错误以及如何在将来避免这些问题。解释您的计划和实施这一计划而采取的步骤。

7. 问：如果我的成本转移申请未获批准,将会发生什么呢？

答：通过提交成本转移审批申请，您已确认该费用不属于当前过账的账户。因此该费用必须删除并过账到不受限制的账户。

8. 问：从一个竞争项目向下一竞争项目转移前期成本能不能免于填写成本转移表格？

答：不可以。成本转移表格是必需的。

9. 问：我有一个学生，已被重新分配到一个即将于下月生效的新项目。我已处理了工资表格，使其工资自动记入新的奖金账目，但她当年的学费减免在8月份退还。我知道学费减免必须与工资变化保持一致。

（1）问：我需要完成工资费用的成本转移表格吗？

答：不需要，因为未来的工资不计入哈佛大学的总分类账，不需要成本转移。

（2）问：我并没有在过去的45天内提交行动备注，我担心这将不能获得批准。

答：是的。因为学费减免在此之前超过90天，您应该完成为期90天以上的成本转移表格并获得核准。这是政策中提到的一项可接受的例外情况。

10. 问：×教授刚刚告诉我，一个学生已从一个联邦项目被重新分配到另一个联邦项目，两个月前生效。我在90天期限以内进行了成本转移来转移他的工资，并申请更改工资成本核算以反映新的分配。如何转移7月入账的学费减免？现已11月，已经超过90天期限。

答：您可以准备额外成本转移表格（超过90天），并提交学费减免审批。或者您可以在90天以上的成本转移表格中记入这两项费用，指出工资费用处于90天以内，学费减免费用超过了90天，但需要随着薪酬移动。

11. 问：成本转移政策是否适用于解决短期（STOA）和长期（LTOA）运行的账户？

答：短期和长期运行的账户，或短期和长期运行的预付费用，不需要成本转移表格，因为这些费用被视为奖金的原始入账。处理STOA/LTOA日记账时，贷记入非资助账户，该账户为原始记入账户，用于释放账户资金，且该调整借记被视为原始记账，因为这是费用第一次被记入哈佛大学总分类账。

短期运行预付费用（STOA）账户的设置一般用于在不适宜运用零用现金资金的情况下哈佛职员所开展的（6个月或更短的）短期项目。长期运行预付费用（LTOA）账户的设置用于哈佛大学职员进行的长期（6个月或更多的）国外项目。

12.7　工作量报告和薪资确认

政策标题：	工作量报告
编号：	OSP-2
生效日期：	2008年7月1日
修订日期：	2009年7月28日
负责办公室：	资助项目办公室

12.7.1　政策声明

按照《管理和预算办公室通告》A-21以及《适用于补助金、合同和其他与教育机构协议的确定原则》（订正04/5/10），哈佛大学遵循向个人资助协议分配活动的记录制度和程序。所有主要研究者（PI）必须证明自己的工作量以及项目职员的工作量，除非他们将此任务委派给其他具备足够技术知识和完成核查工作适当手段的个人。

12.7.2　政策原因

学校接收外部来源的项目资助资金，包括联邦政府的大量资金。

联邦法规要求任何接受或承诺接受联邦资助奖金的个人必须证明该支付薪水或承诺对于奖金用于的实际工作或活动来说是合理的。《管理和预算办公室通告》A-21指出的非合规行为会导致相关薪金和工资费用作废，并且由于学校无法从其他活动成本中分离出研究薪金和工资而限制间接成本费用的回收。非合规行为还会对学校的声誉造成负面影响，并会损害学校作为研究合作者从其他机构获得联邦分支奖金的能力。

12.7.3　实施对象

接受联邦政府拨款的每个学校部门应当按照上述通告A-21第J10节要求进行工作量报告或薪金认证。此外，如果一个非联邦资助方要求工作量报告，请参阅分支的特定程序。

12.7.4 责任

A. 主要研究者

作为联邦奖金主要研究者的教职人员承担联邦资助管理的责任，并必须：

1. 了解接受奖金后每个资助项目的工作量。

在自己的表格上签字证明："调查期内，教职人员薪水收取、工资转账处理和工作证明合理地反映在指定的时间内完成的工作中，以及本人具备足够的技术知识且/或本人担任的职务能够提供适当核查手段证明工作的完成。"

2. 证明使用主要研究者联邦奖金的职员合理地反映了在指定时间内完成的工作。

3. 管理工作量，并在必要时向具备技术知识或可证明薪水合理地反应执行工作的适当核查手段的负责行政官员分配监督任务。

4. 证明任何成本信息的更正或修改是有必要的，并就更正的实施与管理员进行沟通。

B. 学院/单位或部门管理员

在每个学院、单位或部门内，工作量报告和薪金认证由该学院、单位或部门管理。

12.7.5 教职人员工作量认证

1. 分发教职人员工作量报告表格。

2. 与资助项目办公室或分支行政官员沟通并记录表格完成预期延迟的事宜。

3. 与教职人员沟通直到收到所有填写完整的表格，并由主要研究者或具备适当认证手段的指定受委托人签字。

4. 对于不正当收费或报告的工作量启动更正。

5. 预计工作量变化时，启动成本计算修改。

6. 如有必要，与资助项目办公室或资助者沟通关于工作量分配重大变化事宜的通知。

12.7.6 月度薪金认证

1. 打印并分发工资表格。

2. 与资助项目办公室或分支行政官员沟通并记录表格完成预期延迟的事宜。

3. 与教职人员沟通直到收到所有填写完整并经过签字的表格。

4. 对于不正当收费或报告的工作量启动更正。

5. 预计工作量变化时,启动成本计算修改。

6. 如有必要,与资助项目办公室或资助者沟通关于工作量分配重大变化事宜的通知。

12.7.7　分支行政官员

对于医学院、公共卫生学院和文理学院:

1. 持续记录符合联邦规定和学校政策的程序和做法。

2. 就工作量的变化进行沟通。

资助项目办公室:

3. 维护学校符合联邦规定的工作量报告和薪金认证政策。

4. 确保中央管理机构提供及时准确的数据和关于工作报告和薪金认证的汇报。

5. 按照要求或需要就规定和程序提供指导。

6. 对于暑期薪金和学年教职人员工作量的报告,如果分支没有制定特定程序,资助项目办公室通过以下措施启动并管理该流程:

(1) 监测会计结算日期和工作量报告周期;

(2) 申请财务管理系统(FAD)系统解决方案(FSS)执行生成报告和数据的报告查询;

(3) 分配说明向学术部门提交的报告;

(4) 持续监督和跟进,直到所有表格经过签字并收取;

(5) 审查主要研究者或委托人的及时性和签字;

(6) 将签字的表格安全保存;

(7) 对职员薪金进行月度认证。

12.7.8　金融系统解决方案

1. 保存认证和工作报告所用的报表和格式,包括职员每月工资认证报告以及涵盖暑期和学年工作量的哈佛大学教职人员薪水及工作量认证。

2. 保存提供分支具体工作量报告工具的数据查询和文件材料。

3. 回应资助项目办公室执行教职人员工作量报告的要求。

4. 回应资助项目办公室关于执行新政策或变更政策、会计或报告做法、联邦规定或任何其他合规相关事项所需的系统修改申请。

5. 协助实施影响这些系统的全校政策,如安全政策或数据访问政策。

12.7.9　相关政策（略）

12.7.10　相关文件（略）

12.7.11　程序

A. 职员每月薪金认证

对于所有分支来说，职员月度工资认证的执行运用标题为"月度薪金认证（CREW）报告"。财务报表系统将为每个资助的活动和子活动生成一份报告，对每一个子活动报告每位相关员工的薪金。主要研究者证明工资合理地反映了为该项目执行的工作。在主要研究者不能提供认证的情况下，主要研究者选定一位具备充分技术知识或适当的核查工作完成手段的负责行政官员，在每个分支内收集和保存上述表格，并审查其及时性和完整性。

B. 教职人员工作量报告——暑期和学年

在分支没有具体政策的情况下，哈佛教职人员分别证明其学年和暑期工作量。上一学年的学年工作报告在秋季学期进行。

教职人员学年工资记录按照6010、6020、6030对象代码记录。上一年的暑期工作量报告在春季学期进行。教职人员暑期工资记录在6040的对象代码下。所有教职人员认证必须于覆盖期结束9个月内完成和经过认证。

学年和暑期工作量的认证适用相同的形式和步骤。

资助项目办公室的成本分析与合规要求财务管理系统（FAD）解决方案（FSS）启动教职人员工作量报告周期。

1. 财务管理系统（FAD）解决方案运行查询并生成联邦子活动的pdf文件，包括上述对象代码中的已付工资。
2. 金融分析师验证教职人员薪金信息财务报表的电子副本。
3. 财务管理系统（FAD）解决方案打印带有说明的表格，并将通过快递形式发送到分支行政官员。
4. 分支行政官员协调分配和收集认证并审查表格的完整性和及时性。
5. 分支行政官员登录填写完整的表格并将表格发送回中央资助项目办公室以审查和保存。

12.7.12　定义

A. 行政活动

包括有益于共同或联合部门活动的行政和支持服务，但不能直接归因于指令或有组织的研究。

B. 承诺工作量

大学雇员承诺在特定资助项目中工作的时间量与百分比。这不一定是每个月实际工作量花费时间,而是在一段时间(例如一个学期或一年)完成项目的预计时间量。这一承诺于奖金设立时开始,在奖金运行期间可以更改,如通过向美国国立卫生研究院的年度进展报告更改。

C. 费用分担

第三方的实物捐助价值,以及项目或计划成本中并非由主办方承担部分的价值;由法律、法规或行政决定规定的匹配或成本分担。

对于用于满足匹配规定的成本,适用管理核定预算下其他成本可报销度的政策。

D. 成本转移

将记入其他账户的费用向联邦资助账户转移。

E. 工作量报告

基于在指定期间个人履行的活动证实个人补偿的方法。

F. 有组织的研究

学校所有的研究和发展活动均分别编入预算和证明,包括资助研究和学校研究。

G. 薪金上限

法定条款限制从事奖金、合作协议奖金和校外研究与开发合同工作的个人直接工资(也称为薪金或体制基薪,但不包括任何附带福利和设施与行政费用)。

H. 薪金认证

由教职人员或职员验证工作的执行,并表明作为直接费用记入资助奖金或其他类别薪金和工资对于所从事的工作来说是合理的。该认证必须至少每年进行一次,由员工、主要研究者或运用适当手段以完成工作的负责行政官员签署。

I. 暑期薪金

对于具有9个月工作安排的教职人员,对于其学术工作安排之外的工作量与研究支付的薪金,具体来说,是在6月、7月和8月期间。

J. 未被授权的工作量

超出资助协议中承诺并编入预算工作量的部分。

K. 附件(略)。

12.8 设备管理政策

12.8.1 导言

下列政策和表格涉及有组织研究或其他主办活动使用的可移动设备。政策涉及如何识别和跟踪设备成本，回收经常费用，并进行政府装备资产的必要管理。设备不用于研究或相关活动的部门不需要遵循这些政策。

哈佛大学实行分散的设备管理实践，各学院在很大程度上负责设备管理。中央资助项目办公室（OSP）为各学院提供政策和程序指导，并遵守审计、资助方和各机构的报告要求。这一要求取决于奖金的特别条款以及联邦政府指导方针的适用章节，见以下通告：

1.《管理和预算办公室通告》A-21：教育机构成本原则，具体章节：J.14 & J.18。

2.《管理和预算办公室通告》A-110：与高等教育机构的补助金与合同，具体章节：第33、34条。

《联邦采购条例》，具体章节：45 及 52.245 部分。

3. 资助项目办公室将代表学校向政府提交所需的资产报告，包括国防部1662号表格和美国国家航空航天局1018号表格，特别是在《联邦采购条例》要求的情况下。

如果哈佛政策与资助机构奖金条款存在任何不一致的情况，以奖金条款为准。

12.8.2 联系人（略）

12.8.3 一般准则、定义、政策和程序

12.8.3.1 角色和职责

除了固定设备的采购、使用、维护和保护之外，学院的一般职责包括保存使用联邦基金采购的或联邦政府所有但由学院管有的资本设备的记录。学院还必须根据资助条款或该设备的采购合同妥善处置由联邦政府资助或拥有的设备。非联邦政府资助或拥有的设备，包括哈佛大学资助的设备，可由学院自行斟酌使用，在设施与行政成本回收率的计算中进行清点。

上文提到的学校设备联系人可在部门设备人员的协助下履行设备管理责任。部门设备人员为哈佛大学雇员，由学院部门主管或委托人指派，在使

用设备的部门内从事本地设备管理活动。

学院设备管理办公室和/或学院各部门的典型职能可包括：
1. 保存资本设备记录；
2. 协调资本设备的实物盘存；
3. 审查组装品申请,以确保合同/补助金的合规性；
4. 进行关于设备和组装品支出的预算编制和交易；
5. 处理和申报组装品申请和投入使用表格；
6. 通知固定资产会计办公室设备和组装品何时投入使用并被资本化；
7. 记录联邦政府资助或联邦政府所有设备的运行情况；
8. 处理并申报设备的以旧换新、转让、贷款、捐款和销售；
9. 对于设备淘汰及向资助方归还设备或在适当的情况下将所有权转移到哈佛大学的处置要求提供政策指导；
10. 向警署提供设备损失和失窃报告；
11. 处理并申报相关政府盈余或已出借设备的收据；
12. 处理并提交分包商关于分包商管有设备损失、损坏或销毁的报告；
13. 处理和申报部门签名授权表格。

学院可在适当的情况下集中执行这些任务及其他任务,或在部门间分配若干或所有上述任务。

如上所述,资助项目办公室就所有设备管理相关事项为各学院提供政策和程序指导。资助项目办公室还应当回应资助方、审计和其他各方关于报告和信息的申请。

12.8.3.2 政府配备资产(GFP)要求

A. 政府配备资产概述

联邦政府机构有时会在补助金或合同项下提供设备或其他资产用于资助活动。政府配备资产在由哈佛大学管理期间依然归联邦政府所有,直至经过妥善处置。

政府配备资产物品无论多小、多陈旧或多廉价,所有物品都不存在资本化或其他用途的美元价值阈值。接受来自联邦政府的资产,无论其原始价值或接受日期,在哈佛或其分包商管有期间,必须恰当持续地识别、维护、保护、控制和保存。

必须清楚地确定哈佛大学使用的联邦政府资产,以表明联邦所有权。学校设备管理办公室必须从以下几个方面说明该部门管有的所有政府配备资产：
1. 设备的描述；
2. 制造商序列号、型号、联邦仓储编号、国内仓储号或其他识别号码；

3. 设备来源，其中包括奖金号码和奖金的结束日期；
4. 明确承认联邦政府的所有权和其他权利；
5. 从联邦政府接收该资产的日期；
6. 政府配备资产地理位置和条件，以及该信息报告的日期；
7. 每项政府配备资产的原始成本或价值；
8. 关于最终处置的数据，包括日期和处置状态。

为了清楚地识别和定位政府配备资产，如果该资产上可以贴标签，学院应使用唯一的编号识别贴在资产上的标签。

编号标签将通过将管有的政府配备资产与上述要求的相关信息匹配，以便于学校的设备库存控制。无论何时接收政府配备资产、更改其位置或条件或其来源奖金已结束，部门设备行政官员或主要研究者必须告知所在学院的设备管理办公室，并就处置选项与提供政府配备资产的联邦机构进行讨论。

B. 通知程序

当资助项目办公室收到资助方信件并得知接收政府配备资产奖金时，将生成行动备注并分发给主要研究者、奖金前期和后期管理员、部门行政官员和部门设备主任。在哈佛大学的资助研究记录体系 GMAS（政府奖助管理应用程序套件）中，将选择"特殊设备条款"的单选按钮，且行动备忘录在修订注释部分将包括关于政府配备资产的声明。这将会提醒学院和部门标记设备，并在其库存控制系统中输入所需资料。

C. 报告

资助项目办公室应当代表学院向联邦政府提交所有所需的政府配备资产报告，包括政府配备资产处置的具体形式。

资助项目办公室向联邦政府提交的具体政府配备资产报告包括但不限于：

采购仪器	表格	分配	注释
国防部合同	承包商管有的国防部资产； DD 表格 1662； 不需要逆差报告； （除非上一年报告了顺差）	原始文件和 1 份复印件至： 研究办公室区域办事处	截至每年 10 月 31 日完成止于 9 月 30 日的上一财年表格。

(续表)

采购仪器	表格	分配	注释
国防部合同	按照 DoDGARS 32.33(a)(1)的要求,授予库存清单; 没有指定表格; 不需要逆差报告	原始文件和 1 份复印件至: 研究办公室区域办事处	所需提交的数据可见《管理和预算办公室通告》A-110,C 小节第 34(f); 截至每年 10 月 31 日完成止于 9 月 30 日的上一财年表格。
美国国家航空航天局合同	承包商管有的美国国家航空航天局资产; NASA 表格 1018; NASA 表格 1018 补充数据与 FSC 表格; 需要逆差报告	原始文件至: NASA 中心 DCFO 3 份复印件至: 研究办公室区域办事处	对于 NASA 表格 1018 的电子提交,链接 NESS 3.0 版总说明; 登入信息与登录申请表格; 注意:如果通过 NESS 提交,则不需要进行纸质提交。 截至每年 10 月 31 日完成止于 9 月 30 日的上一财年表格。
	授予库存清单; 不需要逆差报告	原始文件至: NASA 中心 DCFO 复印件至: NASA 中心 IPO 与研究办公室区域办事处	NASA 手册中的说明(NPG 5800.1D,第 1260.75(b)项(2); 库存清单格式表 NPG 5800.1D 第 1260.134(f)项(1); 截至每年 10 月 31 日完成止于 9 月 30 日上一财年表格。

12.8.3.3 设备成本和资本化阈值

根据哈佛大学财政政策,当一件物品单位成本达到或超出 5000 美元,即哈佛大学对于非政府配备资产规定的资本化阈值,或拥有至少一年的使用寿命时,该物品被视为资本设备。资本化单位成本由下面提到的可报销费用组成。因为政府配备资产归政府所有,此类资产不会作为哈佛大学资产负债表账户中的资产被资本化或折旧。

12.8.3.4　可以作为设备资本化的可报销费用

1. 单件（非政府配备资产）物品（价值5000美元及以上，具有至少一年使用寿命）的总成本减去任何折扣，再加上运费、运输保险和安装费用可作为资本化设备成本积累。政府配备资产不具有任何阈值，不加以资本化。

2. 设备成本还可能包括任何使资本设备用于采购目的所需的必要修改、附件、配件或辅助器具。

3. 作为制作项目一部分的设备也属于资本设备，无论该组件物品的金额大小，只要其总成本达到5000美元及以上，且最终装配资产的使用寿命为一年以上。

4. 设备修理费用可能不列入资本化设备费用，除非申请修理的部门提供修理发票或其他修理文书，表明修理可使该物品的使用寿命增加至少两年，或修理强化该物品。

12.8.3.5　不能作为设备资本化的成本

1. 拆除或分解设备。

设备的重置、转让或从一个大学到另一个大学的移动，包括拆除、运输、组装和在新地点重新安装该物品的费用。

2. 政府配备资产。

3. 单独维修合同保修费用。

4. 每月或每年接收定期发票的物品，如软件、授权费等。

5. 租赁或出租费用；在以下情况下，政府法规可准许通过间接成本恢复费用回收、租赁或出租成本，但并非资本化成本。

6. 做出租赁或出租决定时的成本恢复费用合理。

7. 收回的成本不超过租借或租赁日期的设备购买价格；以及

8. 此类物品的每月收费应用设备租赁费用对象代码交易，而非设备采购对象代码。

一旦做出租赁的决定，在执行之前，各部门应发送租赁协议（未签字）至哈佛大学总法律顾问办公室。该办公室审查租赁协议的法律和合同责任。

12.8.3.6　设备对象代码

总分类账中有关设备购置中的金融交易都应用以下与设备相关的对象代码。用于设备采购的对象代码都与特定类型资本设备的使用寿命值（以年表示）相关联。

使用寿命影响折旧会计，因而所有资本设备的交易必须将正确的对象代码用于购置的设备类型,这很重要。单项成本少于 5000 美元的所有其他物品被视为用品,用品的交易使用 6500-6620 范围中的对象代码。

对象代码	说明
6800	设备、家具＋固定装置≥$5000(仅适用于非联合分支)
6801	非计算机设备,非资助设备≥$5000
6802	非计算机设备,资助设备≥$5000
6803	计算机,非资助设备≥$5000
6804	计算机,资助设备≥$5000
6805	住宅家具＋固定装置,非资助设备≥$5000
6806	住宅家具＋固定装置,资助设备≥$5000
6807	办公室家具＋固定装置、非资助设备≥$5000
6808	办公室家具＋固定装置、资助设备≥$5000
6809	车辆,非资助设备≥$5000
6810	车辆,资助设备≥$5000
6811	进展中的非资助工作设备≥$5000
6812	进展中的资助工作设备≥$5000
6813	科学设备,非资助设备≥$5000
6814	科学设备,资助设备≥$5000
6815	软件,非资助设备≥$5000
6816	软件,资助设备≥$5000

12.8.3.7 折旧准则

采购非政府配备资产资本设备并投入使用后,每年就其使用年限采用直线法以整年增量对其价值进行折旧。典型的资本设备折旧支出方案可以按照以下示例:

1. 价值 8 万美元的电子显微镜于 3 月 1 日投入使用;
2. 鉴于其使用寿命为 8 年,每年折旧费用为 1 万美元;
3. 不满 1 年的折旧没有折算或计算,而是自投入使用那年起于 6 月 30 日记录在全年增量中。

如果该显微镜于其投入使用的初始财政年度的下一财政年度的任何一天卖出,其净账面价值为 7 万美元,即其 8 年使用寿命中的 1 年已经过去,八分之一的原始价值已经折损。该资产在每个财政年度过后都将继续失去其原始价值的八分之一,最终完全贬值为 0 美元。

12.8.3.8 使用寿命

以折旧计算的目的,资本设备的使用寿命如下所示:

1. 计算机硬件和软件:4 年;
2. 科学设备(医疗、诊断等):8 年;
3. 家具、住宅:3 年;
4. 家具、办公室:7 年;
5. 车辆:4 年;
6. 其他设备,包括为行政与支持设备:7 年。

12.8.3.9 设备的库存控制

在收到由联邦政府资助或所有的资本设备物品后,学院应对设备所处位置积极进行识别与了解。联邦政府资助或所有的设备纳入年度 A-133 审计,在此期间,审查哈佛大学是否遵守《管理和预算办公室通告》A-133 规定的联邦设备要求。因此,学院必须保存联邦政府资助或所有设备的记录,包括以下信息:

1. 设备的说明。
2. 制造商的序列号、型号、联邦仓储编号、国内仓储编号或其他身份识别号码。
3. 设备来源,包括奖金号码。
4. 所有权属于接收方还是联邦政府。
5. 购置日期(或者接收日期,如果该设备由联邦政府提供)和成本。
6. 可以用于计算联邦参与设备成本比例的信息(不适用于由联邦政府提供的设备)。
7. 设备的地理位置和条件以及报告这一信息的日期。
8. 单位购置成本。
9. 应确定联邦政府所拥有的设备以表明联邦所有权。

要维持有效的设备存货控制,学院应使用唯一的编号识别标签粘贴到设备上。标签和标签编号可通过将设备与上述要求的相关信息匹配,以便于学校设备库存控制。

12.8.3.10 设备组装品

"组装品"是指通过将组件或材料组合到一个可识别单位为哈佛大学制造或开发的设备。所有组件必须作为一个单元才可视为组装品;单独的零件不可被视为组装品。

组装项目期间采购的个别组件被视为设备,无论其单位成本多少。例如,机器人手臂的三个部分单个成本为 2,500 美元,总共为 7,500 美元资产。当组装品经过充分开发并可投入使用且满足资本设备的阈值时,应当填写并就地保存资本设备组装品投入使用通知表格,并将副本发送给学校固定资产会计办公室。如果所有成本都在单一项目标志号下累计,组装品的原始组件成本被排除在直接成本基础之外,不受经常费用限制。

制造组装品并将其作为整个资本设备投入使用,涉及以下几个步骤。

A. 获取组装品的组件

开发组装品可能需要多次购买组件。此外,资助协议之间的资产转让,甚至资助人向哈佛大学的资产转让,可以为组装品提供资产。

B. 使用组装品申请表

组装品申请表由部门行政官员或主要研究者在每个组装品项目开始时填写。组装品申请表可就地保存或送到学校设备管理办公室,根据各部门做法而定。部门或学院设备管理办公室可发布识别标签编码并在设备库存系统中记录组装品的信息。每个组装品组件的所有后续发票应当提及组装品的识别号码,以便在单一的组装品账户中累计组件成本。

组装品申请表应包括:

1. 组装物品的说明;
2. 资助方/政府机构(或非资助基金来源);
3. 奖金号码;
4. 主要研究者;
5. 33 位数字账户代码;
6. 奖金的开始日期和结束日期;
7. 组装品的位置;
8. 组装品的总预计成本;
9. 预计投入使用日期;
10. 组装品的使用寿命,取决于其最终的资产类别,例如科学设备;
11. 监测/开发组装品的负责人。

C. 制造费用核算

当制造项目符合筹资合同或补助金范围且已经开始开发时,其组件成本可记入资本设备对象代码 6811-6812 下的每个项目。

D. 升级组装品

在现有组装品基础上随后添加的组件成本记入组装品原始账户,新的组件使用原组装品标签号码。对于组装品随后的所有升级,使用一致的账户和标签编号,这样可使学院相应地累计成本,以评估资产价值和折旧支出的变化。

组装品可能需要遵守资助机构和奖金的特别条款。某些奖金,例如美国能源部奖金,规定资本设备资金必须与营运资金分开报告。只有预算中最初所述的完成组装品的必要费用才被视为适当且可报销的。如果在组装过程中需要预算核定以外的额外费用,则必须提交经修订的预算以供审批。

当组装品达到可用状态时,就可以投入使用,即使稍后还需添加额外组件。各部门应确保组装品适当地记录在学院设备库存系统中。

资本设备组装品投入使用通知表应当由部门行政官员签署,根据部门惯例,发送到学院设备管理办公室或就地留存。该部门或学校设备管理办公室也会告知固定资产会计办公室该组装品已投入使用。

E. 组装品的处置

组装的物品可同其他资本设备一样作为整体处置,或者,如果资助合同或补助金条款规定了相关要求,可经过资助方或所有机构允许,进行部分再次利用。各部门或各学院设备管理办公室必须提交设备处置通知表,并在学校设备库存系统中记录该处置,以确保任何设备都得到精确的核算。

《联邦采购条例》(52.245-1)要求哈佛大学只能根据合同授权利用、消耗、移动和存储政府财产,且应当及时披露和报告其管有的超出合同履行范围的政府财产。除非合同中另有授权或由资产管理员授权,哈佛大学不应将政府资产与非政府所有资产混同。

F. 设备活动报告

位于哈佛校内或校外的每项库存设备或任何附属设备从其最近一次记录位置移动的,应当更新学校设备库存系统的记录,以显示所处建筑和/或房间位置的变化。并且,在库存两年期间,部门可记录库存设备的新位置。

G. 设备处置

资本设备只要由哈佛大学保管、管有或控制,就仍然被视为哈佛大学所有或资助方/政府所有的设备。仅在设备报废或从哈佛大学资产中完全移除的情况下,才可以从该设备上移除识别标签或编号。设备在以下情况下"被处置":

1. 哈佛大学不再控制该设备且不再对其担负责任;
2. 不再为可识别的设备;
3. 不再作为活动项目库存的一部分。

设备处置可通过下述操作执行。

H. 以旧换新

在设备以旧换新时,在设备处置通知表格上输入适当的信息,将表格附加到新物品发票上，并向可支付账户提交所有文件。此表格需要部门批准并就地存档。相关文件将扫描到 A/P 成像系统中，可供学院及其部门使用。通过以旧换新处置设备时，更新学校设备库存系统中的相关记录。

I. 部门之间销售或转让设备

销售设备的部门应当运用相应的设备对象代码为借方和贷方准备日记账凭证，包括日记账凭证说明字段中即将出售或转让的设备识别编号。部门还应填写设备处置通知表，表明识别号码、销售量、接收设备的部门和新的位置，如果上述信息已知的话。根据该部门的惯例，该表格可能会被就地保存或送到学院设备管理办公室。通过出售或转让处置设备时，更新学校设备库存系统中的相关记录。

J. 出借设备

一个部门向另一个部门或实体出借设备的，捐助部门必须保持设备位置的记录。如果设备将被借到学校以外，相关部门应填写设备校外使用授权表，就地保存或发送到学院设备管理办公室。这种表格要求设备位置的完整地址、设备用户签名和部门授权。通过贷款处置设备时，更新学校设备库存系统中的相关记录。

K. 赠予另一个部门的设备

如果一件物品被赠予另一个部门，捐赠部门应填写设备处置通知表，就地保存或发送到学院设备管理办公室。此表格应具备部门授权的签名。通过赠予另一部门处置设备时，更新学校设备库存系统中的相关记录。

L. 向哈佛外部有关方出售或捐赠设备

当向外部有关方出售一件设备时，该物品应以公平市场价值销售。填写设备处置通知表，并向收购方和出售学院设备的行政官员提供副本。所收美元金额应记录在对象代码 5770 下。如果出售金额为 10000 美元及以上，应填写资本设备重大外部销售通知表，并发送给会计长办公室财务会计和报告（FAR）组。通过出售或捐赠处置设备时，更新学校的设备库存系统。

M. 至/从哈佛大学和其他机构的设备转移

一名主要研究者离开哈佛大学加入另一个机构，且将从哈佛带走资本设备时，应遵循以下程序：

1. 获得资助机构批准；

2. 准备设备转让通知表格（如果这一奖金由公共卫生局研究拨款，可适用公共卫生局（PHS）转让表，参照 PHS 表格中设备部分的设备转让通知表；仅在设备转让通知表上显示关于正在转让设备的详细信息）；

3. 关于任何处置条例，与学校的设备管理办公室联络，并为所列出的项目的发布获得部门负责人的签字批准；

4. 在学校的设备库存系统中更新适当的记录；

5. 根据部门惯例，将表格的副本和项目列表发送至学校设备管理办公室。

N. 没有价值和不再使用的设备

1. 在设备处置通知表中输入相关信息，这一表格需要部门批准，并且：

2. 获得学校设备管理办公室的处置指令，并遵守设备处置通知表格备注部分的可适用条例；

3. 在学院设备库存系统中更新的适当记录；且（或）

4. 遵守这些处置条例，根据部门惯例，处置物品并将处置通知表格的副本发送至学校设备管理办公室。

O. 退还给供应商或资助商的设备

购买后退还物品给资助商或供应商时：

1. 在设备处置通知表中，输入相关信息；并且

2. 获得学校设备管理办公室的处置指令，并遵守设备处置通知表格备注部分的可适用条例；

3. 通过出售或转让处置设备，在学院设备库存系统中更新相关记录；

4. 根据该部门惯例，向采购方提供该表格副本，并向学院设备管理办公室发送一份副本；

5. 将所收取金额贷记入到原始交易记录中使用的适当对象代码下。

P. 闲置设备

当设备当前并非用于积极研究或作为组装项目的一部分时，填写设备处置通知表格，根据部门惯例，发送此表副本到学院设备管理办公室，或保存在部门文件夹中。设备闲置时，更新学院设备库存系统中的相关记录。

Q. 设备丢失或被盗

报告丢失或被盗的物品时，请联系哈佛大学警署，警署将编写一份报告。依据该部门惯例，将该报告的副本发送给学院设备管理办公室，或保存在部门文件夹中。

设备丢失或被盗时，更新学院设备库存系统中的相关记录。

R. 设备的使用、维护和保护

各部门应向制造商返回任何保修卡，并进行定期维护，如润滑、清洗和/或校准等。各部门还应记录检查发现的任何故障，以及执行的任何维护操作。

S. 分包商的责任

各部门应告知分包商，其有责任遵守适用的哈佛大学设备管理政策和程序，除非分包商已批准自己的制度。

分包商应根据补助金或合约负责向主要研究者报告分包商管有或控制的政府设备的损失、损害或破坏，并根据该部门惯例，向该部门或学校设备管理办公室提交该报告的副本。

T. 两年期实际库存

根据《管理和预算办公室通告》A-133 和 A-110 的规定，哈佛大学每两年处理联邦政府资助或所有的实际库存。

上文中该政策库存控制章节所述的信息为保存在库存记录中的信息，每两年更新一次。遵循联邦审计准则，库存表必须由部门负责人或指定委托人签署，标明日期，并发送回学院设备管理办公室。经过更新的实际库存记录副本应保存在连续两年的实物库存文件夹中。

U. 签字授权

哈佛大学各部门应当通过规定仅由经授权人员批准控制设备活动。对于设备的出售、转让、实物盘存等事项，部门负责人应当以其签字授权此类变动。

如果部门负责人希望将此职责委派给另一个人，那么应在签字授权表格中声明该项委派，签字授权表格应存放在部门文件夹中，并将一份副本发送至学院设备管理办公室。

V. 所有权转让

当部门使用联邦政府所有（拥有所有权）的资本设备时，联邦政府所有设备的组装项目充分完成后，所有权可转移到哈佛大学。

如上所述，与资助项目办公室设备管理人员联系，获得关于联邦设备所有权转让的进一步协助。

12.9 财务报表：针对资助项目的财务报表的大学政策及程序

12.9.1 角色和职责

12.9.1.1 资助项目办公室

1. 部门管理员每个月运行职员的"部门"报告，日期参数应为预计结束日期之后 120 天。

2. 资助项目办公室应基于每 90 天报告期最后 30 天期间的最新 PER 数据，准备一份财务状况报告草案，并（通过传真或电子邮件）发送给部门审查和批准（一般在提交日期 2 周前）。向部门发送财务状况报告草案时，还将发送一份备忘录，以进一步澄清关于成本合规性、超出成本或富余成本情况的问题。

3. 对于财务状况报告准备期间未过账到总分类账的费用，除特殊情况外资助项目办公室不予报告（在个案的基础上被资助项目办公室确定和批准）。

4. 如果资助项目办公室未在5个工作日内收到部门回应，资助项目办公室将在提交报告之前通知部门或分支级别的财务人员。然而，如果资助项目办公室已经作出合理的努力，该报告将不会算作超出财务状况报告的提交截止时间。只有在特殊情况下，资助项目办公室才会批准财务状况报告延迟申请提交。

12.9.1.2 部门

1. 每月生成并审查"为期4个月及以下奖金"的报告。如有需要，就无成本扩展申请及时采取行动。

2. 确保所有未决收费在总分类账中得到处理，并在90天报告期内的前60天内完成对账流程。

3. 对账流程应包括确保该账户所有支出的可分担性、合理性与一致性，且发生在报告预算期内。应当立即准备日记账或成本转移账目，以便从联邦奖金中删除任何不可报销的费用。

4. 对于培训补助金，准备财务状况报告涉及为每个学员核对津贴和学费支付。部门应在财务状况报告提交截止日期之前60日内向资助项目办公室发送所有学员委派表格（2271表格）（这些表格应当在学员产生任何开支之前完成，并发送到资助项目办公室）。

5. 收到来自资助项目办公室的财务状况报告草案之后，该部门应当在5个工作日内审批财务状况报告，就任何悬而未决的问题回应资助项目办公室。

6. 在特殊情况下，如果该部门需要更多的时间进行对账，财务状况报告推迟提交的申请应首先得到分支级别主管审查，然后由资助项目办公室核准。

12.9.2 政策和程序

12.9.2.1 联邦奖金

A. 财务状况报告

在要求年度报告的联邦奖金每个预算年度结束后90天内，向各机构提交年度财务状况报告，如被排除在非竞争奖金精简流程（SNAP）之外的美国国立卫生研究院补助金。大多数联邦奖金在奖项期结束时要求最终财务状况报告，且最终财务状况报告必须在项目或奖项结束日期之后90天内提交给相关机构。财务状况报告提交延迟可能意味着学校遭受罚款等损失。财务状况报告的准备流程需要部门完成对账，并确保所有相关收费在90天报告期内的前60天内过账到总分类账。在剩下的30天内，资助项目办公室将与该部门一起完成财务状况报告的编写和提交工作。

在某些情况下,由于资助方要求的详细程度(即按任务分类的成本明细,或按个人工作量分类的工资明细等),部门将准备财务状况报告/发票,或向资助项目办公室提供附加支持文档。这些财政状况报告/发票必须提交至资助项目办公室,以便获得机构批准。

1. 一些机构可能需要成本份额报告。实际非资助成本分担金额和账户号必须由部门记录,并转发至资助项目办公室,以列入财务状况报告,保存记录。

2. 一些联邦奖金(补助金或合同)要求更频繁的报告,如 FSR-269 以及季度/月度报告(例如 FS272、FS270 或 FS1034),这取决于奖励条款。正在进行的临时报告(如果少于一年)将由资助项目办公室在没有部门批准的情况下提交。

B. 审查和非可报告

1. 年度审查

(1)对于不需要每年报告的联邦奖金,如美国国立卫生研究院的非竞争年,如果在非竞争奖金精简流程(SNAP)范围内,资助项目办公室将通过完成内部 FSR-269 表单和工作表对支出进行年度审查。如果存在成本合规性问题,例如可疑交易、受限预算类别的差异或大量未支出余额(大于当前年度财政预算案的 25%),资助项目办公室将提醒该部门。

(2)各部门应在 5 个工作日内回应资助项目办公室,并采取任何必要的行动,例如处理日记账、成本转移或预算重新分配。

2. 最终审查

对于非可报告联邦奖金(如美国国立卫生研究院奖学金),该部门应核对账目并在奖金期限结束后 90 天内,向资助项目办公室提供最终结账数目。这些账户的及时对账将减少延迟风险和潜在不可报销的成本转移,并使资助项目办公室及时核算联邦信用证。

3. 非可报告性

(1)虽然没有向国家科学基金会(NSF)提交单独的财务报表,资助项目办公室必须在奖金期限终止时核算预算支出。资助项目办公室还必须通过现金管理信用证机制集体就所有开放的补助金向国家科学基金会提交季度报告。

(2)在奖金期限结束之后 45 天内,资助项目办公室将向询问账户最终结算的部门寄出提醒电子邮件。

(3)各部门应在奖金期限结束后 90 天内核算国家科学基金会账户,并向资助项目办公室提供最终结算数据,以确保资助项目办公室可以及时向国家科学基金会提交准确、恰当的支出数据。

（4）资助项目办公室还对国家科学基金会奖金进行年度审查。各部门应在5个工作日内回应资助项目办公室关于可疑交易的关切，并通过处理日记账、成本转移或预算重新分配等立即采取行动。

C. 发票（合同和分包合同）

1. 大多数联邦合同和分包合同要求提交费用偿付发票。大多数临时发票/报表（每月、每季、每半年）提交至资助项目办公室都不需要部门批准；然而资助项目办公室将就任何问题或疑虑联系相关部门。

2. 在某些情况下，由于资助方要求的详细程度（即按任务分类的成本明细，或按个人工作量分类的工资明细等），各部门将准备发票/报表，或向资助项目办公室提供附加支持文档。这些财政状况报告/发票必须提交至资助项目办公室，以便获得机构批准。

3. 在每个预算期结束时，如果存在可结转基金结余的限制，资助项目办公室将向相关部门发送发票/报表，以供审批。

4. 大多数最终发票的提交截止时间是在合同或分包合同结束日期后45～60天内（以便在90天内向资助方提交，如美国国立卫生研究院）。资助方可能不会批准报销45～60天后提交的发票。

5. 最终发票由资助项目办公室基于最新PER准备，并送至部门审批。批准时间为5个工作日。

6. 如果在10个工作日内，资助项目办公室未收到任何回复，该账户将转发至分支级别主管，以采取进一步的行动。如果在5天内不采取适当行动，资助项目办公室将发票费用过账到总分类账。该部门将由于未能及时通知资助项目办公室产生的费用以纳入最终发票而承担任何未能报销的成本。

12.9.2.2 非联邦奖金

1. 大多数临时发票/报表（每月、每季度或每半年）将由资助项目办公室提交，无须经部门批准。

2. 需要部门采取行动的临时报表（预算差异决议、开支分类明细、转结限制、主要研究者签名等）需发至部门审批。

3. 所有最终报告/发票（包括年度报告）需发至相关部门审批。审批流程包括确保按照奖金条款规定，奖金/预算期内发生的所有费用和开支均为适当。

4. 部门批准的周转时间为5个工作日。对于具备提交费用报销的最终发票/报表具体期限的非联邦奖金，如果资助项目办公室在10个工作日内未得到部门回复，将通知分支财务经理采取进一步的行动。在这种情况下，如果资助方拒绝支付延迟发票,该部门将承担所有成本。

5. 在某些情况下,由于资助方要求的详细程度(即按任务分类的成本明细或按个人工作量分类的工资明细等),各部门将准备发票/报表,或向资助项目办公室提供附加支持文档。这些财政状况报告/发票必须提交至资助项目办公室,以便获得机构批准。

12.10 区分哈佛大学校外来源赠予与资助研究的政策

12.10.1 政策原因

学校必须按照适用的联邦、州和当地地方法律,以及关于赠予、补助金授予或合同的特定条款,管理收到的所有资金。根据收到的资金分类(赠予或资助奖金),学校的审批、谈判和协议流程和机制以及会计、预算做法、监督和合规做法会有所不同。因此,对于该所收外部资金的分类,应当在决定资金类型的各项考虑因素基础上谨慎进行,这至关重要。本政策旨在便于对赠予与资助奖金进行适当分类,并确保向学校提供的外部资金得到适当的合规审查、行政监督和监测。①

12.10.2 原则声明

校外来源的资金是学校财务健康及开展并维持重要研究、学术研究和教育能力的重要组成部分。将外部来源资金分类为赠予或资助奖金②是确保适当的会计和合规处理的一个重要步骤。在许多情况下,确定所收资金属于赠予或资助奖金相对容易,而在有些情况下,可能较为困难。在某些情况下,一组外部资金可能包含许多单独的部分,其中一些可作为赠予资金,而其他部分可作为资助奖金。

赠予在捐赠方和受捐赠方之间通常不存在相互义务,且通常与商业利益或捐赠方使命无关(或只是间接相关)。因此,一般情况下,一份赠予可能为向学校的不受限捐赠物,或用途可能限于某一特定学术领域、部门或其他学校活动的捐赠物("受限礼物")。

---

① 此文档不用于向赠予、补助金和合同指定分配会计编号 RG(受限赠予)、NG(非联邦补助金)与 NE(非联邦合同),虽然这一政策中的概念可能有利于此种分类。运用该政策理念的学校其他指南,也可用来促进这些会计分类。

② 按照本政策在"定义"项下阐述的定义,"资助奖金"包括但不限于资助研究补助金和合同。在某些情况下,哈佛大学收到的外部资金可能为特定的学术课程或项目,其主要目的不是用于研究。

在赠予协议条款设置的限制范围内,资金使用的具体方式以及执行捐赠方意图的方法,由学校酌情处理。收到受限赠予或非受限赠予时,学校对赠予资金通常享有广泛的使用权,学校——而不是捐赠方——有权选择特定的教职人员和学生参加赠予资助的活动。一份赠予对于其使用和开支一般没有时间限制。赠予可由捐赠方指定资助特定部门或教职人员的工作,但在这些情况下,该部门或该教职人员通常享有广泛的自由裁量权,以设计和执行运用该资金的特定学术活动,并决定具体支出。虽然捐赠方往往期待关于所捐赠资金一般用途的报告(例如,赠款支持的活动或项目列表)或者甚至关于项目开支的报告,但捐赠方不可能收回赠予资金。然而,如果受限捐赠并未根据捐赠方的限制使用,捐赠方可有理由撤销和收回捐赠资金。

然而,在资助奖金中(其中包括资助的补助金和合同),外部来源资金的商业利益或使命通常与受资助方的资金用途直接相关。因为资助方关注的是其资金应用于支持增强资助方使命或利益的活动,资助方通常在指定时间内根据特定项目或研究计划和预算为所赞助的项目计划提供资金,到期未使用的资金将退回资助方。相关计划往往涉及确定学校教职人员或一组教职人员作为学术项目负责人,并规定目标和目的以及应用的方法和途径,并且资金授予通常遵循项目或研究计划。

资助方期望学校完全负责确保该程序或研究工作的进行符合财务、伦理和科学道德原则,并遵守所有适用的联邦和州法律法规。与补助金不同,资助合同(通常为资助研究合同)的授予用于在指定期限内完成特定的项目或者研究任务,或者交付特定产品。

资助合同的资助方认为,学校应负责及时成功完成工作并"提交"承包的可交付结果。在资助奖金中(补助金或合同),学校及其教职人员通常负责在一定时间间隔或补助金或合同确定的阶段向资助方汇报进展情况和结果。作为奖金条款的一部分,资助方通常规定自身享有自由裁量权,以检查授予或合同资金支出,甚至逐项检查,并驳回资助方认为用于不能直接支持指定活动目的的任何资金支出,并要求偿还。如果未能遵循资助的项目或研究,或未达到合同规定的可交付结果,资助方往往保留从受资助方收回全部或部分奖金的权利。

在某些情况下,赠予和资助奖金(补助金或合同)之间的区别含糊不清,需要考虑许多因素,其中包括但不限于资助方完成的使命和所获的潜在收益和价值交换;工作范围;是否存在指定活动,如有,其指定的性质和特性;关于资金用途和可交付结果的问责制条款;以及——在未能完成指定活动的情况下——资助方收回所提供资金或获得未使用资金退还(或得到归还)

的能力。

另一方面,一些外部资金最初可能类似赠予,因为其条款可能缺乏有关资助活动的详细信息,但可能需要一种机制,在这一机制下,资助方可要求定期批准具体项目或研究和/或部分资金的特定用途,因而,这种资助可被视作资助奖金,因为对于资金将用于的特定活动和/或这些活动的预算存在持续的控制。①

在某些情况下,按照提供条款,收到的外部资金可能一部分为赠予,一部分为资助奖金。在这种情况下,所收资金可在赠予和资助奖金之间分配,对每部分的管理、会计、合规和监督目的进行适当的区别对待。

在不能确定所收外部资金的适当分类的情况下,资助项目办公室、哈佛医学院资助项目管理办公室(HMS SPA)、哈佛公共卫生学院资助项目管理办公室(HSPH SPA)、科技发展办公室(OTD)在裁定之前应当与教务长办公室和记录秘书办公室(RSO)协商。这些办公室可与学校发展办公室(UDO)和总法律顾问办公室(OGC)进行协商。同样,当学校发展办公室、记录秘书办公室和学校内其他负责办公室面临不能确定适当分类的外部资金时,应与教务长办公室、资助项目办公室和总法律顾问办公室协商。对于所收外部资金的适当分类长期不能确定或存在争议的情况,教务长和学校首席财务官将进行磋商,做出最终的裁定。

12.10.3 适用对象

政策的适用对象包括所有资助项目奖金的呈送办公室(资助项目办公室、哈佛医学院资助项目管理办公室和哈佛公共卫生学院资助项目管理办公室);在该学院负责管理或协商赠予或资助项目奖金的院级行政官员;科技发展办公室;学校发展办公室;记录秘书办公室;和所有学院和部门、学校范围内的项目和中心,以及所有哈佛大学教职人员、其他学术任用人员、职员、学生以及在哈佛大学寻求或接受外部资金的任何其他个人。

只有记录秘书办公室和/或资助项目办公室才可以代表大学正式接受赠予或资助项目资金,因此,记录秘书办公室和资助项目办公室在决定是否接受赠予或资助项目奖金时必须遵守这项政策。

---

① 赠予和资助奖金对于追偿间接成本的处理方式明显不同,赠予的间接成本回收率通常(但不总是)明显较低。追偿间接成本处理方式的差异,尽管可能促使资助方、教职人员、职员或学院更倾向于其中一个类别,但不可以将这种差异视为确定接收的外部资金属于赠予或奖金的一项标准。应当根据既定的学校政策将外部资金适当地分类为赠予或资助奖金,而不是影响该分类。

12.10.4 责任

在赠予与资助项目奖金的决定因素不很明显的情况下,以下办公室应当进行协调:

资助项目呈送办公室(资助项目办公室、哈佛医学院资助项目管理办公室和哈佛公共卫生学院资助项目管理办公室)、科技发展办公室、学校发展办公室、记录秘书办公室以及教务长办公室根据程序,并考虑到上述因素,负责相互协作,以决定该外部资金是否属于赠予或资助奖金。呈送办公室和科技发展办公室也负责遵循接收和设置资助奖金所需的正常程序。

参与讨论潜在赠予以及捐赠资金由谁管理的学院级别行政官员,以及协助学部使用资助项目奖金程序或进行相关讨论的学院级别行政官员,负责依照上文所述的因素和程序实施这一政策。

教务长办公室、学校发展办公室、记录秘书办公室和总法律顾问办公室负责向呈送办公室和科技发展办公室提供用于确定该资金为赠予或资助奖金的材料。记录秘书办公室也负责设立赠予账户。

12.10.5 定义

A. 资助奖金。这一类别包括学校提供收益或同意提供明确可交付结果或完成一系列活动、资助方提供资金以作交换的所有经费安排,无论该筹资工具是否指定合同、合作协议、补助金、联合协议等。这一类别包括由外国实体或国际组织提供所有合同或资助的"补助金"。[①]

此类别还包括所有分包合同和子补助金,无论是联邦来源还是非联邦来源。非联邦奖金仅由呈送办公室处理。资助项目奖金往往支持研究活动,但在某些情况下,可用于非研究、示范或服务项目。

B. 受限赠予。此类别包括指导学校将资金用于特定学术领域或特定学术目的的捐赠。受限赠予条款可能会规定特定活动及其预算,但通常不规定如何花费或管理资金,并允许资金由受捐赠人在尊重赠予捐赠整体目的的基础上斟酌处理。受限赠予的捐赠方要求的财务报表通常为整体报表,虽然有时为详细的报表。在这两种情况下,相关报表完全是为了确保适当的赠予管理。

---

① 外国实体或政府也可向学校进行捐赠,作为捐赠基金、财政援助或其他非项目特定学术活动。这些由记录秘书办公室负责受理。

未使用的资金不会在受限赠予期满时归还捐赠人。所有受限赠予由记录秘书办公室处理,但如果需要提供详细的财务报表,可由资助项目办公室记录。

12.10.6 联系人和业务专家(略)

12.11 联邦资助研究项目政策指南

12.11.1 引言

与所有接受联邦资助奖金的教育机构一样,哈佛必须遵守一系列限制资金支出方式的规定和准则。本文件意在明确涉及时常引起困扰或/和存在争议的费用的联邦限制和哈佛政策。

这些指导方针针对直接向联邦资助项目支取费用的哈佛研究人员和管理人员。遗憾的是,没有任何文件总结自联邦奖金支取费用时必须遵守的所有规则、规定、政策和指导方针。除了这里提供的指导方针之外,本文的附件中也包含了一些能够帮助阐明联邦限制和哈佛费用政策的资源链接,以及一系列培训机会的链接(现场和在线均有)。

非联邦资助奖金:《管理和预算办公室通告》中的费用指南通常不适用于非联邦资助奖金。非联邦资助者偶尔也有自己的经费政策(或者要求奖金接受者遵守联邦规定和指导方针),但是非联邦奖金通常被视为通告 A-21 中所规定的"特殊目的和情况"。而且,审查每一奖金的条款条件去发现是否存在特殊的费用指导方针是很重要的。

12.11.2 联邦费用原则

按照《管理和预算办公室通告》A-21,联邦资助资金可以用于支付与资助项目相关的特定事项,不论是"直接费用"还是"间接费用"。A-21 之 J 部分中的"选定的费用项目"给予很大的空间,不同的费用类型被划定为"许可"或"禁止"的联邦报销。这里所说的"许可"是指政府愿意支付该项目。但是要记住,J 部分并不总能清楚地指明许可的项目是作为直接费用还是间接费用。间接费用是指那些为了共同或联合目的而产生的因此不能界定为与某一特定资助项目具体相关的费用。直接费用反过来是指那些毫无疑问地与一个或多个项目相关的费用。为了符合直接费用的要求,就是可以直接记入资助账目,一笔费用必须通过以下检验:

1. 该费用按照《管理和预算办公室通告》A-21 的规定和被支取的具体奖金的条款都是被许可的。

2. 该费用必须是可落实的：该支出必须很准确地归入某一项目，或者按照该奖金所获得的收益比例支取。

3. 该费用必须是合理的：该费用必须表明是一个严谨的人在该情况下会支付的金额。

4. 该费用必须一直是按照直接费用支取的，而不是时而作为直接费用时而作为间接费用。注意：特定类型的项目可能构成本一致性要求的例外（参照《通告》A-21 附件 C 中的一些举例），允许一些通常被视为间接费用的（比如行政和文员工资、办公用品费、邮寄费、本地电话费和协会会费）按照直接费用支取，但是只有当项目被标记为"特殊情况"时才适用。一个项目是否构成"特殊情况"通常由学校和与其签约的资助研究办公室（由资助机构批准）来决定。

12.11.3　具体费用项目的处理

12.11.3.1　很多费用项目无须讨论即可归入直接或间接费用

A. 直接费用：能够很准确地具体归入某一资助研究项目。
直接费用可能包含：
1. 资助项目的雇员因工作获得的补偿；
2. 在工作开展过程中消耗或花费的材料，比如实验室材料；
3. 项目设备；
4. 项目咨询费用。

B. 间接费用：为了共同或联合目的而产生的因此不能界定为与某一特定资助项目或活动具体相关的费用。
1. 维护、保管费用；
2. 公用事业；
3. 部门管理；
4. 资助项目管理。

另外，某些类型的费用是许可作为直接费用还是间接费用有疑问，其中一些在下面的部分中会得到处理。对于通常被视为间接费用的情形，有一个简要的解释，随后是一些可能允许直接向项目进行支取的例外情形的例子。

12.11.3.2　行政和文员工资

一般情况下，按照《管理和预算办公室通告》A-21，行政和文员工资必须作为直接费用处理。相应地，哈佛大学要求对联邦补助金、合同和合作协议进行经费授权的教职工，只有当实施工作所需要的超额行政和文员支持不能由学术部门来提供时，才允许直接支取行政和文员工资。这些特别情形和与其相关的程序在哈佛有关"直接向联邦奖金支取行政和文员工资"的政策中有记录。

12.11.3.3　书籍、杂志和订阅资料

A．为何书籍、杂志和订阅资料一般作为间接费用处理？

在哈佛超过 70 个图书馆中有超过 1500 万种书籍、杂志、手稿、政府文件、地图、缩印本、乐谱、录音、视频资料和论文。图书馆系统是哈佛研究事业无价的资源。图书馆运营所产生的费用（包括图书馆资料和员工的费用）中有一部分包含在向资助奖金所收取的设备和管理费中，一般不能再作为直接费用支取。

被视为间接费用的图书、杂志和订阅资料的举例：

1．一般或参考文章；

2．协助主要研究者紧跟其研究领域最前沿的书籍、手稿或重印。

B．图书、杂志和订阅资料何时可以作为直接费用支取？

如果图书馆中没有该图书、杂志或订阅资料，而又明确与资助项目有关，可以作为直接费用支取。

虽然图书馆中有该图书、杂志或订阅资料，但是因经常需要而不够用，明确与资助项目有关的，可以直接向项目支取费用。

这两种情形之下，您应当提供文件说明为何该图书、杂志或订阅资料是项目所需要的。您的文件应涉及下列问题：

1．该图书、杂志或订阅资料的主题是否与项目直接相关？

2．该图书、杂志或订阅资料是否与能够提高研究效率或者提高成果质量的具体研究技术有关？

3．该资料与资助项目有明确的联系？

12.11.3.4　通信费用

A．为何通信费用一般作为间接费用处理？

随着校际交流的加强，用于计算这些费用的新方法不断出现。很难将某一通信工具的特定部分划分出来并准确地归于某一具体目的。因此，大部分通信费用被计入间接费用，作为间接费用处理。

通信支出作为间接费用的例子：

1．本地电话服务；

2．手机、智能电话或其他个人电子辅助设备的基础费用；

3．校内或家庭网络接入或互联网连接费用。

B. 何种通信费用能作为直接费用支取？

能够准确与资助项目相关联并且仅用于资助项目的通信费用可以作为直接费用支取。

能够作为直接费用支取的通信费用的例子：

1. 详细列明的专门与项目有关的长途通信费用；
2. 专门用于调查的通信设备；
3. 专门用于管理多地点研究项目的电话和个人数字助理；
4. 从现场接收数据输入的电话专线；
5. 与项目有关的差旅过程中产生的酒店上网费。

C. 如果您打算从资助项目中支取通信费：

1. 解释为何实施项目需要专门的通信费；
2. 遵守奖金条款条件中所列的限制和批准要求；
3. 费用可预测的，在您提议阶段的预算中将其计算在内。

12.11.3.5 电脑和数据存储设备

A. 为何电脑和数据存储设备一般作为间接费用处理？

在过去几十年中技术变化迅速。台式电脑、笔记本电脑和数据存储设备涵盖了很大范围的功能：计算、数据存储、通信、交流、娱乐等。电脑和数据存储设备在日常商业经营中的普遍使用使得准确地分离出专门的科学功能及其相应成本变得困难而不现实。

低于资本化门槛的台式电脑、笔记本电脑和数据存储设备一般视为可支持各种活动，不能与一个专门项目相关联。因此，电脑通常作为间接费用处理。

电脑作为间接费用处理的例子：

1. 按常规分配给学生、员工或教职成员的电脑；
2. 位于实验室或办公室里任何公共区域的电脑。

B. 何时电脑或数据存储设备可以作为直接费用支取？

当电脑或数据存储设备的购买是某一特定资助项目所必需的，不会作为一般用途设备使用时，可以作为直接费用支取。

可以作为直接费用支取的电脑情形：

1. 电脑与另一科学设备相连或者是信息/数据收集和分析所需要的；
2. 笔记本电脑是现场研究记录数据所特别需要的；
3. 电脑主要用于指定的资助奖金。主要研究者必须说明如果不是为了资助项目就不会买电脑。

C. 如果您计划从资助项目支取电脑或软件的费用作为直接费用：

1. 遵守奖金条款条件中所列的限制和批准要求；
2. 提供书面理由说明电脑使用的方式，列明其与科学工作范围有关的具体目的。

12.11.3.6 会议费

A. 为何会议费一般作为间接费用处理？

会议费作为间接费用处理，如果雇员参加会议只是为了大致了解会议主题，而非为了获取或呈现与奖金相关的具体信息。没有特别关系的会议费应当从员工自主账户或部门账户中支取。

B. 何时会议费可以作为直接费用支取？

会议费可以作为直接费用支取，如果：

1. 科学家展示其项目工作过程中获得的研究成果；
2. 科学家能确认会议的目的与被支取费用的奖金的目的密切相关；
3. 会议费资助的目的就是要求主要研究者主持一次会议以公开资助项目的信息。

12.11.3.7 设备

A. 为何一般用途的设备费用要作为间接费用处理？

一般用途设备的购买费用和其他资本经费一般作为间接经费处理，原因是一般用途设备不能简单地与一个特定的费用目的相关联。

应当被视为间接经费的设备：

1. 一般办公设备和家具；
2. 模块化办公室；
3. 电话网络；
4. 信息技术设备和服务；
5. 复印和打印设备；
6. 机动车；
7. 空调设备。

B. 何时设备作为直接费用支取？

与某一资助项目具体相关的研究实施所必需的特殊用途的设备可以作为直接费用支取。

可以作为直接费用支取的特殊用途设备包括：

1. 显微镜；
2. X射线设备；
3. 手术用具；
4. 光谱仪；
5. 用于某一具体项目的高端服务器/数据存储设备。

C. 如果您计划为专门设备支取直接费用：
1. 如果可预测费用,在提议阶段将其包含在您的预算之中；
2. 说明专门设备如何为资助项目所必需；
3. 确保该设备不用于一般用途；
4. 遵守奖金条款条件中列明的所有具体限制和批准要求。

12.11.3.8 本地餐费

A. 为何本地餐费和没有相关差旅的餐费一般作为间接费用处理？

若没有相关差旅,餐费一般是个人的私人事务。

在本地区(例如：郎伍德医疗区校园、附属医院以及哈佛的剑桥和奥尔斯顿校区)发生的餐费一般不允许直接从联邦资助项目中支取。

《哈佛大学差旅政策》可能允许哈佛基金支付这些类型的费用,但是在资助项目中它很少被许可。在这些情形下,应当从员工或部门的自主账户中支取费用。

应当作为间接费用的餐费情形：
1. 研究人员每周会晤讨论补助金的进程；
2. 主要研究者与同事共同进餐讨论研究问题。

请参考《哈佛大学差旅政策》获取更多信息。可以从资助项目中支取费用的国内和国外差旅应当遵守差旅政策中规定的指导方针,资助机构施加更大限制的除外。还要注意在差旅政策中所列的不能报销的费用以及不能直接或间接从联邦项目中支取的费用。

B. 何时本地餐费和没有相关差旅的餐费作为直接费用处理？

本地商务餐可能直接从奖金中支取,如果它们与为分享或公开奖金直接相关的技术信息而召开的正式会议相关联(参照《管理和预算办公室通告》A-21 的 J.27 部分"专业服务费用")。

注意：特定的资助人可能会有与《管理和预算办公室通告》A-21 定义不同的条款条件。具体费用的处理请参照奖金的条款条件。

允许作为直接费用的餐费情形：
1. 项目合作人为分享与项目密切相关的技术信息而定期举行的全天会议的午餐和茶点。要有正式的议程和正式的出席人员名单。与会者来自不同地区。
2. 研究人员为应聘研究补助金的公开职位来到哈佛大学当地的郊区,他的餐费可能从补助金中支取,鉴于其处于差旅状态。

C. 如果您计划为餐费从资助项目中支取直接费用：
1. 记录会议的目的以及用餐的必要性。获取一份正式议程和一份外部和内部与会人员的正式名单。

2. 如果您提前知道会议的日程安排,在提议预算中要将其费用包含在内,并进行说明。

12.11.3.9 本地停车

A. 何时本地停车作为直接费用处理?

如果本地行程直接助益项目且具有明确合理的工作性质,停车费作为直接费用处理。

停车费作为直接费用处理的情形:

1. 主要研究者在本地郊区驱车前往就某一具体项目会见合作者。
2. 研究人员在做的联邦资助项目涉及多个波士顿的医院,要求不时地从哈佛大学前往附属医院。
3. 调查研究的实验对象报销其造访联邦资助研究地点时产生的停车费。

B. 如果您计划将停车费作为直接费用支取:

1. 记录停车如何直接助益项目。
2. 如果可预期费用,在提议阶段将其包含在您的预算中。

12.11.3.10 复印

A. 为何复印一般作为间接费用处理?

复印一般作为间接费用处理的原因是很难将复印的材料与某个单独的资助项目相关联。一般管理维护产生的费用有一部分包含在向资助奖金支取的设备和管理费中。因为复印被包含在了设备和管理费中,通常不能作为直接费用支取。

注意:即便复印一篇对于推动某一具体补助金的试验有巨大帮助的有关某一特定研究技术的文章,也很难认定应当从补助金中支取复印费,满足特殊目的和情形标准的除外。

B. 何时复印作为直接费用支取?

如果复印费根据项目的性质是特别需要的,能够很准确地与资助项目相关联,那么可以作为直接费用支取。项目中复印费的分配方法应当完整记录,并附随复印机使用的辅助记录。

复印允许作为直接费用的情形:

1. 用于进行邮件调查的专用复印机;
2. 复印机是项目"实验设备"的一部分,用于大型邮件调查或数据分享。

12.11.3.11 邮寄和运输

A. 为何邮寄和运输费用一般作为间接费用支取?

办公用品、邮寄、本地电话费和会员费等项目一般作为设备和管理费处理。邮寄和运输费用一般包含在哈佛大学大部分学院的日常开支中,因为该费用不能从要求高度准确的具体奖金中支取。

在哈佛公共卫生学院，根据《管理和预算办公室通告》A-21 的 D.1 部分被视为符合资助活动、指南或其他直接费用目标的邮寄和运输费用可以作为直接费用处理。哈佛公共卫生学院要求邮寄费从所有获益的活动中直接支取。有关设备或管理目标的邮寄费在哈佛公共卫生学院作为间接费用处理。

运输和邮寄一般被视为间接费用的情形：

1. 向资助人邮寄提议；
2. 维持常规管理活动所需的邮寄或运输；
3. 不能与某一特定资助奖金相关联的运输费。

B. 何时邮寄和运输费作为直接费用支取？

如果邮寄或运输费是项目所要求的，能够与具体项目相关联，那么可以作为直接费用支取。

运输和邮寄费可以作为直接费用支取的情形：

1. 将标本运往实验设施进行处理；
2. 大型调查进行的邮寄；
3. 运输动物供某一具体项目使用；
4. 按照奖金条件条款的要求分享模型生物。

C. 如果您计划为运输或邮寄支取直接费用：

1. 解释邮寄或运输唯独助益该项目的原因；
2. 遵守奖金条件条款中所列明的所有具体限制和批准要求；
3. 如果可预期费用，在提议阶段将其包含在您的预算之中。

12.11.3.12 办公用品

A. 为何办公用品一般作为间接费用处理？

对部门之间和有组织的研究单位之间的共同或联合部门活动有益的管理和支持服务中所产生的一般办公用品，一般不允许作为直接费用从联邦奖金中支取。既然办公用品不能归入要求高度准确的具体项目之中，只能视为间接费用。

B. 何时办公用品作为直接费用支取？

如果办公用品专门且唯独用于资助项目，该专门用品可以作为直接费用支取。

办公用品可以作为直接费用支取的情形：

1. 用于计划项目或大型调查项目（不同目的和情形）的办公用品；
2. 布告或宣传准备所需的材料（布告板、摄影器材、与资助项目直接相关的展示所需的彩纸）。

C. 如果您计划为办公用品支取直接费用：

在购买之前详细说明办公用品如何助益某一具体的资助项目。

12.11.4 有关联邦培训补助金的特殊事项

实习生相关费用是指"用于支付与研究项目直接相关的员工工资、咨询费、设备、研究物资、员工差旅和其他费用等培训费用的资金"。其他学员和实习生费用，比如差旅、健康保险和学费，可以根据《美国国立卫生研究院资助政策说明》、具体奖金条件条款和奖金预算进行报销。设备和管理费一般不能给学员报销，因为通常已有固定的"体制津贴"。培训补助金的设备和管理费一般限定在修订的直接费用总额的8%以内。修订的直接费用总额是指分配到要求高度准确的个别资助项目的费用，但是不包括双方达成共识的费用做出的"修订"。

下列实习生相关费用可以在学员和培训补助金中作为直接费用处理：

1. 咨询费，包括研讨会发言人（他们的差旅和酬金）和研讨会/讨论会相关费用；

2. 通知、公告和传单；

3. 摄录研讨会的费用，因为这些研讨会是与实习生有关的，实习生能够受益于这些研讨会的教育价值；

4. 实习生差旅；

5. 健康保险；

6. 专业会员费；

7. 图书津贴；

8. 主要研究者差旅和会议费，如果同实习生共同参加会议。

实习生相关费用（TRE）由美国国立卫生研究院规定：TRE基金用于帮助支付员工工资、咨询费、设备、研究物资和员工差旅等其他培训相关费用；TRE一般要求一次性付款，数额要基于实际操作所需要的实习生数量，且如果没有进一步规定要在预算页上写明；受资助的差旅是指参加远离母机构且母机构认为个人研究培训所必需的科学会议和研究培训经历而进行的差旅。

费用类型	许可或禁止	考虑事项
酬金	许可	实习生研讨会的讲员。
管理工资	许可	可以分配去帮助支付员工工资等费用。但是这些费用应当满足可分配和合理性检查。

(续表)

费用类型	许可或禁止	考虑事项
书籍/杂志	许可	如果这些物品能够直接助益项目研究和培训,可以分配。
国内差旅	许可	只有实习生或主要研究者可以前往加强研究经历。从住处到机构的行程不计算在内。
国外差旅	许可	只有实习生或主要研究者可以前往加强研究经历。从住处到机构的行程不计算在内。
研讨会录影	许可	如果研讨会与实习生相关且实习生能够受益,因为它们提供了确定的教育价值,那么可以分配。
名片	禁止	对研究或培训没有直接益处。
电脑	许可	如果电脑购买是部门为了被安排参加项目的实习生使用,或者资助人准许,可以分配。
签证	许可	只有福格蒂培训补助金允许分配。
食品(如披萨或苏打水)	禁止	一般食品费用是不允许的。如此,这些费用应视为招待费,而招待费是不允许的。
搬家费	禁止	项目基金不能用于未来实习生因聘用或分配而搬入或搬出的差旅费。
健康保险	许可	如果该费用是所有实习生都需要的,可以;家庭健康保险是许可的。禁止:联邦保险捐助条例、员工补偿、失业保险。TRE范围内的日常支出承担。
广告	许可	可以分配招聘费用。

请注意下列资源可供参考:

1. http://grants.nih.gov/training/faq_training.htm
2. http://grants.nih.gov/grants/policy/nihgps_2001/part_iib_5.htm

12.12 知识产权政策(略)

12.13 非联邦资助基金利息收入的政策

12.13.1 概况

1. 非联邦交易(NE)和非联邦补助金(NG)基金在2013财务年度账户余额将获得0.05%的年利息。
2. NE和NG基金的利息收入将通过自动转账程序按月发放。
3. 利息收入必须按照资助人条件条款进行使用。
4. 经允许,各学院分支机构工作人员可将利息收入转入非资助基金供使用。

12.13.2 非联邦资助基金利息收入政策和程序

12.13.2.1 制定利息收入政策
内部利息政策小组(由哈佛中央教员事务部门和各学院分支机构工作人员组成)于2002年开会制定了多种基金类型支付利息收入(包括NE/NG)的公平政策。从2002年7月1日起,NE/NG基金账户余额的利息收入将自动支付,各学院分支机构无须再就各个基金提交申请以获取利息。

12.13.2.2 利息收入政策和程序的修订
涉及非联邦基金账户余额利息收入的程序和方法应当定期由副校长(财务)、各学院分支机构财务官员和科学政策办公室工作人员进行评估。对于影响资助基金的政策或程序的任何提议变更应提交资助行政领导委员会(SALC),以便在实施之前提出建议和评价。适用的利率应每年由科学政策办公室和内部利息政策小组进行重新评估。

12.13.2.3 可获取利息收入的非联邦基金
上一月度有账户余额的NE/NG基金将产生本月应当支付的利息收入。

12.13.2.4 联邦补助金利息收入
补助金获得者利用联邦基金获取利息是违反联邦规定的。联邦资金大多数是通过信用证制度获取的,基金没有账户余额。但是,有些联邦机构会提前支付。这些基金存入带息账户,获取的利息按年度汇到已知的机构,即健康和人事服务部。

12.13.2.5 适用基金和范围
FG基金处于100000~199999范围内;
NE基金处于200000~249999范围内;

NG 基金处于 250000～299999 范围内。

12.13.2.6　账户余额的计算

账户余额是由总账中所公布的上月结束时的基金资产、收入和开支账户的总额(不包括利息收入)决定的。下列目标代码内的余额：0120、4000～4529、4531～9509 总计得出基金的账户余额。利息收入(目标代码 4530)排除在外，因为支付的利息是单利而非复利。

12.13.2.7　NE/NG 基金账户余额的利息支付

NE/NG 基金的利息收入分别由政府奖助管理应用程序套件(GMAS)和可持续性办公室(OFS)每月通过自动程序计算并支付。资助项目办公室不得影响非联邦基金利息的处理。

12.13.2.8　基金仍有余额的终止项目

如果一个 NE/NG 基金上一月度仍有余额，最大账户组的主账户没有禁用，但是项目已经结束的，应继续支付利息直至账户禁用。

如果一个基金在上一月度仍有余额，但本月没有余额的，无须支付利息。政府奖助管理应用程序套件比较上月/本月余额，如果本月没有账户余额了，则默认为项目已结束。

12.13.2.9　月度账目的时间

需支付的利息应按基金上一月度的账户余额计算，扣除今年迄今为止的利息收入。利息收入的信贷交易于上一月度结束后的本月记账。例如，1月的余额赚取的利息将于 2 月记账；2 月的余额赚取的利息记在 3 月，等等。

12.13.2.10　利息率

基于上月账户余额(不包括今年迄今为止的利息收入)每月应支付的单利年利率为 0.05%。每月 NE/NG 基金上月账户余额(不包括今年迄今为止的利息收入)的 0.05% 的 1/12(0.00416%)应返还到基金未禁用的主账户中。

12.13.2.11　利息收入的使用

基金利息收入的使用必须遵照被资助人和资助人间达成的条件条款，以及哈佛大学制定的相关会计政策。如果校方未收到资助人对于利息收入使用提出的限制，各学院分支机构可以自主用于项目相关或其他的目的。利息收入用于其他目的前，必须转至某一非资助基金。余额转账也可以构成账户关闭，完全清空账户余额。

各学院财务官员可以独立通过收入转账目标代码 4531 适时将利息收入转至其他基金。项目资助办公室和可持续性办公室(OFS)均不得于收入计入基金后再进行转账交易；利息转账是各学院分支机构的责任。

12.13.2.12　项目截止后的利息收入结余

如果资助人对于校方支付的利息收入使用没有限制,并且所有项目经费已经发生,剩余的利息收入应转至某一非资助基金以便使用,并且清空基金的账户余额以便关闭账户。

12.13.2.13　利息收入的检查或报告

可以通过使用CREW里面的细节明细报告或者总结事实报告来检查或报告NE/NG基金的利息收入。选出您的各学院分支机构,基金处于200001～299999范围内的,在选择期限内适用目标代码4530。PER现在分别展示每个利息收入的目标代码。

12.13.2.14　支付给NE/NG基金的利息收入来源

支付给NE/NG基金的利息来自哈佛大学管理基金创造收入的基金"中央银行"。该收入将转入应得该收入的NE/NG基金。

12.13.2.15　交易管理办公室

教员事务部可持续性办公室(OFS)总会计办公室负责NG范围内的基金每月进行收入交易,实施目标代码4530"利息收入"。可持续性办公室(OFS)会计办公室必须进行这些交易,因为目标代码4530仅限其使用。GMAS自动为NE范围内的基金进行收入交易。

12.13.2.16　不合理收入项的更改要求

可能出现利息收入因疏忽转入近期已经禁用的或因其他原因没有收入的基金的情形,例如被错误归入NE/NG范围的基金。这种情况下,各学院分支机构/基金管理者应联系项目资助办公室现金主管,或者各学院或各学院分支机构的小组负责人。项目资助办公室员工将通过目标代码4530向可持续性办公室(OFS)提交更改报告,要求返还错误的收入转账。

12.13.3　常见问题：账户余额的非联邦利息

常见问题：非联邦交易(NE)基金和非联邦补助金(NG)基金的账户余额所获得的利息。

1. 问：为何我的NE/NG基金现在能获得利息？

答：内部利息政策小组(包含中央教员事务部和各学院分支机构工作人员)今年开会制定了对包括NE/NG在内的多种基金支付利息收入的公平政策。从2002年7月1日起,将自动支付NE/NG基金账户余额的利息收入,各学院分支机构无须再提交对各个基金获得利息的请求。

2. 问：我怎样使用利息收入？

答：利息收入的使用必须首先遵守资助人的条件条款。如果未收到校方有关利息收入使用的限制规定，各学院分支机构可以自主用于项目相关或其他目的。利息收入用于其他目的前，必须转至某一非资助基金账户。剩余收入转账也便于账户关闭。各学院分支机构财务官员可在各学院分支机构内独立使用收入转账目标代码4531将利息收入适时转至其他基金。

3. 问：FG（联邦补助金和合同）基金能获取利息吗？

答：补助金获得者利用联邦基金获取任何利息是违反联邦规定的。联邦基金的大部分是通过信用证获取的，这样基金也没有账户余额。但是，有些联邦机构会提前支付。这些基金存入带息账户，获取的利息按年度汇到已知的机构，即健康和人事服务部。

4. 问：我如何识别不同的基金？

答：FG 基金处于 100000～199999 范围内；

NE 基金处于 200000～249999 范围内；

NG 基金处于 250000～299999 范围内。

5. 问：我哪一个 NE/NG 基金可以产生利息收入？

答：上月有账户余额的 NE/NG 基金可以产生本月支付的利息收入。

6. 问：如何确定账户余额？

答：账户余额是由总账中所公布的上月结束时的基金资产、收入和开支账户的总额（不包括利息收入）决定的。

7. 问：确定账户余额适用哪个目标代码？

答：下列目标代码内的余额：0120、4000～4529、4531～9509 总计得出基金的账户余额。利息收入（目标代码 4530）排除在外，因为支付的利息是单利而非复利。也就是说，我们不对利息支付利息。

8. 问：我能获得多少利息？

答：基于上月账户余额（不包括今年迄今为止的利息收入）每月应支付的单利年利率为 0.05％。每月，NE/NG 基金上月账户余额（不包括今年迄今为止的利息收入）的 0.05％ 的 1/12 或者 0.00416％ 应返还到基金未禁用的主账户中。

9. 问：NE/NG 基金账户余额的利息是如何支付的？

答：NE/NG 基金的利息收入分别由政府奖助管理应用程序套件（GMAS）和可持续性办公室（OFS）每月通过自动程序计算并支付。资助项目办公室不得影响非联邦基金利息的处理。

10. 问：计息每月何时发生？

答：需支付的利息应按基金上一月度的账户余额计算，扣除今年迄今为止的利息收入。利息收入的交易于前月结束后的本月记账。例如，6月的余额赚取的利息将于7月记账；7月的余额于8月取得利息，等等。

11. 问：我如何查看或报告计入我账户的利息收入？

答：使用CREW里面的细节明细报告或者总结事实报告。选出您所在的学院分支机构，基金处于200001～299999范围内的，在选择期限内适用目标代码4530。PER会区分利息收入和其他类型收入。

12. 问：我如何更改不合理收入项？

答：联系您的项目资助办公室财务分析师，或者您学院或各学院分支机构的小组负责人。经批准，项目资助办公室将通过目标代码4530向OFS提交更改报告。

13. 问：如何处理终止项目的基金余额？

答：如果一个NE/NG基金上一月度仍有余额且没有被禁用，但是项目已经结束的，应继续支付利息直至账户禁用。

14. 问：如何处理上月有账户余额但是本月已被清空的项目，比如：账户余额已返还资助人？

答：如果一个基金在上一月度仍有余额，但本月没有余额的，无须支付利息。项目资助办公室比较上月/本月余额，如果本月没有账户余额，则默认为项目已结束。

15. 问：如何处理项目截止后剩余的利息收入？

答：如果资助人对于校方支付的利息收入使用没有限制，并且所有项目经费已经发生，剩余的利息收入应转至某一非资助基金以便使用，并且清空基金的账户余额以便关闭账户。

16. 问：谁支付利息收入？利息收入从何而来？

答：支付给NE/NG基金的利息来自哈佛大学管理基金创造收入的基金"中央银行"。该收入将转入应得该收入的NE/NG基金。

17. 问：如何修订这些政策和程序？

答：涉及非联邦基金账户余额利息收入的程序和方法应当定期由副校长（财务）、各学院财务官员和科学政策办公室工作人员进行评估。对于影响资助基金的政策或程序的任何提议变更应提交资助行政领导委员会（SALC）成员，以便在实施之前提出建议和评价。利率应每年由财务管理机构进行重新评估。

12.14 国际项目指南

2011年11月16日发布。

哈佛在全球的影响力不断扩展。学校鼓励世界性的研究、教学和学术的发展并期待能够加快发展的速度。随着全球流动性的增长，沟通障碍不断降低，全世界高等教育的质量不断提升，哈佛教职工和学生正致力于且也应当拓展国际合作，寻求世界范围内的教学和研究机遇。尽管哈佛师生一直如此，但是当今的情形是史无前例的。

哈佛尽量支持美国以外的学术工作，并遵循两个原则：（1）全球工作的障碍应当降低，和（2）在进行国际工作的过程中而产生的学校及其学院、教工、学生和工作人员所面对的风险应得到有效管理。学校的目标是帮助哈佛教工和学生追求他们可能领导的重要和有趣的学术问题，并得到机构的支持降低风险。要实现这一目标，就必须认识到国际项目既带来挑战，也带来机遇。

通过本指南，教务长办公室意欲向教工和管理人员提供有关海外主要经营风险的清晰、简单的准则，以便能降低这些风险，最低限度地降低对学术目标的影响。哈佛新的全球支持服务于2011年在校园服务部内成立，旨在提供国际业务操作的工具和指南，以帮助学院、教工和员工在这些规则的范围内完成项目。

这些规则的制定原则是必须遵守哈佛的政策和程序以及美国和东道国的法律。

12.15 法律协议工作流程、谈判权及签字权

下列表格展示了审查和执行与哈佛教学和研究任务有关的法律协议的办公室。此表旨在告知学院管理人员应当联系哪个办公室来审查协议，以及哪个学校办公室必须签署特定的协议。此表不是作为或描述此类活动的批准程序；该文件假定法律协议所源自的项目或活动已经得到（或者将要获得）适当的批准。审查者的任命不是排他性的。本表中列为审查者的办公室之间是密切合作的关系，任何审查者可要求其他审查者协助审

查。同样,一个审查者可能经常咨询有关学院官员。请注意:本表中所使用的协议名称均为通用名称,但是呈交给哈佛的协议经常有新奇的或不详细的名称(比如"谅解备忘录"(MOU))。在其他情况下,协议可能结合不同的概念(合作涉及数据传输和测试网站测试),但是其名称无法涵盖所有业务内容。管理者对于向哪个办公室发送协议草案应当作出最好的判断。最终,哪个办公室审查或执行某一协议将取决于业务的实质而不是名称。

合同	审查	签字
资料转让协议(输入或输出)	科技发展办公室(OTD)	科技发展办公室(OTD)
访问科学家协议: 与行业	科技发展办公室(OTD)	科技发展办公室(OTD)
与非营利、其他政府和教育组织	资助项目办公室(OSP)	资助项目办公室(OSP)
访客参与协议	非协商	访客
数据使用协议(输入)	资助项目办公室(OSP)和总法律顾问办公室(OGC)或科技发展办公室(OTD)	资助项目办公室(OSP)或,如果协议涉及违反保密规定的刑事处罚,相关学院官员
数据使用协议(输出): 如果主要研究者权利未转让	资助项目办公室(OSP)	资助项目办公室(OSP)
如果主要研究者权利已转让	科技发展办公室(OTD)	科技发展办公室(OTD)
研究/合作协议: 与行业	科技发展办公室(OTD)	科技发展办公室(OTD)
与非营利或美国政府或其他学校的教职工	资助项目办公室(OSP)	资助项目办公室(OSP)
与外国政府或类似外国政府实体	总法律顾问办公室(OGC)	资助项目办公室(OSP),教务长办公室和相关学院院长(如有):都必须签字[1]
涉及为校外研究活动提供场所的不动产的建造、购买或租赁的协议	总法律顾问办公室(OGC)	签字权由公司投票决定(文件可以从公司秘书处获取)

(续表)

合同	审查	签字
哈佛履行服务的管理/服务单位签订的服务协议	主管和总法律顾问办公室(OGC)	相关学院或单位官员
涉及教职工、哈佛预计是签约者的咨询协议	院长和/或有关学院或单位的官员,总法律顾问办公室(OGC)和资助项目办公室(OSP)	科技发展办公室(OTD)或资助项目办公室(OSP)[2]
涉及教工或研究的保密协议或禁止公开协议	科技发展办公室(OTD)或资助项目办公室(OSP)	科技发展办公室(OTD)和/或教工程院
批准的核心设施提供的服务	总法律顾问办公室(OGC)	学院
礼物/信物	记录秘书办公室(RSO)	记录秘书办公室(RSO)
供教工使用的输入测试使用协议	科技发展办公室(OTD)	科技发展办公室(OTD)

[1] 与外国主权政府签订的所有合同的签约权如下:
(1) 对于资助研究和类似协议,资助项目办公室(OSP)和教务长办公室;
(2) 对于与外国主权政府签订的所有其他合同或协议,教务长办公室和有关学院的院长(如有)。与外国主权政府签订的不涉及资助研究的所有协议在教务长 2011 年 11 月 16 日发给所有学院院长的备忘录中有规定。
[2] 请参考学校有关"咨询或相关服务协议"的政策。

12.16 受资助人的产假和育婴假的政策

12.16.1 背景

为了提高政策明确性,哈佛大学制定了以下与员工产假离岗相关的计算指南。通常,哈佛大学的就业政策将产假和育儿假区分开来。产假被视为短期伤残,并经分支机构人力资源办公室与福利服务团队协调,由分支机构提供资金来源。育婴假被视为带薪休假,并应由基本工资的支付基金或项目提供资金来源。此外,经批准,某些员工可以使用其累积的带薪休假时间或者事假时间(多达一周)延长其育婴假。本指南旨在回答该等离岗时间的计算问题;关于福利的问题应该向人力资源部门咨询。

12.16.2 产假与育婴假

哈佛大学为生育及领养母亲规定了13周产假政策,自孩子出生或领养之时起算,其中包括哈佛大学短期伤残计划项下提供8周的薪酬。该8周短期伤残计划是额外福利,由哈佛大学统一提供资金;该项不能从资助奖金扣除,也不得视为带薪休假。

生育和领养父母及生育父亲可享受长达4周的育婴假(带薪)(取决于工龄的长短)。该段时间被视为带薪休假,资金来源与基本工资来源相同。根据哈佛大学的费率协议(其中规定了带薪休假的会计处理方法),这种做法对资助项目(包括联邦奖金)而言是允许的。哈佛大学三份单独的费率协议的第二条"特别说明"中规定:"病假、休假工资及其他带薪离岗包含在工资和薪金内,并作为工资和薪金正常费用的一部分,根据补助金、合同及其他协议的规定而确定。"因此,根据哈佛大学三份费率协议,经批准的育婴假允许计入资助项目直接成本。

哈佛大学政策有时允许额外一周休假,资金来源于带薪休假期或者未使用的事假。如果该段时间被批准为休假,那么其资金则来源于假期余量。如果该段额外时间被批准为事假,那么其将被视为带薪休假,计入员工正常经费来源,包括资助奖金。与育婴假不同,在以上任意一种情形下,员工的休假或者事假时间的余量随着请假时间的增多而减少。

12.16.3 联邦指南

联邦政府对员工产假并没有明确的指南规定。关于所有费用(包括产假)允许度的指南有两大主要出处:《管理和预算办公室通告》A-110和A-21。该通告A-110的C27规定允许度取决于A-21;A-21的J.10规定适用既定的大学政策。

12.16.4 哈佛大学指南

哈佛大学关于员工育婴假的政策可参阅哈佛大学人力资源管理信息系统(Harvie)以下网址:

http://harvie.harvard.edu/benefits/timeoff/parentalleave.shtml

12.16.5 常见问题解答

1. 问:我可以将全部13周产假计入一个资助项目么?
答:不可以。8周短期伤残计划应在分支机构人力资源办公室和福利服务团队的协调下计入中央分支机构。长达4周的育婴假可以作为带薪休假从补助金扣除，按与项目相关的通常工作时间比例计算。13周可以被当作是休假时间或者事假时间。根据哈佛大学带薪离岗处理协议，休假时间由休假余量（亦即不计入资助项目）提供资金，事假则作为带薪休假直接计入资助项目。

2. 问：我应该将4周育婴假计入什么目标代码？

答：育婴假计入员工基本工资的标准工资目标代码。

3. 问：如果您是一名新生儿的爸爸，您可以将4周假期直接计入补助金吗？您是否可以享受8周短期伤残福利？

答：关于员工福利的问题应由分支机构人力资源办公室处理。一旦分支机构人力资源办公室及部门人力资源办公室决定休假是短期伤残、育婴假或者13周产假及其对应的福利，本计算指南可以协助保证合规计算。

4. 问：博士后是否被视为以上员工群体的一部分？是教员吗？

答：不是，本产假和育婴假计算指引仅适用于被哈佛大学文员及技术工人工会（HUCTW）覆盖的行政岗和专业岗、符合加班条件、无独立交涉权的工会单位及员工。各分支机构具体操作不一，所以请咨询您的部门或分支机构人力资源办公室获取其他指南。

12.17　美国国立卫生研究院（NIH）相关政策

美国国立卫生研究院公共访问政策有两项主要的要求。

自2008年4月7日起，主要研究者必须保证，任何受美国国立卫生研究院资助并已被接受出版的任何由同行评议手稿的电子版，在该日后储存于公共医学中心、美国国立卫生研究院生物医学和生命科学期刊文献数字档案馆，且公共医学中心可能将该等文章在出版后12个月内进行公开。

自2008年5月25日起，任何向美国国立卫生研究院提交申请、研究计划或进度报告的个人在引用其美国国立卫生研究院资助研究的文章时必须注明公共医学中心文档号。

获取本政策更多信息，请登录康特威图书馆（Countway Library）网站。

12.18 校内和校外的间接费用比率

12.18.1 政策声明

间接费用(亦称"设施和行政费用""F&A 费用"或者"经常费用")系资助人向哈佛大学提供的、用以支付与支持研究的一切基础设施费用相关的款项。哈佛大学有三种不同的间接费用费率协议:哈佛大学校区、哈佛医学院以及哈佛公共卫生学院。经与卫生与公众服务部成本分配处商议,每一种该等费率协议均规定,一种间接成本费率适用于在校内进行的研究,另一种费率适用于在校外进行的研究。本文件概述适宜使用校内费率的情形以及适宜使用校外费率的情形。所有受资助的研究计划的提交应遵守本文件所载的政策和程序的规定。

12.18.2 政策原因

校内与校外间接成本费率政策的适用旨在:
1. 提供校内及校外费率适用的标准;
2. 定义"主要在校外进行的研究";
3. 定义"主要在校内进行的研究"。

12.18.3 适用对象

哈佛大学所有学院、地方单位及大学范围内的联邦政府资助的项目都适用此三份大学间接成本费率协议。

12.18.4 负责办公室(略)

12.18.5 程序

卫生与公众服务部费率协议规定:"哈佛大学使用的费率适用于将花费大量时间和精力之处。"相应地,每一份合同或补助金仅适用一种间接成本费率。因此,在向资助机构提交申请之前,主要研究者,经咨询其主管资助研究办公室,必须适当地确定在项目的整个过程中,多数时间和精力是发生在校内还是校外,是适用校内费率还是适用校外费率。决定多数时间和精力的分配应通过对比哈佛大学项目人员在项目活动上在校内地点和校外地点花费的时间和精力的比例。为此目的,在校外进行的服务的次级资助和供应商协议不应考虑在内。为本政策之目的决定研究是在校内还是校外进行的判定标准是：当高于50%（包括本数）的时间和精力是在校内进行的，那么应适用校内费率；当高于50%（包括本数）的时间和精力是在校外进行的，那么应适用校外费率。

  注意：研究可能在哈佛大学租用的空间内进行。租赁协议的存在并不意味着研究活动在校外进行。相反，应首先了解是谁在支付租赁费用：是哈佛大学还是研究资助人？如果租赁费用计入资助人支付的直接费用，那么其次应了解，在该空间内花费的时间和精力总和是否高于在哈佛大学所有的或者以哈佛自有资金租用的空间内对该项目花费的时间和精力的总和。为计算多数时间和精力之目的，当空间的租赁费用包括在项目预算的直接成本内并由研究资助人以直接费用的方式进行支付时，那么在该空间内花费的研究时间和精力应被认为是校外。请注意，在任何一个申请中仅能适用一种费率。

12.18.6 联系人及业务专家（略）

12.18.7 定义

  "校内"系指在哈佛大学所有的空间内（且哈佛大学为此以自有资金承担空间费用）进行的研究。对于用于校内研究的空间，哈佛大学已经将与该空间相关的费用计入校内F&A费率的"设施"部分。"校外"系指在非为哈佛大学所有的空间内且非为哈佛大学自有资金承担费用进行的研究。对于用于校外研究的空间，外部来源（通常是研究资助人）提供资金，要么为空间直接支付，要么为哈佛大学报销其租赁费用，要么直接免费向哈佛大学提供研究空间。所以，校内F&A费率中的设施部分不适用于该等空间的租赁费用。"租用的空间"系指用于研究但非为哈佛大学所有的空间，费用由哈佛大学自有资金或者由研究资助人承担。

12.19 关于知识产权的参与协议

  哈佛大学于2008年2月4日通过了《知识产权政策》。本政策及其不时修订版适用于哈佛大学所有成员和使用哈佛大学设施进行研究的访问学者。联邦政策要求哈佛大学从每个从事联邦资助项目的研究人员处获得一份有关研究人员报告和转让发明义务的书面协议。

  每个在哈佛大学从事研究的人员应当签署《哈佛大学参与协议》或者

《哈佛大学访问者参与协议》,视情况而定。

12.19.1 资助人的具体要求

个人合同分包报告(SF294 合同)。

A. 小型企业不需要提交报告。

B. 商业计划已获批的商业项目、国防部综合分包计划谈判测试项目中的大型企业均无须提交报告。在前述任一情况下运营的承包商要把分包合同汇总报告(SF295)按照表格上的说明提交给政府。

C. 这份表格从总承包商/转包商处收集分包合同授予的数据:

1. 持有一份或者一份以上总值超过 50 万美元的合同(如属公共设施建设,则需超过 100 万美元);和

2. 需要汇报授予给分包计划所关注的小型企业、小型弱小企业、女性拥有的小企业、历史上商业落后地区小企业、退役军人拥有的小企业和伤残退伍军人拥有的小企业的分包合同。对于国防部、国家航天航空局和海岸警卫队,本表还收集传统黑人学员以及少数族裔机构分包合同授予的数据。

D. 所有包含分包计划的合同都要提交本报告,且本报告必须在合同履行期间每半年(即每年 3 月 31 日和 9 月 30 日)提交给行政合同管理人员或合同管理人员(如果没有任命行政合同管理人员)。在合同完成时,每个合同还要交一份单独的报告。除非合同管理人员另有指示,否则每个报告期结束后的 30 天内要提交报告。不管是否发生分包行为,自合同开始履行或自上次报告提交之日起,在提交日期来临时需要提交报告。

E. 本报告仅涉及美国境内的分包合同。

F. 从作为总承包商/分包商的关联方的公司、企业或分部处进行的购买不属于本报告的范畴。

G. 由总承包商/分包商在本表中报告的分包合同授予数据应限于对各自直接分包商的授予。向次级或更低级别分包商进行的分包合同授予不纳入计算范围。

少数族裔商业企业/女性拥有的商业企业利用报告。

少数族裔企业/女性拥有的业务企业应遵守执行命令 11625、12138、12432、P. L. 102-389 和美国环保局规章第 30 部分和第 31 部分。美国环保局表格 5700-52A 必须由联邦助学金、合作协议或其他联邦财政资助的接收人填写。其中,前述联邦助学金、合作协议或其他联邦财政资助要涉及采购完成联邦协助项目所需的耗材、设备、施工或服务。

接受人须在每个联邦会计季度或者每年结束后 30 天内按照财政资助协议的条款和条件进行报告。季度报告的提交日期分别为 1 月 30 日、4 月 30

日、7 月 30 日和 10 月 30 日。年度报告的提交日期为每年的 10 月 30 日。少数族裔商业企业/女性拥有商业企业项目的要求，包括汇报财政资助协议的重大条款和条件。

12.20　关于间接费用和非联邦资助奖项的政策声明

　　A. 哈佛大学致力于收回支持非联邦资助活动产生的设施和管理费用。为了健全管理和公平使用用于支持所有资助活动的资源，哈佛大学要求非联邦资助项目努力收回资助活动的间接费用。哈佛大学希望资助大学活动的营利性组织能够同时提供资金冲抵间接费用，资金的最低额度应至少等于通过应用商定的联邦间接费用费率（"联邦费率"）能收回的金额。除非资助人同意报销资助活动的所有实际间接费用，否则哈佛大学应尽可能推荐使用联邦费率。

　　B. 哈佛大学意识到一些非联邦资助人受到政策限制，导致其能提供的间接费用资助数额远低于通过应用联邦费率能收回的金额。学院和研究管理者会努力确认资助人在媒体公布的间接费用资助政策是否可靠、真实且能合理利用。

　　C. 向资助人提交的方案必须获得资助人现有政策允许的间接费用最大数额，必须使用资助人已公布的最大间接费用费率。如果可能，通常接受资助的间接费用（例如租金和公共设施费用、行政支持费用、办公用品购置费用等）必须计入直接费用。此外，除非资助人禁止，否则间接费用费率应该被用于项目的直接费用总额，而不是用于联邦奖项修改后的总直接成本。

　　D. 非联邦资助人经常通过哈佛大学资助活动。为了确保学院或者部门接受的间接费用报销额度没有低于受同一资助人资助的其他学院或者部门已接受的间接费用报销额度，学院应与整个大学的研究管理者合作，查明资助人资助其他哈佛奖项间接费用的历史情况。资助项目办公室将建立一个记录费率和基准（例如直接费用总额或者直接费用修正总额）的数据库，通过吸引非联邦资助人参与哈佛奖项来收回间接费用。通过这些方法，学院和研究管理者能够确保特定间接费用政策是真实、善意的资助人政策，并能够进行审计，哈佛大学将在资助人既有政策下尽可能收回间接费用。

　　E. 在联邦费率不适用的情况下，为了使院长和其他内部批准者清楚学院自身参与和投资于资助项目的费用，每个学院应该量化先前奖项的间接费用。除非出现异常情况，可接受的间接费用收回数额的决定权由有批准权的学院掌握。有批准权的学院应定期与其他学院和资助项目办公室共享由此产生的信息,以使各学院和资助项目办公室可以在先前哈佛大学非联邦奖项的间接费用资助总额上达成共识。为了取得资助管理领导委员会的批准,与学院合作的三个呈送办公室将建立统一的研究方法。

12.21　研究计划提交截止日期说明

12.21.1　政策说明

最终的完整研究计划及所需学院级别的批准和其他资助人或者哈佛大学所需的附件或者批准,必须在资助人资助到期日前至少五个完整工作日提交至呈送办公室(或者在到期日前以电子方式提交)。资助人资助到期日是指自此资助人不再接收研究计划的日期和时间。如果哈佛大学作为分包人,则资助人资助到期日将由呈送机构决定。

学院可能提出有关资助项目研究计划(包括国际研究计划)审查和批准的其他要求,具体审查和批准由学院特别委员会负责。

如果不符合哈佛大学内部截止日期,从而使呈送办公室没有充足时间进行全面审查,那么研究计划将不会被提交。

在特别例外情况下,呈送办公室会请求哈佛大学资助研究主管同意适用政策例外处理。例外情况具有不可预见性。

12.21.2　政策设立的原因

及时提交研究计划能够确保呈送办公室有充足时间对符合哈佛大学和资助人政策的资助项目说明与预算进行全面考虑和审查。

大学所有教职员工和研究者要努力吸引资助人和合作研究者作为合作者,希望通过资助项目去积极发现并发展学科知识共同体。哈佛大学致力于推进并实现上述活动,同时提供可靠的哈佛大学承诺与资源管理工作。

学院内的负责人对符合哈佛大学级别的优秀研究计划的审查工作可以发现成功完成研究计划或项目的潜在的管理、财务或规划方面的挑战。研究行政部门的资助项目专业人员分析研究计划对资助人要求的响应程度,包括预算充足性和预算理据。专业人员的参与可让哈佛大学研究者提交成功概率最高的研究计划。

及时提交需批准的研究计划可以辨别出研究计划与大学政策、惯例或者优先顺序不一致的任何内容。教职员工或者研究者会不定期设想对学院或者哈佛大学带来规划、管理或者财务挑战的项目。在此情况下,充足的审查时间可以让学院或者大学的主管了解研究计划，全面考虑哈佛大学或者学院参与项目的能力。

只有三个呈送办公室的特定哈佛大学主管人员拥有（由董事会委托给具体个人的）法定权力，代表董事会提交研究计划。哈佛大学保留收回任何由无前述权力的个人提交的研究计划。

12.21.3　政策适用对象

通过哈佛大学三个资助项目呈送办公室提交资助研究计划的所有哈佛人员必须遵守此政策。三个办公室分别是哈佛大学资助项目办公室、哈佛医学院资助项目管理办公室和哈佛公共卫生学院资助项目管理办公室。

12.21.4　职责

主要研究者负责知晓和了解本政策项下的提交截止日期。主要研究者负责确保其学院的研究管理者尽早参与项目流程，还负责提前准备详尽的研究计划陈述，预留充足的时间进行全面审查。主要研究者负责了解研究计划的要求，为了符合研究计划的项目预算要求和行政要求（例如研究者的简历、其他承诺书以及来自合作研究者或者其他机构合作者的承诺文件），主要研究者需要与部门人员合作。主要研究者还负责确认可能需要取得教务长办公室和/或者哈佛大学国际项目与站点委员会审查与批准的研究计划的各部分内容，负责与学院资助项目管理者协商决定制定中的研究计划是否需要审查。

部门职员或者学院研究行政人员（如适用）负责知晓和了解政策。部门职员负责确认可能需要取得教务长办公室和/或者哈佛大学国际项目与站点委员会的审查与批准的研究计划的各部分内容，负责与学院资助项目管理者协商决定制定中的研究计划是否需要取得审查。部门职员为了给向哈佛大学国际项目与站点委员会提交研究计划的研究者提出建议，需要了解哈佛大学国际项目与站点委员会会议日程。部门职员负责确认学院是否需要单独的内部审查或者教务长的审查（如适用），负责批准预留额外时间。部门职员还负责通知研究者所需的批准。如果研究者未在截止日期前进行回复，部门职员负责向学院资助项目管理者通知出现的问题。

学院或者部门工作人员，包括学院财务和行政人员，以及部门主任或者同等职位人员，负责确保本学院个体遵守政策。

呈送办公室负责更新和通知有关及时提交政策，确保研究人员理解与资助人保持持续有效的合作需要学院、办公室以及监督委员会的行政配合。呈送办公室负责在资助人到期日前至少5日向办公室提交经教务长批准的研究计划。

12.21.5 相关政策(略)

12.21.6 联系人和业务专家(略)

12.21.7 分支机构/部门资助办公室(略)

12.22 教务长批准新项目或资助的标准和程序(略)

12.23 出版物政策

12.23.1 政策声明

哈佛大学可能同意最多在出版物提交之前或预期出版日期之前提前30天向资助人提供文章、手稿或其他书面出版物的副本(或草稿)(包括电子出版)。如有必要,也可允许额外延期30天。在此期限后,将会进行提交或出版。

哈佛大学可能同意资助人会获得最多30天的期限审查计划在诸如科学会议、学术研讨会或其他机构的讲座等场所进行公开口头披露的材料。如有必要,也可允许额外延期30天。在此期限后,将会进行公开口头披露。

这些提前审查的期限能允许资助人确认可以申请专利的材料、名称的使用或对资助人保密或专属信息(如有提供)的无意披露,也能为资助人提供发表建议的机会。在任何情况下,资助人均不允许进行或要求单方面变更,但是主要研究者有义务删除有关保密协议规定的资助人的保密或专属信息。

对资助人的承诺必须保护自由和非正式地与学生、受训人员、协作人员和同僚讨论研究结果的权利(不论是通过口头方式或书面或电子方式)。

上述期限的有限延期可以在与院长或其指定人员协商后且经教务长办公室批准的情况下在协议中(以例外形式)约定。资助项目办公室应保留这些例外情况的记录,并每年向教务长报告一次。

在哈佛大学签署包含关于保密信息或资助人对出版物/演示稿的审查

承诺之前,这些条款必须经过主要研究者的批准。主要研究者负责确保参与项目的其他人知悉并接受该等义务。

如果项目涉及多个研究地点,哈佛代表其中的研究地点之一,则可接受允许下述行为的条款:牵头中心和/或牵头主要研究者汇总所有研究地的数据,并在哈佛大学主要研究者发布来自哈佛大学自身研究部分的数据之前的合理时间(一般不超过 18 个月)内发布前述所有研究地的数据。从单一研究地进行该等发布存在诸多困难,因此仅应在全部研究发表受到不合理延期或在为提醒专业人士或公众注意不为公众知悉的紧急重大的卫生或安全问题的情况下,方可考虑。相应地,任何多地研究的协议应包括一条款,确保哈佛大学研究者拥有上述权利。关于所允许的时间的合理性及与本政策有关的任何特定协议条款的问题应递交资助项目办公室和总法律顾问办公室。

12.23.2 政策设立的原因

在学术界,研究应被立即发表,以与科学界分享研究成果和确立研究人员的优先性。因为这种优先性关系到研究人员的学术声望和职业发展。出版时间过长可能导致研究成果过时,也可能导致相互竞争的学术团体先行发表,从而减损了哈佛大学研究团体的领先程度。此外,如果研究结果受到任何方式的发展阻碍,包括研究资金提供人或资助人施加条件,也是有悖于学术事业的。接受资助人或资金提供人对于出版重大延期的要求甚至会危及教职人员在领先的同行审阅期刊上发表研究成果的能力。不得妨碍学生及时发布自己的研究成果;否则,他们的学位授予以及职业生涯的发展都会受到不必要的延误。最后,哈佛大学的研究被认为是各种出口管控规定项下的"基础研究"的条件之一是,研究不会受到发表延误的过分约束(如:超过上述标准的期限);维持允许和鼓励立即汇报研究结果的政策还能增加哈佛大学符合该等规定项下的"基础研究"的大多数研究资格的可信度。

12.23.3 政策适用对象

在哈佛大学学院、当地单位和校级范围内的所有主要研究者都必须遵守这一政策。

哈佛大学的三个资助项目呈送办公室也必须遵守这一政策。三个办公室分别是哈佛大学资助项目办公室、哈佛医学院资助项目管理办公室和哈佛公共卫生学院资助项目管理办公室。

12.23.4　职责

主要研究者负责确保参与项目的其他人知悉并接受该等义务。在哈佛大学签署包含关于保密信息或资助人对出版物/演示稿的审查承诺之前,这些条款必须经过主要研究者的批准。

呈送办公室负责通过谈判把出版物政策加入协议条款以及签订协议。资助项目办公室应保留任何意外情况的记录,并每年向教务长办公室报告一次。

教务长办公室负责有限延期的授予。

12.23.5　相关文件

《国家安全决定指引》189,通过执行命令12356(1985)实施。

12.23.6　联系方式和业务专家(略)

12.23.7　定义

A. 基础研究:科学和工程领域的基础和应用研究。研究的结果通常会在科学界内发表和广泛共享。这类研究不同于专属研究和工业开发、设计、生产和产品利用,后者的成果通常因专属或国家安全的理由受到限制。

B. 非关联营业所得税:《美国国内税法典》第513条把"非关联营业"定义为非经常进行的、与非营利组织被授予豁免地位之目的无明显关联的活动。在不违反特定法定例外情形和修改情形的情况下,来自该等非关联营业收入活动的、超过其可允许扣减的费用额度的任何收入,须缴纳非关联营业所得税。每年哈佛大学都需要向美国国税局汇报和缴纳任何非关联营业所得税。

12.24　研究项目数据和资料的保留政策

12.24.1　政策声明

哈佛及其研究人员具有管理和保留在哈佛进行的研究项目的记录的法律、制度和道德上的义务。这些义务由来已久,也非哈佛独有:它们来自与联邦及其他研究资助人签订的协议中的明确规定,来自关于资助研究项目的首要监管要求,及来自科研诚信的基本原则。从监管的角度来看,对于应对审计、确定过去对哈佛大学之研究资助基金的使用是否合适、应对政府要求或传票、捍卫研究成果、调查研究不当行为和确保关于人类或动物研究的行为合适而言,哈佛大学查阅研究项目记录显得至关重要。本文件中规定的基本原则是要确保研究记录(包括研究项目数据和资料及关于研究的财务记录)得以适当地记录和维护,在合理的时间内予以保留,并可供哈佛大学查阅以进行合适的审查和使用。

12.24.2 实施

自2011年7月起,由教务长委任的教职人员和管理人员组成的特设委员会将开始考虑以不同方式将这些原则更大范围地适用于哈佛大学的研究项目,以起草哈佛大学关于此类问题的详细指引。委员会还被要求就最好地协助哈佛社区把这些原则适用到工作中提供建议。该委员会预期要在2012年3月1日前向教务长报告工作。在此期间,这些原则将作为维护和保留哈佛大学研究项目记录的基准。

12.24.3 定义

研究项目记录是指以任意媒介形式记录的、在进行由哈佛大学资源或外部资助人或捐助人支持的研究项目过程中创建或获得的研究信息、数据和资料。研究项目记录还包括关于研究项目的行政和财务管理、研究结果的汇报或资助奖金应用的文件、资料、信息和书面回复。研究项目记录采用的样式可能因学科项目的不同而各异,可能是图片或电子形式的数据,如电子邮件、预算表、数据库和数据集。

12.24.4 原则

A. 哈佛研究人员和员工应具有用于维护必要研究项目记录的系统或做法,这些系统或做法乃由其创建,用于合理支持研究结果、证明研究资金和资源使用的正当性,以及保护由此产生的知识产权。在确定哪些记录属必要时,哈佛研究人员和员工应采取谨慎态度进行合理判断,还可寻求参考在其相关学术或专业学科中通行的标准。一般而言,研究人员和员工应保留记录有研究结果及能证明研究资金和其他资源使用正当性的记录。

B. 一般而言,研究项目记录的保留年限应不少于7年,自研究项目或活动结束时起算。就此而言,一个研究项目或活动应在(a)向研究资助人进行最终报告,(b)资助研究奖金的最终财务结算,或(c)研究成果的最终发表后视为结束,以较晚发生者为准。

C. 如有必要,研究人员和员工必须向哈佛大学提供研究项目记录,以使哈佛大学能应对联邦审计或其他官方要求,能响应传票或其他文件要求,及能进行其他内部和外部监督活动。

D. 哈佛研究人员和员工所采用的这些记录保留系统或做法应允许哈佛大学在整个记录保留期间直接查阅研究项目记录。这些系统包括但不限于哈佛大学拥有的电子系统或位于哈佛大学实体物业以外的系统。如果使用哈佛大学的计算机系统或其他电子系统保留研究项目记录不合理或不可取（如：在哈佛大学以外进行的研究，需要在非哈佛大学服务器上储存的电子记录，需要与非哈佛大学的研究人员合作进行的研究），则哈佛大学的研究人员和员工应确保，如果哈佛大学因监督而需要查阅该等研究项目记录时，能被立即查阅。

E. 哈佛大学研究人员和员工采用的记录保留系统或做法应被设计为包括关于自身研究的重要书面通信文件（包括邮件和电子邮件以及报告、分析和进度报告的副本）的保留。应予保留的通信文件的范围应足以使审查该通信文件的独立方能确认和理解主要成果、主要事件及在该研究过程中做出的主要策略决策或判断。

F. 哈佛大学的研究人员和员工应注意：对于导致重大学术成果或重大科学发现的研究，出于历史原因和知识产权保护的需要，可能要保留范围更广、内容更多的研究项目记录。

7年期是基于联邦政府可能寻求收回联邦授予资金及评定可能的额外联邦资金误用惩罚所需的6年时间，再加上用于确保任何年度记录销毁不会无意中包括还在前述6年期内的记录所需的1年时间。

可以向教务长办公室、哈佛大学首席信息官、资助项目办公室、技术开发办公室、哈佛大学档案室和总法律顾问办公室寻找关于这些问题的协助。

12.24.5 相关政策（略）

12.25 财务政策

服务处理和充值中心运作（2007年7月）。

12.25.1 政策声明

服务中心（在本政策中指"服务单位"）是向其他哈佛大学团体有偿提供货物或服务的哈佛大学团体。服务单位必须能证明自身遵守联邦规定，且不得对联邦赞助活动和非联邦赞助活动采取区别性收费对待，而且仅得收回自身的总成本。尽管服务单位的规模和复杂程度大相径庭，但本政策有助于监督和审查服务单位。

12.25.2 政策设立的原因

作为联邦资助的接收方,哈佛大学必须全面遵守《管理和预算办公室通告》A-21。除其他事项外,该通告要求单位要根据实际使用量按非歧视性费率收费,以收回实际成本为限(第J47条)。不遵守此项规定会影响哈佛大学的声誉,对未来奖励方案产生负面影响,还可能导致政府罚款或其他消极后果。

12.25.3 政策适用对象

哈佛大学的所有学院、分支机构、当地部门、附属机构、联合机构和校级举措都必须遵守本政策。不适用本政策的尚未被合并的分支机构如下:

130(杂志)
185(代理)
190(哈佛燕京学社)
295(美国剧团)
455(哈佛商学院研究中心)
595(哈佛规划与房地产管理处)
670(综合信托)

12.25.4 职责

服务单位的财务管理人负责服务单位运营的会计和服务单位活动产生的活动和余额的汇报。服务单位管理人负责在部门财务管理人的协助下,基于历史收入和支出数据及预期使用量,计算自身单位的费率。

承担服务部门职责的部门财务管理人协助或进行本政策所述的费率计算。他们要确保费率和准备金余额遵守本政策的指引,并将费率和准备金余额报告给分支机构财务主管和服务单位审查委员会。他们还必须每年填写并提交一次《服务单位财务活动报表》。

学院或分支机构财务主管负责审查费率、准备金的使用、补贴的会计、折旧和累计折旧准备金的计算,并负责审批分支机构内设立的服务机构的创立或解散。财务主管还负责将自身服务单位的财务活动通知服务单位审查委员会,包括每年及时填写和提交《服务单位财务活动报表》。

服务单位审查委员会由财务副总裁任命,负责审查分支机构财务主管已经批准的服务单位的创立或解散,监督服务单位政策和审查各分支机构已经批准的《服务单位财务活动报表》。在异常情况下,如有必要,委员会会启动和协调与联邦监督机构的协议签署。

12.25.5　相关政策（略）

12.25.6　相关文件（略）

12.25.7　程序

12.25.7.1　基本考量因素

在创建一个服务单位之前，需要考虑几个因素。服务单位应被预期从事持续活动，且在服务单位所提供的服务的费率确定时并非所有具体用户或用途均已知，而且由于简单的成本分配方法无法使用，因而服务单位的成本收回方式是复杂的。

此外，如果服务单位和外部用户在所需服务的智力方向、解释或结果方面进行协作，则活动的最有效管理方式应是通过资助项目办公室或技术开发办公室谈判签订的资助研究协议，而非通过服务单位交易。资助项目办公室或技术开发办公室协议包括研究相关的条款，并确保哈佛大学教职人员的智力贡献得到合适的认可和保护。

向公众提供货物或服务的分支机构需要遵守教务长关于商业活动的政策。此外，从事与哈佛大学免税任务基本无关的持续商业活动的服务单位可能会让哈佛大学需要缴纳《美国国内税法典》界定的非关联营业税。可在财务管理办公室的网站上查阅相关政策：http://vpf-web.harvard.edu/ofs/tax services/uni unr.shtml。服务单位审查委员会将和分支机构财务主管一起确定拟议的服务单位是否应提交给教务长或财务管理办公室进行进一步的考虑和审批。

12.25.7.2　服务单位

服务单位主要向哈佛大学内其他部门提供服务或产品，并通过向用户收费来收回成本。在哈佛大学，审查和费率设定程序依据服务单位的规模确定。所有服务单位都被预期通过向用户收费的方式收回运营的总成本，最后达到收支平衡。

A. 部门服务单位：分支机构或学院内的服务单位一般支持一个或多个学术团体的研究或教学，被称为部门服务单位。

（a）充值中心：充值中心是指年运营费用少于 50 万美元且年度内部结算额不超过 10 万美元的服务单位。充值中心会制定能收回自身直接总成本的费率，且被预期要每年达到收支平衡。运营费用不超过 5 万美元的服务活动不适用本政策。

（b）服务中心：服务中心是指年运营费用超过 50 万美元或内部收费超过 10 万美元的、规模超过充值中心的运营单位。服务中心可收回自身直接成本及（经批准后）关于自身设备的折旧费用。如果一个单位仅因其内部收费超过 10 万美元而符合服务中心的资格，则该单位可以作为充值中心运作，前提是该单位能证明由联邦资助资金支付的费用不超过 7.5 万美元。

（c）专业服务中心：专业服务中心直接年运营费用超过 100 万美元，而且涉及高度复杂或专业的设施的使用。专业服务中心费率必须设定在一个能收回所有成本（包括公用设施、运营和维护的成本及建筑折旧）的水平。

B. 中央单位：向整个哈佛大学社区提供服务的服务单位成为中央服务单位。在这方面，哈佛大学的政策向来要求这些大型中心必须收回所有成本，包括公用设施、运营和维护的成本及建筑折旧。中央单位的例子包括哈佛大学信息系统和哈佛大学运营服务。

C. 辅助服务单位：辅助服务单位是指存在的目的主要是向学生、校友或教职人员和员工个人提供货物或服务，并就货物或服务的使用收取费用的自营实体。辅助服务单位一般不支持哈佛大学部门。辅助服务单位偶尔也会为公众服务，比如学生宿舍、饮食服务、大学间的体育赛事、学院商店、校友旅游、停车和往返大巴服务。辅助服务的定价可能基于市场费率，但为联邦资助提供的服务的收费除外。辅助产品线或服务线可能存在于部门服务单位或中央服务单位，但其费率设定和财务运营必须与非辅助性活动进行独立核算。辅助服务单位和辅助产品线或服务线不受限于关于费率、运营资金余额或准备金余额的转让或使用的限制，不会受到服务单位审查委员会的审查，但须经教务长和财务管理办公室批准，且须遵守所有相关政策。

12.25.7.3 用户

服务的购买者可能位于哈佛大学校内或校外。

内部用户包括在哈佛大学的年度财务报告和相关财务报表中被界定为分支机构的哈佛大学合并分支机构。被认为是外部用户的尚未合并的分支机构如下：

130（杂志）

185（代理）

190（哈佛燕京学社）

295（美国剧团）

595（哈佛规划与房地产管理处）

670（综合信托）

685（慈善年金优先信托）。

外部用户包括非合并分支机构的用户、哈佛大学以外的用户及位于附属医院和其他合作机构的用户。外部用户包括公众、学生、教职人员等。外部用户至少会被收取等同于服务单位运营的全部直接成本的费用。哈佛大学承担的服务单位运营的间接成本部分可通过向外部用户收取回收。必须向无法提供免税凭证的所有外部用户收取销售税（如适用）。

12.25.7.4 费率中的成本组成

关于服务单位的所有成本、补贴和收入必须在《服务单位财务活动报表》所述的总账分类中进行核算，但该等成本、补贴和收入必须作为资助奖金的直接成本扣除的除外。

A. 直接人员：与服务单位活动直接相关的所有人员（如：实验室技术人员或机器操作员）的薪水和工资必须包括在费率计算中，并从服务单位的运营账户中扣除。如果某人从事一项以上的活动，则与该人相关的成本必须基于比例收益分配到不同的活动中。这个比例可以通过工作报告、时间研究或其他等效方法确定。

B. 行政人员：负责服务单位直接支持或管理的行政人员的薪水和工资必须包括在费率的计算中，并计入服务单位的运营账户。如果行政成本使不止一个服务单位的活动受益，则行政成本应合理分配给各种受益服务。

C. 附加福利：从服务单位运营账户中直接扣除的关于所有人员的附加福利成本必须包括在费率的计算中。

D. 材料和耗材：运营服务单位所需的材料和耗材的成本必须包括在使用材料的财年的财务分析中。如果在某一财年购买了多余的材料或耗材，则服务单位不能把多余材料或耗材的成本包含在财年结束时的财务分析中。拥有重大库存的服务单位必须在总账内维持一个有别于运营费用的库存资产余额。

E. 其他费用：构成服务单位费率的其他运营费用包括租金和服务合同、设备运营租赁及专业服务。

F. 固定设备：固定设备是指购买价格超过5000美元且使用年限不少于两年的物品。联邦准则不允许通过服务单位费率收回资本物品的购买成本，也不允许把资本物品的购买成本包括在年度盈亏的计算中。但联邦准则允许通过与资产有关的折旧、外部利益或资本租赁成本收回购买成本。不可资本化的设备（购买价格低于5000美元）必须作为运营开支处理。

在自身费率中包括折旧的服务单位必须拥有与资产有关的资金或活动,以获得资本设备购买价格和累计折旧。重要的是,确保政府不会通过用户收费和大学的设施和行政费用的方式为设备折旧两次埋单。为避免这种双重收费,分支机构财务办公室的设施和行政费用分析会审查和批准服务单位的费率和资金余额,并确保从设施和行政费用的间接成本费率中排除折旧。

G. 折旧:从服务单位运营中扣除的固定资产折旧是在资产使用期内基于直线法得出的。该等处理确保用户只会在特定年份支付与使用资产有关的折旧费用。

H. 使用年限:服务单位设备必须采用关于财产、设施和设备的资本化和折旧的会计程序所述的使用年限进行折旧。在某些情况下,"专业化"设备或从消耗或使用性质上看属非一般设备的设备可能需要预估更准确的使用年限。"专业化"设备是特定服务单位服务所特有的、在哈佛大学其他部门中并不常见的设备。与标准使用年限的任何偏差都需要分支机构财务主管的审查和批准及服务单位审查委员会的通知。

I. 由联邦政府提供资金购买的设备:联邦政府购买的设备的折旧均不得包括在用户的费率中,不论设备的所有权是否会归还哈佛大学。如果哈佛大学已经在联邦资助中同意了"成本分担",则哈佛大学提供资金购买的设备部分的折旧也不可算入费率中。

J. 举债购买的设备:联邦法规并不允许通过服务单位费率来收回债务的本金款项。但是,服务单位可以通过与债务有关的外部收益来收回本金,前提是采用了外部融资渠道且设备成本超过1万美元。

K. 运营与维护:运营和维护成本(包括公共事业成本)都会分配给所有哈佛大学部门和中央单位。中央服务单位及其他专业化服务中心均需收回这些成本。服务中心和再充值中心无须在各自费率中包括这些成本。

L. 不允许的成本:不允许的成本必须从内部用户费率计算中排除。该等费用(如:坏账费用、内部利益、酒水、超额工资等)仅得通过向外部用户收费或通过其他哈佛大学资源提供资金的方式予以收回。如需不允许费用清单,请参见《管理和预算办公室通告》A-21和哈佛大学关于不符合联邦报销的费用的政策。

12.25.7.5 费率形成

费率形成过程因每个服务单位的规模和复杂程度的不同而各异,通常与部门、分支机构和哈佛大学的预算周期相协调。

服务单位费率是用于收回服务单位费用的每单位产量的成本。为计算这一费率,部门必须采用下述公式:

$$\frac{预算费用+/-上一年度回收款不足/超额部分(+/-10\%)}{预算使用基数}$$

预算使用基数是以单位表示的预期要进行的工作量(如:劳动时间、机器运转时间、中央处理器时间或任何其他合理计量因素)。在向用户收费时,基于预算活动的费率适用于实际活动。

譬如:一台计算机的年运营成本约为 10 万美元(可允许的总成本),每年的预期活动程度是 1500 小时,从而这台计算机的费率为 10 万美元/1500 小时=66.67 美元/小时。如果一名研究人员在进行资助项目的过程中使用该计算机的时间为 4 小时,那么这名研究人员的奖金就会被扣掉 4×66.67 美元=266.68 美元。

服务单位费率必须通过服务单位的业务经理按财年计算。如果一个服务单位是在年中设立的,则费率对应的期限可能会超过 12 个月,从而使第一个收支平衡期限与第一个财年年末重合。

A. 无差别费率:服务单位必须按相同费率就相同服务等级或在相同情形下购买的产品向所有内部用户收取费用。不能对内部用户(即下述的被补贴用户)实行区别费率。特殊费率的使用(如工作量大的或要求降低的非科学应用)是允许的,但特殊费率必须等同适用于所有用户。联邦政府并不反对向外部用户收取高于内部用户的费率,但内部费率必须基于总使用量。

B. 被补贴用户和补贴:向所有用户提供的服务必须被记账。如果哈佛大学选择免费或以低于其他用户的费率向特定的内部用户提供某项服务(如:作为教学大纲一部分的视听服务),则对于全部内部用户而言,服务单位计费的费率必须按总服务单位费用和总单位产出计算。被补贴用户小组使用的服务必须按此费率记账。服务单位必须确保向该用户小组收取的费率与向其他内部用户收取的费率一致。服务单位还必须确保任何补贴已在经服务单位批准使用的总账分类中确认或反映,以使该等补贴能在确定间接成本费率时被正确记账。

C. 收支平衡的概念:服务单位必须制定费率,从而使一段合理时期内费用和收入相抵销。任何财年的服务单位的盈亏不得超过年运营费用的 10%。只要盈亏在收支平衡范围内的 10% 上下浮动,则该等盈亏必须结转至下一时期,且下一时期的费率也要调整。

范例 1：盈余 10% 上下浮动

	实际数值		下一预算期
总收入	$230,000	预算费用	$250,000
总费用	($220,000)	减去上年度盈余	($10,000)
盈余	$10,000	总预算费用	$240,000

由于盈余属于 10% 的浮动范围内 [(230-220)/220=4.5%]，因此盈余将会从预算费用中扣除，以降低费率。

范例 2：亏损 10% 上下浮动

	实际数值		下一预算期
总收入	$230,000	预算费用	$250,000
总费用	($250,000)	加上上一年度的亏损	$20,000
亏损	$20,000	总预算费用	$270,000

由于亏损属于 10% 的浮动范围内 [(230-250)/250=8%]，因此亏损将会加入预算费用，以提升费率。

D. 超过 10% 的盈亏：如果年中时发现运营业绩可能超过 10% 的收支平衡范围，则服务单位应在年中调整自身的费率。如果在财年结束时服务单位的运营业绩超过了 10% 的收支平衡范围，则：

（1）超过 10% 的盈余部分必须通过对用户的追溯性调整予以消除；或

（2）超过 10% 的亏损部分必须通过非联邦渠道的资金转账到服务单位账户的方式予以弥补。

范例 3：超过 10% 的亏损

	实际数值		下一预算期
总收入	$520,000	预算费用	$500,000
总费用	($600,000)	加上上一年度的亏损	$60,000
亏损	($80,000)	总预算费用	$560,000

亏损超过 10% 的范围 [(520-600)/600=13.3%]。因此，6 万美元或 10% 要在费率计算过程中结转，加入 50 万的预算中，如上表所示（见范例 2）。剩余的 2 万美元亏损必须通过由服务单位的部门确认的非联邦渠道的资金予以弥补。

E. 长期收支平衡协议：可能有必要让专业服务中心或中央服务单位清算超过一年的超额余额。如果运营状况表明需要一个更长的收支平衡期限，则分支机构的财务主管可以批准把超额部分进行结转，结转期限不超过3年，且结转须通知服务单位审查委员会。如果结转的期限超过3年，则需委员会的批准。

F. 运营资本：除全额收回实际成本外，专业服务中心和中央服务单位可以证明有增加运营流动性的财务需求，且该需求可以通过运营资本准备金的方式予以满足。在证明需要准备金后，单位可以和其财务主管及服务单位审查委员会一起按年确立和审查运营资本余额。在此情况下，批准的准备金通常不会超过60天的运营支出总额。

G. 转移：服务单位不能转移超额余额。余额必须结转至服务单位的运营账户，用于为未来的费率调整提供资金。关于准备金余额的任何交易都必须经分支机构财务主管批准，同时通知服务单位审查委员会。

H. 多种服务的定价：服务单位被要求进行和记录费率计算及其提供的各类服务的分析。提供超过一种服务的服务单位有时可能会在某些服务上实现盈余，但在其他服务上亏损。服务单位必须确保用户群体之间没有交叉补贴的情况。如果不同服务的用户的组成不一样，则合并不同服务的业绩的做法是不允许的。

12.25.7.6 运营和控制

A. 分账：所有服务单位均需按照哈佛会计科目表中的账目代码字符编号进行记账，该等账目代码字符编号具有充分的区分度和详细程度，有助于进行本政策所需的财务审查，包括税额门槛、费率计算、收支平衡分析和准备金使用审查等。

B. 服务单位财务活动报表：各服务单位均需通过填写后附的表格来解释指定供其使用的账目代码字符编号。该文件旨在清楚阐明总账使用的方式和向服务单位以外的审查者和审批者（包括财务经理、分支机构财务主管和服务单位审查委员会）传达该等做法。

C. 年中审查：服务单位经理必须评估其全年的财务业绩，以评定服务单位的收支平衡状况。在特殊情况下，费率会在年中进行调整，前提是分支机构财务经理审查并批准了该等调整。

D. 年末费率业绩审查：在财年末，所有服务单位均需向部门财务经理和分支机构财务主管提交各自的实际财务业绩。分支机构财务主管将向服务单位审查委员会转送该等业绩。

E. 计费程序和记录保存：计费必须基于经过测量和记录的、经过适当授权可进行收费的使用。所有计费必须按确定的服务单位费率按时处理。

服务单位必须保留支持收费的文件,包括费用和用途文件,以回答任何用户询问或供审计之用。所有发票必须体现服务性质(如:影印)和单位数量(如:磅、小时、物品编号)及单位费用。这些服务的用户负责记录费用的用途和费用在不同资金渠道之间的可分配性。服务单位负责关于记录收支的目标代码的适当使用。内部用户负责向服务单位提供使用计费的有效、准确的账目字符编号。

关于计费的重要提示:

(1)在服务提供前,不得计费;即不允许预付费。

(2)服务单位必须在相关财年及时计费。

(3)服务单位必须以一致的方式处理每年年末的计费,以确保费用回收的十二个月均与费用产生的十二个月相关联。

(4)服务单位来自内部用户的收入必须使用由会计政策确定"内部分支机构(INTERTUB)"或"分支机构间(INTRATUB)"的费用目标代码进行记录(目标代码范围:6000-8999)(见《哈佛大学内部计费政策》)。

(5)来自外部用户的收入必须记录在收入目标代码中(目标代码范围:4000-5999)。

(6)必须向不提供免税凭证的所有外部用户收取销售税(如适用)。

F. 政策生效日期:本政策于1999年7月1日首次发布。此修订版本于2007年7月1日生效。

12.25.8 表格(略)

12.25.9 联系人和业务专家(略)

12.25.10 附件(略)

12.26 资助金中的遣散费(离职补偿金)

从资助金中扣除遣散费。

12.26.1 联邦法规

关于遣散费的指引主要来自两大来源。

12.26.1.1 《美国国立卫生研究院资助政策说明》第二部分 A 小节的成本考虑

遣散费

只有在(1)法律要求支付遣散费,(2)遣散费写入了劳动协议,(3)遣散费是由组织机构承担的有效构成默示协议的已确立政策的一部分或符合特定劳动情形的情况下,方可支付遣散费。拟支付的遣散费的金额应根据一贯适用的已确立的组织政策确定,而不论资金来源,且应合理考虑类似组织的做法和组织依赖于联邦资金的程度。对于常规和大量终止情形下遣散费的不同处理,应考虑相关成本原则。

12.26.1.2 《管理和预算办公室通告》A-21 第 J.10.h 条

遣散费

A. 遣散费是由机构向被解雇员工支付的正常工资和薪水以外的补偿。只有在法律、劳动协议、由机构承担的有效构成默示协议的已确立政策或特定劳动情形要求支付遣散费的情况下,方可支付遣散费。

B. 因一般经常性人员流动导致的且满足下述 C 款条件的遣散费也可允许,但该等遣散费的实际费用会被视为适用于当前财年的费用,可在该时期内的机构活动间进行等额分配。

C. 因异常或大量终止情况导致的遣散费支付属推测性费用,因此可分配性必须视情况而定。但是,联邦政府认可其参与任何特定支付的义务,前提是支付义务属公平分担。

D. 超过机构正常遣散费支付政策而产生的费用不在允许之列。正常遣散费支付政策是指适用于所有受雇于机构的人士在雇佣终止后适用的政策。

12.26.2 从联邦授予哈佛大学的资助中扣除遣散费

考虑到上述详细的联邦指引,且在遵守哈佛大学自身内部政策的情况下,允许从联邦授予的资助中扣除遣散费,前提是:

A. 遣散费遵从"比例原则",即遣散费按项目收到的利益金额按比例扣除。需要考虑的因素包括参与项目的工作年限以及员工在年限内付出的努力比例。比如,如果一名员工在哈佛大学工作,工作内容是 ABC 助学金相关事务,且在其受雇期间,50% 的工资由 ABC 助学金支付,那么 ABC 助学金就要支付这名员工 50% 的遣散费。剩余的 50% 的遣散费将由代表员工所完成活动的其他资金渠道或不受限制的资金渠道支付。

B. 遣散费遵从哈佛大学的成本转移政策(即:所有费用必须在资助结

束之日后 90 天内扣除；否则将不再允许扣除）。

12.26.3 常见问题

1. 问：我从非联邦资助中扣除遣散费吗？
答：是的，只要该等费用遵守上述所列的关于联邦资助的规定。

2. 问：我可以为自己的非豁免员工扣除工作安全费用以及遣散费？
答：是的，只要该等费用遵守上述所列的规定。在大多数情况下，可以扣除工作安全费用或遣散费，但对于已经结束的资助而言则不可以同时扣除两者，因为工作安全费用通常可以延长到 90 天后的成本转移窗口。

3. 问：如果我不得不在助学金结束前解雇人员，那在我们进入 90 天的调解期之前，我能同时从资助中扣除工作安全费用和遣散费吗？
答：能，只要符合比例原则。

4. 问："比例原则"是什么意思？我能否从自己 3 年的资助项目中扣除一个已经在我的团队工作 10 年的成员的遣散费？因为这是该员工最后的唯一资金来源，他所有的时间都投入到该工作中，而且他所有的薪水都是由资助支付的。
答：跟其他要从联邦资助中扣除的费用一样，遣散费必须按项目收到的利益金额按比例扣除。在问题所述的情况下，如果员工所有的时间都投入到资助的工作中，而且他所有的薪水都是由资助支付，则您可以从助学金中扣除 3 年的遣散费。

5. 问：如果我没有任何其他资助渠道，区别在哪里？
答：这是由每个分支机构自行决定，并在内部沟通如何为这些费用找到资金，如果主要研究机构或组织无法获得资金来源。

6. 问：我应该如何处理由不同助学金支付薪水的员工离职？即：我是否可以从一个尚未结束的助学金中扣除遣散费，如果员工的薪水是由这个助学金和另一个已经结束的助学金支付的？
答：可以。可以从任何尚未结束的助学金（或已经结束但尚处在 90 天调解期内的助学金）中扣除遣散费，前提是从每个助学金中扣除的金额应符合各自项目获得的收益比例。比如，如果一个人把一半时间花在已经结束的助学金上，把另一半时间花在尚未结束的助学金上，那么两个助学金都可扣除 50% 的遣散费（遣散费的总金额将由该人在每个助学金上 50% 的工作时间的长度所决定）。

7. 问：如果助学金属于不同的主要研究机构，排在第二的主要研究机构是否需要负责由排在第一的主要研究机构导致的员工离职？

答：是的,第二个主要研究机构也要负责支付其应承担的遣散费比例部分,除非另有其他安排(如:员工选择为一个助学金工作一半时间,或者部门/学院愿意支付另一半的遣散费)。

8. 问：确定两个连续的助学金是否属于同一个项目的标准是什么？

答：只要在助学金代表同一原始资助产生的工作的不同部分时,助学金才会是同一项目的不同部分(如:国家卫生研究院竞争性延续项目)。"密切关联的"项目不能被认为是同一项目,因而不能共担可能适用于其中一个密切关联项目的遣散费负担。

9. 问：这些原则也适用于带薪休假(如：度假、病假、探亲假等)吗？

答：是的。一般而言,这里所说的原则应该构成解决关于带薪休假的类似问题的基础,但度假除外。更多信息请查阅"资助项目办公室主页→快速链接→培训→演示和指南"页面下"缺勤管理"主题下关于带薪休假的内容。

12.27 资助金的固定津贴

12.27.1 背景

为了明确起见,哈佛大学已经制定下列有关管理资助金中的固定津贴的指导政策。固定津贴是在学术任命期间提供给个人的生活保障或者支出费用的金额。固定津贴金额不是提供服务的补偿,除非费用经主管机构批准(《管理和预算办公室通告》A-21,J45 节)以及协议目的是向所选参与者提供培训,否则不允许获得联邦奖助。在哈佛大学,下列目标代码报告费用是支付给在哈佛大学有学术任命的个人的金额,目标代码报告费用将前述人员定义为受津贴者：

6440 研究者受津贴者；

6450 受津贴者,扩大符合条件的受津贴者资金；

6452 受津贴者,扩大不符合条件的受津贴者资金；和

6455 非哈佛大学学生,其他津贴和奖助。

但是固定津贴被允许的实例是存在的。旨在支持培训或者研究培训的资助款项会在机构程序公告中明确表明目的。研究计划工作和奖项协议的范围也应清晰表述奖项的目的是为具体个人提供培训或者研究培训。在此情况中,有望并允许获得固定津贴。典型培训奖助包括美国国立卫生研究院"T"和"F"奖助、美国国家航空航天局不同的奖学金项目以及美国

国家科学基金会博士论文奖助。清晰表述哈佛大学研究计划培训目的和奖项协议培训目的，并经联邦资助人接受的其他奖助，也能够获得固定津贴。

资助研究款项通常可以报销哈佛大学提供服务所允许的费用。固定津贴不反映服务交换费用，通常不允许用于资助研究奖助。如果个人在主要资助人的指导下向项目提供服务，其应作为雇员被支付薪酬（如果是研究生，则为研究助理；或者如果是博士后研究员，则为雇员博士后）。

12.27.2 联邦指南

《管理和预算办公室通告》A-21 中没有固定津贴允许性的明确指导，但该通知的确有解决学生资助问题的规定。唯一规定了对个人所提供服务进行补贴的是该通告 J45 节"奖学金和学生助学金"，其中规定此类费用是允许的，"仅在资助协议的目的是向选定的参与者提供培训，且费用由赞助机构批准"。

A-21 的 J10 和 G 两节表明，固定津贴不应被计入研究奖助。首先，J10 节要求个人向联邦项目提供服务所得应有记录，意味着非因提供服务而向个人支付的金额不应由研究资助提供资金。哈佛大学的工作报告系统不包括固定津贴，因为这些金额不代表对工作成果的弥补。其次，G 节要求大学在确定间接成本时，应将修改后的直接成本总额分配给其主要职能部门的受益活动，用于支持成果的直接利于组织研究的资金被认定为固定津贴，这些费用不得用于违反 A-21 规定的研究。

12.27.3 美国国立卫生研究院

《美国国立卫生研究院资助政策说明》（2003 年 12 月 1 日修订）明确表示固定津贴不得用于研究津贴。此限定声明在第二部分出现两次：A 部分的条款和条件；通用条款及选择费用项目条款。根据薪金和工资条款规定："用于教育补助的费用也不得来源于美国国立卫生研究院的研究补助资金，即使费用有益于研究项目。"此外，根据固定津贴条款规定："固定津贴不允许用于研究津贴，即使固定津贴有益于研究项目。"

12.27.4 美国国家科学基金会

《美国国家科学基金会申请指南》规定只在会议、座谈会、研习会或者其他特定培训活动上支付参与者费用的时候提供固定津贴。在这些案例中，工作范围应该包括培训活动的描述，经美国国家科学基金会了解并同意后，参与者费用由固定津贴提供资金。美国国家科学基金会不会向有利于研究奖项活动的非雇员或非顾问提供津贴。

鉴于上述来自美国国立卫生研究院和美国国家科学基金会（哈佛大学的两个主要联邦资助人）的明确指导，哈佛大学所有联邦奖项的政策遵守上述指导。

12.27.5　哈佛大学指南

固定津贴只有在联邦资助人提出及认可的工作范围的具体培训活动才被允许。

预算中包括固定津贴的优秀联邦研究计划应该包括培训项目的描述。未被明确认定为"固定津贴"的研究生资助将被视为"报销"并应包括间接费用。为防止提交研究津贴中的固定津贴，资助项目办公室办事处和分支机构级研究管理人员会对研究计划进行审查。

在任命阶段，分支机构和部门学术任命管理员应该确保如果包含联邦奖项，固定津贴是被允许的。因为可能允许固定津贴的奖项无法轻易确定资金数目或者其他独特属性，研究管理员应与任命官员进行协调，以确认特定联邦奖项能否为固定津贴提供资金。

在财务审查阶段，分支机构或部门的资助资金财务主管负责审查可用于允许费用的奖金和其他合规要点。联邦资助的津贴费用应予以核验，以确保其符合资助标准。同样，资助项目办公室的财务人员在定期审查财务活动时，也需确认联邦资助的津贴费用的合理性。

对于不清楚固定津贴是否被允许的情况，分支机构级研究管理人员和资助项目办公室会审查项目公告、奖金文件、预算和预算说明，以确定是否合理。如果固定津贴被确定是不允许的，则部门财务主管必须从助学金中删除固定津贴费用的目标代码（6440、6450、6452 和 6455）。

非联邦资助研究奖金允许计入固定津贴，但固定津贴被预期包含在研究计划的预算中，且经过资助人批准。许多资助人愿意提供固定津贴。但是，重要的是要区分向大学提供服务的个人和有酬工作的个人。哈佛大学人力资源政策要优先于非联邦预期值。因其向哈佛大学提供的服务而获得收入的个人应被视为是员工或独立承包商。请见：http://vpf-web.harvard.edu/ofs/policies/documents/indep_contr_class.pdf。

12.27.6　固定津贴的常见问题

1. 问：什么类型的美国国立卫生研究院资助允许固定津贴？

答：在某些情况下，美国国立卫生研究院把"R"系列资助确认为研究资助，但其关于固定津贴允许性的指引似乎具有更广泛的适用范围。我们对指引的理解是："T"系列和"F"系列的资助允许固定津贴，而"R"系列和"P"系列的资助不允许。其他项目应根据具体情况具体分析。

2. 问：如果研究者被指定为员工，而非固定津贴受领者，会影响间接成本吗？

答：会的。员工的报酬目标代码是6001-6399。报酬费用考虑经常费用。固定津贴的目标代码是6400-6499。固定津贴从经常费用中排除，也会从直接成本总额中移除，以确定修改后的直接成本总额。

3. 问：其他大学的员工或学部人员或非哈佛大学的研究生作为访问人员能得到固定津贴吗？

答：个人在母校的雇用情况与其在哈佛大学的聘任情况无关。如果个人向哈佛大学提供服务，则其应该被指定为员工或作为独立承包商获得报酬。如果个人因自身研究或教育目的访问哈佛大学，且不会参与联邦研究，则其可以获得学术委任，获得固定津贴。

4. 问：如果我发现联邦研究奖金不允许固定津贴，我能否简单地把固定津贴归类计入报酬目标代码中？

答：不行，这些目标代码反映的是指定工作人员分配的雇用或学术委任类别。这些款项代表了个人和哈佛大学对不同委任类别的条款的税务和雇用的法律责任。如果成本是近期产生且属于当年财年的，您可以和分支机构主管一起修改当初的委任条款。

5. 问：如果我发现联邦研究奖金不允许计入固定津贴，我能否简单地把固定津贴归类计入使用同样目标代码的其他基金中？

答：可以，固定津贴可以从联邦研究奖金中移到允许固定津贴的基金，只要交易遵守成本转移规则，且费用符合资助资金可分配性和可允许性的条件。

6. 问：如果固定津贴费用出现在联邦研究奖金的分包商的发票上，您该怎么做？

答：大学使用"固定津贴"来涵盖各种个人从属关系，且术语使用本身不代表不允许使用该费用。如果分包商提供了固定津贴发票，则费用应被核证和记录，作为计入哈佛大学联邦奖金之前的报酬。如果可能，分包商应重新提交对费用使用后更准确描述的发票，如学生或博士后的报酬、薪水和工资。联邦研究资助的分包合同应明确指明哈佛大学会为分包人报销分包人因支持分包合同的工作而产生的费用。

12.28　第二受助人监督和程序指南

哈佛大学负责对自身资助研究的第二受助人进行程序和财务监督。第二受助人是进行哈佛大学研究项目或其他资助项目中的一部分的第三方组织。界定哈佛大学第二受助人关系的条款包含在子资助协议/子协议/联合体协议中。

本指南与程序旨在协助相关学部和员工确保第二受助人按照法律、法规和奖金、子奖金的条款和条件进行自身的研究项目部分,及确保第二受助人承担的项目成本是合理且允许的。

12.28.1　角色和职责

1. 主要研究者主要负责监督第二受助人,以确保其遵守联邦法规及主要及第二受助人奖金的条款和条件。

2. 院系助学金管理人员有责任协助主要研究者履行其监督职责,有责任审查第二受助人提供的发票,有责任质疑支出(如有必要),还有责任保存监督活动的相关文件。

3. 位于朗伍德医学区的资助项目办公室和中央研究管理办公室有责任确保哈佛大学的第二受助人监督程序遵守联邦法规及其他适用的法规,且符合合理的商业惯例。资助项目办公室将就解释相关法规和第二受助人奖金条款和条件以及解释和执行本指引方面,提供进一步培训、监督和指引。

12.28.2　联邦法规

关于第二受助人监督的联邦法规都比较宽泛,但包含下述核心合规要素:

1. 告知第二受助人所有相关的联邦法律和法规,以及传达来自主要协议的所有相关的条款要求;

2. 日常接收和审查技术表现报告;

3. 日常费用预算比审查;

4. 定期进行现场考察或定期联系(如有必要);

5. 选择进行审计(如有必要);

6. 审查第二受助人提交的 A-133 审计报告;

7. 审查第二受助人在答复审计结果时引用的"相关活动";

8. 如第二受助人无法继续或不愿意进行所需审计或纠正不合规行为时，考虑对其实施制裁。

上述清单并未穷尽所有合规要求。除上述提及的一般合规元素，还可能有额外的资助人或具体项目要求，要求在项目过程中收集和记录其他保证（如：关于实验室动物、人体、生物危害等方面的保证）。

12.28.3 哈佛大学第二受助人监督指南

每年，资助项目办公室和分支机构中央研究管理人员会审查所有其监督的有效分包合同，并根据下述考虑因素进一步调查被视为需要更严格审查的分包合同：

1. 第二受助人资助的规模。大型资助（年预算超过 50 万美元）会受到大量经常性的审查和监督；中等规模资助（年预算在 10 万—50 万美元之间）会受到相比而言不那么大量和经常性的监督；小型资助（少于 10 万美元）会受到监督频率最低的一般审查；

2. 资助规模与第二受助人的资助研究组合有关；

3. 比例传递：项目资助的比例越大，越需要进行第二受助人监督；

4. 资助的复杂程度、工作的敏感程度和/或管辖法规的宽泛程度；

5. 此前与第二受助人合作的经验，比如，对于新的第二受助人，无合作经验的第二受助人，违规历史，新增人员，或系统发生新的或实质性变化；

6. 第二受助人地点或营业身份（远离哈佛大学可能会导致更多监督）；与某些外国营利第二受助人合作相关的新增风险，该等新增风险值得更高程度的审查、评估和关注；

7. 审计人员或资助机构进行的外部监督的程度。注意：哈佛大学有义务监督自身联邦奖金的第二受助人，而不论该等第二受助人是否受限于 A-133 审计；

8. 第二受助人的系统和行政运作的先进程度。

在基于上述审查标准找出需要更严密审查的第二受助人后，位于朗伍德医学区的资助项目办公室和分支机构中央研究管理办公室将采取适当监督措施，以确保遵守分包协议的履行、财务条款和条件及所有适用的联邦法规。资助项目办公室将协调沟通，以避免重复。

除了日常监督程序外，资助项目办公室和分支机构中央研究管理人员将与主要研究者和部门管理人员一起设立进一步审查第二受助人的渠道。在该等第二受助人场所的管理人员可能会被要求填写调查问卷（提交给哈佛大学），记录自身的内部控制和研究基金的管理程序。此外，如果条件允许，不受 A-133 管辖的第二受助人可能被要求提交证明文件（收据原件、工资记录副本,审计等)。

12.28.4 分支机构和部门级别的第二受助人监督程序

部门监督程序的频率和范围应由负责的主要研究者和部门授予管理人员共同决定。考虑到上述哈佛大学指引中所述的标准驱动下的监督频率和密度,推荐采用"以风险为基础"的第二受助人监督方法。采用这种方法能专注于监控违规风险最大或潜在的第二受助人。

分支机构中央研究管理人员和部门授予管理人员应在资助项目办公室人员的指引或协助下,每年考虑下述适用的第二受助人监督程序。

1. 技术表现报告的审查应由主要研究者及时完成。任何异常或不可预见事项应予调查,且相关记录应保存在部门的档案中,以供监管者随时查阅。在某些情况下,子资助协议的条款可能要求除技术报告外,或作为技术报告的替代者,提供所需的交付成果。

2. 发票和费用预算比的审查应为费用报销子协议完成。通常需要显示当期期限和累计费用预算比的第二受助人的发票。部门授予管理人员应该把第二受助人的发票与现成的子奖金预算进行比对。主要研究者和部门授予管理人员进行的定期发票审查的证据应放置和保存于文档中。"证据"的形式包括经主要研究者签字或授权签署后的发票、电子邮件通信文件与部门授予管理人员的会议记录等。

3. 开票费用应阐明部门授予管理人员的要求,以解释第二受助人在发票开立上的任何异常、混杂、明显超额的费用或其他费用。如果解释不足以做出关于费用可允许性的谨慎判断且在分包合同条款允许的情况下,那么部门授予管理人员可以要求第二受助人提供详细的合理说明。如果分包合同的条款允许,部门授予管理人员还可定期要求(特别是)高风险第二受益人提供所选发票开票费用的详细证明,以核证该等费用的适当性和合理性。可以从第二受益人处要求的详细合理说明的样例包括:

(1) 工资单记录/数据;

(2) 显示有所购买物品的成本的已支付发票的副本,及如果联邦合同要求,供应商合理说明表的副本;

(3) 顾问所提供服务的说明,包括小时费率和时间报告;

(4) 说明差旅费的用途、机票、餐饮、地面运输、禁止费用等详细信息;

(5) 被认定为不允许或不合理的费用应不予允许;

(6) 在有疑问的费用尚未解决的情形下,特别是在分包合同条款并不允许要求提供支持文件的情况下,可能有必要进行全部或部分有疑问费用的决定性审计(见下述审计说明)。在此情况下,部门授予管理人员可以联系资助研究办公室，寻求与相关学院资助研究办公室进行后续措施研究的协调。

4. 现场视察是一项可自行选择的监督程序。为评估对项目科学目标的遵守程度和第二受助人的行政制度、程序和费用的适合程度，主要研究者会进行现场视察。现场视察应通过通信文件、会议记录、公差报告等进行记录并存档。

5. 审计。第二受助人自主决定的审计是联邦法规下可接受的监督程序，且所有哈佛大学的成本报销第二受助人协议中均包含"审计权"条款。正式审计很少发生，但部门应该在启动自主决定的审计前联系哈佛大学的风险管理和审计服务部。

6. 在线 A-133 审计报告审查。分支机构中央研究行政人员应该审查在财年内花费超过 50 万美元联邦资金且须遵守 A-133 的第二受助人提交的 A-133 报告。机构人员可以在联邦审计清算局的数据库审查第二受助人 A-133 报告。这个网站提供了可验证第二受助人已经填写 A-133 审计表和评估审计结果的证明材料。此联邦审计清算局验证材料将替代第二受助人向哈佛大学提交的 A-133 报告。如属第二受助人继续无法或不愿意进行所需审计的情况，位于朗伍德医学区的资助研究办公室和分支机构中央研究管理处可以考虑采取相关制裁措施。

7. 在第二受助人拥有 A-133 审计结果时，资助研究办公室和/或分支机构中央研究管理处可以考虑出具关于审计结果的管理决定（如合适），并评估第二受助人为回应审计结果引证的纠正措施。第二受助人引证的纠正措施应被核证，以确保第二受助人的合规，并可使现场监督必要化。分支机构中央研究管理处还可考虑第二受助人审计结果是否需要调整自身记录。

8. 无须遵守 A-133 的第二受助人，包括外国和营利性质的第二受助人。因为 A-133 不适用于外国和营利性质的第二受助人，哈佛大学可以设定自己的要求（如有必要），以确保该等第二受助人遵守规定。分支机构中央研究管理处应考虑把对类似于需要遵守 A-133 的实体所采用的监督技术用于监督此类第二受助人。与外国和营利性质的第二受助人签订的合同应说明相关合规要求和责任。评估对提供给外国或营利性质的第二受助人的联邦子奖金的方法可能会包括在提供研究资金前的审计中。

12.28.5　第二受助人合同语言建议

所有联邦政府主合同和授予项下的所有分包合同应包含与下述大体相同的表述，以要求分包人立即向哈佛大学报告在其年度 A-133 审计中确认的任何关于哈佛大学分包合同的问题，并向哈佛大学提交相关的行动计划：

"审计：分包人同意遵守《管理和预算办公室通告》A-133 的要求。分包人进一步同意及时向哈佛大学提供查阅任何独立审计师报告的途径。该等审计师报告会展示分包人任何不遵守本分包合同直接适用的联邦法律法规的情形。如有不遵守的情况，分包人将提供关于审计师报告的回复文本和纠正措施计划书。所有根据《管理和预算办公室通告》A-133 的要求编制的报告应在正常营业时间内提供给哈佛大学或政府代表进行审查。分包人同意：在项目完成的三年内，或在所有诉讼、索赔或审计结果被解决且最终措施被采取前，保留可能有助于有效审计所合理需要的记录。分包人应配合哈佛大学解决哈佛大学可能对审计师报告和纠正措施计划书提出的问题。"

12.29 哈佛研究政策概要（受资助项目）

12.29.1 综述

所有资助研究协议应遵守董事会和各学部制定的基础研究政策。以下是适用于开展资助研究的政策的概要。如需查看各学院的研究政策和程序，我们推荐您参考下述列表。如果您的学院不在列表中，请联系各自学院的院长办公室。

文理学院
肯尼迪政府学院
教育学院
医学院
公共卫生学院

哈佛大学不接受或者认同将与工作相关的信息限制为机密或者专属信息，要求公开有意义的成果与发现，和/或用于核实其他学者的成果。哈佛大学有时会从资助人处接收专属信息，前提是接收不得排除有意义的研究成果报告。文理学院在取得院长/指定人员批准后的特殊情况下才能允许组织接收。

哈佛大学不接受内容和定期发布成果方面的公开限制，除非专利权存在纠纷，允许 30＋30 天的延期。

12.29.2 披露资助人身份

哈佛大学接受匿名捐赠，但希望可以披露资助人的身份。

12.29.3 机密研究

哈佛大学不接受机密研究。主要研究者必须能够汇报研究成果,即使确定个人、组织或者团体身份的数据仍处于保密状态。

12.29.4 技术指导

主要研究者独自承担指导和管理项目及其成果的责任。哈佛大学不接受资助人指导或者监督主要研究者及其团队的条款。

12.29.5 主要研究者控制研究行为

只有在资助人单方出现无法接受的变更时,协议才可被终止,否则不允许资助人发生单方变更。

12.29.6 职员批准

资助人可能只批准主要研究者;资助人可能不会否决其他职工成员。研究成果责任在主要研究者而非机构。哈佛大学不会为研究成果或者资助人背书。

12.29.7 和资助人的财务关系

哈佛大学负责解决研究者与学院的财务冲突。如果研究者与潜在资助人存在重大权益关系,需要通知董事会并提供细节。

12.29.8 保护学生

指导学生参与研究,指导者可能了解在研究中获得经济收益需要经过相应学院委员会的审阅和批准(可能还有监督)。如果学生正在研究的项目有资金支持,则建议对其进行特殊审查。为了确保学生的智力发展,部门和学部应特别关注学生需求。

12.29.9 作者身份

哈佛大学没有关于作者身份的政策。期望每位作者做出重大智力贡献,第一作者应确保数据真实性。

12.29.10 动物

每个学院都存在与联邦指导方针一致的具体政策和程序。有关动物研究的项目在没有取得相应委员会和部门批准之前不得开始。

12.29.11　人类主体

每个伦理审查委员会(IRB)都建立了与联邦指导方针一致的政策和程序。有关人类主体协议的项目在没有取得相应委员会、部门批准和主要人员完成培训之前不得开始。

12.29.12　危险物品

哈佛大学环境健康与安全办公室管理危险物品。每个研究者负责取得其研究所需的许可和环境卫生局批准。

12.29.13　授予资助人知识产权

哈佛大学保留哈佛大学学部所做发明的所有权,但是并不妨碍向资助人授予权利和/或许可权利。科技发展办公室根据每个案例的具体情形给予指导与监督。

获取一般发明信息请访问科技发展办公室网页。

12.29.14　研究资料

哈佛大学通常需要所有资料转让协议(包括语言),允许复制研究成果。

获取更多资料转让协议信息请访问科技发展办公室资料转让协议网页和财政服务办公室网站。

12.29.15　不当研究行为

学院负责建立和实施针对不当研究行为的政策和程序。

哈佛医学院和哈佛公共卫生学院各自的卫生与公众服务部门的诚信研究办公室以及资助项目办公室/哈佛大学学院资助项目管理部门每年都应提交报告。

12.30　差旅政策

大学财务服务差旅政策,自2010年7月1日起生效,覆盖资助性和非资助性差旅。

12.31　学费政策

自 2007 年 7 月 1 日起,研究生学费减免的部分可以作为非管理性开支产生的直接成本由哈佛大学研究资助支出。学费减免是指为在联邦研究资助项目中执行必要工作的学生支付学费作为一部分补偿(《管理和预算办公室通告》A-21,J.45)。不同于薪水报酬,学费减免必须排除在应用间接成本之外(《管理和预算办公室通告》A-21,G.2)。凡是对授予哈佛大学的资助项目做出贡献的学生,其名字将会列入工资单中,这些学生的薪酬将会从工资单中体现,目标代码为"专业技术岗位的学生"。减免的学费和杂费将被记录为"研究生的学费和杂费"。

所有从联邦研究资助中支出的补偿费用,不论是作为薪水报酬或是作为学费减免,均需要报告工作量。为了满足这一要求,但又不将学费减免的开支明确地记录在收入证明表格中,研究资助中关于学费减免开支的分配必须与通过薪酬支出进行上报的分配工作量匹配。

12.32　有出入的账户结算(对账)

12.32.1　概述

所有受资助的账户必须及时对账,并且对账不得晚于终止日期之后的 6 个月。本政策的目的是为了
- 简化注销已终止账户的流程;
- 减少大学审计被驳回的风险;
- 减少资助者对主要研究者资助的延误或资金的扣留;
- 未能及时核对您的账户可能涉及成本转移。

12.32.2　有出入的账户结算

在账户终止之日的 6 个月后结算有出入的资助账户即是超支和支出不足的账户。这些账户均会被列在全体人员能够收到的《有出入的账户报告》中。

每个类别都将如下处理。

12.32.3 政策：超支账户

超支账户是指在大学总分类账中的支出大于由部门管理人同意且已向资助机构报告的支出的资助研究账户。只有在特殊情况下，才可能考虑修订财务状况报告，将额外开支包括进去，但必须得到资助项目办公室的财务服务主管的同意。

• 小余额销账：确报数 250 美元以内（含 250 美元）的费用将由资助项目办公室移到各自的分支单位的管理性支出回收账户中。

• 超出确报数 250 美元以上的费用必须由当地单位转移到一个非资助性账户中。

12.32.4 程序：超支账户

• 在财务状况报告编制期间（一般为预算结束之日后的 60～90 天），资助项目办公室将尽全力与各部门合作，以确保及时核对超支的账目。

• 终止日期起计 6 个月后，所有超支资助性研究账户将被资助项目办公室注销，以防止学院高级财务官员向资助项目办公室提供不受限制的账户。

12.32.5 政策：支出不足的账户

支出不足的账户是指在大学总分类账中的支出少于由部门管理人同意且已向资助机构报告的支出的资助研究账户。

• 频繁修改财务状况报告可能被视为财务控制中的弱点，可能带来诸如权限无法扩大的处罚，并可能会提高审计的风险。除非在特殊情况下，资助项目办公室将不再报告在提交财务状况报告之时没有公布在总分类账中的费用。特殊情况必须经资助项目办公室财务服务主管的同意。

• 小余额销账：低于确报数 25 美元以内（含 25 美元）的费用将由资助项目办公室移到各自的分支单位的管理性支出回收账户中。

12.32.6 程序：支出不足的账户

• 对于支出不足的资助研究奖励（不同于小余额销账），发给资助人的财政状况报告将由资助项目办公室修订，以准确反映大学总分类账中的支出。

• 如果奖励的条款及条件不明确，在提交经修改的最终报告和数目后，将直接征询资助人处置剩余资金的方式。

12.32.7 例外情况

只有在特殊情况下，才可以对有出入的账户的政策进行例外处理，例外情况将需要：
· 从学院高级财务官员处获得的书面证明（对于部门或下属机构可由指定的官员出具），并且需要
· 经资助项目办公室财务服务主管的同意。

12.32.8 特殊情况：培训补助

· 美国国立卫生研究院培训补助、助学金和学费在超出账户终止日期后且必须支付的，自该日起 15 个月内必须对账；
· 如果自账户终止之日后的 15 个月内未能对账，超支和支出不足的结余，将会以与其他资助账户同样的方式来解决。

12.33 供应商与第二受助人指南

12.33.1 指南理由

哈佛作为资助的第一受助人，在与资助奖项下的另一个实体（该实体将为哈佛大学提供商品或服务或实质性的程序化的工作）建立关系之前，必须先确定哈佛大学和该实体的法律关系的性质，这种性质将决定记录这个法律关系的协议的类型。这是一个重要的决定，决定了责任的分配，亦影响间接成本率的选择。在一个子协议的情况下，第一受助人（哈佛大学）有责任确保第二受助人进行的部分研究项目遵守接受奖项或第二子奖项所有适用条款，并且第二受助人的项目成本是合理的。然而，与供应商购买服务的协议，通常不会要求供应商遵守所有的资助条款和条件，并采取竞争性招标采购的做法，以保证支付给供应商的资金不超过合理的市场价值。

12.33.2 指南的背景

哈佛大学资助奖的大部分工作是由教职员和员工在大学内完成的。但是，有时为完成研究或项目的一部分，必须由个人顾问[①]或实体[②]或在大学以外的地方完成。在这些情况下，必须有概述各方和大学之间的关系的法律

---

① 独立的提供咨询服务的供应商的资格前提是该人不得与哈佛大学有任何雇佣关系，并必须满足哈佛大学相关政策中对于顾问的要求（与员工不同）。见：http://vpf-web.harvard.edu/ofs/policies/documents/indep_contr_class.pdf。

② 本文件只对第二受助人和供应商协议的区分进行解释。关于咨询，在资助项目办公室的网页上有独立的政策。此外，在总法律顾问办公室的网页上有关于咨询协议的模板。

协议,并可能会以子协议(通常以子合同的形式)或与供应商购买服务协议的形式出现。重要的是,在早期申请资助的时候就要做正确的协议决定,因为这些类型的协议的管理性开支的处理和监督要求各不相同,将影响补助金预算,有些时候会影响补助金的说明。此外,如果奖项的条款和条件有具体要求(有时会发生),在执行子协议之前,可能需要资助人的同意;尽管如此,赞助人前置审批很少,如果有的话,哈佛需要签订购买服务的供应商协议。两种形式的协议都应该有一个明确的目的和成本。用来确定关系类型的标准如下:

12.33.3 第二受助人

当出现下列情况时,第二受助人关系是适用的:
- 研究项目的实质性的、程序化的工作或重要的部分正由其他实体承担;
- 该研究或项目是在实体的研究目的范围内;
- 该实体以一种创造性的方式参与项目设计和/或进行研究;
- 该实体保留了某程序的程序控制权和工作如何进行的决定权;
- 该实体致力于完成设计或进行研究;
- 该实体行使独立的决策权,决定如何实现要求的活动;
- 该实体中已确认一个主要研究者,并作为"共同研究人"发挥作用;
- 该实体在履行其工作内容时,有可能保留其产生的专利、版权或产品的所有权;
- 出版物有可能在实体中产生或进行合著;
- 实体进行费用分担或提供相配资金的话,这部分资金哈佛大学不予报销;
- 供应商认为自己,或被哈佛大学认为,是法律规定的"参与研究"涉及人类主体的,有与人类主体相关的活动时需要得到批准。

子协议应该有详细的工作和预算范围,指定工资、福利、物资以及其他直接成本,还有与第二受助人的间接成本率一致的财务成本核算。主要资助的条款和条件,同样适用于第二受助人。

12.33.4 第二受助人批准和协商

哈佛大学包含有第二受助人的资助提案应该由第二受助人机构的相关官员批准后提交到哈佛大学。子协议必须由在朗伍德医学区资助项目办公室或资助项目管理办公室进行审核和协商。

12.33.4.1 供应商

如下情况下,适用供应商关系(包括个人单独作为咨询服务的供应商的情况）：
- 该实体为支持研究项目提供特定的服务；
- 该实体本身并没有具体参与研究的设计；
- 该实体正在执行哈佛大学研究人员的研究方案；
- 该实体不对研究的资助人或对研究结果的确定直接负责；
- 该实体对广泛范围的客户（包括在非学术领域的客户）进行服务营销；
- 该实体对于参与完成的研究工作的设计和实施很少或不涉及独立决策；
- 协议只指定所提供的商品/服务的类型和相关费用；
- 实体对于提供商品/服务的承诺不能圆满完成的话，有权拒绝支付款项或要求重做交付；
- 实体中的员工或执行人不能作为研究产生的论文的共同作者；
- 在研究过程中产生的专利或有版权的技术或产品所有权不归该实体；
- 在个人作为供应商提供咨询服务的情况下，该个人不得与哈佛大学有任何雇佣关系，不论是学术的或行政的性质。

主要研究者有责任确定与第二受助人和供应商签订的协议提到的价格是否有竞争力和合理性。尽管在任一情况下，协议的成本不影响作出的第二受助人或供应商关系判断的确定。只要有可能和当成本超过5000美元时，联邦补助金的条款和条件以及良好的商业惯例要求从多个供应商中进行商品和服务的竞争性招标。主要资助项目的条件可能会禁止单一来源的供应商的关系，如果允许的话，通常也是受具体条件和程序要求约束的。

12.33.5 供应商协议的批准

一旦确定了作为主奖项受助人的哈佛大学与提供商品或服务的实体之间的关系性质应被视为购买方和供应方，主要研究者和其部门将负责确保相关协议得到正确执行，并且必须符合学院和大学范围内的供应商政策。这可能需要部门领导或管理人批准，视向供应商支付的资金数额而定。可以向学院财务办公室和/或呈送办公室（资助项目办公室，哈佛医学院资助项目管理办公室，哈佛大学公共卫生学院资助项目管理办公室）进行咨询，了解记录和签署供应商协议的相关程序。

12.33.6 遵守范围

哈佛大学各学院所有主要研究者和管理者，包括三个资助项目呈送办公室、当地单位和大学范围的项目必须遵守这一指南。三个呈送办公室分别是：哈佛大学资助项目办公室，哈佛医学院资助项目管理处办公室，及哈佛公共卫生学院资助项目管理办公室。

12.33.7 职责

在确定协助资助奖项研究的实体是代表第二受助人或是供应商时，主要研究者和地方补助金管理人负责征求意见。可以向学院官员和资助项目办公室寻求建议。由呈送办公室（资助项目办公室、哈佛医学院资助项目管理办公室和哈佛公共卫生学院资助项目管理办公室）审查、协商和签署子协议，确保已从其他实体取得相应的签名和批准。呈送办公室也可回答问题，并对研究政策及一般的资助实践提供咨询服务。总法律顾问办公室的供应商协议和分包合同可能会由总法律顾问办公室或来自朗伍德医学区的资助项目办公室进行审核。关于战略采购办公室（SPO）协助投标或其他有关供应商的问题，也可以由战略采购办公室提供。

12.33.8 定义

A. 根据《管理和预算办公室通告》A-133，某机构在下列情况下，会被视为第二受助人：
- 由其确定谁有资格获得什么财政援助；
- 有其衡量绩效的标准，以判断联邦项目的目标是否得到满足；
- 有责任进行程序化的项目决策；
- 有责任遵守适用的联邦项目合规责任；
- 用联邦资金进行该机构的项目，而不是为转递实体的项目提供商品和服务。

B. 根据《管理和预算办公室通告》A-133，某机构在下列情况下，会被视为供应商：
- 在正常业务运作范围内提供商品和服务；
- 向许多不同的买家提供类似的商品和服务；
- 在竞争性环境中运营；
- 所提供的商品或服务对联邦项目的操作有辅助作用；
- 不受联邦项目合规性要求约束。

并非在所有情况下都存在上述这些特点。根据该通告 A-133，在确定一个实体是第二受助人还是供应商时，应基于每个个案的情况进行判断。在哈佛大学，这些相同的定义也适用于非联邦资助项目。

第 13 章　其他政策

13.1　环境卫生与安全管理政策

哈佛大学通过教学和科研为发展、改善全球环境的实践和政策做出了杰出贡献。哈佛的目的是本着领导角色的精神进行内部运营，并遵守所有适用的法律和法规。

所有运营活动均应成为环境健康和安全实践中高质量的典范。为了指导学校和院系的教职员工、博士后学者和学生在哈佛的行为，学校已经确立了以下职责：

- 将对学生、教职员工和访客的危害降低到最小；
- 遵守所有适用的环境健康与安全法律和法规；
- 完成所需的培训；
- 维护大学社区内个体成员负责任的环境和安全行为；
- 报告危害和潜在的违反要求的情况；
- 参与制定健全的环境健康和安全政策及规定；
- 通过有效和适当地利用资源来促进和鼓励可持续性发展；
- 提出改进措施以支持环境和安全活动并积极参与其中；
- 要求与哈佛有业务往来的人员以保护大学免受环境健康和安全风险的方式执行工作。

13.1.1　管理

哈佛大学是一个复杂的组织，由负责学术和科研任务的学院、其他附属中心和单位，以及该机构运营所必需的广泛支撑职能部门组成。根据长期的权力下放管理理念，大学将其遵守所有适用法律、法规和政策的首要责任下放至所有院系和部门，每个院系和部门均由负责的"官员"（例如教务长、院长或副院长）来管理。

从法律、法规和公众角度看，大学是一个法人实体（大学的正式注册名称为"哈佛大学校长和董事会"）。大学个别成员的行为代表整个大学实体的行为。由于这些原因,大学有责任制定政策并提供资源,以确保遵守所有环境健康和安全法律法规。哈佛通过以下结构执行此功能。

大学环境健康与安全政策委员会

大学环境健康与安全政策委员会(以下简称"政策委员会")是与环境健康与安全合规及法规制定相关事项的领导机构及政策指导的主要来源。

政策委员会负责监督大学环境健康和安全相关的风险,并确认是否有足够的资源来确保遵守环境健康和安全的法规和标准。大学的环境健康与安全部(以下简称"EH&S")负责向委员会通报法规进展和相关风险。政策委员会制定大学政策建议以供校长批准,评估风险管理策略的有效性,并监督大学执行政策的有效性和遵守情况。

政策委员会向哈佛大学校长和管理委员会提供年度报告,总结环境健康与安全计划的现状以及影响大学的风险因素。

政策委员会由执行副主席主持,成员包括学院和行政部门的广泛代表。成员由学校或部门的高级管理人员任命,任期3年;任期任命可能会交叉,以确保成员资格的连续性。

环境健康与安全运营委员会

环境健康与安全运营委员会(以下简称"运营委员会")是主要的利益相关者机构,负责审查和批准EH&S向大学社区提供的服务范围。运营委员会希望在其成员之间达成共识,以确保整个大学遵从计划和服务的方法和实施的一致性。

运营委员会审查环境健康与安全风险以及适用的法规要求、标准和最佳实践。运营委员会将酌情与大学的其他利益相关方进行协商,并在制定计划、程序和实施策略方面为EH&S提供建议,以确保合规并减轻对大学的不利影响。

运营委员会由主管校园服务的副校长负责,成员包括来自学校和行政部门的环境与安全合规主管、环境健康与安全主管以及EH&S员工。

运营委员会可以召集小组委员会,来解决利益相关者特定的职能或问题(例如实验室安全、设施安全、新法规及审核流程)。除运营委员会成员资格外,小组委员会还可以包括来自院系、部门或其他具有特定领域专长的代表。EH&S将为小组委员会的工作提供便利和协助。

环境健康与安全部

环境健康与安全部(EH&S)是领导团队的主要资源,可用于预测环境健康与安全要求和风险,并制定缓解策略,以最大限度地减少对大学人员、学术和研究部门、基础设施和运营的影响。

在法规合规性和安全性方面,大学授权EH&S保护人员和环境安全。

EH&S在法律上负责众多许可、计划、监管文件和相关事宜,并与学校各部门合作以保证标准和惯例的时效性。

EH&S通过与大学的各个合作方紧密合作和咨询,并提供技术、法规和相关管理专业知识来履行此职责。向大学社区提供的核心服务包括:

- 确定和评估潜在危险的操作和位置;
- 评估现有或新型的环境健康与安全风险、法规要求、标准和最佳实践;
- 制定机构风险管理策略;
- 为员工和学生提供培训;
- 监控危害和风险,并审核控制策略;
- 担任环境和安全合规主管、教职员工、行政人员、大学委员会以及其他参与哈佛环境健康与安全风险管理的人员的联络人;
- 担任大学与环境健康与安全监管机构的主要联络人;
- 在调查活动、员工投诉或潜在或实际的监管执法行动方面,负责协调大学与监管机构的关系;
- 与学校、院系、下属单位和总法律顾问办公室进行协商,以确保大学对政府的询问、投诉或诉讼做出统一的答复。

EH&S还可以通过费用周转安排为学校和部门提供专门的运营服务。

大学院系和附属单位

各个院系、行政部门和附属单位的高级管理人员(例如院长、副院长)负责按照所有适用的法律和法规进行操作,并执行大学的环境健康与安全政策。

在EH&S的指导和支持下,这些职责包括但不限于:

- 确保适当的培训;
- 向员工、学生和访客告知工作场所的危害和安全程序;
- 进行检查和审核;
- 纠正违规行为;
- 调查员工和学生的事件和投诉;
- 确保适当地存储和处置有害物质;
- 执行政策(包括适当惩戒违反环境健康和安全要求的员工和学生);
- 适当记录活动和过程;
- 必要情况下,获得适当的内部或外部资源协助来管理对紧急情况的响应。

各个学院、行政部门和下属单位在日常管理和实施其环境健康与安全计划方面均承担财务和运营责任。这包括由其雇员、EH&S或其他人员提供的专业或持续运营服务的支持,由政府机构评估的罚款或罚金的责任,补救成本以及由于司法或行政诉讼而蒙受的损害和费用。

环境与安全合规主管

每位院长和副院长均应任命一名环境和安全合规主管(以下简称"合规主管"),负责本学院、行政部门或附属单位内环境健康与安全计划的实施。院长或副院长应签发任命书并概述合规主管的职权。

合规主管有权:

· 代表院长或副院长采取行动,管理学校或部门中的环境健康与安全活动;

· 按照程序调查投诉和事件,以及审核绩效活动;

· 要求停止任何可能对人员、财产或环境造成危害的活动;

· 投入财务和人力资源,以确保持续遵守适用的环境健康和安全法规。

主要研究者及部门主管

主要研究者和部门主管负责在其职责范围内实施、管理和强制执行安全合规的环境。主要职责包括制定适当的环境健康和安全程序、定期进行自我检查、员工培训和事件报告。

13.1.2 事件报告与调查

大学有责任调查并适当报告环境健康与安全事件。

教职员工、学生以及与大学有关联的其他人有责任披露可能违反环境健康与安全法规的任何活动。

任何可能对人员、财产或环境造成直接危害的情况,所有人员均应立即通知相应的紧急响应人员(例如哈佛警署、当地公共安全部门、消防部门、大学运营中心或其他人员)。同时必须另行通知合规主管或部门主管。如果没有合规主管,则应将事件报告给EH&S主任。

院系和部门保留与大学应急管理计划一致的应急管理计划和响应的权力和责任。在紧急情况下,院系和部门将利用其本地应急管理团队来进行事件通知、响应和恢复。他们可以酌情利用内部服务提供商(例如哈佛警署、EH&S、大学运营中心、哈佛健康服务中心等)和外部服务提供商。

EH&S根据要求或需求提供监管联络、技术援助和操作指南,并与学校和紧急情况响应者合作以建立安全和其他恢复正常运营的标准。

大学所有教职员工、学生和大学附属机构的其他人员应充分合作,并酌情参与事件的调查和补救工作。

根据法律和哈佛大学程序进行举报的教职员工和学生,或者对大学的环境健康与安全程序提出疑问或顾虑的教职员工和学生,将不会受到哈佛的处罚,并且此类行为也不会记入档案。

13.1.3 执行

哈佛大学将遵守所有法律、法规和大学政策视为就业和具备学术资格的要求。违反此类要求应受到纪律处分,包括终止雇用和/或入学状态。大学管理者有责任和权力执行此类行动。

为确保遵守环境健康和安全法规,政府机构制定了严格的政策,包括民事处罚和个人刑事处罚,可能导致起诉、监禁和罚款。因此,大学希望所有的教职员工、博士后学者以及学生在遵守所有环境健康和安全要求时保持警惕,并获取他们在大学开展活动所需的适当合规信息。

附录 A

环境和安全合规主管的职责

每位院长或副校长将任命一名环境与安全合规主管,负责其所在院系、行政部门或附属单位内环境健康与安全合规计划的实施、管理和执行。

合规主管的主要职责是建立内部管理、问责制和沟通结构,以实施和跟踪环境与安全需求、状况和相关风险情况。合规主管将依靠EH&S的支持和指导来履行其职责。

合规主管的职责

• 寻求EH&S的技术协助和指导,以了解院系、部门或附属单位的风险、风险缓解策略以及环境和安全要求;

• 建立机制(例如地方安全委员会、实验室安全员、设施经理网络)以执行和监督合规要求;

• 确保人员参加所需的培训;

• 采取适当行动,制止可能对人身、财产或环境造成迫在眉睫的危害的任何状况;

• 将尚未解决的合规性问题以及涉及潜在安全隐患、暴露、事故、伤害、疾病、泄漏、释放或其他法规或环境问题的情况报告院长或副院长;

• 将未解决的合规问题和情况报告EH&S主管,并寻求EH&S指导实施必要的纠正措施;

• 协助并推动学院或部门内部以及与EH&S的信息沟通,以协作解决和改善问题;

• 在EH&S运营委员会中代表学院或部门,并参与制定哈佛环境与安全合规管理的战略、政策和程序；

· 每年向院长或副校长和环境健康与安全总监汇报学院或部门的环境与安全计划的现状、趋势和风险。

13.2 对哈佛建筑物和设施拍照和录像的政策

13.2.1 目的

哈佛大学作为一所教育机构，旨在促进其教育、科研和公共服务的使命，并尽量减少扰乱或与其使命不符的活动。因此，学校规定除非提前获得许可，在某些情况下，限制或禁止在哈佛校园及设施内拍照及摄像，但代表哈佛大学和学院制作的静态摄影和录像作品除外。[①]

13.2.2 提前获得许可

任何个人或机构拟拍摄哈佛大学的照片或影像用于广播或公告传播，需提前获得许可。所有的申请都应首先提交至学院新闻办公室，或者关于学校政策，可以与学校新闻办公室沟通。

如需确认申请是否获得许可，可以由学院新闻办公室咨询学校新闻办公室、校长或教务长办公室和其他相关的学校负责人。

13.2.3 标准和限制

通常，用于教学或公共事务的由学院或教育机构或非营利性机构进行的拍照和摄像，都是允许的（但需遵守下列的后勤和安全的细节）。但是，不允许商业或娱乐实体进行出于商业和娱乐用途拍照和摄像。

例如，关于记录富兰克林·罗斯福在哈佛的教育足迹的纪录片是允许拍摄的，而畅销小说家罗斯福想要在哈佛进行拍摄则是不被允许的。

对于广告宣传用途的商业产品或服务的拍照和摄像也是不允许的。[②]

如果新闻媒体利用校园或学校资产做拍照摄像用，由相关学院的通信

---

① 这项政策旨在指导大学官员与希望对大学财产进行拍照或录像的外部实体进行沟通。这些限制政策并非旨在限制哈佛大学的官方代表的拍照与摄像，例如哈佛大学新闻办公室或者学院新闻办公室为了学校进行的视频拍摄。学生从事的非商业活动的拍摄应该遵循学院的规定及指引。

② 如果需要通过商标管理部获得学校正式授权的产品的图片，哈佛大学新闻办公室和商标管理部共同确定适当的权限和条件。

处和新闻办公室,或者由哈佛大学新闻办公室的主管自行决定。

对于是否批准拍照和摄像,我们会考虑以下因素:

1. 如上所述,拍照和摄像是否为了加强学校的教育使命;
2. 对学生、教职员工的潜在影响程度;
3. 对学校资产造成的影响、不便或潜在危害;
4. 该项目是否对学校的社团造成误传或误会。

13.2.4 外部和内部的录像

通常,照片或视频的权限将仅限于对建筑物或设施的外部的拍摄。

在哈佛外部对哈佛大学进行拍摄同样不允许破坏校园活动。例如,一个拍摄团队想拍摄哈佛大学学生在马萨诸塞州大道的一个公共场所活动的情景,不能因为这样就在路上放置强光灯,影响学生的活动,或者在路上设路障以便拍取大门的近景。

在某些特殊情况下,拍摄内部资产也是允许的(例如,哈佛大学自己拍摄自用的录像和照片或者一些公共小组讨论的录像供以后播放用),还有其他若干因素都需考虑在内,包括:

1. 是否所有的参与者(包括学生和观众)被告知或已同意被拍摄?
2. 是否为不希望出镜的观众准备了其他座位?
3. 是否所有的潜在版权持有人都获得了版权许可?
4. 是否所有关于哈佛大学及其学院的陈述都符合哈佛大学的使用规定?例如,视频宣传资料,即使与教学相关的,都必须明确任何引用都符合哈佛大学的章程规定并提前取得许可。

13.2.5 哈佛大学及其相关单位的标志或徽记

由于涉及商标的使用,任何图片或录像(受新闻办公室邀约报道大学或学院事件除外)涉及哈佛大学及其学院的官方标志、徽记等(例如,清晰可见的横幅、学位证书、徽章)需要按照商标使用章程的规定提前获得许可(学院可以提前与管理部门确定哪些横幅是允许使用的)。

13.2.6 视频宣传

未经哈佛大学新闻办公室主管或者商标使用管理部门的事先特别许可,否则即便同意拍照摄像,不得将哈佛大学及其单位的名字和商标作为视频宣传使用。

13.2.7 赔偿

当拍摄被允许时,拍摄个人或团队必须同意:

1. 支付经哈佛大学新闻办公室审批的进驻费；
2. 保证哈佛大学不会因为此次拍摄活动而遭受损失；
3. 赔偿由此拍摄活动引起的任何损失或伤害；
4. 同意其他的一些规定与限制，包括特殊条款以保证将毁坏或安全风险降到最低。

13.2.8 教员与学生个体

个别的教员如有疑问，请联系学院的公共信息官员。学院或学校需要拍摄非商业用途视频，或者哈佛大学新闻办公室或个别教员需要在他们的办公室或者校园内拍摄视频做教学或管理（例如一个新闻节目的访谈，或大学对外宣传的视频资料）之用，是允许的。

但是，在实际实践当中，机构及学校的资产不能用于商业用途的拍摄。在没有经过学院或哈佛大学新闻办公室同意之前，教员不得允许进行涉及自己班级或其他教学活动的视频的拍摄和播放。

学生不得从事上述提到的未经允许的利用大学资产来达到商业目的的拍照或拍摄活动。任何学生的视频或图片使用到学校的设施，必须符合哈佛大学的使用规定。

13.2.9 第三方使用哈佛大学的设施必须遵循以下规定

当哈佛大学以外的第三方借用教室或设施时，必须同意按照哈佛大学的使用规定租用。租用或捐赠空间供外部使用的校内单位应在与第三方的协议中包括这些规则，否则也应确保第三方知晓并遵守这些规则。

有关此政策的适用范围和解读，可咨询哈佛大学新闻办公室的主管或者其委派的人员。

13.3 资料转让协议

本章涉及哈佛研究学者的资料转让及其协议。

13.3.1 为什么资料转让协议（MTAs）很重要？

资料转让协议（MTAs）明确了提供方和接收方在所有权、出版权、知识产权和许可使用及责任等问题上的权利、义务和限制。

我们的使命：提供高质量、高效率的服务，保护哈佛研究学者的利益（例如研究成果的自由出版权，修改研究成果并转让给非营利性机构等）。

13.3.2 我应该和谁联系了解关于资料转让协议(MTAs)的事项？

（名单从略。）

13.3.3 基本步骤

本部分阐述科技发展办公室如何协助您对转入和转出的资料制作资料转让协议(MTAs)。

13.3.3.1 转入的资料

任何时候,哈佛学院的成员希望获取第三方的资料（不管是非营利性机构还是营利性机构）,接收方均需遵循以下步骤：

（1）在线提交您的申请表格,并附上资料转让协议(MTAs)的复印件以供审核、讨论和签字。申请表格将为科技发展办公室的人员提供申请的基本信息。提交申请后您会收到一封确认邮件。如需获取更多的信息,科技发展办公室的人员会和您联系。

（2）OMTA 申请表格——转入的资料

注意：出于安全考虑,获取申请表需提供哈佛大学的身份识别码和 PIN 码。

（3）相关的科技发展办公室人员会审核申请协议上的信息,并决定是否接受这份资料转让协议(MTAs)或者根据规定进行进一步的商讨。

（4）如果申请获批,科技发展办公室会代表哈佛大学签字,把表格移交相关人员。如果申请未能获批,科技发展办公室会做出适当的修正,并把表格移交相关人员。一旦协议被最终确定下来,科技发展办公室会联系哈佛主要研究者,获得其签字。稍后,科技发展办公室会将完签的 PDF 副本发送至主要研究者的邮箱,以作备案。

如需获取上述步骤的进一步信息或了解某一协议的进度,请与相关联系人进行联系。

请注意,科技发展办公室不会负责资料的包装和运输。哈佛主要研究者需自行安排物流,还需获得以下协会的一些必需的批准：

- 微生物安全协会；
- 哈佛保护动物协会；
- 人权保护协会办公室/机构审查委员会(IRB),和/或
- 哈佛胚胎干细胞研究监督委员会(ESCRO)。

如果有需要,科技发展办公室很乐意协助哈佛主要研究者获得所需的认证。

13.3.3.2 转出的资料

如哈佛的研究人员希望提供资料给第三方（不管是非营利性机构还是营利性机构），给予方都需遵循以下步骤：

（1）在线提交您的申请表格，以供科技发展办公室人员提供所需信息去草拟资料转让协议。提交申请后您会收到一封确认邮件。如需获取更多信息，科技发展办公室的人员会和您联系。

（2）MTA 申请表格——转出的资料

注意：出于安全考虑，获取申请表需提供哈佛大学的身份识别码和 PIN 码。

（3）资料转让协议（MTAs）草拟完成后，科技发展办公室将其发送给请求者，并把回复抄送给您。

（4）请求者会返回部分执行的资料转让协议（MTAs）或者提出更改协议供科技发展办公室参考。当 MTAs 被最终确定下来，科技发展办公室会协调签字事宜。大部分情况下，哈佛主要研究者无须在转出的资料转让协议（MTAs）上签字。当协议完成后，科技发展办公室会邮件通知哈佛主要研究者，并附上签字的 PDF 复件以作备案。

如需获取上述步骤的进一步的信息或了解某一协议的进度，请与相关联系人进行联系。

13.3.4 非营利性机构的资料转让协议（MTAs）

虽然其他非营利性机构的资料转让协议（MTAs）看起来没有那么烦琐，但是很多申请都有一定的商讨程序。每一个机构对转入和转出的资料转让协议（MTAs）都有一套自己的管理措施。在将已发布的资料发送给其他非营利性机构时，哈佛会使用联合生物资料转让协议（UBMTA）作为范本，加快审批流程。但是在此之前，科技发展办公室必须确定不存在特殊情况及特殊条件。联合生物资料转让协议（UBMTA）在下列情形下（包括但不限于以下情况）不适用或要求提供附加条款：

- 没有出版过的资料，科技发展办公室必须确认哈佛主要研究者有优先出版权；
- 当资料授权给营利性机构时；
- 当资料包含第三方的权利（例如资料是由第三方进行过修订）时。

哈佛科技发展办公室的目的是简化两个非营利性机构的资料交接。我们鼓励学校人员使用联合生物资料转让协议（UBMTA），这对于转入的资料同样适用。

13.3.5 营利性机构的资料转让协议(MTAs)

注意：给予或接收营利性机构的资料的管理都是具体情况具体分析的。营利性机构的资料转让协议(MTAs)的流程一般比两个非营利性机构之间的交接要烦琐。哈佛主要研究者要尽早提交申请,避免因延误而对研究造成影响。

如果是一家公司要移交资料给哈佛,科技发展办公室一般会按公司的要求去申请。因此,每份资料转让协议(MTAs)都要单独讨论,每家公司的侧重点不一样。下面是一些经常遇到的问题。

• 保密性：当移交的资料涉及保密信息,公司会要求不得披露这些信息。如果这些保密信息对研究结果有重要的影响,那么有些信息可能会被要求公开。哈佛大学同意对这些信息保密,禁止其研究人员在其研究中使用。针对这个问题,我们采取以下方式处理。我们可以：(a)要求不提供机密信息,(b)要求只提供不需要使用的机密信息(例如机密的背景信息),或者(c)如果这些信息必须公开,研究人员需要证明这些信息公开的必要性和重要性。

• 出版的延误：为了保护潜在的发明专利,公司经常要求一个审核期,展示研究的初稿、摘要和影印本。这些要求会影响作品的出版时间。哈佛大学的政策允许不超过30天的审核延迟期,如果出现特殊情况,可以再延长30天(一共是60天)让企业去申请专利。

• 知识产权：必须小心谨慎,确保哈佛大学的发明权(包括修订作品和衍生作品)得到保护,或者尽量减少研究人员在其研究成果中使用该资料。

• 复制：许多科学期刊要求相关资料能提供给其他研究学者,以独立验证研究成果。因此,我们要求企业转交资料给哈佛的同时,同意提供给其他想重复使用这些材料的研究人员。虽然企业认为此规定损害了企业对这些资料的所有权,但是通常可以找到一个满足各方需求的中间立场。

当与营利性机构谈判时,科技发展办公室可能会经常需要哈佛主要研究者的协助。当与营利性机构的资料转让协议(MTAs)确定后,该办公室人员会联系哈佛主要研究者获取签字,或者告知其该资料可以发送给申请者。

13.3.6 哈佛主要研究者的指导纲领

除了哈佛大学技术管理部门授权以外,只有哈佛实验室的主要研究者可以签署资料转让协议(MTAs)。

资料转让协议(MTAs)的条款会具体情况具体分析。因此,科技发展办公室的人员强烈建议哈佛主要研究者每次签署前都仔细阅读。该办公室会告诉哈佛研究人员协议需注意的事项，但是研究人员应自行仔细阅读每份协议。资料转让协议（MTAs）对哈佛和另一签署方均具有法律约束力。签署完毕资料转让协议（MTAs），签字的哈佛主要研究者及实验室成员须遵守协议条款。违反这些条款可能会影响哈佛主要研究者的研究成果及出版权利。

签署资料转让协议（MTAs）的同时，哈佛主要研究者需要明白转入的资料不属于个人所有，其所有权是属于提供资料的机构。因此，如果哈佛主要研究者或实验室人员决定离开哈佛大学，他或她必须在转交资料前获得明确的书面许可。如果有任何需要，请与哈佛大学的科技发展办公室联系以寻求协助。

第三编

第 1 章　文理学院教师规程条例

该条例于 2010 年 12 月 7 日教师大会上投票通过,并于 2010 年 12 月 8 日至 2010 年 12 月 21 日期间由全体教员电子投票批准。条例第四条于 2012 年 3 月 27 日由教师投票修订。

1. 学院理事会

学院理事会由学院院长出任理事会主席,和其他 18 位选举出来的成员组成。从下列三领域里各选出 6 位成员：艺术与人文,自然与应用科学,以及社会科学。每一领域里将有 4 位拥有终身教职的教师和两位非终身教职的教师,这一比例因成员的晋升而导致临时的变更情形除外。理事会成员任期 3 年,服务任期将会重叠交叉,所以每年通常选举 6 位新成员。

2. 提案委员会

将成立一个由学院理事会选举和产生的 3 位有表决权的成员组成的提案委员会。院长是提案委员会的当然主席,每一年提案委员会将从被选举人中选出一位担任副主席,该副主席也将担任理事会副主席。通过全体教师投票,提案委员会将全面监督教师会议上决定的事务,以及程序规则范围内所涉及的每一项事务。

3. 有表决权的教员和访客

所有有表决权的教师有资格参加所有的教师会议。大力支持他们参会。希望各位主席,各系和常务委员会的研究生主管,本科生导师/主任,工程与应用科学学院区域院长,宿舍主管,学院管理委员会、文理研究生院管理委员会,以及学院理事会的成员们参加所有的教师会议。

学院院长经与提案委员会当选成员磋商后,可以邀请来宾作为观察员列席教师会议。经与提案委员会磋商,来宾应邀发言前需要得到院长的特别许可。

经学院授权,某些委员会的学生会员通常被允许参加教师会议,并应邀对利益相关的事务参与讨论。然而他们不得参加教师会议的投票。院长经与学院理事会磋商,就有关学位、奖项或其他认为有必要的事务,保留秘密会见有表决权的会员的权力。

4. 教师会议日程表

教师例会在10月、11月、12月、2月、3月、4月和5月的第一个星期二召开。例会通常在下午4点召开。学位会议在毕业典礼之前的星期一下午4:30召开,若毕业典礼的时间与阵亡将士纪念日都在同一周的话,学位会议将在毕业典礼前的星期二下午4:30举行。学位会议也可应管理委员会要求在其他时间召开。

例会日程安排可由院长在得到学院理事会同意后进行修改,条件是任何此类改变的通知要提前送达每位有表决权的委员会会员,尽可能在上一学期结束前。

5. 取消全体教师会议

假使没有任何需要立即采取行动的事务,院长得到学院理事会的批准,可以取消任何例会。

6. 教师会议时间预留

在第三条规则或其任何修正案中留给例会的日子里,所有的班会、辅导会、考试,或其他由该学院管理的学术活动、牵涉到该院有表决权会员的活动,该院所有的会议,或下属部门的会议,都不要安排在下午4点至5:30期间。

7. 教师特别会议

校长、院长、得到学院理事会投票同意的提案委员会、全体教师投票,或者不少于全体教师十分之一的最小整数的有表决权的教师署名请愿,可以召开教师特别会议或超长度会议。管理单位召集特别会议需陈述要讨论的事务的一般性质。如果可行的话,教师必须尽早得到即将召开特别会议的通知,可以提出相关议事日程事项。

8. 主持教师会议

每次教师会议由校长,或因其缺席时,由院长来主持。如果两位官员同时缺席,将由提案委员会副主席主持会议。

9. 法定人数

该学年 9 月 1 号时出席任何常规或特别教师会议的法定人数应是不少于全体教师十分之一的有表决权的人数。决定法定人数的出席或缺席的请求任何时候都要符合程序,但是一旦法定人数确定到场后,要么通过计数,要么通过主席没有争议的裁定,这就意味着继续开会,除非另有要求进行计数。在缺乏法定人数时对有关实质性的事务不得采取有捆绑性的投票。

10. 学位委员会会议

在学位委员会会议上,不需要法定人数,但是希望推荐学位候选人的管理委员会、系主任以及课程委员会主任、本科生教学主管、研究生教学主管应出席学位委员会会议。

11. 教师会议议程

提案委员会为每次定期或特别教师会议准备一份议程,并至少在会议前四天散发。议程包括对所有将涉及的事项的描述,将要讨论的动议文本,以及视情况而定的说明。由有表决权的教师在截止到会议前一天中午将所提议的修正案动议提交给院务会董秘,动议将在会议上以印刷品形式发放。任何由提案委员会确定的事务将依据会议议程来指定,会议将对此进行介绍和讨论,并只能在随后的会议上进行投票决定。在可行的范围内,会议上要出现的所有报告和其他信息要在会前发放给教师中有表决权的成员。来宾也将收到非机密的资料。

如果教授会议改在某一确定时间举行,提案委员会将准备一份补充议程,若必要的话,取代原来的议程。

每一次教授会议自召开之日起,至宣布休会或者临时休会直至最终休会时,都将视为单一会议。

12. 议事程序

在教授例会后,常规的议事程序如下:
(1) 院务会秘书事项,包括对最后一次会议的会议记录的批准;
(2) 朗读讣告;
(3) 院长介绍事务;
(4) 校长介绍事务;
(5) 质询阶段;

(6) 有表决权的成员介绍新的事务；
(7) 提案委员会报告；
(8) 审查议程上的议案。

13. 质询阶段

在质询阶段，任何有表决权的教师可以质询有关大学政策或管理方面的问题。经批准参加教师会议的学生能够就与他们自身利益相关的事务提问。若可能的话，问题须立即得到答复。质询阶段仅供参考，在此期间不得作出任何动议和立法行为。

事先准备的询问可于某次教师会议前一天中午前在理事会秘书处备案。提案委员会将尝试安排进行回复。将对事先准备的询问首先进行听证，但若提问者要求被确认的话，主席不会终止询问阶段，直到至少两个即席问题被问及。

在会上提出而没有答复的问题将被视作下一次会议例会的问题。

14. 新事务

当有新的事务需要时，任何有表决权的成员都可以引入如下事务项目：

(1) 成员们将简要地陈述其所述事务的主旨，以及直接而不是通过常规程序提交给会议的理由。

(2) 提案委员会的一位成员可作简要回复。

(3) 理事会当时无须进一步讨论就可以投票决定是否处理该事务。如果支持人数大于或等于投票人数的五分之四，就必须立即处理该事务。如果遭到拒绝，该项目将发送给提案委员会进一步考虑。

(4) 如果新事务被采纳，辩论通常将限制在30分钟之内。如果此事务在30分钟之内没有处理，将举行一次投票决定是否将该事务发送至提案委员会或者辩论继续。

15. 审查项目

提案委员会的职责是维持事务议程表进行运作。每位有表决权的成员以及每个系和委员会都将有权提出事务，记到议程表上。审查委员将所收到的所有事项列入行动议程或讨论议程。有表决权的成员可要求例会或特别会议上任何一项出现在议程表上的事务必须在会议八天前中午前提交给理事会秘书。提案委员会的职责是决定会议议程表上事项的顺序。

16. 议程表项目的重新排序

待审查的事项通常依照打印出来的议程表顺序处理。但在处理每项议题前，如果剩余不止一项事务，要考虑到议程表上某项议题与下一项议题的不同之处。若作出这类动议并有人附议，在倡议人评论以及得到同意后，就应该进行无须辩论的表决。此类动议也可以由提案委员会提出。

17. 特别程序法则

提案委员会可以推荐特别程序法则，法则将以打印件形式印在议程表上。这些程序可包括为会议议题所建议的时间安排，或诸如邮件选举等投票方式。当提案委员会提议的程序规则的某议程项目传达至全体与会者时，接受或拒绝该规则必须在讨论之后。可以对程序规则进行辩论或修正，但在得到动议人的评议以及提案委员会的答复后，对任何移出或附议的修正将进行无须辩论的表决。如果程序规则或修正的程序规则为全体教师所接受，根据该规则将立即启动对议程项目的审议。如果程序规则被驳回，对是否进行议程项目将立即启动另一轮投票，而不需要特别规则，或者退回给提案委员会。

18. 修正案定稿

如果在任何常规会议或特别会议上通过了一项法规，该法规的形式在实质上不同于在会议议程上所印制或印发的，在定稿前它将被延期到另一个会议进行投票。当提出确认某一动议时，辩论将限于对该动议的一次赞成演说和一次反对演说，除非教师会议另有决定。

19. 投票方法

除非另有说明，投票以在场成员简单多数票进行表决。除非另有已商定的投票方法，对任何问题的表决将以口头表决进行，表决结果由主席确定，但是任何成员可要求进行手工计票。此外，在进行口头表决或手工计票之前或之后，任何成员可以提议进行选票投票。如果该提议得到在场大多数投票成员的支持，就可以进行投票。

20. 投票

在进行最后投票之前，任何有表决权的成员可提议投票以选票形式呈送给所有参与投票的教师，若获得多数票则可获通过。

理事会秘书在提案委员会的监督下，除了原有的说明之外，将准备选票和附表说明对将要讨论的事项提供摘要信息。

对任何有关基本程序或教师的条款，提案委员会依据某特别程序规则，可以提请全体有表决权的成员投票决定。此类程序规则将包括明确的陈述，解释有关修正案是如何处理的。若果所提议的程序规则被拒绝，那么在该次会议上不得对该议项作出任何最终决定，而应将其置于下一次教师会议的议程中。提案委员会不能再提议与此议项有关联的无记名投票。

21. 休会

教师常规会议通常在下午5：30休会，特别会议依据会议议程所定的时间休会。如果议程不能按时完成，主席将认可提案委员会关于休会的动议。提案委员会可在随后一小时里继续开会，可休会一小时，可延期到下一次会议前某个固定的时间，或者休会。对此动议的表决在辩论后5分钟内进行。如果提案委员会的动议没有获得批准，会议将继续进行，其他关于延期的动议将按序进行。

22. 程序问题

此类规则取代此前所有教师程序的投票规则。这些规则没有涉及的关于程序方面的问题，依照罗伯特议事规则为准。主席在以下情况时有最终的决定权：教师程序规则或罗伯特议事规则都不能提供明确的指导时。

23. 议事法规专家

每年第一次教师会议上，学院理事会得到教师的确认后将提议一位议事法规专家，此人不是学院理事会的成员。议事法规专家将就这些条规的解释以及其他议事程序问题向主席提出建议。

24. 理事会秘书职责

秘书将持有所有有表决权教师的名单以及出席教师会议的来宾名单。秘书还要保留所有会议记录的细致记录，包括出席会议的有表决权的教师人数，所有提交的口头报告的摘要，所有的问题和答案，所有完整的书面报告，相关的动议和修正案，以及辩论的摘要。每次大会后他或她要立即将所有通过的动议的最后文本提供给教师中有表决权的成员。他或她每次会议后尽可能给教师中有表决权的成员提供会议备忘录。

25. 教师程序规则发放

教师程序规则在教师任职期间以及随后每年，将发放至所有有表决权的成员。

第 2 章　学生工作

2.1　哈佛研究生理事会章程

2011 年 4 月 4 日
哈佛大学研究生理事会

2.1.1　名称

2.1.1.1　定义

该组织名称为哈佛研究生理事会，此处专指 HGC（哈研会）。

2.1.2　成员

2.1.2.1　定义

哈研会包括十二年级毕业生在哈佛注册入学和相关专业学院就读的所有学生，即：文理学院研究生院（GSAS），工程与应用科学学院（SEAS），哈佛商学院（HBS），哈佛法学院（HLS），哈佛医学院（HMS），哈佛肯尼迪政府学院（HKS），哈佛牙科医学院（HSDM），哈佛神学院（HDS），设计学院研究生院（GSD），教育学院研究生院（GSE），哈佛公共卫生学院（HSPH），以及哈佛继续教育学院（HES）。

2.1.3　使命

2.1.3.1　定义

哈研会的使命是以三个同等重要的方式服务它的会员：

1. 认同影响到不止一位研究生或者一所专业学院学生的问题和关注点，并提供方法尽可能有效地解决这类问题；
2. 鼓励校内交流与合作；
3. 组织学生一起参加服务、专业/学术发展，以及享受社交等活动。

2.1.4 组成与结构

2.1.4.1 组成
哈研会由其成员组成。

2.1.4.2 结构
A. 代表

1. 每个学院将正式指派四位已注册的研究生作为其派往哈研会的代表。
2. 依据章程可任命无所任代表,他们被当成全权代表。

B. 委员会

1. 哈研会六个委员会分别为:内部运营委员会,外联委员会,活动委员会,财政委员会,学生维权委员会,交流委员会。
2. 副校长们将担任不同委员会的主席,并任命项目经理承担委员会的子任务。
3. 代表们至少要在六个委员会中的一个里服务。
4. 委员会与执行委员会协调,共同负责完成哈研会的使命。

C. 执行委员会

1. 执行委员会包括下述入选官员:

(1) 会长

(2) 常务副会长

(3) 内部运营副会长

(4) 活动副会长

(5) 财政副会长

(6) 学生维权副会长

(7) 通信副会长

(8) 荣誉会长(如适用)

2. 离职的会长将作为荣誉会长留任在执行委员会,任期为其离职后一年,或者直到此人不再是哈佛大学的注册研究生,以二者先到的时间为准。
3. 执行委员会与其他委员会协调,共同负责完成哈研会的使命。
4. 执行委员会每位官员各自负责处理章程所规定的管理功能。
5. 任何执行委员会的官员不可兼任该会超过一个以上的职位。

2.1.5 投票

2.1.5.1 投票权
A. 每位正式指定的代表拥有一张选票。

B. 每位执行委员会官员拥有一张选票,会长和荣誉会长除外。
C. 在投票得分相等的情况下,会长拥有一张选票。
D. 除非作为一名代表或者委员会主席,会长不允许投票。
E. 委员会主席,如果不是正式指定的代表,拥有一张选票。
F. 任何个人不得拥有两张选票。
G. 依据规则,允许缺席投票。
H. 禁止代理投票。
I. 未满足上述类别的已被哈佛录取的研究生当然有资格参加各类全体会员大会。

2.1.5.2 表决

A. 任何人在场可要求唱名表决。
B. 唱名表决的要求可由出席会议的三分之二合法多数投票人否决。
C. 除了第七条所规定外,其他选举政策和程序由章程来规定。

2.1.6 批准与修订

2.1.6.1 批准章程

A. 必须有三分之二合法多数选举者出席公开大会批准章程。
B. 一旦得到批准,由于章程实施而产生的变化在该学年毕业典礼的第二天生效。
C. 一旦得到批准,由章程所产生的新规定的条款立即生效。

2.1.6.2 规章批准

A. 必须有出席会议的三分之二合法多数投票人参加公开大会批准规章。
B. 一旦批准,由执行规章所产生的变化将在该学年毕业典礼后的第二天生效。
C. 一旦批准,由章程所产生的新规定的条款将立即生效。

2.1.6.3 章程和/或规章的修订

A. 修订章程和/或规章的提议只能在会员大会期间提出。
B. 对章程和/或规章的修正案不能在提出修改动议的大会上同时做出。
C. 需要出席会议的三分之二合法多数投票人批准才能修订章程和/或规章。

2011年4月4日哈佛研究生理事会会员大会上通过。

2.2 学生社团手册

学生生活办公室出版。

2.2.1 欢迎

我们希望你在400多个哈佛学院官方认可的学生社团中的一份参与能让你觉得大学稍微"小"了一点。参加学生社团能让志同道合者聚在一起，产生新知，发掘潜能，培养人际交流技巧，并且对于个人难以胜任的工作，社团提供了一种集体协作的机会。参加社团能让你能力倍增。

哈佛学院致力于让更多的学生参加社团，因为我们坚信参与社团活动的学生最终将在大学生涯中收获更多。在这么做的过程中，你也会为你所生活的环境做出积极的贡献。许多校友回忆起他们的社团生活，认为社团生活和他们的学术追求一样值得怀念并富有意义。哈佛学院的每个学生社团都在文化、社会和知识生活方面有着独特的贡献和建树。

学生生活办公室的工作人员为每个学生社团提供支持并提出指导意见，并以此希望促进学生们的社团参与、领导能力和个人成长。如果你有任何疑问或想获取社团信息，你可以随时到哈佛楼咨询我们。如果你的兴趣不巧与任何现有的社团都不匹配，我们的工作人员将很乐意帮助你考虑其他方案。

简而言之，我们致力于促进你最终的成功，不仅是作为一名学生，同样也为哈佛学院甚至在更广的社会范围做出贡献。一旦你加入了一个或多个社团，我们希望本《学生社团手册》在你们社团组织活动、维持社团财务运作和在校园里处理其他繁杂事务时能起到一定的帮助。我们只把对你的社团活动最有用的内容包含在本手册中。我们也欢迎你随时与我们进行反馈。祝你和你的社团今年一切顺利！

2.2.2 学生社团联系方式（略）

2.2.3 哈佛学院的学生社团

哈佛学院的学生社团分为以下几类。

2.2.3.1 独立学生社团

该类社团接受学院拨款，需要达到学生生活办公室所提出的要求，并且有义务对拨款进行合理使用。

通过学院认可的本科生社团，每个班级都能在学院的文化、社会、学术生活中留下独特的印记。学院对独立学生社团进行认可的目的，是为了支持那些希望在与正常学术生活迥异的兴趣领域有所追求的学生。对一个独立学生社团进行支持，并不意味着哈佛大学赞同或认可这个社团的目标、活动或所持观点。

如果这些独立学生社团达到了学院认可的标准，学院在认可之后还会提供一定的福利和优惠。但是独立学生社团与哈佛大学之间是相互独立的。为这些社团提供福利和优惠并不意味着这个社团是学校的一部分或者受学校的控制。学校并不为独立学生社团所签署的任何合同、协议和其他未提及的事务负责。

一个独立学生社团的定义是一些追求相同志趣爱好的哈佛学院学生组成的小群体。虽然一个独立学生社团的社员可能包括哈佛其他研究生院或职业学院的学生，但是其主要成员必须是哈佛学院的同学。教员、职员、哈佛社区成员在合适的时候也可以参加独立学生社团组织的活动，但是不能居于领导位置。只有在编学生能够在独立学生社团担任领导职务。

一个独立学生社团必须具有自治权，即不得在对其他组织、国家机构或部门持有义务的情况下或在这些组织的指导、干预和压力下作出任何政策决定。

独立学生社团在采购或销售、接受馈赠、获得利息或其他收入以及其他活动的过程中，不具备享有哈佛大学纳税资格或享有哈佛大学免税资格的条件。社团如果需要接受捐助，在向学院提出申请后，学院会考虑为这个社团建立一个由学院控制的银行账号。

2.2.3.1.1 独立学生社团享有的福利条件

经学生生活委员会认可的独立学生社团可以享受以下福利。

2.2.3.1.1.1 在校园内组织活动

（1）有权预约学院的教室、音乐厅和其他组织活动需要的户外空间；

（2）获得出版、张贴海报、预约学校的能挂在身上的广告板、在学院院历上进行宣传的许可；

（3）使用哈佛大学售票处提供的票务服务。

2.2.3.1.1.2 校园招募

（1）参加每年秋季举行的学生社团大观园；

（2）被列入网上的学生社团名录；

（3）参加社团的学生可以在哈佛学院年报上列出所参加的社团名。

2.2.3.1.1.3 使用哈佛学院的名称

在哈佛政策的指导下被允许使用哈佛学院的名称和标志。

2.2.3.1.1.4 相关服务和支持

（1）享有哈佛提供的邮箱账号和网址；

（2）哈佛学院学生生活办公室提供的建议和支持服务；

（3）享有把社团的组织材料归档入哈佛大学档案馆的权利；

（4）在希利斯图书馆的学生社团中心享有申请或获取邮箱、办公室和贮藏室的权利。

2.2.3.1.2 独立学生社团的责任

认可的独立学生社团将有义务尽到以下责任，以保持和学院的良好关系。

2.2.3.1.2.1 服从条例

（1）服从任何当地、州、联邦政府法律和规章，以及哈佛大学的政策和规定；

（2）以与学校的目标和标准相一致的方式维持机构的运作；

（3）每年秋季在学生生活办公室进行重新注册；

（4）向学生生活办公室提交一份现行的宪章和条例，明确声明该社团不会在种族、信仰、肤色、性别、性别认同、性取向和身体残疾的基础上歧视任何人；

（5）每年向学生生活办公室提交一份服从反虐待禁令的声明，积极学习该禁令内容并知悉何为虐待行为，只进行与团队建设有关而无虐待行为的活动；

（6）向学生生活办公室提交一份列有所有社团骨干和成员的名单，并表明该社团满足以下条件，当骨干名单发生变化时，及时向学生生活办公室备案：

a.所有骨干和大多数成员必须是学院有良好声誉的在编本科生，成员人数下限为10人；

b.所有其他成员必须来自哈佛其他研究生院或职业学院。

（7）参加所有必修的培训课程，包括每年定期举办的；

（8）在组织活动期间，在需要的情况下，保证合适的保险责任范围。

2.2.3.1.2.2 沟通交流

（1）在组织大型活动时与学生生活办公室商议，比如户外活动、论坛会议、聚会、晚间社交活动，以及其他可能涉及非寻常或有风险的活动或含有这样的活动环节；

（2）在社团宪章和条例发生任何变化时，及时向学生生活办公室和委员会提交申请和文件备案，及时、随时报告社团发生的任何变化；

（3）在学生生活办公室保有一份完整和准确的社团骨干和会员名单；

（4）随时与哈佛大学的相关办公室保持通畅的信息交流，当需要学校的帮助时，社团应至少提前三周与相关部门联系。

2.2.3.1.2.3　领导层

（1）在学校和学院的政策指导下明智、谨慎地使用学校的各项设施；

（2）建立一套完善的领导换届制度，同时做好换届记录和新领导层的培训工作；

（3）做好社团财务工作，做好财务记录，施行适当的手续制度，及时还清债务。

2.2.3.1.2.4　准确表述

（1）通过纸质和电子出版物，在网站、宣传材料上，在筹款、签订合同和举行活动时，清晰、准确地阐明社团和大学的关系；在所有与第三方签订纸质合同的情况下，社团还应附上免责声明；

（2）在所有纸质材料上，社团应将自己定义为："一个哈佛学院的学生组织"；

（3）在所有合同中，社团应加上以下两条规定：（1）"甲乙双方就此同意并认可，哈佛大学不属于该合同的任何一方，并且在任何条件下，哈佛大学没有义务承担该合同所声明的任何法律责任。"（2）"[第三方]在广告和宣传材料中对哈佛校名的使用（单独使用或作为其他名称的一部分）都是不允许的。"

2.2.3.1.2.5　自治权

社团应保持自治权，即不得在对其他组织、国家机构或部门持有义务的情况下或在这些组织的指导、干预和压力下作出任何政策决定。有研究生托管人或者有校友负责的智囊团的社团符合本自治条例。

2.2.3.1.2.6　指导老师

社团应有一名指导老师，该老师必须是哈佛大学的正式员工，并且最好与被指导的社团具有相关的个人兴趣爱好或者专业研究方向。独立学生社团需要定期向指导老师进行咨询。

2.2.3.1.3　独立学生社团的认定

学生生活委员会有权对独立学生社团进行官方认定，并且已经在手册中设立了相关的管理条例，包括但不限于"认可的独立学生社团"和"独立学生社团规章制度"两个标题下的内容。独立学生社团也应该遵守本手册中学生生活办公室所设立的规章制度。哈佛学院希望独立学生社团遵守所有可适用的规定。如果学生生活委员会认为一个社团未能做到此点，该社团的许可执照将被撤回。独立学生社团必须每年到学生生活办公室进行重新注册以维持许可状态。如果一个社团错过了重新注册的截止日期,或者未能提交注册材料,或者未能与外部赞助商算清账务,那么这个独立学生社团将被学生生活办公室质询。质询期间的独立学生社团将不能在学校里预约活动空间,不能进行活动宣传,不能使用哈佛校名,也不能参与参观活动或者秋季社团大观园。

重新注册期间,社团要将其信息进行更新,上报到学生社团综合网站(usodb.fas.harvard.edu)。不过该网站全年开放,所以学生社团都可以在任何信息发生变化时随时更新信息。在社团注册登记的社长都有权进行信息更新。

学生生活办公室鼓励所有社团即时更新信息,以确保能收到学生生活办公室所提供的任何信息。

2.2.3.2 有赞助的学生社团

该类社团由某些学校部门、办公室或单位领导、组织或赞助,因此达不到认可的独立学生社团指标。该类社团可以获得提供给独立学生社团的拨款,但必须在学生生活办公室登记备案。

一些学生社团是由哈佛大学的一些部门、办公室或其他单位赞助的,因此不符合独立学生社团的认可条件。这些有赞助的学生社团通常具有以下特征:

1. 有某个哈佛大学的部门、办公室或单位将该社团纳为自己组织活动的一部分,监督该社团的活动,并与该社团密切互动;
2. 该社团的使命、目的和目标和挂靠单位的目标是一致的;
3. 该社团的活动都是在挂靠单位的名义下举办的;
4. 挂靠单位会介入该社团的会员招募;
5. 挂靠单位在宣传和财政资源上会对该社团进行支持;
6. 该社团的活动经费由挂靠单位直接提供;
7. 与独立学生社团不同的是,有赞助的学生社团不得与外界直接签署任何协议,必须由一名哈佛大学行政人员签署。

A. 有赞助的学生社团享有的福利条件

1. 在校园内组织活动

(1) 有权预约学院的教室、音乐厅和其他组织活动需要的户外空间;

(2) 获得出版、张贴海报、预约的能挂在身上的广告板、在学院院历上进行宣传的许可;

(3) 使用哈佛大学售票处提供的票务服务。

2. 校园招募

(1) 参加每年秋季举行的学生社团大观园;

（2）被列入网上的学生社团名录；

（3）参加社团的学生可以在哈佛学院年报上列出所参加的社团名。

3．使用哈佛学院的名称

在哈佛政策的指导下被允许使用哈佛学院的名称和标志。

4．相关服务和支持

（1）享有哈佛提供的邮箱账号和网址；

（2）哈佛学院学生生活办公室提供的建议和支持服务；

（3）享有把社团的组织材料归档入哈佛大学档案馆的权利；

（4）在希利斯图书馆的学生社团中心享有申请或获取邮箱、办公室和贮藏室的权利。

5．使用学校的免税条件和非营利地位

B．学生生活办公室对有赞助的学生社团的档案规定

若想让学生生活办公室为有赞助的学生社团提供支持和福利，需要这些社团具有以下档案内容：

1．社团骨干信息；

2．有哈佛大学相关办公室或部门签字的资助证明表格；

3．虐待禁令服从表格；

4．一份不存在种族、信仰、肤色、性别、性别认同、性取向和身体残疾歧视的宪章和条例。

2.2.3.3 未认可的学生社团

未认可的学生社团如终极俱乐部、兄弟会、姐妹会、社交俱乐部等，这些社团不能得到哈佛学院的认可，学院也不会为这些社团提供便利条件、相关支持和福利，参与这些社团的学生个人仍然要遵守学院相关政策规定。

独立学生社团必须保有自治权，即所有的政策决定都必须在未受到其他外部势力干预的条件下做出。这样独立学生社团的独立性和完整性才能被保持。

一直以来，许多本科生提出了关于参与未认可社团或非哈佛社团的问题。这个问题的关键之处在于学生参与这些社团之前要谨慎考虑。像终极俱乐部、兄弟会、姐妹会或社交俱乐部这样的社团是不允许在哈佛举行活动的，就算有哈佛的本科生参与其中。

但是在特殊情况下，完全由哈佛学院本科生组成的未认可的学生社团，可以在哈佛相关办公室和部门的指导下，合作参与该办公室或部门资助的教育性项目。

2.2.3.4 马萨诸塞州的虐待禁令

学生应知晓,马萨诸塞州法律明确禁止学生社团与任何形式的虐待产生联系。该项法令对认可和未认可的社团,无论在校内还是校外举行活动均有法律效力。该项法令中的"虐待"是指"任何有意或粗暴地危害学生或其他人的身体和精神健康的行为或者方法"。该定义具体包括鞭打,殴打,烙伤,坐老虎凳,日晒雨淋,强迫喂服食品、酒精、饮料、毒品或其他物品,或者其他可能严重损害学生等个人身体健康或人身安全的残暴行为或肢体强迫,或使该被害人产生严重的精神压力,比如睡眠剥夺和关禁闭(马萨诸塞州普通法第269章17条)。

请注意,每年所有哈佛学院官方认可和未认可的学生社团都将在学生生活办公室签署一项协议,声明他们知晓这项法令而且所有成员都将严格遵守。

虐待是一种违法犯罪行为,违法者将被处以罚款或监禁。学院的行政委员会将会对虐待行为报告进行审理,并在适当的条件下对相关人员进行规训,并对执行该法令的政府官员上报经确认的情况。社团骨干将对其社团内发生的虐待行为负责。写有该法令详细内容的备忘录在学生生活办公室可以领取,并且每年会被发放给所有学生。

2.2.3.5 学生社团指导老师

独立学生社团需要有一名指导老师,该老师必须是哈佛大学的正式员工,并且最好与被指导的社团具有相关的个人兴趣爱好或者专业研究方向。这项要求旨在促进学生与教职员工之间的互动,并且让教职员工能够通过学生的课外活动与学生保持联系。独立学生社团需要定期就活动与组织问题向指导老师进行咨询。

要加强指导老师对社团的贡献力度,仅仅让指导老师签署每年的指导协议,声明他正在指导你的社团是不够的。对于一个社团来说,选择一位能帮助本社团达到目标并在此过程中提出各种意见的指导老师是至关重要的。每年学生社团都要决定他们的指导老师将要在社团中扮演什么样的角色,并且就这些期望与该老师进行充分的沟通。同样,指导老师也应提出对该社团的期望和本人所愿意承担的角色。这是一个充分的双向沟通过程,在此过程中,指导老师和社团都要明确他们能够合作下去,否则最好找一个更合适的合伙人。社团可以在任何时间更换指导老师,但请将任何此类变更及时告知学生生活办公室。

以下是一些社团在选择指导老师之前可能会询问或者考虑的问题:

1. 多大的参与度是合适的?
2. 社团多久召开一次例会?指导老师多久出席一次?

3. 每年社团将举行几次重要活动？

4. 社团骨干是否有足够的经验？

5. 你的社团可能在哪些方面采纳指导老师的意见？学校里有在这些方面有兴趣或经验的指导老师人选吗？

6. 你期望指导老师在你的社团发挥怎样的才干？这些才干与你的社团目标能否很好匹配？

7. 是否有一些领域你需要从指导老师那里获得专业指导？以及是否有一些你的指导老师无法插手的领域？

8. 如果你希望你的指导老师在发现你的社团作出了一项错误决定时能够发表意见，你将如何让他发表？

学生社团在选择指导老师一事上应小心谨慎，不要对指导老师抱有过大期望。但是与此同时，让你的指导老师参与社团的各项活动是完全合宜的。指导老师可能亲身参与各项活动或者仅仅是一个监督者，但最好是居于两者之间。以下是指导老师对你的社团可能有的一些期望。

1. 开会前通知：社团开会前最好能通知到你的指导老师，并且在双方认可的合作水平上邀请他们参与社团的活动。

2. 与行政人员发展关系：这将使你的社团在上情下达方面更加顺畅，并且也是良好合作的基础。

3. 发放活动邀请函：举行活动是一个让指导老师保持知情状态的绝佳方式，最好能给出足够提前的通知让指导老师能够出席。

4. 咨询问题：有问题随时向指导老师咨询，他们的经验和知识对问题有效、快速的解决是无价之宝。

5. 提供会议记录：向指导老师定期提供你们社团的各项材料（比如会议记录、日程等）

2.2.3.5.1 指导老师的作用和责任

认可的学生社团的指导老师或研究生托管人，不论是由教员、研究生还是职工担任，他们的作用都是双方面的。第一，他们都会竭尽所能为本科生社团的健康成长和正常运作提供建设性意见并作出积极贡献。第二，他们也可以及时制止或纠正任何社团中已经出现或者可能出现的问题。

他们的责任性质和重要性取决于所在社团的性质和过往历史。比如，宣传一个著名出版物就和宣传一个资金支持较少、鲜为人知的小众活动很不相同。但无论如何，由教职工或研究生担任的指导老师或托管人都应按照哈佛学院的基本规章制度行事。他们的作用应是纯建议性的，除非在一些需要强烈干预的特殊的危急情况出现时。在这种情况下还要向副院长咨询意见。

对于需要出国访问的学生社团，指导老师要督促相关成员在旅行前到办公室备案，以便让出国人员享有哈佛的 I-SOS 保险政策，并在紧急情况发生时或需要医疗救助时为学生生活办公室提供有关学生的必要信息。指导老师不一定要一同前往，但同行时也享受这项保险政策的保护。

教员、职工、研究生指导老师或托管人对所指导的本科生社团所欠下的债务并不负有法律责任，但必须对此保持关注，因为债务情况会影响社团乃至最终影响哈佛学院的声誉。

2.2.3.5.2　学生社团指导老师协议

指导老师和托管人必须熟悉本手册中所述的本科生社团的管理规章。

确定指导老师后，每个社团必须提交一封指导老师的声明信，信中声明该老师已经阅读该声明并且同意在自己能力范围内指导该社团。其模板在后文中有提供。该声明每年都要在指导老师亲笔签名后提交到学生生活办公室备案。每年秋季学期开学时，在学生社团重新注册期间，指导老师都需要重新确认其指导作用和范围。

2.2.3.6　社团体育活动认证

体育部将会对官方认可的社团体育活动提供指导、器材、财务和行政框架上的支持。哈佛的本科生社团体育活动是由学生发起的活动，社团组织、领导层和决策制定都由学生负责。社团体育活动包括非正式竞技、定期训练和指导、院际赛和巡回赛等。一些社团会雇佣专业教练或体育指导，所有体育社团都会向会员收取会费作为活动经费。

所有与体育有关的社团都必须申请为体育社团，而不能作为独立学生社团。一个体育学生社团应具有以下特征：

1．活动内容涉及学习或者进行一项体育竞技活动；
2．社团的宗旨主要是为了支持哈佛大学的体育事业。

与学生社团类似，体育社团也必须拥有一份宪章，制定预算，符合哈佛大学体育部为体育社团的认证所规定的其他要求。体育社团和相关活动的认证是和上述学生生活办公室对学生社团的认证分别处理的。想要创建体育社团的同学请参见以下网页中的具体要求：

http://recreation.gocrimson.com/information/club_sports/regforms/club_sports_handbook。

2.2.3.7　文理学院关于学生社团媒体、摄影、摄像和录音的规定

文理学院关于摄像、摄影和录音的政策规定旨在保护学院学生和教职工的隐私权。对于限制校园内的摄影摄像活动也有其他安全上的考虑。再者，学院希望确保教职工和学生都能有自由表达的权利，在实验室、工作室

不被偷窥,在宿舍(相当于他们的家)和教学楼里活动时不用担心被摄像机惊吓或被监视。

1. 非哈佛大学的记者、摄影师、摄影设备和媒体录音设备不允许进入文理学院的建筑,包括教学楼、实验室、宿舍、食堂、办公楼等设施。

2. 对于特殊节庆、特邀嘉宾和演出活动的摄影、摄像和录音只能在指定范围内进行,比如特定的讲堂、舞台等。相关组织必须提前以书面方式向文理学院交流办公室提出申请。

相关政策大体如下。

1. 不得在教学楼、实验室、办公室或其他受限区域进行摄影、摄像活动。

2. 学生社团必须尊重其他同学和教职工的隐私。学生社团的摄影师可以在特定节庆和活动以及宿舍里进行摄影摄像活动,但必须表明身份和所属社团,获得活动组织者以及学监办公室的许可。

3. 学生在没有得到任课教师允许的情况下不得在课堂内进行摄影摄像。该摄影师应同时向在场所有学生表明自己的身份和所属社团。在该教室内上课的同学有权就此事提出异议。

4. 学生社团不得在未经部门主任、行政人员或大厦管理员许可的条件下,在文理学院的办公楼区域进行摄影摄像活动。

5. 在学院所在地域内对某个学生进行广角摄影时必须提前提交申请。

2.2.3.8 哈佛标志使用条款中对学生社团名称和其他哈佛标志的使用规定

2.2.3.8.1 哈佛标志项目的一般信息

哈佛标志项目旨在保护和认证哈佛标志在全世界的使用。哈佛标志项目办公室同时也为哈佛社区的成员在哈佛标志使用的相关事宜上提供建议。

在保护哈佛标志的过程中,办公室对哈佛的各种标志进行了注册,并对未经授权的使用进行打击。通过国内和国际的标志注册,标志项目办公室对学校进行了商标注册(比如哈佛、哈佛大学、哈佛学院、哈佛医学院、哈佛商学院、哈佛足球队、真理校徽等)以便让相关公司制作一系列标志制品,这些制品的销售利润将用于文理学院的本科生助学金。该办公室同时管理哈佛大学制定的校名使用政策,保证哈佛的校名和徽章在哈佛社区内能够在政策规定内得到适当和准确的使用。

2.2.3.8.2 定做印有哈佛标志的服装或其他商品

如有学生或学生社团想要定做印有哈佛标志的服装和其他商品,包括含有哈佛标志或 logo 的社团名,在定做前必须向哈佛标志项目办公室提交申请(不论这些物品是学生个人使用、社团使用还是赠予或出售)。标志项目办公室会对这些标志如何使用进行指导,关于这些标志认证的信息也会对学生或学生社团挑选标志定做商品有所帮助(只有哈佛官方认证才能在商品上印上哈佛的标志),此外申请的学生或学生社团还需要填写一些表格,以确定这些商品是否具备哈佛的免除版税资格。

需要出售印有社团名或哈佛校名、logo 的商品(T 恤、杯具、水瓶等)的学生社团需要提前与哈佛标志项目办公室联系。对于需要赠予或出售印有社团名或者允许印有哈佛标志的商品的学生社团,需要符合下述要求。

学生社团可以制作印有社团名的产品,如果符合以下规定,即可享有免版税的权利:

1. 仅限内部使用;
2. 只赠予社团成员;
3. 在有限范围内和一次性销售的情况下,售予社团成员,或者作为筹款的方式售予非该社团成员的人士。

学生社团不可以直接将印有哈佛标志(包括自己的社团标志)的产品直接售予社会公众或者通过零售商售予公众。

所有印有学生社团名和哈佛标志的产品在生产前必须得到哈佛标志项目办公室的官方许可。

在愿意支付版税的情况下,学生社团从哈佛标志项目办公室领取许可证后,可以获准向社会公众出售不包含本社团名称的哈佛商品。如需申请或有任何疑问,请直接与哈佛标志项目办公室联系。

2.2.3.8.3　独立社团名片

独立社团可以获准为社团骨干(主席、主管、社长等)印制名片。哈佛标志项目办公室会提供一个所有社团必须参照的模板。名片上必须清晰地标明该社团与哈佛的附属关系(如"一个由哈佛学院学生运作的社团"),但不得使用哈佛的 logo 和校徽。不过名片上可以印有社团的原创标志或者其他与社团有关的非哈佛组织的标志。

打印商在印制这样的名片或者文具时要求出示书面的许可证明。学生社团可以通过哈佛标志项目办公室的邮箱 trademark_program@harvard.edu 或者电话(617)495-9513 提出申请,获得书面许可和名片模板。

哈佛标志项目办公室只对哈佛学院学生生活办公室许可的名片印制计划给出许可并提供模板。学生生活办公室会向标志项目办公室递交一份许可文件,内容包括该社团的 logo(如果要在名片中被使用)、社团的正式名称和一份被许可印制名片的社团骨干名单。

如果学生社团需要的名片上会出现哈佛的名称或标志,并且在未经标志项目办公室许可的情况下,不得使用自身的设备印制名片。

2.2.3.8.4 出版物

学生社团的出版物必须在封面上印有如下声明："哈佛学院学生运作的出版物",以表明它是一份学生社团的出版物。此外,在该出版物的版权页(或相应部分)上必须印有如下声明："哈佛学院名称和校徽是哈佛学院董事会的标志,并且是在哈佛大学校方的许可下使用的。"

2.2.3.8.5 网页、URL 和其他网络出版物

对哈佛校名和标志的合理使用相关条例在网络情况下同样适用。一个官方认可的学生社团所设立的网站地址必须完整反映出该社团的注册名称,并且从属于合适的域名之下(即 hcs. harvard. edu/社团名)。同样,如果社团选择在哈佛以外的域名之下建立主页,学校也同样要求这个主页的域名准确反映出该社团的官方认可的名称。任何明显偏离正式名称的行为,比如省略或者缩写,都需要学生生活办公室的批准。在一些情况下,"院长名.社团首字母大写"这样的域名对内对外都可以使用。外部域名需要挂在.net 或.org 下。

外部域名的所有权应该归属于整个社团而不是某个个人。如果该社团域名包括"哈佛"这一名称并且造成了和学校其他活动混淆的可能性,哈佛大学保留召回域名的权力。

2.2.3.8.6 网页用语规定

与出版物同理,学生社团的网站上必须在主页贴出如下声明："哈佛学院学生运作的社团",或者"哈佛学院官方认可的学生运作的社团"。

此外,该网站主页上必须同时声明："哈佛学院名称和校徽是哈佛学院董事会的标志,并且是在哈佛大学校方的许可下使用的。"

所有的学生社团主页都必须在显著位置清晰表明该社团的归属情况(比如"哈佛学院打印员联盟,一个哈佛学院的学生社团")。

2.2.3.8.7 宣传材料和相关活动

标志管理相关规定对学生社团的宣传材料和相关活动同样适用,小册子、海报和其他宣传材料,以及有关该社团的所有仪式、活动,不论是在美国本土或国外举行,都必须清晰地表明该仪式、活动是由学院官方认可的学生社团举办的。

2.2.3.9 会员招募

招募新成员是每个社团需要面对的最重要的任务之一。学校本身就是一个成员不断更替的地方,在这样的大背景下,学生社团必须持续不断地更新其成员名单,以便为社团加入新的头脑,注入新的想法。所有在学院声誉良好的社团都会在每年秋季学期开学的第一周在希利斯学生社团中心举办的社团大观园上获得一个席位。许多社团在这一天都能找到它们需要的新

成员,所以社团骨干都会在暑假花上不少时间准备一个引人注目的展位,表现出社团的宗旨、目标、优势(而且千万不能忘记带上新人报名表,新生和老生都能用的那种)。不过除了社团大观园,还有其他招募会员的方式:

一个有效的方法是学生社团可以与学校里某个与其活动领域相一致的部门建立联系(比如艺术类社团和艺术学院,科研类社团和具体的某个院系,政治类社团和政治学院)。这些建立已久的正式学院通常是新生首选的咨询处,他们会在那里寻找感兴趣领域的相关信息,所以同这些部门建立联系,能够让你联系到已经对你们社团的活动感兴趣的学生。至少,向这些部门工作人员做一个自我介绍,留下你的联系方式,这些部门也能更好地指导那些可能在寻找你们社团的学生,不仅仅是让他们知道而已。

另一个屡试不爽的方法是在校园内举行社团活动。如果你们是一个文学社团,那就举行一场读诗会。如果是一个政治社团,就举行一场辩论赛。如果是一个体育社团,那就来一场非正式比赛。学校里有很多空间能够开展这样的活动,从坎布里奇昆士翰广场,到麦克四方院,都是举行这类活动的绝佳场所。这样的方法通常极为有效,既能让你的社员展示社团风采,又能从现场观众中吸引到新的成员。

2.2.4 活动、仪式的策划

只有学校的内务委员会和在学院声誉良好的独立学生社团、有赞助的学生社团能够在学校举行活动。不过在一些特殊情况下,一些完全由哈佛学院本科生组成的非认可社团在哈佛大学的某个特定的部门或办公室的指导下,能够被批准以合作的方式进行该部门或办公室主办的教育类活动。如需更多非认可社团在举行活动方面的限制条款,请参考本手册的相关章节。

2.2.4.1 禁止活动的日期

在考试期间,不得举行任何形式的演奏会、戏剧演出、辩论赛、会议、体育比赛、竞赛等活动。在查尔斯湖划船比赛期间的周末,也不得在深夜举行社交活动。此外,在停课复习期间,也不得在宿舍区和图书馆举行任何妨碍考试复习的活动。

学生社团最好在每学期开始就定好该学期的社团聚会等活动的时间,报给学院的学生生活办公室知晓。由于每周末不可能举行多于两次的深夜社交活动,最好能提前计划,以便能安排到合适的时间。

2.2.4.2 预约活动场地

声誉良好的学生社团可以在学校里预约仪式、活动的场地。这些预约场所的特权是不可转让的。所以,非哈佛的组织或个人不能通过利用一个哈佛的学生社团以达到在哈佛校内举行活动或者预约场地的目的（比如举办一次与该组织或产品有关的工作坊、招聘会等）。

在学生生活办公室的主页上能够找到如何预约场地的信息。

不服从这些规定的社团将被剥夺预约活动场地的权利。

2.2.4.3　活动注册

根据你将举行的活动的复杂程度，你可能需要联系校内或校外的各样资源，比如坎布里奇市的执照委员会、哈佛大学保卫部、学生活动服务部、设备维护运营部和售票处等。通过向学生生活办公室注册活动，办公室会为你联系到合适的资源并且为你们活动的各个方面给出建议，包括但不局限于活动组织、宣传、合同、票务以及工作人员的合理安置。

符合以下任一条件的社团活动，应至少提前三周注册：

1. 出席人数大于或等于 100 人；
2. 收取入场费或活动费；
3. 提供酒精饮料；
4. 活动时间在周五或周六上午 10 点到下午 2 点之间；
5. 是一项筹措资金的活动；
6. 有现金流动行为；
7. 有商品交易行为，包括食物；
8. 活动地点在户外（包括四方院，如果这项活动不是由内务委员会赞助的）；
9. 有抽奖行为。

请注意，符合以上条例的活动，如果是在洛厄尔演讲厅、纪念堂/桑德斯剧院、阿加西剧院、新学院剧院或舞蹈中心举行，则可以不用注册。因为艺术学院办公室会协调活动的后勤事务，从而让学生生活办公室得知此事及相关注意事项。

通过登录学生社团门户网站可以注册社团活动，点击 rooms.college，填写活动注册表格，在活动申请被批准之前不得进行任何宣传活动。

2.2.4.4　坎布里奇市的活动许可证

坎布里奇市政府会对学生社团举行的活动发放许多为期一天的许可证，如果你的社团需要一个许可证，学生生活办公室会代表你们出面申请，作为活动注册的一项内容。

许可证类型包括以下各种。

1. 为期一天的娱乐活动

（1）马萨诸塞州将娱乐活动定义为"各种戏剧表演、公开演出、公共娱乐和展览活动"。

（2）如果该活动将娱乐而不是学术作为其主要目的，并且有入场费或强制性捐款，则需要申领该许可证。

（3）申领为期一天的娱乐许可证需支付40美元。

2. 为期一天的酒精许可证

（1）如果一个活动提供酒精饮料，并且有入场费或强制性捐款，或者有现金酒吧，则需要申领该许可证。

（2）酒精包括啤酒、葡萄酒等。申领该许可证的费用多少取决于活动的的规模，100人以内的活动为55美元，101人或以上为75美元。

（3）根据马萨诸塞州普通法，坎布里奇市不会向一个大学学生社团发放为期一天的纯酒精许可证（包括啤酒、葡萄酒、烈酒等）。

3. 为期一天的销售许可证

（1）如果一个社团计划在一场活动中或在科技中心前进行销售，则需要申领该许可证（如果所售商品仅限图书，则不需要申领）。

（2）申领为期一天的销售许可证需要支付10美元。

4. 抽奖许可证

（1）坎布里奇市的法令是禁止抽奖行为的，不过在一些特定的规定下，抽奖许可证可以让一些学生社团获准进行抽奖行为。

（2）必须至少在活动前一个月申领该许可证。

（3）抽奖许可证的费用为每天10美元。

请注意，如果活动是在波士顿市内进行（比如查尔斯河上的体育活动），你们应该与学生生活办公室和波士顿许可证委员会进行交涉。

2.2.4.5 赌场之夜/机会游戏

坎布里奇市的法令是禁止"机会游戏"的，扑克游戏和其他赌博活动也在禁止之列。基于此条款，学生生活办公室将不会批准任何扑克牌巡回赛、赌场之夜、慈善募捐或其他任何有扑克游戏出现的活动。同样，内务委员会也不会举办任何扑克巡回赛或者其他涉及赌博行为的活动。

2.2.4.6 酒精

面向全校并且提供酒精的活动是很少被批准的，尤其是户外活动。仅向会员开放或者少数受邀出席的嘉宾的活动如果想提供酒精，需要得到学生活动服务小组的帮助。学生社团需要填写活动注册表，以便获得提供酒精的许可。

2.2.4.7 学生活动服务小组

学生活动服务小组是学生生活办公室雇佣的一群哈佛研究生成立的组织，旨在帮助学生社团举行各样的活动。该小组的劳务费是十分合理的

（2011-2012年度是每小时21.5美元），写给"哈佛大学"的付费支票上的日期可以写成活动结束后的那个星期之内，以便缓解活动的前期经费压力。

为你们的活动申请学生活动服务小组的服务，你们需要在学生社团门户网站上填写好活动注册表格，当你们指出活动中会出现酒精时，或学生生活办公室提出你们的活动需要学生活动服务小组的帮助时，你们的活动被批准后，学生生活办公室就会为你们指派一个学生活动服务小组。

学生活动服务小组的成员在帮助你们组织活动的过程中会起到不同的作用。

服务员：学生活动服务小组的成员会在活动中担任提供酒精饮料的服务员，他们受过技巧训练并获得过证书，了解有关酒精的法令以及学校有关合理安全提供酒精的政策。

活动监督员：学生服务小组的监督员都受过学院政策、安全规程以及活动组织最佳案例的训练。学生活动服务小组的成员将在以下方面帮助学生社团成功、安全地执行活动计划：

1. 建立活动前的各项清单；
2. 活动计划的执行；
3. 直线控制和管理；
4. 应急响应。

2.2.4.8 食品

学生社团可能想在活动中提供食品。但是请记住食品有可能导致疾病。高蛋白的食品——猪肉、鱼肉、禽类、贝类、奶酪、蛋类、奶类——以及碳水化合物，如果不在合适的温度下存储和提供，都可能成为细菌滋生的温床。如果食品的提供者没能很好地清洁双手、给菜板消毒或者使用了被污染的厨具，后果将更加严重。

由于这些情况会给学生社团的声望带来很严重的损害，学生生活办公室建议学生社团只从有许可证的食品提供商处获取食品，或者只提供加工过的包装食品。有些社团也许会在仅对社员开放的活动中自己做一些家常菜，但这样做需要承担很大的责任。在向整个哈佛社区或者向公众开放的活动中，无论收费与否，社团必须从有许可证的食品提供商处获取食品，比如餐厅或食堂。只有在很少的情况下社团能够自己提供食品，条件是在一个来自有许可证的厨房的经过安全食品培训的经理的监督下进行，并且社团要获得坎布里奇市的临时食品提供许可证。如需更多信息，请联系学生生活办公室。

2.2.4.8.1 售卖活动

学生社团不能销售自制的食品。学生社团能够销售的食品仅限于不易腐坏的和加工过的包装食品（比如包装糖果、袋装薯条、罐装苏打饮料）以及有许可证的食品提供商(餐厅、食堂等)提供的食品。

所有含有销售计划的活动必须注册备案。

2.2.4.8.2　食品安全资源

如果你对马萨诸塞州的食品法则还有任何疑问,马萨诸塞州卫生与公众服务办公室的相关网站将为你提供食品安全方面的详细指导。

2.2.4.9　售票和活动收费

所有收取入场费的活动,包括舞会、演讲、演出等,只要进行了宣传,并且面向学院或者更广的受众开放,都必须通过哈佛的售票处进行售票。但是不要求论坛、营会之类的收费活动通过售票处售票。

2.2.4.10　邀请演讲人、嘉宾和领奖人

当邀请任何一位演讲人、领奖人或嘉宾出席活动时,学生社团必须清晰地声明社团和学校之间的关系。因此,从最初的沟通开始,学生社团就应该明确声明自己是哈佛学院的学生运作的社团。

哈佛是一个崇尚言论自由和兼容各种意见表达的地方。对于想要邀请国内外人士来哈佛演讲、参观的各院院长、教员、行政人员和学生领袖,没有任何政治方面的限制。如果一个社团想要邀请著名的杰出人士到校,包括明星、政府官员、国家首脑或者异见人士,该社团应该第一时间与学生生活办公室商讨该方案。根据方案的具体细节,学生生活办公室可能会帮你与学校的司仪办公室取得联系。

如果这个活动将对学院的安全或学习氛围产生严重威胁,哈佛学院院长办公室保留取消该活动的权力。

2.2.4.11　无障碍环境

当策划一项对公众开放的活动时,应确保你们的社团为残障学生提供了无障碍设施。你们的活动也可能需要一个手语翻译员、大字版的纸质传单,或者至少让你们的活动地点没有到达障碍。请根据以下指南营造一个无障碍的活动环境。

A. 列清联系方式。在所有的活动标志、海报和宣传品上都应列清联系方式,以方便负责轮椅、座位安排、视听设备、备用打印品、登台阶梯、手语翻译、车载或电梯服务的社团成员与活动保持联系。

B. 轮椅。请检查活动地点所在的房间、整个大厦以及附近洗手间的残障设施情况。是否有正常运转的电梯和无障碍坡道,以及它们的位置。同时应了解活动地点出入口、接待处和休息区的无障碍情况,以及从这些地点到洗手间的距离。要考虑可能会出现的超宽轮椅。如需更多信息,请咨询无障碍教育办公室,该办公室是哈佛学院和文理学院研究生院有生理、情绪和智力障碍学生的联系处。

C. 座位。尽量将座位安排好，不要将前后座排成直线，把后面的视线挡住，也不要把座位设在有噪音干扰的地方。尽可能选择所有或绝大部分讲台都带坡道的教室作为活动场所。

D. 视听设备。技术设备包括电影和视频的开放字幕、调频麦克风、多媒体展示的纸质说明（台词、字幕等）和备用打印品、所有座位都能看到的显示器和展示牌等。如需更多信息，请联系媒体与技术服务部。

E. 备用打印品。考虑印制备用打印品，比如大字版或光盘版的传单（提供给预约此项服务的人士）。如果可以，最好把你们电子版的宣传材料在网上发布，作为以后活动的参考。

F. 讲台。想要预知所有活动参与者的需求是不可能的。如果活动中需要出现发言人或讲演者，请确保所有活动中需要出现的讲台是否便于登上。

G. 手语。如需手语翻译员，必须提前预约，并且该翻译员是具备翻译资格的。在无障碍教育办公室处可以获得足够的手语翻译员服务的信息。

H. 车载服务。哈佛无障碍车载交通服务对所有持有相应文件证明并提前预约的学生开放。如需更多信息，请联系495-0400。

I. 电梯。在活动前一天和活动当天要检查活动场所的电梯处于正常运转状态，否则请联系495-9338。

2.2.4.12 其他注意事项

1. 与媒体与技术服务部确认申请的批准情况，并取走所需的器材。确保活动场所附近的洗手间没有被锁上，划出视觉上和听觉上的最佳观看区域。

2. 如需获取更多信息，请联系无障碍教育办公室，该办公室致力于为哈佛学院、文理学院研究生院和学生社团的活动提供无障碍设施以及住宿方面的信息。

2.2.4.13 活动地点重置政策

根据本政策，无论活动主办者是谁，哈佛学院都会尽量为残障学生进行室内活动时提供无障碍的环境。学生生活委员会致力于这一目标，并且会与愿意为残障人士提供合适活动地点的学生社团进行合作。

有很多方法可以为室内活动保障一个无障碍的环境，包括增加辅助设施和服务、相关技术和器材、人为协助，或在这些方法仍然无法有效地实际提高无障碍程度时，把活动地点重新安置到一个无障碍环境中去。

只要可行，活动都应该在策划的第一时间把地点设置在无障碍环境中（除非活动只针对无残障人士开放）。如果活动对所有哈佛社区或者社会公众开放（包括但不仅限于那些高调和广泛宣传的活动），那么主办方提前规划并且把活动地点设置在无障碍环境中就显得至关重要，因为想要把大型活动地点重新安置绝非易事。在选择活动地点之前，活动策划者都应联系哈佛大学残联或者无障碍教育办公室主任,向他们咨询活动地点的建议。

哈佛在为策划活动能让残障人士有最大的参与可能性提供指导方面有着丰富的资源,包括如何响应他们提出的地点要求,比如重置地点,要求提供手语翻译,以及其他活动地点方面的要求。在哈佛文理学院,以下办公室将为残障学生提供专业服务。

无障碍教育办公室

电话：(617)496-8707

TDD：(617)496-3720

传真：(617)495-0815

邮箱：aeo@fas.harvard.edu

此外,哈佛残联办公室不仅对文理学院提供服务,还对整个哈佛开放。

哈佛残联

电话　(617)495-1859

TDD：(617)495-4801

传真：(617)495-8520

邮箱：disabilityservices@harvard.edu

2.2.4.14　无障碍声明

哈佛学院要求所有学生社团在向哈佛社区和社会公众开放的活动中,海报上必须写有如下声明：

"需要无障碍环境或更多无障碍方面信息的残障人士请尽快联系哈佛残联,电话 617-495-1859,邮箱 disabilityservices@harvard.edu;或者无障碍教育办公室,电话(617)496-8707,邮箱 aeo@fas.harvard.edu。"

社团也可以考虑使用以下无障碍标志：

国际无障碍标志

国际无障碍标志可用于两种用途：在活动前的宣传仪式上,该标志将表明该活动将在一个轮椅无障碍的环境中进行；在活动中,这个标志将引导人们到无障碍设施或者其问讯处。使用此标志的方法是将它放大,印在 8 英寸×11 英寸的纸上并张贴在告示牌上。

电传打字机

电传打字机是一台通过电话线传输键盘输入信息的设备。如果有该设备,在活动前的宣传中使用电传打字机标志可以告知公众该活动的电传号码,通过该号码可以获取活动信息,或者提出无障碍环境方面的申请。如果没有该设备,电传打印机的标志可以和马萨诸塞州电话转接服务的号码一起出现,该号码是 1-800-439-2370。

 助听器

助听器是可以放大或过滤声音的耳机。在活动前的宣传活动中,使用助听器的标志可以表明该活动是在配有助听器的哈佛讲堂里举行,并且附上人们如何申请或预约使用助听器的信息。

 手语翻译

活动前的宣传中,主办方应该让需要手语翻译的人士提前提出申请。但是如果一个活动已经配有手语翻译,在活动宣传中应该挂出该标志。

2.2.4.15 活动宣传

学生社团应该根据活动的被邀者决定活动宣传的地点和方式。社团应该考虑其活动受众(社员、学院还是公众)来策划活动宣传。

所有的宣传方式,包括海报,都至少应该包含主办方名称、票务信息(如果有票的话)、获取信息的联系方式,以及无障碍信息。宣传品中也不能使用任何受到版权保护的内容。

如果你的活动需要注册,请不要在注册成功之前开始任何活动宣传。

A. 提供酒精饮品的活动

在电子版的海报中,活动组织者可以声明他们将提供酒精饮品,但必须使用特定的符合规范的语言。标准说法如下:

"有非酒精饮品,啤酒和葡萄酒 21+"

或者

"有非酒精饮品,啤酒 21+"

以上是可以不经学生生活办公室提前批准的在海报或其他电子宣传品上使用的唯一规范用语。海报上不可以出现酒精饮品的价格以及特定的种类。纸质和电子海报上也不能出现某种酒精饮品的照片或 logo,学生也不可以在活动宣传中提及与酒有关的字眼(如自带酒水、黄啤酒、啤酒杯等)。

B. 海报

在学院拥有良好声誉的学生社团可以享有在学校公告栏和报刊亭张贴海报的权利。具体规定如下:

1. 海报只能在社团提前预约的公告栏、报刊亭和挂在身上的广告板上张贴。

2. 教室和教学楼里的公告栏是由相关学院或部门管理的,使用前必须得到相关部门许可。

3. 海报不得张贴在门、栏杆、门岗、大门、电线杆、垃圾箱、人行道之类的地方。

4. 不得使用胶水之类的黏合剂,只能使用胶带、订书钉和图钉。

5. 如需印制尺寸大于 11 英寸×17 英寸的海报,需要得到学生生活办公室的预先批准,但预约的挂在身上的广告板除外。

违反以上规定的社团将被处以每违反一天罚 200 美元以下的罚款,并且学院有可能收回该社团海报方面的特权。

C. 气球

学生社团不允许在哈佛校园中使用气球进行活动宣传。学生生活办公室很少会批准这一申请。

D. 粉笔

在哈佛财产上用粉笔写字作画也是严令禁止的。违反此规定的社团将被处以罚款,并支付所有用于清洁的费用。

E. 条幅

不得在学校的建筑物外使用条幅。

F. 科技中心宣传

对于在科技中心之外进行的会场布置、发放传单和张贴海报的行为,学生社团需要提前注册。为了出入安全和保持安静,在一定时段内只能有五个社团同时在科技中心外发放传单。申请名额请登录学生社团门户网站(usodb.fas.harvard.edu)。出于环境安静的考虑,社团不得在上午 10 点前在科技中心外进行宣传,并且只能使用带电池的设备进行播音或扩音。

2.2.4.16　播放商业电影、纪录片和其他版权作品

学生社团在播放商业电影和纪录片时必须遵守版权规定。

如果这部版权作品将对公众开放播映,那么为确保公众播映权,可以从发行商处租借该影片,使用该片具有公众播映权的拷贝,或者从版权所有者处获取一份公众播映权的书面授权。如果该活动收取了入场费,根据社团的章程或宪章,所有利润将用于改善该社团的教育目标。

2.2.4.17　言论自由政策

如果在一个学生社团所举行的活动中,言论自由的原则可能会有所让步和妥协,学生生活办公室的一位老师会出面作为调解员,以确保这项哈佛精神得到了充分的宣扬。如果活动中有任何可能引起争议的发言人或者内容,请联系学生生活办公室以获取更多的信息和帮助。

1990 年 2 月 13 日和 5 月 15 日文理学院通过决议:

"言论自由对于哈佛极为重要,因为我们是一个崇尚理性和理性对话的群体。思想的自由交流对于我们通过研究、教学和学习发现和传播思想这一首要任务至关重要。对于言论自由的侵害有损于我们对思想自由的追求。它也有可能会剥夺少数人表达非主流观点的权利和其他人聆听该观点的权利。

　　"有些群体可能不如我们重视追求知识或重视言论自由。作为一个群体,我们对言论自由的重视也是有风险的。但我们坚信从长远意义上来看,对言论自由的坚持所带来的益处要远远大于眼前某些偶尔不受欢迎的言论所带来的负面影响。由于我们是团结在理性旗帜下的群体,我们不允许对所谓的有害思想进行审查。我们致力于营造一种气氛,在其中理性的言论能够对不受欢迎的思想作出正确的回应。

　　"学校的每个成员不可能拥有相同的政治、哲学观点,这方面的统一思想也是不可取的。但是每个人都抱有一份对学校自由言论和思想传播的关切。对于保证思想繁荣和传播的政策,每个人都有着相同的承诺。根据《权利与责任的声明》,哈佛必须保护其成员组织和加入政治社团、召集和举办公众集会,通过印刷品、标志或口头途径,以合理方式公开表明、反对、提倡或宣传某种观点的权利。

　　"我们对把言论自由作为我们的核心原则有着广泛认同。但是,在划分演讲者、抗议者和听众之间的界限时,通常有许多模糊不清的地方。本规定旨在支持和阐明文理学院对《权利与责任的声明》的执行。为了帮助学生社团支持发言人和告知学生抗议的合理界限,有必要进一步将执行过程清晰化。此外,文理学院还要格外注意保护异见人士,帮助恢复中断的演讲,保证新成员知晓并且有机会表达他们的观点。

　　"在哈佛社区,言论自由受到保护。我们也同样致力于保护每个个体对探究学问的追求。理性对话的基础是礼貌和对他人保持尊重的义务。种族、性别和其他人身侵犯的话题不仅严重损害了他人的尊严,也妨碍了理性对话的原则。明显根据种族、性别、民族、宗教信仰或性取向来侮辱他人的言论行为是与我们探究学问的追求背道而驰的。这种严重损害他人尊严的行为将会在现制度下受到相应的惩处,因为它违反了作为学校根基之一的权利平衡。当言论自由和其他权利发生冲突时,学校将在权衡利弊的基础上根据宪法第一修正案达到二者之间的平衡。

　　"有关活动时间、地点和方式的选择如遇任何困难,都应侧重考虑言论自由。比如,在体育活动中,有关时间、地点和方式的考虑通常不应该被认为是妨碍了无害的政治观点的表达。虽然以下政策主要是处理破坏言论自由的问题,但与《权利与责任的声明》有关的处理其他问题的政策(比如有关种族和性骚扰的政策）也值得重视。

登在以下网址（http：//isites.harvard.edu/fs/docs/icb.topic847338.files/FS_Guidelines_1990.pdf）的政策适用于所有在文理学院监督下进行的活动，但不适用于教学活动。教室是一个独特的论坛，教师是其中唯一能够主宰对话进程的人。"

2.2.4.18 合同

学生社团无权代表哈佛大学或其学院、部门签署任何协议。因此，在所有协议上，社团都应该清晰地声明它与学院的关系。社团应该保证所有签署的协议中应该包括以下内容。

1. 学生社团的正式全名。

2. "甲乙双方就此同意并认可，哈佛大学不属于该协议的任何一方，并且在任何情况下都不对该协议的任何义务负责。"（如果合同中不包含以上表述，一旦该学生社团签署的协议对哈佛大学及其学院、部门造成了任何负面影响，哈佛大学将有权控制签署该协议的学生或社团骨干，后者将对结果负责。）

3. "[甲乙方]在广告或宣传材料中对'哈佛'一名的使用（单独使用或者作为其他名称的一部分）都是不允许的。"

由于哈佛大学不属于协议的任何一方，如果签约的社团无法履约，哈佛也没有完成该协议的义务。因此，社团签署协议时注意以下事项就显得至关重要：

1. 签署协议前查看学生生活办公室网站上的注意事项清单；

2. 每一份协议都请学生生活办公室过目（至少两个工作日前提交）；

3. 至少由两名社团骨干，其中一名必须是会计，来检阅并签署该协议。

2.2.4.19 活动保险

A. 特殊活动保险和一般责任保险

此项保险是否需要，取决于活动规模的大小、活动的性质（是否对学校造成严重威胁）以及活动合同第三方的要求。哈佛大学保险办公室将和学生社团与学生生活办公室合作，判断是否需要投保，以及协助确定合适的保险范围。如有任何问题，或者你对活动是否需要特殊活动保险存有疑问，请立即联系学生生活办公室。

B. 设备保险

哈佛保险办公室可以帮助你确定学生社团财产或租用物品的保险范围（乐器、音响设备、舞台等）。

C. 汽车保险

学校不会对把私人交通工具用于社团活动的学生进行汽车保险。如果发生事故，该车车主将使用自己的汽车保险来进行理赔。如果该车主的保险额度有限,可以对造成事故的当事人进行提出索赔。所有把私人交通工具用于活动的学生,都应提前知晓并同意该规定。对此规定感到不安的学生社团,建议向当地与我们签有协议的汽车租赁公司租用汽车。

D. 社团组织的旅行或校外活动中发生事故的应急措施草案

在社团组织的旅行中,如果发生了涉及哈佛学生的事故、紧急情况、疾病或医疗事件,你们应该第一时间联系哈佛大学警局,向学院通报情况。草案旨在提高通信质量,并保证学院能够为受到事故影响的学生提供合适的支持。

2.2.5 财务管理

维持一个社团的运营需要很多因素的配合。强大的财务管理,加上足够的资源支持,能够为你们的社团提供持续的动力。为了强调财务管理的重要性,学院要求正式的学生社团每年提供前一年度的财务报表和下一年度的财务预算,作为每年十月重新注册材料的一部分内容。

学生生活办公室还可能会要求你们的社团提交一份银行结算单作为备案,还可能需要独立的会计公司或者哈佛的风险管理和核算服务办公室为你们做的审计表。

2.2.5.1 社团骨干的责任:支票和账单

你们社团要为财务和财务记录负责。学院会在需要的时候提供指导,但是学生社团的骨干要负主要责任。为了维持一个好的财务管理,需要不止一个人来负责社团的财务交易。支票和账单的管理十分重要,因为一旦某个社团没有足够的资金支付费用从而陷入债务,哈佛学院将问责社团的骨干。

2.2.5.2 财务文件模板

学生生活办公室在网站的财务与筹资版块提供了财务文件的模板。

2.2.5.3 纳税报告条例

A. 免税规定

学生社团并不属于联邦政府规定的免税非营利组织。只有联邦政府才具有给一个组织授予慈善组织地位的资格。申请慈善组织的资格(501(c)(3))需要耗费漫长时间,花费组织大量精力,准备大量年报材料报给美国国税局。由于每年的年报要求过于繁杂,学生社团的领导层又经常更换,我们并不鼓励学生社团申报慈善组织资格。

如果你的组织已经在国税局注册为一个 501(c)(3) 的慈善组织,你们每年都要向马萨诸塞州州务卿提交 PC 表,向国税局提交 990 表(请注意,成为一个慈善非营利组织并不等于能在马萨诸塞州免税)。

B. 顾问工资

绝大多数学生社团不会给自己的社员或顾问发工资，本科生社团的盈利不得由某一个人独自占有。如果你的社团想要给社员发工资或者提供其他形式的酬劳，你需要先从学生生活办公室获得批准。通常，工资多少要符合学生的工资标准，但是如果是给社团的经营者发工资，可以特殊情况特殊考虑。

如果你雇佣或签约了某个顾问，让他为你的社团提供服务（比如，教练、伴奏、活动策划人），并且这个人的各项工资总额超过了一年600美元，你必须向该顾问和国税局同时提交1099表（这一上限是由国税局每年更新确定的，你们社团需要对其进行确认）。

2.2.5.4 学生社团受赠账户

学生社团每年都会收到来自校友、私人捐助者和企业的大量捐助。由于绝大多数社团都不是501(c)(3)慈善组织，因此无法以减税的方式接受这些捐款，所以一些社团可能想要通过学院来开设受赠账户。通过开设这个受赠账户接受捐款，哈佛大学可以代表这些学生社团以减税的方式接受这些捐款。捐款人还会收到一封哈佛大学记录秘书处的致谢函。

若想在学校建立一个受赠基金，你们必须先获得学生生活办公室的批准。批准后，你们还得由专人把第一笔捐款的支票拿到学生生活办公室办手续。这第一笔捐款的支票将用于建立基金，此后的所有捐款都会归入该基金名下。每个账户都有一个账号，由社团的骨干掌握。当提出从该账户取款的申请时，需要提交该账户的账号。对于为哈佛学院作出过持续性贡献的社团，学院将考虑为它们建立一个账号。一个新社团想要开设账户的申请是很少被批准的。想要获取更多信息，请登录学生生活办公室的网站。

A. 可减税的捐款

汇入受赠账户的款项必须符合哈佛大学的免税规定，这也进一步延伸了社团的教育宗旨。只有捐款和馈赠可以被汇入这些受赠账户（不能是销售收入等）。捐款只能用于社团活动，并且通常不能是某些商品或服务换取而来的捐助（订阅、售票、卖T恤衫等）。如果这些商品或服务被提供给了捐助人，那么这个捐助人必须被告知这些商品或服务的费用，以便从总捐款额中将这部分费用减去，这部分费用不能减税（国税局第526号文件规定了特定的会员福利不影响减税的内容）。

请记住，由宣传和其他商品所获的销售收入不是捐款，应直接汇入哈佛大学员工信用卡联盟银行账户。会员缴纳的会费也不能算作捐款，不能减税，不能汇入受赠账户。

如果你的社团正在进行一次"电话马拉松",你任何时候都不能接受一个捐款人的信用卡号。你应该把它指引到哈佛大学信用卡中心的网站上。如果你的捐款人对于网上捐赠有困难,请让他们联系哈佛大学记录秘书处寻求帮助。根据哈佛大学信息安全管理规定和商家信用卡合规条例,社团不允许接受、存储或交易来自信用卡的捐款。

B. 受赠账户规定

给你们社团的捐款是通过哈佛捐献的,所以哈佛有权代表你们社团保管这笔款项。学生生活助理院长将代表哈佛对这些捐款进行管理,审查每一笔费用是否用在合适的地方。所有的收据和发票都应该妥善保管,因为国税局的审计官员有可能需要查看。

请注意,社团在成功申请基金后最好能留出足够的时间来开具支票。通常从基金申请成功到这笔钱存入你们的信用卡联盟银行账户的时间是三周。在学校财政年度的某些特定时期,这个过程可能会花费更长时间。因此请提前规划。如需更多如何从受赠账户取款的信息,请登录学生生活办公室网站。

学校的受赠账户只要还没有透支,都会有利息,在每年八月也就是财政年度的末尾入账。学生社团不会因为其受赠基金被收取费用。2010—2011年文理学院这一关于受赠基金免税的规定仍然有效。

2.2.5.5 学生社团留本基金

学生生活办公室会满足学生社团在学校建立留本基金的申请。学院会首先考虑为作出持续性贡献并且还将长期存在的社团建立这样的基金账户。新建立的社团提出这样的申请是很少被批准的。留本基金建立的目的是在今后长期为社团提供财政支持。

留本捐款需要长期存在账户里,只有捐款的投资收入才能被学生社团所用。一个给学生社团捐款的捐赠者不期望任何回报。在绝大多数情况下,这笔资金会被投资到留本账户中,留本基金的账户单位会归到个人。

通过投资获取的收入可以给社团日常使用。这笔收入必须根据捐款人设立的条件进行使用。

收入是每年根据学校的消费政策按照各基金所拥有的单位数分配的。这笔年收入叫作财务长分配,每个财政年度末,也就是八月份会发放到每个留本基金账户上。哈佛学院董事会每年会确定财务长分配的额度。这个额度是不可协商的。这笔收入还会在每个财政年度被行政消费分配部扣除 11.1%。比如八月份应发放 100 美元,扣除 11.1 美元的行政费用,最后发放给学生社团的是 89.9 美元。这笔费用也是八月份扣除。只有一部分收入会发放给各个社团,剩下的收入会用于增加资金基数。

A. 留本基金的建立

如果要在学校建立一个留本账户,学生社团需要筹集 25000 美元的捐款。达到这个额度的受赠账户也可以转为留本账户。

想要建立留本账户的学生社团需要从学生生活办公室获得批准,然后才可以开始筹集建立账户所需的资金。社团也必须遵守捐款所附带的使用条款,这些条款对于款项及其收入的长期使用是有法律约束力的。所有的条款都需要经过学生生活办公室的批准。

B. 留本基金规定

一旦基金获得了可发放的收入,在使用学生社团取款申请表提出申请后即可使用。跟学生社团受赠账户一样,哈佛学院助理院长必须批准所有符合基金使用条款和哈佛大学教育使命的取款申请。

学生社团可以在任何时候申请查看基金账户的余额。如果一个学生社团当年的发放收入没有用完,这笔钱会继续留在账户中供以后使用。此外,上一财政年度年的账户结余(7 月 30 之前)还会带来利息,八月会入账。但如果一个账户在上一个财政年度出现了赤字,八月份则需要支付利息(利率和结余一样)。

2.2.5.6　哈佛大学员工信用卡联盟银行

官方认可的正式社团只能在位于邓斯特街 16 号的哈佛大学员工信用卡联盟银行进行金融业务。学生生活办公室与该银行达成了一项协议,它会为所有哈佛学院官方认可的正式社团提供免费的活期账户和储蓄账户。该银行会提供:

1. 免费的电子财务报表,附加注销支票图样,每个月会通过网络发送给你们的社团。社团可以将这些电子报表存在电子介质中,或者打印出纸质版作为资料备案;

2. 24 小时的免费语音电话,提供查询余额、转账(从活期账户到储蓄账户或反之)等服务;

3. 6 个月的网上可搜索报表服务;

4. 根据学生生活办公室的要求提供双重签名检测服务,办公室要求社团所有的支票上都应签上两位骨干的姓名(最好是社长和会计);

5. 对于有大量资产的社团提供高利息的账户(请登录该银行网站以获取更多信息);

6. 为所有社团提供一名专属的账户服务代表;

7. 与一个非营利的信用卡联盟合作的满意体验。

A. ATM/借记卡

学生社团可以使用各自账户的 ATM/借记卡。学生社团需要从哈佛大学员工信用卡联盟银行以社长的名义申请一张借记卡,这样可以保障这笔资金使用的责任人。每个社团只能申请一张卡。每张卡在每个学期末都会过期,除非在申请时做了其他的记号。每次换卡都需要花费 5 美元,这笔钱会从社团的活期账户中扣除(社团的所有花费都通过社长作出,并由会计在每个月进行对账。社团不能让这两个角色由同一个人承担)。

学生社团应该限制 ATM/借记卡的使用,因为这种方式很少产生方便会计做账的纸质凭据。不提倡使用 ATM 来取款为社团采购物资,因为这样更容易产生社团资金管理上的漏洞。后继的社团骨干也会由于缺少发票和纸质凭据而发现社团的经费管理异常困难。ATM 和借记卡应仅限于网上支付或者为一项服务支付定金。ATM 和借记卡的取款额度是每天 1000 美元,销售点(零售商和供应商)购物的消费额度是 3000 美元。

B. 更换账户签署人

如要增加或减少社团账户的签署人,至少要有一名现任的签署人在场。如需变更账户签署人,学生社团需要获取一封学生社团办公室批准的变更信,并且需要在哈佛大学员工信用卡联盟银行填写并签署一份新的存款决议表。这能保证银行拥有每个账户和签署人的最新信息。如果一名当下记录在案的签署人毕业离开了学院,请向学生生活办公室提交能证明这个签署人在社团地位的文件,获取一封签署人变更信。

学生生活办公室要求每个账户至少有两名签署人,但是每个账户签署人数量也有上限。不过每次签署人发生变更,新的签署人需要签署存款决议表和签名卡。建议每个账户同时只有两到三个签署人。

根据州和联邦的银行规定,哈佛大学员工信用卡联盟银行不能为学生社团账户提供活期准备额度、信用卡或任何形式的贷款业务。

如需在哈佛大学员工信用卡联盟银行开设账户,学生社团需要有一名代表来准备相关材料。每个学生社团账户都需要有两名签署人,一个雇主身份号,和一封学生生活办公室提供的证明你们是学院官方认可社团的证明信。

C. 获取雇主身份号

雇主身份号是内部收入服务部为有多重收入的团体进行返税时编制的一个九位数的号码。该号被很多雇主、公司以及非营利组织使用(它被绝大多数哈佛学院学生社团用于银行业务,而不是税务)。

申请开设银行账户的学生社团需要填写财务部的 SS-4 "申请雇主身份号"表格申请该号。

一旦你获得了这个雇主身份号,你的社团可以用这个号在哈佛大学员工信用卡联盟银行开设账户。

社团不能使用某人的个人社保账号来开设一个活期账户,否则这个账户的财务负担都会由此人承担,他还得为这个账户的利息交税。一旦这个账户出了问题,此人还得对此负责。

虽然 SS-4 表格需要提供某个人的社保账号,但是开设活期账户仍然只是用雇主身份号,而不是某个个人的社保号。

学生社团无论在任何条件下都不可使用哈佛大学的雇主身份号、纳税账号和免税号。

2.2.5.7 财务培训班

每年秋季学期,每个学生社团至少要有一名骨干需要参加学生生活办公室主办的财务培训班。这项必修的课程内容包括一般的会计概念,一些做账的重要信息,以及其他关于签订合同的重要商业信息、年报要求等。关于这些工作坊的信息在每年秋季学期开学初期会发给每个学生社团的社长和会计。所有社团骨干都有责任认真学习相关内容。

2.2.5.8 财务年度制定

每个学生社团的骨干都需要制定出各自社团最合适的财务年度,在这期间能够将该年度社团的事项全部打理完毕。这一决策可以基于社团最重要的活动时间、学年度的结尾,或者在新的社团骨干选举之前或之后。哈佛大学的财务年度是每年的 7 月 1 日到第二年的 6 月 30 日。

2.2.5.9 周期上报

社团骨干需要在全年随时了解社团的财务情况(收入、花费、债权等),以便能为社团今后的活动和花费作出准确的决策。根据你们社团复杂程度的不同,社团的会计至少每学期要为其他的骨干制作一份财务报表。这份报表要由所有骨干检阅并通过,并在报表上签名(请注意所有的骨干都要为是否签名负责)。对财务事项缺乏关注和责任感的社团骨干将被学生生活办公室视为失职。

2.2.5.10 预算

每个财务年度的开始,社团骨干要为全年的活动和每个活动的预算进行规划。预算将为这一年社团的资金使用提供基础。请确保能证明制定预算中所涉及的关键假设,比如票价、预计销量等。

需要保存归档的内容包括:

1. 去年的实际支出和收入;
2. 当年的预算(预计支出和收入);
3. 当年的实际年累计汇总支出和收入;

4. 预算和实际支出和收入之间的差额。

每年重新注册时都需要向学生生活办公室网站上上传一份详细的预算。

2.2.5.11 收入

你们社团的所有收入都要有相应的凭据,包括现金、支票、电汇和 Paypal 支付。只要条件允许,不要使用现金——现金交易会使你的社团骨干容易逃避责任,难以追究并且很难查证。你们社团应该要求以你们社团能收到的支票或现金支票的形式向你们支付。请注意,如果你们社团有一个哈佛的受赠账户或留本账户,捐款支票上的收款人应是"哈佛大学",并在备注一栏写上你们社团的名称。所有的收入都应立即存到你们社团的银行账户上,并且记录在社团的现金收据记录表上。支票也应经常被存起来(至少每周一次,或根据现金的积累情况在周中进行存储)。

活动售票和现金类似,可能的情况下都建议通过哈佛票务办公室进行。

售票的社团成员都应清楚自己对这些票和所售票款负有责任。同样,如果没有被退票的话,他们对这些票的成本也有责任。票上应印有连续的编号,以作为监控售票数量的一种手段。如果你们的社团没有通过正规途径售票,社团会计应该记录每个售票员的售票情况。售票员也应该为这些票和票款负责。

现金收据记录表可以帮助售票者对售票情况进行清晰的记录。售票结束后,售票员应该拿该表和手中的余票进行对账,然后把该表、票款和余票交还给社团会计。会计应该检查是否有出入。

售票员应该:

1. 将每一笔现金和支票收入即刻入账。现金和个人支票应分开记录。支票收款方应是社团。

2. 以社团的名义即刻签署每一张支票(你们社团应该刻一枚橡皮章,上面写着"存款专用,{社团名,哈佛大学雇员信用联盟银行账号}")。

3. 将现金和支票存放在一个上锁的盒子或者抽屉里。哈佛大学警署可以为晚上举行的活动提供现金收入隔夜保管服务,需要提前预约。

4. 在核算和存储现金收入时遵守分权制衡原则,让不同的人来完成。

  a) 负责核算的人应该做好记录,保存好现金和支票的所有原始票据,把它提交给第二个社团骨干,让他去进行存储。在进行最后核算和移交时,这两个人都必须亲自在场。永远不要独自数钱。

  b) 第二个社团骨干必须立刻将钱存入银行。记录表应归入社团当月的档案以备对账。

2.2.5.12 付款

现金支出(或者"应付账款")是你们社团支付费用并将其入账的过程(社团最好能购买财务管理软件来使记账和对账过程简单化)。支出和偿还只能服务于社团本身的宗旨,这一宗旨已经在每个社团的宪章中阐明。换句话说,学生社团不允许使用社团的银行账号为某个个人支付费用。

如果能很好地按下面的方法来做,你们社团的财务管理就会走上健康发展之道。

A. 六个"要":

1. 要使用支票而不是现金进行支付;
2. 要有两个签名才能使支票生效;
3. 要做好收支记录;
4. 要在供应商所要求的付款期内付清,避免不必要的利息费用;
5. 要在报销过的发票上印上"已付",避免双重支出;
6. 要在每个月将社团的账本和银行存款余额进行对账。学生社团可以很方便地在哈佛大学雇员信用联盟银行网站上查到存款余额。社长要在查看对账单后签名。

B. 四个"不要":

1. 不要用社团的资金为个人付账;
2. 不要双重支出(记得一定要在报销过的发票上记上"已付");
3. 不要提前在银行支票上签字;
4. 不要用支票来兑换现金(除非是零用金)。

2.2.5.13 手续

A. 发票

直接向供应商结账时,申请该项支出的人必须向会计提交一份"支票申请表"。表格必须和原始的发票一同提交,这样能证明支出的性质和详细情况(如果有的话)。为了避免多次支出,不要为发票的复印件或声明付款——这是学生社团常犯的错误。如果有必要的话,要经常和供应商申请新的发票。发票应存档至少五年。

B. 个人报销

向你们社团的成员提供报销时,该成员必须向会计提交一份填好的"支票申请表",一份清晰证明支出性质的原始收据,一份注销支票的复印件。

C. 支付发票

会计应根据以下手续在发货单到期内30天内支付账款。

1. 批准支出。
2. 将"支票申请表"和发票、发货单或收据、注销支票进行匹配。

3. 填好支票并和第二个签名人签好名。
4. 在支票上写上发票的编号，或者在支票上贴上收据的复印件。
5. 在"支票申请表"上写上支票的编号和支付日期。
6. 把支票交给供应商或者要求报销的人。
7. 在支票登记簿上记上这笔支出。
8. 根据供应商分类把"支票申请表"和发票/收据存档。
9. 在发票上记上"已付"避免双重支出。

D. 支票作废

如果支票写错了，在上面立即记上"作废"，划掉签名。然后把这张支票和注销支票一同归档，接续编号。在支票登记簿上把这张支票记为"作废"。

E. 零用金

如果一个社团的骨干坚信手头有足够的现金是社团运营的有效方法，那么必须采取清晰的措施来追踪现金的流向。零用金支出或许是你们社团唯一能容许的支出。

零用金可以让报销一些小额或者意料之外的支出简单化。不要将零用金作为运营资金，不要用它来支付商品或服务的款项，不要用它来进行预付或者贷款。零用金必须和其他资金分开存放。

1. 对于一次性、特殊活动使用的零用金，社团可能会需要一些手头的资金来支付旅费，应付活动的变动，或者在海外使用。社团应该对这样的零用金支出做好详细的记录，并在活动结束时进行清算。

2. 社团账户上正在使用的零用金不得超过50美金，只能用来对社员进行小额报销。要建立一个零用金基金，会计需要准备一份向现金支出的"支票申请表"，在支票登记簿中登记。

3. 零用金必须放在一个只有管理人才能拿到的安全地点，并且需要为零用金建立一个分账。

4. 零用金是和其他基金独立分开的一项基金，需要建立一个独立的"零用金凭单"来支出零用金。这个凭单和记录零用金交易的分账本都不能和零用金放在一起。

5. 如要从零用金中取钱，申请报销者需要填写一份"零用金凭单"并附上相关的原始票据。

6. 填好的表格和收据要交给会计，他会检查并批准这张凭单，然后从零用金中支取现金。领钱者也需要在表格上签字以证明这项支出。会计会将这张凭单归档。

7. 当零用金低于10美金时需要补充。会计需要先进行对账，然后填写一张"支票申请表"。然后需要另一个授权的签字人来检查零用金对账表，开具一张所需数额的发票。

F. 采购

一个或多个社团成员应该有权订购商品或服务。只有这些人才能代表你们的社团进行采购。如果你的社团要接连订购大量商品，那么应联系不同的供应商以获得估价。学生社团应该货比三家。向一个批发俱乐部申请会员资格也许是一个财务上的明智决定。

2.2.5.14 财务报告

会计必须至少每学期和每任领导任期末准备一份财务报告。财务报告提供了该财务期间的活动和年初至今的财务报告。每年秋季学期初重新注册时还需要向学生生活办公室提交一份副本。财务报告应该包括以下内容：

1. 直到上月末的资产负债表；
2. 全年度或年初至今的损益表；
3. 预算和实际收入支出的对比表；
4. 对显著偏离预算的解释。

2.2.5.15 领导更替

即将离任的会计应该在卸任之前完成以下几件事：

1. 将去年全年的所有财务报告归档（收据、每月报告等）；学生社团的财务档案应该保持至少五年；
2. 做完财务报表；
3. 和新任会计一起检查财务报表，在一年一度的重新注册中向学生生活办公室提交一份副本；差异和相关措施应该提供书面证明；
4. 对所有债务进行对账，写下一份关于今后如何还清债务的方案；
5. 在哈佛大学员工信用联盟银行更换该社团账户的签字人；
6. 向新任会计移交所有的银行结账单、支票本和其他财务信息。

保持社团良好运营的有效方法之一是做好财务记录。清晰的财务记录和手续能保证资金用在了符合社团宗旨的地方，也能让社团骨干保证该年度的重要活动得到了充分的重视。财务记录还能起到历史档案的作用，告诉后人哪些活动成功举办，哪家供应商的出价最低，以及哪些活动是在何时举行的。

2.2.5.16 学生社团档案规定

学生社团被视为法律上与哈佛大学独立的组织，因此必须服从州和联邦政府的法律，包括关于档案的规定。总法律顾问办公室为学生社团提供了一个相关基本法律的摘要备忘录。该备忘录的网址是www.ogc.harvard.edu/legal_info.php。

2.2.6 筹款

筹款的目的不在于筹款本身。基于现有和未来的需要,筹款为社团运营和活动提供保障,最终完成社团的使命。

所有的学生社团都需要资源。可持续发展的社团需要一套完善的机制,能保证资源源源不断地流入。

资源可以包括:

1. 非实物捐赠(食品、设备、空间、技术支持);
2. 中标合同(完成某些特别任务的协议);
3. 保证(在将来某个特定时间提供某些资源的协议);
4. 售票或商品销售,个人、企业或基金会的捐款(限制或非限制)。

可以通过各种方法获取这些资源,校内校外均可,方法包括建议书、长时间的电视节目、直接发邮件、年度捐赠、校园捐款、社团活动或申请赞助。

学生社团有时需要为自己社团或者为帮助一些非营利组织筹措资金。筹资前需要得到学生生活办公室的批准。如果是为一个非营利组织筹资,那么需要提供这个组织的免税资格证明。而且需要每个内务办公室的批准,用于信息沟通或筹集资金。

2.2.6.1 室内筹资

在室内比如食堂举行的筹资需要内务部酌情批准。

内务部允许信息沟通和偶尔的筹资活动,但必须在获批的情况下。学生应该分别联系各个场所的管理处。群发邮件很不妥当,是不允许的。只要可能,为非营利组织筹得的款项都应该以支票形式转给该组织。

2.2.6.2 哈佛的规章条例

作为一个认证的学生社团,你们需要学生生活办公室的批准才能向校友或其他个人、公司或企业、基金会等筹款。学生生活办公室会帮助你们。筹款申请应该向哈佛学院学生生活助理院长提交。联系 osl@fas.harvard.edu 以进行预约。

A. 预算和计划

在学生生活办公室的老师约谈你们的筹款需要和计划之前,你们需要准备一份当前预算,不仅是整个社团的,也包括某项具体活动的(如果有的话)。项目预算应包括预计开支和收入。请使用学生生活办公室网站上提供的预算模板。

B. 规模

根据你们筹款计划的规模大小,学生生活办公室将为你们接下来的举措提出建议。比如,如果你们只是想要联系一位社团的校友,那么就没有必要为你们提供便利条件(除非你们是在举行一项大型的筹款活动)。如果你们想要在校园内进行一项筹款活动,你们需要提前注册,并且获得内务部和活动举办场地的许可,同时还要获得坎布里奇市的相关执照(详见"活动注册")。

C. 校友和其他外部成员

如果你们想要联系其他校友、个人、基金会或企业,学生生活办公室将在和社团一起进行计划评估之后,为你们联系哈佛学院基金会(哈佛学院基金会是在经济资助、教员工资和本科生活动方面向校友筹资的机构)。哈佛学院基金会会安排和你们见面讨论的时间。由于哈佛在筹款方面非常积极,所以需要花费很多精力确认这些捐款机构和捐款人没有被多次要求捐款。

D. 赈灾筹款、慈善物资和为他人募捐

学生有时候希望为受灾地区筹集物资。但是如果不和成熟的赈灾机构合作,这样的努力往往会付诸东流。和成熟的赈灾机构合作,你们可以确保筹来的物资是当地紧缺的,而且物资分发渠道也是完备的。不要筹集现金,指导捐款人给你们合作的赈灾机构填写支票。在学校里设立筹资点时一定要提前获得相关建筑物管理员的批准。确定一个具体日期,以便能从总务部或者哈佛校园运营部获得足够的停车位。

为其他非营利机构和非政府组织筹款的学生社团一定要在选择这些受助机构时多加小心。你们有责任为捐款人提供该组织的准确信息,并且要对款项使用情况进行尽职调查。对受助机构是否具有慈善组织条件的调查和文件材料要在社团存档,以便学生生活办公室随时检查。

E. 做好财务记录

社团做好每一笔捐款和收入的财务记录,这些捐款记录是非常重要的。学生生活办公室会在每个秋季和春季学期提供财务课程,并且在财务事项上向学生社团提供建议。

2.2.6.3 当地、州和联邦规章

A. 捐款减税

学生社团不具备给捐款人免税的资格,除非你们是国税局批准的501(c)(3)慈善组织。如果你们的捐款人要求免税,请联系助理院长讨论是否有可能为你们的社团开设一个哈佛学院受赠账户。通过该账户,这笔捐款会通过学校打到你们的社团。这种方式的捐款会在哈佛大学记录秘书处注册,并且捐款人会收到一封哈佛大学的官方收据(对于250美元以上的捐款,国税局要求捐款人收到一张来自受助机构的官方收据,证明该捐款没有换取任何商品或服务)。当然你们的社团也要给捐款人开具一张自己的收据,在

其上再次声明"该捐款没有换取任何商品或服务"。

B. 马萨诸塞州商品免税条例

如果你们的社团不是非营利性质的，或者没有国税局的鉴定书，你们的社团就不具备免税资格。如果你们是一个非营利组织，你们必须用ST-2表申请免税资格。

哈佛大学在学校正常的运营中，采购物资或购买服务时具有免付销售税和使用税的资格。由于哈佛的免税资格是用于哈佛校方的事务，提供商品或服务的供应商必须由学校的基金会付费，以享受免税条件。销售税只有在提供免税资格证明或者直接由非营利组织付费的情况下可以免除。由个人出面代表社团进行的付费活动是需要缴税的，即便他随后会得到免税社团的报销。

C. 公开销售、招标、入场费和抽奖

如果你们想要通过抽奖、公开销售或征订、售票、社团录像销售等手段获取收入，你们需要学生生活办公室的批准，并且获得活动场所管理员的批准（即校园设施、建筑、科学中心）。

想要在科学中心前举行活动，需要在相关网站进行注册。所有的招标和拉票活动必须在工作日的上午10点到下午6点之间进行。在秋季学期开学前的那一天不得举行任何招标活动。如需破例需要得到学生生活办公室的批准。

2.2.6.4 扑克牌巡回赛、赌场之夜等

根据坎布里奇市对"机会游戏"的禁令，所有的扑克牌游戏等赌博活动是被明令禁止的。由于这项市政法令，学生生活办公室不会允许任何有扑克牌出现的巡回赛、慈善募捐或者学校范围内的社交活动。同样，总务部也不会允许在室内进行任何扑克牌巡回赛或其他有赌博性质的活动。

2.2.6.5 筹款资源

哈佛有很多部门开设有小额资助计划，你们的社团可以申请。申请时请同时查阅中心和部门的网站。

A. 普通资助申请

学生社团可以通过普通资助申请对13个资助项目中的一个或多个进行申请，而不用单独对每一个进行申请。关于以下资助项目都有更详细的介绍。

1. 安·拉德克里夫信托
2. 俱乐部体育
3. COOP公共服务
4. 毒品和酒精同龄人顾问

5. 学院学生社团基金会
6. 哈佛跨文化和种族关系基金会
7. 哈佛可持续学生资助办公室
8. 政治学院
9. 艺术学院
10. 校长公共服务基金
11. 希利斯学生社团中心
12. UC 追溯
13. UC 预付

不要一下申请所有的资助项目。请阅读每个资助项目的详细描述以确认你的社团能否获得该资助。每个资助项目都有申请的截止日期，并且需要提供补充申请材料。你必须确保符合你所申请项目的每一项要求。你可以在 grants.college.harvard.edu 上下载普通资助申请表。

B. 哈佛学院对学生社团的资助政策

具有雇主身份号的学生社团可以在进行花费之前得到资助的支票（如果资助方允许的话）。如果学生社团有自己的银行账户，支票应该直接支付给该社团。如果社团没有银行账户，那么支票可以付给某个社团成员（如果提交了资助方的相关文件和资助函）。开给学生的支票必须附上一份声明，其中声明是学生社团收到了这笔款项并且会负责保留好所有开支的记录，比如原始收据。对于没有收据的支出，这笔款项必须退还给资助方。

没有雇主身份号的学生社团（包括学生个人和非正式的学生组织）可以报销所发生的费用。学校对于报销有严格的规定，发放资助的办公室有责任在这一过程中指导相关的学生。证明人提交的支票申请必须归入应付账款，并附上开支的证明（使用现金或信用卡付款后的原始并编号的发票）。使用支票付款要附上注销支票的复印件。

C. 资助申请提示

成功申请资助需要充分的准备。为自己预留足够的时间，你们的社团可以避开以下常犯的错误。

最常见的资助申请失误：
1. 没有足够或准确的财务信息；
2. 没能完成申请指导的要求；
3. 社团档案工作不充分，没能把提交的申请复印一份归入社团的档案；
4. 不完整的信息——日期缺失，联系信息缺失等；
5. 项目描述不充分。

2.2.6.6 收入机会

学生社团已经发明出了很多让其他学生来参与活动进行筹资的方法。拍卖、慈善音乐会、其他社团捐款、T恤衫和商品义卖都能为学生社团筹集款项,并且在广泛的学生动员中宣传了社团的事功。

2.2.6.7 宿舍勤工俭学

学生社团也可以让社员参与宿舍勤工俭学活动来为社团筹资。这项活动从每年9月开展到次年6月。哈佛设备维护运营部的学生分部为有兴趣的社团提供了一个筹资项目。社团成员参加一个培训课程以后会被分配到不同的楼宇或宿舍,从周一到周五,上午10点到下午4点。有些地方也有周末的工作。学生可以根据筹款需要工作任意时长,只要有岗位需要。工资是每小时11.8美金。如需更多信息,请联系宿舍勤工俭学办公室。

2.2.6.8 个人捐助

筹款事业中最古老和最重要的一句格言就是"人人互相帮助"。当你想到全美国给非营利组织的捐款中将近90%都来自个人捐助时,你就会明白个人捐助者为何如此重要了。

除了捐助的款额十分巨大以外,个人捐助者的捐助条件也非常灵活。通常而言,个人捐助者的捐助事项没有什么特别的限制,不像大多数的企业和基金会那样。个人捐助者会为社团每年的运行费用、活动费用、工资、特殊项目和其他需要提供支持。个人捐助者也是你们社团的形象大使,在朋友、家人和校友面前,他就是你们社团的活广告。

A. 潜在捐助者确认

根据常识并由经验证明,当人们和你们的社团或者募捐人有私人关系时,他们最容易捐款。并且最容易给你们社团捐款的人是已经给你们捐过的。所以当列出最有可能的募捐人的时候,从你们社团的核心资助人开始,再延展开来,向朋友、亲戚、校友、顾客,接着向他们的朋友募捐。

B. 向学生募捐

你们的同学通常也很有兴趣支持同龄人的活动,并且很愿意响应一些特别的活动(比如慈善音乐会、电影、舞会)以及其他贡献他们时间的活动。请记住这两件事:

1. 在校园内筹款需要各种各样的批准,由你们活动的类型而定。
2. 无论出于任何目的的群发邮件都是学院明令禁止的。

C. 向校友募捐

成功的募捐都是从发现校友、定期联络、准确记录他们的捐款历史和地址开始的。哈佛大学发展规划部下属的哈佛学院基金会能够为你们与校友的联络提供帮助。哈佛学院基金会的联系方式为 osl@fas.harvard.edu。

D. 创建校友名录

你必须从学生生活办公室获得批准才能为你的社团获取校友信息。哈佛学院基金会只能从被"标记"过的校友中生成一份名录。为了创建"标记",你需要给哈佛学院基金会提供一份电子版的校友名录,包括姓、名、年级和班号。为了保持校友名录的准确性,你们社团必须每年给哈佛学院基金会提供一份电子版的毕业成员名单。如果你对于你们社团在哈佛学院基金会是否有这样一份名单以及对它的准确性不太确定,你们可以申请一份名单,和你们自己的记录进行对照。请注意,如果某校友本人要求,或者其他哈佛的筹资团体要求把其邮箱从名单中剔除,哈佛学院基金会保留将某位校友清除出校友名录的权力。后一种情况通常出现在涉及大额捐款的时候。

为了给你们社团的校友创建邮件"标签",你们需要有一个给他们的信函内容的草稿,提交给学生生活办公室的助理院长进行审核批准。接着可能会召开一个会议,讨论信件内容、发信的目的和计划发信的时间。你们至少应该在开会和发信之间留出一个月的时间。

信件的内容得到批准之后,不论是保持原文还是进行了修改,助理院长都会准备好必要的文件,并且要求你们联系哈佛学院基金会本科生计划的助理主任获得进一步的批准。一旦你们的信件得到批准,并且邮件标签创建好之后,你们的协会就要制定一个邮件时间表,提交到哈佛学院基金会的办公室。

已经在数据库中有校友"标记"的社团可以在两到三周之内得到邮件标签。需要更新校友名录的社团需要给哈佛学院基金会发送一份电子版的校友名单。一旦这些校友在系统中被标记之后,社团就能在三周内得到邮件标签。打印标签是免费的,但是学生社团必须支付与邮寄相关的其他费用(即邮费)。

请注意,学生社团不能向某个个人捐助者提出高于 5000 美金的捐赠请求,大额捐款请求必须得到哈佛学院基金会的特殊许可。

2.2.6.9 电子筹资

A. 电子邮件筹资

得到学生生活办公室和哈佛学院基金会的批准之后,你就可以通过电子邮件联系校友和其他捐助者了。但是哈佛学院基金会不提供校友的电子邮箱地址,你们社团必须自己收集此类信息。如果你需要用电子邮件筹资,你们需要在邮件中设定一个"退出群发"按钮,以方便某些人提出将自己的地址从群发组中移除的请求。

B. 网络筹资

哈佛学院学生社团可以使用 hcs.harvard.edu 作为自己网站的域名。这些网站必须清晰表明该社团为学生社团。关于网站和企业广告有很多其他的规定(详见"哈佛校名使用"和"企业赞助和关系"等章节)。

如果社团想要在互联网上筹资,你们需要确保采取了足够的安全措施来保护捐助者的隐私和款额的安全。关于捐助者信用卡号、社保账号之类的个人信息和财务信息都是机密内容,受到法律和哈佛政策的保护。哈佛的保密规定详见 www.security.harvard.edu。哈佛没有人可以在个人电脑上存储与哈佛有关的或哈佛赞助的筹款类活动的个人社保账号、信用卡号、个人银行账号。这些信息必须被存储在被保护的服务器或者保密文件系统中。不论这台电脑是否属于哈佛,也无论这些信息是否加密,也不论这台电脑是便携式计算机还是台式机,这条规定都适用。并且这条规定对哈佛的供应商和合同商也同样适用。

已经有受赠账号和留本基金的学生社团可以使用 http://alumni.harvard.edu/givenow 上的电子捐赠表格,请阅读本手册的相关章节获取更详细的信息。

2.2.6.10 特殊活动

另一种筹资和提高你们社团知名度的方法是举行特别的活动。以往的学生活动包括销售、拍卖、音乐会、电影放映、CD 销售、学生和教员的才艺表演、抽奖和食品品尝等。

对于筹款性质的活动需要有一些特别的考虑。由于活动需要仔细的策划,需要你的志愿者从其他活动中抽出时间,所以会投入很多机会成本。并且,没有提前策划、对项目预算的严格执行、对社团宗旨的坚持,本来是筹款的活动可能会适得其反。

一项活动需要根据资源的多少和志愿者的能力来制定。而且如果在本已熙熙攘攘的哈佛校园内举行,这项活动不能与已有的类似活动冲突,以免你们的观众被分流。同时你们的志愿者最好对此事有足够的热情和参与度,并且能把自己的朋友也带来。

2.2.6.11 企业赞助与关系

哈佛致力于为学生营造一个不受商业气息污染的校园氛围。社团必须根据学院的政策来与企业、商业机构和赞助商维持合适有效的联系。在和企业建立联系时需要到学生生活办公室进行咨询。

学院要求每个学生社团保持自己的自治权,和外部组织不能有组织上的联系。在哈佛校园里不得和其他非哈佛组织或个人合办任何形式的活动。

学生社团不得和外部以及未认证的社团（比如非营利组织、商业组织、独立承包商等）在校园内合办活动，也不能和未认证的学生社团（终极俱乐部、兄弟会、姐妹会等）在校园内合办活动。非哈佛的组织或个人不能通过利用哈佛的学生社团以达到在哈佛校内举行活动或者预约场地的目的（比如举办与该组织或产品有关的工作坊、招聘会等）。任何招聘类的活动必须通过就业服务部才能举行。

赋予认证学生社团的活动地点预约特权是不可转让的。

在一些特殊情况下，完全由哈佛学院本科生组成的非认证学生社团可以在某个哈佛部门或办公室的酌情批准下，可以被允许和那个部门或办公室合办教育类的活动。

2.2.6.12 企业赞助

所有当地的商业组织和大多数企业都是出于一种既利他又利己的目的来进行商品、服务或资金方面的赞助。它们赞助的目的大多是为了建立公共关系、提升在股东和顾客心目中的形象、回报社会、获取减税、提高该地区的生活质量。企业也希望对赞助有很好的反映。当地的商业组织不太可能进行大额的赞助，但是它们愿意参与学生的活动，尤其是以商品或服务等非现金的方式进行赞助。

但请注意，当地企业每周都会接到来自哈佛学生社团的许多赞助请求。如果你们想要向一个大企业提交一个赞助申请，你们需要先得到学生生活办公室的批准。

A. 获取企业赞助

学生社团在向企业拉赞助举行活动或仪式的过程中，准确性原则是最为重要的。更重要的是，学生社团需要清楚地表明，他们是"哈佛学院学生运营的社团"。

拉赞助的一些方法：

1. 使用书面合同，清晰地标明你们将获得的赞助和你们将提供的回报。

2. 当社团的很多人都在代表社团拉赞助时，只有几个特殊指定的社团骨干可以签署所有的合同。这样可以最大可能地减少混淆或最后敲定协议以及答谢赞助时可能出现的不一致性。

B. 答谢企业赞助

学生社团最常向当地商业组织和企业拉到以下形式的赞助：

1. 现金资助；

2. 帮助活动的举办；

3. 非现金赞助，如产品和服务等。

为了获取回报,它们可能会要求学生社团提供赞助回报。学生社团应该清楚自己能提供什么和不能提供什么,这一点至关重要。

学院对于答谢企业和商业组织赞助的合适方法有特殊的规章。所有形式的赞助都必须清晰地表明该企业、商业组织或捐助者的"赞助者"身份,而不是这个活动的"主办方"或"合办方"。学生社团可以为赞助给出公开答谢,方法如下:

1. 活动中口头答谢。
2. 在邮寄和发布的海报中的特定区域标上赞助商的名称。
3. 在网站上展示出赞助商的标志或企业主页的链接(在学生生活办公室的许可下)。企业标志和企业主页的链接应该在学生社团主页上被放在一个独立的区域,以表明这是对赞助商的致谢,而不是对其商品的促销。企业标志不能放在社团网站的主页上。
4. T恤衫上不得将企业标志和哈佛官方校名或标志一起使用。

根据学院政策答谢企业赞助的最好方法如下:

1. 无论何时都应使用如下的正确用语:"在某企业/商业组织/捐助者的赞助下才成为可能",或"对某某、某某和某某的赞助表示诚挚感谢"。
2. 以下用语是不当的:"由某某企业为您带来该活动"或"某企业举行某活动"。
3. 不得将企业标志和哈佛官方校名或标志放在一起使用。
4. 要在得到赞助后立刻提供一份书面的致谢信。
5. 如果你对如何答谢赞助有任何疑问,请联系 osl@fas.harvard.edu。

学院不允许以下形式的企业赞助答谢:

1. 在哈佛建筑上悬挂赞助商的条幅。
2. 在活动中摆放赞助商的摊位、站台或进行其他促销性质的活动。
3. 对产品进行认可。

关于企业赞助的其他规定:

1. 在总务部负责的建筑内进行的活动不得获得企业赞助。
2. 酒精企业、服务商和发行商不得为学生社团活动提供赞助(即资金、实物捐助、产品等)。

2.2.6.13 基金会

基金会是向其他慈善组织提供赞助的组织(一些企业也有慈善基金会,向这些基金会申请赞助和向普通基金会申请是一样的)。如果想向基金会申请赞助,你必须先获得学生生活办公室的批准。基金会只向非营利组织提供赞助。如果你的社团没有注册为一个 501(c)(3) 的非营利社团或者没有一个哈佛受赠账户,就无法向基金会申请赞助。

从基金会获取赞助需要做很多的调研和准备，并且是一个长期工程。基金会不会经常开会来批准赞助，而且也需要好几个月才能开始考虑你们的申请材料。哈佛学院基金会保有把某个基金会从邮件列表中移除的权力，如果哈佛的其他筹资活动或实体已经向其提出了申请。

你们最好从小的基金会开始考虑。因为大基金可能会对一个只申请5000美元的草根活动不屑一顾。认真阅读基金会的资料，尤其是其以往的赞助，不仅是项目内容，也要看资助金额。

越来越多的基金会要求申请人在提交完整申请之前，先提交意向书。这封意向书应包括你们的活动宗旨、你们的需求、你们期待从项目中获得的结果和项目实施的细节。如果你们社团被邀请提交一份完整的申请，最好能在动笔之前借鉴一下资助申请书写方面的书籍，研究一下成功的案例。

在哈佛主要有三个地方可以查到有关基金会的书籍。就业服务部有几本基金会和企业的名录，也有资助申请书写方面的信息。菲利普斯·布鲁克斯大厅二楼的谢泼德厅也有一些关于资助申请方面的书籍，以及一些和小型非营利组织有关的书籍。如果你在寻找筹资的资源，目前最完整的藏书可以在位于赭山大街124号的学校发展办公室图书馆找到。这个图书馆周一到周五上午9点到下午5点向学生开放。你们必须提前和哈佛学院基金会联系才能使用这个图书馆。在预约时，请写下社团名和代表名、使用图书馆的目的和计划使用的日期及时间。

2.2.6.14 政府赞助和合同

学生组织总能不时从当地、州和联邦政府申请到赞助。这些申请过程通常比较困难，而且这些赞助通常只是以报销的形式发放，即要求学生社团先使用自身的资源。

政府赞助和合同要求签订合约，并且经常要求支持性的保证（比如失业保险、履约保证等），在没有得到学院支持的情况下，这通常超出了学生社团的能力范围。请记住学生社团不能签署涉及哈佛的任何协议。

学生社团有时可以申请到资助或合同形式的基金（即在成功完成了要求的任务的情况下，或者提交了正式的开支报告）。在大多数情况下，这些资助或合同是和当地、州或者联邦基金绑定的，但是这些基金也会提出相似的要求。在申请或接受资助的过程中，如需提供财务报告或者合同中涉及哈佛，学生社团必须提前向学生生活办公室进行咨询。

后 记

《哈佛大学章程》是多卷本《大学章程》编译工作的组成部分。由于其结构的繁复性和编译的艰巨性,延续十余年,今年单本出版,实属不易。

2008年8月,《北京大学章程》起草委员会起草工作小组秘书组就注意到哈佛大学、斯坦福大学行政管理指南这一类大学章程体系中的行政制度汇编,希望能将这一类归入《大学章程》,作为起草北大章程的参考。当时为起草《北京大学章程》的需要,遂将行政指南的目录翻译出来。在阅读和翻译过程中,哈佛大学行政管理指南中的组织结构图所显示的大学治理体系给我们留下了深刻的印象。

2009年1月,时任北京大学副校长并主持北大章程调研工作的张国有教授提出,应将大学行政指南作为大学章程形态的一种特殊文本进行研究和翻译。秘书组最初希望翻译哈佛大学相关政策和指南,并委托鲍楠试译了部分章节。同年5月,鲍楠、王栋翻译了哈佛大学政策与指南,涉及学术事务、标志、知识产权等内容,近3万字,但因无法像其他大学章程一样找寻到系统的资料,故而搁置。但我们始终没有放弃搜集和组织翻译哈佛大学章程文件的愿望,不断搜集相关资料。

2011年,《大学章程》(五卷本)出版后,在张国有教授的组织下,组成了新的翻译工作小组,着手对哈佛大学章程的资料进行收集和汇总。2012年3月,时任教育部法规司孙霄兵司长对大学章程编译工作提出建议,指出应将哈佛大学章程列入编译范围。

2012年4月,哈佛大学文理学院甘思婷博士通过哈佛大学图书馆发来《哈佛大学章程(1650—1814)》(《Harvard University Charters, 1650—1814: an inventory》),说明哈佛大学早期章程变更的情况,并附上建校时的《哈佛章程》(《Harvard Charter of 1650》)。同年6月9日,编译组冯支越、廖日坤拜访美国科学院院士、时任哈佛大学化学系教授的谢晓亮老师,在谢教授的帮助下,整理出哈佛大学的"章程""条例""选举"等三部分,但需要哈佛大学校长办公室授权后方可使用。9月至10月以上三部分材料获得哈佛大学授权。与此同时,冯支越得知北京大学景观设计研究院汪芳教授在哈佛大学访学的信息后,及时联系她,提出收集哈佛大学行政指南的请求。汪芳提供了哈佛大学政策、指南、财务、人事、科研等内容,与此前鲍楠翻译的部分相互补充。

2012年11月30日,北京大学新闻与传播学院硕士研究生夏曼对现有材料进行了梳理,初步整理出拟翻译内容的目录。2012年年底,按照张国有教授的要求,再次调整了翻译工作小组,周曼丽、赵海秀、沈文钦、廖日坤、夏曼、彭湘兰等加入。

2013年1月11日,团队初步完成中英词汇表的整理,紧接着下发成员审阅并提出修改意见。1月17日,团队再次将哈佛大学组织结构图和哈佛大学章程中核心词汇进行了梳理和汇总,依据2011年的最新信息进行了补充并对图表结构做了微调。1月22日,彭湘兰和夏曼根据张国有教授的指示,对目录有关内容进行了删节。北京大学出版社责任编辑泮颖雯也提出了相应的工作建议。1月28日,团队将哈佛大学章程电子版(附带目录页码)发送至出版社编辑部。

2013年2月25日,编译组整理下发哈佛大学章程所有内容的电子版、中英文目录、核心词汇表以及哈佛的组织结构图,正式启动翻译工作。2013年6月底翻译团队汇总工作进展,之后又进行了多次沟通与交流。

2015年3月,在泮颖雯的协调下,对部分翻译稿件进行校对。2016年1月15日,编译组就译稿的校对和稿件的补充工作再次进行部署。

2017年7月,由于之前每位译者采用了不同的格式,邹静对译稿的每一编进行了重新梳理,并进一步明确了体例和格式。

2018年3月7日,张国有教授建议出版事宜要加快推进。9月23日,责任编辑进行了调整,由刘军负责。2019年5月28日,译稿审校会议在北京大学光华管理学院105会议室召开。2020年3月后,译者逐渐返回校稿,到6月16号,所有校稿基本返回并开始统校。2022年5月6日开始进行最后的文字审校工作。

译校者及其译校的相关章节如下:第一编,王纬超、唐琳、彭湘兰、张昊;第二编,赵海秀、丁兆明、廖日坤、郭鹏、周曼丽、沈文钦、王东芳、秦琳、王纬超、唐琳;第三编,彭湘兰、夏曼。

在《哈佛大学章程》一书的译校过程中,在资料的找寻与收集、译校者的组织与协调上,冯支越副主编不厌其"繁",不辞辛劳,细致周到,及时解决诸多难题,使章程的编辑和修订得以有序推进。

后记

《哈佛大学章程》译文文稿得到了泮颖雯、刘军两位编辑认真的审读、编辑和修订。尤其在后期的审校中，对译文的规范性、遣词用字的准确性，以及繁简处理、全文质量把控上，刘军编辑反复进行推敲，与译校者一起修订，使译文更加准确、完善。

《哈佛大学章程》的编译过程凝结了北京大学教育学院、科学研究部、国际合作部等单位译校师生的辛劳和智慧。学校领导、政策法规研究室、社会科学部、国际合作部、出版社、校长法律顾问办公室的同仁们为此也倾注了大量心血。

在此，我们对各方、各位的辛劳和支持，深致谢意。

我们在《哈佛大学章程》翻译、校对和编辑工作过程中，力求译稿内容准确、文句通顺，经过译者、校者和编者反复切磋琢磨，竟至六易其稿，可见编译工作之艰辛周折。

《哈佛大学章程》与以往编译的大学章程不同，它不是一个完整系统的章程体例，而是包括初期章程在内的现在仍有效的不同时期的规章。有些规章条目细致到了包括管理人员的姓名、办公地点、电话及邮箱等。我们在编译过程中，对过于琐碎又无关紧要的内容做了适当的调整和删减。

由于原文体量大、体例繁多、参与者众多等，遇到的翻译难题也很多，译稿难免有不周全的地方，敬请各位读者不吝赐教。

《哈佛大学章程》编译组
2022 年 6 月 19 日

《大学章程》简介

大学章程（精装本，全五卷共七册）
张国有　主编
北京大学出版社 2012 年 1 月第 1 版
ISBN：978-7-301-16767-0
开本：16 开　　定价：680.00 元

【内容简介】　大学章程大多是根据国家法律、政府法规，按照一定的程序，以条文形式对大学设立及运行的重大事项及行为准则作出基本规定，进而形成的规范性文件。对大学内部而言，大学章程是大学的基本法，是规范大学内部各种行为的基本依据，因而具有组织维系、行为导向、权力配置、关系协调、利益整合、意愿表达和历史记载的功能。对大学外部而言，大学章程是国家法制的组成部分，是大学成立的要件，也是使社会理解、支持和监督大学的基本框架。为了让高教研究者、高教管理者深入认识现代大学制度的丰富性和复杂性，北京大学特组织专家组编、翻译有代表性的国内外大学章程，并结集为五卷本《大学章程》出版。

第一卷主要展现的是中国大学章程建设的发展历程。具体而言，收录的是在京师大学堂以前、京师大学堂到 1949 年、1949 年到现在等三个时期的 47 个大学规程、高等教育法令以及相关文件，有力地呈现了历史与当代、章程与法令、大学与研究机构之间对照和比较的全景，多方位地展示了中国大学章程建设的不同形态，并显示出了中国现代大学制度在其形成过程中对中国传统的继承、对国外大学模式的参照，以及对国家体制的适应等脉络。

第二卷至第五卷收录了国外 19 所重要大学的现行章程的最新版本。其中,第二卷收录欧洲、美国和亚太地区16所大学的篇幅较小的现行章程的最新版本,这些大学是:耶鲁大学、加州大学、南加州大学、密歇根大学、伦敦大学、巴黎第一大学、巴黎高师、洪堡大学、幕尼黑大学、莫斯科大学、东京大学、京都大学、早稻田大学、澳大利亚国立大学、新加坡国立大学、希伯来大学;第三卷至第五卷分别收录篇幅较大的《斯坦福大学行政管理指南》、《牛津大学章程和规章》、《剑桥大学章程与条例》。这四卷所呈现的三大区域里大学章程的不同体例、不同结构、不同风格有力地折射出了各校传统与习惯的差异、所依据的本国历史文化与法规制度的差异,不同国家大学治理与管理的不同传统,以及全球范围内具有普适性意味的治理理念及管理规则,因而对我国的大学建设颇有借鉴意义。

北京大学出版社教育出版中心

部分重点图书

一、大学之道丛书

大学的理念	[英]亨利·纽曼
德国古典大学观及其对中国的影响（第三版）	陈洪捷
哈佛通识教育红皮书	[美]哈佛委员会
什么是博雅教育	[美]布鲁斯·金博尔
美国文理学院的兴衰——凯尼恩学院纪实	[美] P. E. 克鲁格
营利性大学的崛起	[美]理查德·鲁克
学术部落及其领地	[英]托尼·比彻等
美国现代大学的崛起	[美]劳伦斯·维赛
大学的逻辑（第三版）	张维迎
教育的终结——大学何以放弃了对人生意义的追求	[美]安东尼·克龙曼
知识社会中的大学	[美]杰勒德·德兰迪
美国大学时代的学术自由	[美]罗杰·盖格
美国高等教育通史	[美]亚瑟·科恩
印度理工学院的精英们	[印度]桑迪潘·德布
后现代大学来临	[英]安东尼·史密斯 弗兰克·韦伯斯特
21世纪的大学	[美]詹姆斯·杜德斯达
理性捍卫大学	眭依凡
大学之用（第五版）	[美]克拉克·克尔
高等教育市场化的底线	[美]大卫·L. 科伯
世界一流大学的管理之道——大学管理决策与高等教育研究	程星
大学与市场的悖论	[美]罗杰·盖格
美国如何培养研究生	[美]克利夫顿·康拉德等
公司文化中的大学：大学如何应对市场化压力	[美]埃里克·古尔德
哈佛，谁说了算	[美]理查德·布瑞德利
大学理念重审	[美]雅罗斯拉夫·帕利坎
美国大学之魂（第二版）	[美]乔治·M. 马斯登
高等教育何以为"高"	[英]大卫·帕尔菲曼

二、21世纪高校教师职业发展读本

教授是怎样炼成的	[美]唐纳德·吴尔夫
给大学新教员的建议（第二版）	[美]罗伯特·博伊斯
学术界的生存智慧（第二版）	[美]约翰·达利等
如何成为卓越的大学教师（第二版）	[美]肯·贝恩
给研究生导师的建议（第二版）	[英]萨拉·德兰蒙特等

三、学术规范与研究方法丛书

如何成为优秀的研究生（影印版）	[美]戴尔·F. 布鲁姆等

给研究生的学术建议（第二版）	［英］玛丽安·彼得 戈登·鲁格
社会科学研究的基本规则（第四版）	［英］朱迪思·贝尔
如何查找文献（第二版）	［英］莎莉·拉姆奇
如何写好科研项目申请书	［美］安德鲁·弗里德兰德 卡罗尔·弗尔特
高等教育研究：进展与方法	［美］马尔科姆·泰特
教育研究方法（第六版）	［美］乔伊斯·P.高尔等
如何进行跨学科研究（第二版）	［美］艾伦·瑞普克
如何成为学术论文写作高手 ——针对华人作者的18周技能强化训练	［美］史蒂夫·华莱士
参加国际学术会议必须要做的那些事 ——给华人作者的特别忠告	［美］史蒂夫·华莱士
做好社会研究的10个关键	［英］马丁·丹斯考姆
法律实证研究方法（第二版）	白建军
传播学定性研究方法（第二版）	李琨
生命科学论文写作指南	［加拿大］白青云
学位论文写作与学术规范（第二版）	李武，毛远逸，肖东发
如何为学术刊物撰稿（第三版）（影印版）	［英］罗薇娜·莫瑞
结构方程模型及其应用	易丹辉，李静萍

四、大学学科地图丛书

微观经济学学科地图	胡涛
管理学学科地图	谭力文
战略管理学科地图	金占明
旅游管理学学科地图	李昕
行为金融学学科地图	**崔巍**
国际政治学学科地图（第二版）	陈岳，田野
中国哲学史学科地图	刘乐恒
文学理论学科地图	王先霈
德育原理学科地图	檀传宝 等
外国教育史学科地图	王保星，张斌贤
教育技术学学科地图	李芒 等
特殊教育学学科地图	方俊明，方维蔚

五、北大开放教育文丛

西方的四种文化	［美］约翰·W.奥马利
人文主义教育经典文选	［美］G.W.凯林道夫
教育究竟是什么？——100位思想家论教育	［英］乔伊·帕尔默
教育：让人成为人——西方大思想家论人文和科学教育	杨自伍
透视澳大利亚教育	［澳］耿华
道尔顿教育计划（修订本）	［美］海伦·帕克赫斯特